HANS-REINHARD MEISSNER • PREUSSEN UND SEINE ARMEE

Hans-Reinhard Meißner

# Preußen und seine Armee

## Von Valmy bis Waterloo

Motor
buch
Verlag

Einbandgestaltung: Luis dos Santos.

Bildnachweis: Folgende Abbildungen stammen aus folgenden Quellen:
Röchling, Knötel, Friedrich: »Königin Luise«, Verlag Paul Kittel (1896).
Knötel, Richard: »Die eiserne Zeit vor hundert Jahren«, Verlag von Siwinna, Kattowitz und Leipzig (ca. 1913).
Köppen, Fedor von / Knötel, Richard: »Preußens Heer 1619–1889, Verlag von Carl Flemming, Glogau (um 1890).
Alle Gefechtskarten sowie die Abb. auf S. 175 stammen von Wikimedia Commons.



ISBN 978-3-613-03297-2



1. Auflage 2011

Sie finden uns im Internet unter: www.motorbuch-verlag.de



Lektor: Joachim Köster
Innengestaltung: Luis dos Santos
Druck und Bindung: LEGO S.p.A., 36100 Vicenza
Printed in: Italy

# Inhaltsverzeichnis

## DRITTER TEIL
## Knebelung und Auferstehung. Das Heer zwischen dem Frieden von Tilsit und den Befreiungskriegen (1807–1813) 210



## VIERTER TEIL
## »Das Volk steht auf, der Sturm bricht los ...« Preußens Heer in den Befreiungskriegen 1813–1815 240

*Nach einem Scharmützel.*

# Einleitung

Manchmal scheint es, als ob die Welt sich in bestimmten Phasen der Geschichte schneller dreht als gewöhnlich. Da folgen dem ruhigen Dahinplätschern plötzlich Zeiten des Niederbruchs, ja der Katastrophe, um kurz darauf zur Überraschung aller Welt in einen kometenhaften Wiederaufstieg zu münden. So erging es dem Königreich Preußen zwischen 1786 und 1815. Die Spanne vom Tode Friedrichs des Großen bis zum Untergang Napoleons bei Waterloo umfasste keine dreißig Jahre, lag also im eigenen Erlebens- und Erfahrungsbereich eines Menschen, der nicht einmal ein besonders hohes Alter erreichen musste.

Dabei stand der Zusammenbruch historischen Ausmaßes 1806 im engsten Wechselverhältnis mit dem Schicksal Napoleons. Das Emporkommen des Korsen als europäischer Herrscher bildete das Unglück Preußens. Das Unglück Napoleons, in Russland zu scheitern, war die Initialzündung für die Lossagung Preußens vom französischen System. Ohne diese äußeren Umstände wären Namen wie Blücher, Gneisenau und York unbekannt geblieben. Die Gebietsgewinne infolge des Sieges über Napoleon, festgeschrieben auf dem Wiener Kongress 1814/15, legten den Grundstein zur Vorherrschaft Preußens in Deutschland. Der Fortgang der deutschen Geschichte baut daher maßgeblich nicht zuletzt auf diesem Ereignis auf.

Das ist der Grund, weswegen es wert scheint, auch diese Epoche im Gedächtnis zu behalten. Die Ereignisse um die Wende vom 18. zum 19. Jahrhundert waren einer vor hundert Jahren lebenden Generation noch bestens vertraut. Der Hohenzollernstaat betrieb zur Eigenwerbung für sein politisches System zielgerichtete Geschichtspropaganda. Eine Nebenfolge: von der nationalen Überhöhung der Ereignisse abgesehen, war bei mehr oder minder jedem ein Grundwissen an Fakten dazu vorhanden. Dem Menschen der Gegenwart ist nach zwei Weltkriegen diese Zeit hingegen und das Wissen darum schon stark entrückt.

Aus diesem Grunde soll das vorliegende Buch zunächst dazu dienen, einen geordneten Überblick über die militärgeschichtlichen Abläufe »von Valmy 1792 bis Waterloo 1815« zu bieten, soweit das Königreich Preußen an ihnen beteiligt gewesen ist.

Um Übersichtlichkeit war der Verfasser bemüht. Der Aufstieg des Königreichs Preußen zur europäischen Großmacht ist ohne das Instrument der Armee nicht denkbar gewesen – was aber, realistisch gesehen, kein Alleinstellungsmerkmal ist. Die Ausdehnung anderer Staaten des Kontinents beruhte ebenfalls auf Drohung oder Einsatz bewaffneter Macht. Der Leser kann verfolgen, wie die Nachfolger Friedrichs des Großen zum Heer standen. Auch Friedrich Wilhelm II. und Friedrich Wilhelm III. haben das Heer ganz natürlich als ein Instrument zur Durchsetzung politischer Interessen betrachtet. Dass sie allerdings in Gleichgültigkeit zugesehen hätten, wie das Heer Friedrichs des Großen verrottete, ist eine Mär und wird durch die Fakten nicht gedeckt. Ebenso wird der Leser sehen, dass die landläufig verbreitete Meinung, durch dauerndes Putzen blankgescheuerte Gewehrläufe oder überalterte Offiziere hätten die Niederlage von 1806 verschuldet, so nicht haltbar ist. Die Kunst der Truppenführung, die ein König wie Friedrich der Große wie kein Zweiter seiner Zeit aus dem Fundament beherrschte, wurde indes verlernt. So berichtet das Buch praktisch von »zwei« Armeen, jener vor 1806 und derjenigen, die aus den Militärreformen und den Befreiungskriegen hervorgegangen ist. Aber, darauf weist der Autor vielfach hin, von der Masse der Generalität vor 1806 abgesehen, herrschte im Offizierskorps zwischen »beiden« Armeen Kontinuität. Blücher, Gneisenau, York, Bülow, Kleist, Tauentzien, Boyen, Lützow, Clausewitz und viele andere dienten vor und nach 1806 im preußischen Heer. Gunst und Ungunst der Verhältnisse haben entscheidend den Verlauf der Kriege mitbestimmt. Die Geschlagenen von Jena und Auerstedt waren die Sieger von Leipzig und Waterloo. Fußend auf zeitgenössischen Memoiren verfolgt der Leser bild- und lebhaft, was preußische Soldaten erlebt und erlitten haben. Ganz merkwürdig: manch bekannter Dichtername, wie Goethe, de la Motte-Fouque u.a. steuern zur Erinnerungsliteratur bei. Die Beschreibung beschränkt sich nicht auf Kriegsgeschichte im wörtlichen Sinne, der Alltag des Militärs in der Garnison erhellt auch manchen sozial- oder kulturgeschichtlichen Sachverhalt. Miltärgeschichte war nach dem Zweiten Weltkrieg nicht immer und unbedingt wohlgelitten.

Die letzten Jahrzehnte haben hierin eine Verbesserung gebracht. Sie hat sich, wie ein Wissenschaftler im Jahr 2000 einen Fachbeitrag nannte, vom »Schmuddelkind zur anerkannten Subdsiziplin«* gemausert. Neue Erkenntnisse werden gewonnen. Aber genauso wichtig ist eine übersichtliche Grundlegung und Sortierung des vorhandenen Wissens. Dem fühlt sich das Buch verpflichtet.

Letztlich: Der Zeitraum von der französischen Revolution bis zum Untergang Napoleons kommt als ein weltgeschichtliches Drama daher, das an Spannung und Dynamik kaum zu überbieten ist. Unschwer ist selbst für den Laien zu erkennen, dass zwischen Valmy und Waterloo Welten liegen: Durch die schrittweise Entwicklung taktischer Formen (Kolonnentaktik!) werden die Schlachten immer brutaler und blutiger. Der Blick auf die Schlachtfelder der Befreiungskriege lässt erschaudern.

Wenige technische Anmerkungen noch: Der Leser möge Angaben hinsichtlich der Truppenstärken und der Verlustzahlen nicht zu »wörtlich« nehmen. Bei den verschiedensten Autoren stimmt kaum eine Zahl mit einer anderen überein. Es kommt auf die Wahrnehmung der Dimension, die Tendenz der Zahlen an. Die zitierte Literatur kann sich der Leser aus der ersten Ziffer erschließen, die zweite Ziffer ist die Seitenzahl.

Der Dank des Autors gilt dem Verlag für die freundliche Begleitung und Betreuung des Vorhabens und seiner Familie, die ihn vorbildlich unterstützt hat.

Wer sich spannend und belehrend unterhalten will, muss nicht in »Fantasy«-Welten flüchten, er muss nur auf seine eigene Vergangenheit schauen.

*Pröve, Ralf, »Vom Schmuddelkind zur anerkannten Subdisziplin? Die neue `Militärgeschichte`der frühen Neuzeit – Perspektiven, Entwicklungen und Probleme« in: Geschichte in Wissenschaft und Unterricht 51(2000), S.597-612

# ERSTER TEIL

## *Preußens Heer unter den Nachfolgern Friedrichs des Großen (1786–1806)*

### Die Herrschaft Friedrich Wilhelms II. (1786–1797) und die frühen Regierungsjahre Friedrich Wilhelms III. (1797–1806)

1786
Potsdam, Schloss Sanscoucci, 17. August, 2.20 Uhr morgens

Nach mehrstündigem Todeskampf, in dem der Kammerhusar Strützky den Oberkörper des Königs aufgerichtet gehalten hatte, um ihm das Atmen zu erleichtern, verschied Friedrich der Große in dessen Armen. Zur benannten Stunde stellte der Leibarzt Selle im Beisein des Kabinettsministers v. Hertzberg (64,43) den Tod des 74-Jährigen fest. Für den Staat Preußen brach damit wahrlich eine neue Zeitrechnung an. Zwar soll »ein schlichter schwäbischer Bauersmann die Empfindungen der Überlebenden« zutreffend geklagt haben, als er ausrief: »Wer wird nun die Welt regieren?« (11,454) doch redete man auch von anderen Stimmungen.

Nach Aretin soll in den Straßen Berlins selbst eine Äußerung wie »Gott sei Dank, das Ekel ist tot« keinen Widerspruch geerntet haben. (5,148) Mirabeau, der am 21. August in Berlin eintraf, bemerkte weder Trauer, noch Elogen über das ruhmvolle Leben und die Taten des Dahingegangen. Nur eine allgemeine Erleichterung und die Hoffnung auf bessere Zeiten kündeten die Gesichter. (5,148;72,226) Das ist klassisches Szenario für einen Wechsel. Man war der Herrschaft des Helden – nur wenige Jahre fehlten an ein halbes Jahrhundert – überdrüssig geworden.

Ist Literatur heute manchmal geneigt, den Alten Fritz auf seine Rolle als Begründer der Großmacht Preußen zu reduzieren, so hatten die Zeitgenossen auch noch eine andere Wahrnehmung: aus

*König Friedrich Wilhelm II*

zehrende Kriege, Münzverschlechterung, Wirtschaftskrisen, Hunger. Schlussendlich: dass der König sich im Alter zum hartherzigen Griesgram entwickelt hatte, blieb auch seinem Volk nicht verborgen. Ergo: Es könne also nur besser werden, so mochten die braven Preußen gedacht haben.

Das waren keine ungünstigen Aussichten für einen Nachfolger. Dieser war indes von ganz eigener Art: Friedrich der Große hatte keine Leibeserben. Demnach ging die Herrschaft im Falle des Versterbens des Königs in die Seitenlinie des nächstjüngeren Bruders über.

Da war zuerst der 1722 geborene Prinz August Wilhelm. Dessen Schicksal kann nur als höchst unglücklich bezeichnet werden: Erst verärgerte er Friedrich den Großen durch eine beabsichtigte Mesalliance, dann widersprach er den strategischen Vorstellungen des Königs betreffs eines Präventivschlages gegen Sachsen. (64,54) Schließlich scheiterte er als Korpsbefehlshaber im Siebenjährigen Krieg. In Schimpf und Schande jagte Friedrich seinen Bruder regelrecht aus dem Dienst. Eine Brüskierung ohnegleichen. Wenig später, 1758, starb August Wilhelm, an »gebrochenem Herzen«, wie manche vielleicht nicht zu Unrecht meinen.

Infolge dieser Umstände wurde der am 25. September 1744 als Sohn des Prinzen August Wilhelm von Preußen und dessen Frau Luise Amalie von Braunschweig geborene Friedrich Wilhelm nun der präsumtive Kronerbe des großen Friedrichs. Er führte, da er nicht vom König selbst abstammte, nicht den Titel eines Kronprinzen, sondern wurde als »Prinz von Preußen« bezeichnet.

Noch zu Lebzeiten des Vaters war der Prinz von den Eltern »weggenommen« und zur »Erziehung« unter die Aufsicht des Königs gestellt worden. Das Resultat der monarchischen Auftragspädagogik erwies sich als niederschmetternd. Dafür wird die familiäre Vita, die den jungen Mann nur gegen den König eingenommen haben kann, zuallererst verantwortlich gewesen sein.

Dann folgten aber schon die etwas lockeren Veranlagungen des Prinzen. Leuschner (64,82/83) bringt es auf den Punkt: Liebe zu Musik, Tanz, Jagd, Frauen. Hang zum Schuldenmachen.

Er »... profilierte sich ... als der genußsüchtige, arbeitsscheue, dabei großherzige Gegentyp seines Onkels, von diesem verachtet und von den politischen Geschäften ausgeschlossen.« (64,83) Man kann sich gut vorstellen, dass der Charakter des Neffen den König auf die Palme gebracht hat. »Nichtsdestoweniger bestieg er nach dem Tode Friedrichs II. am 17. August 1786 den Thron.« (64,83)

Der neue König unter dem Herrschernamen Friedrich Wilhelm II. behielt seine markanten Wesenszüge und seinen gepflogenen Lebensstil bei. Affären, feste Bindungen zur linken Hand, illegitime Nachkommen. Die Gräfin Lichtenau, als geborene Enke Tochter eines Tambours, wird hier als Bekannteste für viele stehen.

Entrüstung darüber ist aber nicht berechtigt. Mag schon sein, dass der König ein Schürzenjäger war und auch nach dem Antritt der Regierung geblieben ist. Na und? Hier schillert der »Gegentyp« zu Friedrich dem Großen in grellen Farben: Ein den Freuden der Liebe zugetaner Monarch ist schon etwas wahrhaft anderes, als ein König, der nahezu asexuell gewesen zu sein scheint. (96,15ff.)

Die zweite Schwäche Friedrich Wilhelms II. bildeten seine spiritistischen Neigungen. Schon als Thronfolger war er 1781 als Bruder Ormesus Magnus dem Orden der Gold- und Rosenkreuzer (81,107) beigetreten. Das wäre für sich nicht schlimm gewesen, denn auch der große Friedrich fühlte sich in seinen jüngeren Jahren zur Freimaurerei hingezogen. Hier lagen die Dinge aber doch etwas anders: Johann Christoph v. Wöllner und Johann Rudolf v. Bischoffwerder hatten Friedrich Wilhelm einst für den Orden gewonnen und verstanden es, nach dem Regierungsantritt aus dieser Konstellation Kapital zu schlagen.

Unter der Herrschaft Friedrich Wilhelms II. leiteten sie als Günstlinge des Königs aus verschiedensten Ämtern heraus praktisch die preußische Politik.

Hier springt der Unterschied zu dem Vorgänger des jetzigen Königs, Friedrich dem Großen, dem Betrachter ins Auge: Alles und jedes hatte unter dessen scharfer Beobachtung gestanden. Niemals hätte er sich die Meinung besoldeter Diener, gleich welchen Ranges, aufdrängen lassen. Von der auswärtigen Politik, über die inneren Angelegenheiten, bis zur Armee bestimmte nur einer, nämlich der König selbst.

Es war ein streng persönliches Regiment gewesen, dass Minister und Räte zu Dienstboten und Vollzugsbeamten degradierte. Ein solches System konnte dem neuen König, dem vor allem die nimmermüde Ausdauer und die rücksichtslose Durchsetzungskraft seines Onkels fehlten, nicht behagen. Da war es ganz klar, dass dieses Vakuum durch Personen und Gremien, die Entscheidungsvorschläge für den König erarbeiteten, ausgefüllt werden musste. Diese Art der Führung der Staatsgeschäfte kam dem Lebensstil Friedrich Wilhelms II. entgegen und sicherte ihm Freiräume für seine persönlichen Interessen. Aber auch hier muss man die Kirche im Dorf lassen: Denn so außergewöhnlich war die nunmehrige Form der Regierungsführung gar nicht.

Der »gefühlte« große Unterschied rührt nur daher, dass Friedrich Wilhelm II. eben der direkte Nachfolger eines Friedrichs des Großen gewesen ist. Nur wenige preußische Monarchen haben so unumschränkt persönlich regiert wie der Alte Fritz. Da kommen allenfalls der Große Kurfürst (1640–1688) und der Soldatenkönig Friedrich Wilhelm I. (1713–1740), der zu jeder Zeit allein »den Knop auf den Beuttell« (24,103) hatte und dieses Verfahren seinem Nachfolger wärmstens anempfahl, in Betracht.

Selbst ein Wilhelm I., seit 1871 deutscher Kaiser, hat sich willig von einem Bismarck, von Moltke und Roon, »führen« lassen. Nur war der Unterschied, dass »Wilhelm der Große« (ein Name der sich historisch aber nicht durchgesetzt hat, außer bei einem Schnelldampfer des Norddeutschen Lloyd) eine glückliche Hand bei der Wahl seiner Ratgeber hatte. Dies war Friedrich Wilhelm II. aber nicht beschieden. Bischoffswerder und Wöllner waren eher mittelmäßige, auch wohl nicht ganz uneigennützige Kreaturen. Ihnen aber geradezu dämonische Kräfte anzudichten, wie es in älterer Literatur (um den König besser dastehen zu lassen) bisweilen geschieht, ist fehl am Platze. Dass insbesondere Wöllner durchauss in Verwaltungsdingen beschlagen gewesen ist, bezeugt neuere Bewertung. (81,29)

Die wenigen Regierungsjahre des Königs fielen in eine Zeit des politischen Umbruchs. Die Unruhen in den Generalstaaten (1787) waren nur eine Bagatelle. Der Sturm auf die Bastille und die Entwicklung der französischen Verhältnisse zogen auch Preußen in ihren Strudel, wovon noch ausführlich zu reden sein wird. Dennoch: In den Zeiten Friedrich Wilhelms II. ist Frankreich trotz aller unerfreulicher kriegerischen Verwicklungen definitiv nicht als existenzielle Bedrohung empfunden worden und war es objektiv auch nicht.

Ungeachtet des Todes Friedrichs des Großen wirkte vielmehr der preußisch-österreichische Antagonismus unvermindert fort. 1778/79 war der Versuch des Kaiserhauses gescheitert, Preußen durch die Annexion Bayerns zu schwächen. Der Hohenzollernstaat konnte auch ein Jahrzehnt später den Habsburgern nicht trauen. Österreich, das den Verlust seiner Provinz Schlesien auch nach vier Kriegen noch nicht verwunden hatte, blieb der wahrscheinliche Hauptgegner einer bewaffneten Auseinandersetzung.

Es ist der Aufstieg Frankreichs gewesen, der die preußisch-österreichische Feindschaft aufgelöst und neue Bündnissysteme hat entstehen lassen. Europas Monarchen fanden sich im Bunde gegen den aufrührerischen Geist zusammen, den das revolutionäre Frankreich verkörperte. Nach den Verabredungen von Pillnitz 1791 intervenierte Preußen an der Seite Österreichs in Frankreich. Die Ergebnisse des Krieges blieben ernüchternd. 1795 schied Preußen im Frieden von

*König Friedrich Wilhelm III.*

Basel aus der Koalition gegen die junge Republik aus.

Im Osten hatte sich für Friedrich Wilhelm ein politisches Feld aufgetan, dessen Pflege mehr Nutzen versprach, als die vertrackten französischen Feldzüge. Die letzten polnischen Teilungen von 1793 – diese ohne Beteiligung Österreichs, was die Wiener Hofburg verärgerte – und von 1795 brachten Preußen märchenhafte Gebietsgewinne. Der Schönheitsfehler: darunter befanden sich großflächig rein polnische Siedlungsgebiete. Warschau gehörte seit 1795 zum preußischen Territorium.

Friedrich Wilhelm II. geriet in die kuriose Situation, womöglich einmal mehr polnische als deutsche Untertanen zu regieren. (103,106) Auch ging diese Besitznahme nicht ohne Krieg ab. 1794 entstand in den polnischen Aufstandsgebieten praktisch eine »zweite Front«, da Preußen ja noch gleichzeitig im Westen mit der französischen Republik im Kampf stand. Man möchte meinen, dass der König, gewiss kein Krieger aus Passion, sich seine Regierungszeit auch etwas anders vorgestellt hatte. Innenpolitisch ist Friedrich Wilhelm II. durch verschiedene Maßnahmen in Erinnerung geblieben: Das Wöllnersche Religionsedikt von 1788 wird heute zumindest insoweit positiv beurteilt, als es grundsätzlich ein »allgemeines Toleranzpatent« (103,84) in Glaubensfragen erteilt, wenngleich es sonst von »dogmatischer Engherzigkeit« (103,84) geprägt gewesen sein soll. Das Zensuredikt aus dem gleichen Jahr hat die bereits unter Friedrich dem Großen »konsequent praktizierte« (64,203) Beschneidung der politischen Meinungsfreiheit weiter verschärft.

Unter der Regierung Friedrich Wilhelms II., im Jahr 1794, trat das »Allgemeine Landrecht für die preußischen Staaten« in Kraft. Diese Kodifikation ist von herausragender Bedeutung, jedoch in ihrer rechtspolitischen Bewertung umstritten. (120, 132) Drängende wirtschaftspolitische Korrekturen blieben indes unerledigt (Ordnung der Agrarverhältnisse, Behinderung der industriellen Entwicklung durch fortbestehenden Zunftzwang). Die Regiemaßnahmen seines Vorgängers (= überwachende Eingriffe des Staates in die Wirtschaftstätigkeit – u.a. »Kaffeeriecher«) hob er aber zunächst auf. Widerstand und Aufruhr, noch befördert durch das französische Beispiel, waren auch der Zeit Friedrich Wilhelms II. keineswegs fremd.

Er hinterließ dem Staat im Übrigen einen gewaltigen Schuldenberg. (121, 85) Ein einziges bleibendes Denkmal hat sich der König – ohne das je zu ahnen – gesetzt: 1789 begann der Bau des Brandenburger Tores in Berlin.
Friedrich Wilhelm II., der, großgewachsen, durchaus eine stattliche Erscheinung gewesen sein muss, neigte zur Fettleibigkeit.
Sämtliche Porträts und der Kosename »der dicke Wilhelm« unterstreichen diese physische Disposition.

1797
Potsdam, Marmorpalais, 16. November, 9 Uhr morgens

In dem von dem Baumeister Gontard von 1787–1791 für ihn errichteten Marmorpalais am Heiligen See, gewöhnlich der Lieblingsaufenthalt des Königs, liegt nun Friedrich Wilhelm II. und wartet auf den Tod. Am Nachmittag des 15. verabschiedet er sich von der königlichen Familie, die danach nicht mehr vorgelassen wird. Die Agonie hat nächtens eingesetzt. »Der Sterbende litt fürchterlich ... Er äußerte verschiedene Male:'Einen solch schweren Tod habe ich nicht verdient; ich habe es immer gut mit meinem Volke gemeint; die Kampagnen haben mich ruiniert'.« (120,84) Der König verstirbt an der Brustwassersucht, also modern, an einer Art Herzinsuffizienz. Um 9 Uhr morgens ist er tot.

Ein milder Nachruf, aber nichtsdestoweniger vielleicht den Punkt treffend: »Die Nachwelt wird gegen diesen Fürsten billiger seyn, als seine Zeit es gewesen ist. Sein Privatleben war nicht frei von Schwächen eines liebesbedürftigen Herzens, aber auch nicht arm an schönen, wohlwollenden Zügen.« (9,64)

Sein legitimer Sohn, der Kronprinz Friedrich Wilhelm, erbte den Thron. Jener, 1770 geboren, regierte unter dem Namen Friedrich Wilhelm III. Die Namenswahl war schon ein Stück zutreffender Selbstbeschreibung: Er wolle Friedrich Wilhelm heißen, weil ihm Friedrich unerreichbar sei. (119, 91) Er war auch in der Tat alles andere, als ein Selbstherrscher wie vormals Friedrich der Große. Zwar zählte der neue König erst 27 Jahre, es waren jedoch schon Wesenszüge abschließend ausgeprägt, die ihn sein ganzes Leben lang bestimmten. Da war zu allererst

*Verletzung der preußischen Neutralität durch französische Truppen im Oktober 1805 bei Ansbach.*

eine merkwürdige Unsicherheit in vielem, was er tat. Bei gesundem Verstand und guter Auffassungsgabe, vermochte er sich dennoch oft nicht gegenüber seiner Umgebung durchzusetzen. Darin war er seinem Vater nicht unähnlich. Mehr als einmal hatte der Lauf der Dinge die Richtigkeit der Ansichten des Königs bestätigt. Wider die eigene Überzeugung hatte er sich aber dann bereits auf die von seinem politischen Personal gewiesenen Abwege locken lassen. Wenig selbstgewiss und in schwierigen Situationen schwankend, was zu tun sei, blieben Entscheidungsfindungen von politischer Tragweite bei ihm lebenslang eine komplizierte Sache.

In einer Zeit, in der Frankreich nach den Revolutionswirren als wiedergeborene Großmacht wie Phoenix aus der Asche stieg, konnte das nichts anderes als ein schweres Handicap sein. Diese charakterliche Eigenart machte es völlig unmöglich, ohne berufene oder unberufene Ratgeber, Einflüsterer und Mentoren auszukommen.

Zwar kannte die Ära Friedrich Wilhelms III. keine »Günstlingswirtschaft«, wie sie unter seinem Vater geherrscht hatte. Aber die Unselbständigkeit des Königs verlangte nach politischer Leitung. So führten Räte und Sekretäre wie Lombard, Mencken – ein Großvater von Bismarcks Ehefrau – (29, 41ff.) und Beyme, der Minister v. Haugwitz und der Gesandte Marchese Lucchesini vor 1806 Friedrich Wilhelm III. und bestimmten maßgeblich die Richtlinien der preußischen Außenpolitik.

In den auswärtigen Verhältnissen drängte sich der Machtzuwachs der französischen Republik, die ihren expansiven Anspruch gar nicht mehr zu bemänteln brauchte, in den Mittelpunkt des diplomatischen und militärischen Interesses.

Zunächst verlor Preußen 1801 eine Bürde. Die Demarkationslinie aus dem Baseler Frieden von 1795 konnte endlich durch den Frieden von Luneville liquidiert werden. Die herben Niederlagen der Feinde der Republik gaben indes beredte Kunde, was einem Staat blühen konnte, der es sich mit Frankreich verscherzte. Hiergegen vermochte nur ein antifranzösisches Bündnissystem Schutz zu gewähren. Zwischen Frankreich und der diesem feindlich gesinnten Koalition von England, Österreich und Russland wankte Friedrich Wilhelm III., getrieben von seinen Ratgebern, die der einen oder anderen Seite zuneigten, hin und her.
Zunächst lehnte man den Beitritt zu einer antifranzösischen Koalition ab. Vielmehr handelte Preußen – als späte Frucht des Baseler Friedens von 1795 – sogar 1802 mit Frankreich eine für den Hohenzollernstaat großzügige Entschädigungsregelung für den Verlust seiner linksrheinischen Gebiete aus, die die Republik annektiert hatte. Für 48 Quadratmeilen verlorenes Land mit 127.000 Einwohnern erhielt es 230 Quadratmeilen mit mehr als 500.000 Einwohnern. Dieses »Wunder« wurde nach politischer Billigung durch die betroffenen Großmächte ermöglicht.

Im sogenannten »Reichsdeputationshauptschluss« (55,XXIIIff.) von 1803 verfügte die Deputation des Reichstages die Aufhebung von 112 Reichsständen (= ehemals souveräne Herrschaften) und 44 vormals »freien« Reichsstädten. Damit stand reichlich Verteilungsmasse für alle Fürsten, die Territorien an Frankreich verloren hatten, zur Verfügung. (122,146)

Diese Aktion ließ sich dank der Vorsorge aus dem Baseler Frieden noch zugunsten Preußens regeln. Viel schwieriger erwies sich die Entwicklung um Hannover. Am 18. Mai 1803 erklärte England nach kurzem Frieden erneut Frankreich den Krieg. Daraufhin besetzte Frankreich das in Personalunion mit der Krone Großbritanniens verbundene Kurfürstentum Hannover. Durch das ungeschickte Verhalten des Königs verdarb es sich Preußen sowohl mit Frankreich als auch mit England. Die Umgebung des Königs war von Parteiinteressen zerissen. Haugwitz gab entschieden einem Bündnis mit Frankreich den Vorzug, Hardenberg neigte, wie auch die Königin, England und Russland zu. Der König selbst favorisierte strikte Neutralität. So kam das Jahr 1805 heran, dass Napoleon, nachdem er sich ein Jahr zuvor zum Kaiser der Franzosen gekrönt hatte, einen Triumph ohnegleichen brachte. Preußen stand der (III.) antifranzösischen Koalition zunächst fern und verlegte sich aufs Vermitteln.

Erst als am 6. Oktober 1805 französische Truppen unter Verletzung der von Preußen geübten Neutralität in dessen Territorium im Ansbachischen eindrangen, gewann die »Kriegspartei« am Hof Oberwasser. Unter erheblichen Bedenken ließ sich Friedrich Wilhelm nun bestimmen, mit Russland ins Bündnis zu treten.

In makabrer Szene bekräftigten die Monarchen Friedrich Wilhelm III. und der russische Kaiser Alexander I. ihre neue Gemeinsamkeit. Am Sarge Friedrichs des Großen in der Gruft der Potsdamer Garnisonskirche gelobten sie in der Nacht des 5. zum 6. November 1805 einander wechselseitige Unterstützung gegen Frankreich. Preußen öffnete seine Grenzen den russischen Armeen zum Durchmarsch nach Mähren. Die Niederlage der Österreicher und Russen bei Austerlitz am 2. Dezember 1805 veränderte wiederum alles. Österreich schloss unter harten Bedingungen schweren Herzens mit Frankreich Frieden. Napoleon nötigte Preußen in ein »Schutz- und Trutzbündnis«, versüßt nur durch die Aussicht auf den Erwerb Hannovers. Friedrich Wilhelm III. sah sich jetzt auf einmal als Verbündeter des herzlich ungeliebten Kaisers der Franzosen, was wegen der Sorge um seine hannoverschen Besitzungen wiederum England arg erboste.

So hatte sich die Hohenzollernmonarchie bei Beginn des Jahres 1806 buchstäblich zwischen alle Stühle gesetzt. Bei Russen und Engländern hatte der Ruf Preußens wegen der Wankelmütigkeit des Königs schwer gelitten. Napoleon hingegen war viel zu gewieft, um nicht zu erkennen, wie unangenehm und widernatürlich Preußen das aufgezwungene Bündnis mit ihm empfand. Im März 1806 besetzte Preußen auf französisches Drängen hin Hannover, worauf England Preußen den Krieg erklärte. (121,148) Als kurz darauf Napoleon das Kurfürstentum Hannover plötzlich wieder England anbot, war das Maß voll.

So lagen die Dinge in der Außenpolitik am Vorabend der Katastrophe. Im Bereich der Innenpolitik hob Friedrich Wilhelm III. noch im Jahr seines Regierungsantritts das Wöllnersche Religionsedikt auf. Bedeutsamer war aber, dass der König auf den Domänen (also den königlichen Gütern) schon 1799 auf die Frondienste verzichtete und sie durch eine Geldabgabe ersetzte. Ein Beleg dafür, dass er keineswegs blind, sondern durchaus um zeitgemäße Anpassung der Verhältnisse bemüht war. Allerdings hatte auch Friedrich Wilhelm III. in seiner frühen Regierungszeit, wie alle seine Vorgänger, mit Unruhen und Hungerrevolten zu kämpfen.

Durch eine Sache hat der junge König aber doch – unbeabsichtigt – noch das Interesse der Nachwelt zu fesseln vermocht. Das war die Frau an seiner Seite. 1793 ging er die Ehe mit der Tochter des Herzogs Karl II. von Mecklenburg-Strelitz ein. Sie hieß Luise und verstand zu bezaubern. So sehr, dass ihr zumindest der Rang einer historischen »Königin der Herzen« gebührt.

Dabei war Luise, im Gegensatz zu ihrem Gatten, eine starke, durchsetzungsfähige Persönlichkeit. In den Jahren vor dem staatlichen Zusammenbruch 1806/07 politisierte sie zugunsten der england- und russlandfreundlichen Partei am Hofe. Sie schenkte dem König etliche Söhne, darunter den späteren Friedrich Wilhelm IV. und den 1797 geborenen Wilhelm, der 1871 in Versailles zum Deutschen Kaiser gekrönt wurde.

Hervorstechend unter den vielen gekrönten Häuptern seiner Zeit blieb das nahezu bürgerliche Zusammenleben der königlichen Familie.

Die Maitressenwirtschaft seines Vaters dünkte ihm ein Gräuel, weswegen es der Gräfin Lichtenau nach dem Tod ihres Beschützers an den Kragen ging. Wenig Zeremonielles scheint die Glieder der Familie getrennt zu haben. Eigentlich war es eine Ehe, wie es unter der Sonne viele gibt: ein schwacher Mann, eine starke Frau. Dennoch macht es den Eindruck, dass dies kein Hindernis für eine glückliche Verbindung gewesen ist. So dürfte König Friedrich Wilhelm III. ohne seine Ehefrau als Stütze in dem Fiasko von 1806/07 noch bedeutend schlechter dagestanden haben.

## Die Nachfolger Friedrichs des Großen als militärische Testamentsvollstrecker

Die politischen Testamente Friedrichs des Großen aus den Jahren 1752 und 1768 nehmen zusammen den Umfang eines kleinen Romans an. Das erste geschrieben vor der harten Prüfung des Siebenjährigen Krieges, das zweite ein Resumee seiner Erfahrungen aus den Feldzügen von 1756 bis 1762. Die Schwergewichtigkeit des Letzten Willens des Alten Fritz scheint kein Zufall. Aus jedem Buchstaben spricht das Misstrauen gegen seinen mutmaßlichen Nachfolger. Nur durch praktische Einweisung in alles und jedes, so glaubte der König wahrscheinlich, kann er sein Werk, die Erhebung Preußens zu einem Staat von europäischer Geltung, in die Zukunft retten.

Naturgemäß nehmen in beiden Testamenten Fragen der Gestaltung der Militärverhältnisse nicht unerheblichen Raum ein, wenngleich sich diese Tendenz im Testament von 1768 verständlicherweise noch verstärkt hat. Ob Friedrich Wilhelm II. die voluminösen letztwilligen Verfügungen seines Onkels, nebst der Weisung, »lest meine Memoiren«, (24,330) tatsächlich zur Kenntnis genommen hat, vermag ich nicht zu sagen. Die Detailversessenheit Friedrichs des Großen wird ihn wahrscheinlich abgeschreckt haben.

Aber über eines brauchte kein Testament die nächsten Thronfolger Friedrichs zu belehren: Ausschließlich die Stärke der Armee und ihr Ruf garantierten die Existenz Preußens. Wer sich über die Freimütigkeit in den Testamenten Friedrichs wundert, mit der über wünschenswerte territoriale Erwerbungen referiert wird, muss erkennen, dass Eroberungen und Gebietszuwächse durch Heirat, Erbschaft usw. das politische Lebenselexier der Zeit waren. Macht wurde über die Zahl der Untertanen und räumliche Ausdehnung definiert. Friedrich der Große machte intern keinen Hehl aus seinen Plänen. Am liebsten hätte er bei erst bester Gelegenheit Sachsen annektiert.

Bei seinen Feinden hingegen blieb stets der Reflex lebendig, Preußen von der Landkarte zu tilgen, zumindest aber auf den Rang einer Regionalmacht herabzudrücken. Um das zu begreifen, mussten preußische Prinzen keine weitschweifigen Instruktionen studieren. An der Bedeutung der bewaffneten Macht für das Überleben Preußens hat kein Nachfolger je Zweifel gehegt.

## *Hohenzollernprinzen wachsen als Soldaten auf*

Die Sozialisation eines Prinzen aus dem Königshause konnte unausweichlich keine andere als eine militärische sein. Dies äußerte sich bei dem jungen Friedrich Wilhelm zunächst im (formal) sehr frühen Eintritt in das Heer. Regimentschef mit 14, aktiver Kompaniechef im I. Bataillon Garde mit 19, dann »wirklicher« Regimentschef mit 24, Befehlshaber über die Festung Schweidnitz in Schlesien, mit 25 Jahren Generalmajor. Im Bayerischen Erbfolgekrieg führte der Prinz eigenständig (36, 682), wenn auch nicht an herausgehobener Stelle.

Der Sohn Friedrich Wilhelms II. weist eine deckungsgleiche Laufbahn aus. Mit 7 Jahren Fähnrich im I. Bataillon Garde, mit 14 Leutnant, mit 17 Stabskapitän, mit 19 Jahren Oberst und Chef des IR 18 (nunmehr »Regiment Kronprinz«), mit 22 Generalmajor.

Diese Beförderungen sind natürlich nur auf der königlichen Geburt beruhende Vorrechte, die über Können, Geschick und Neigung gar nichts aussagen. Was aber sicher ist: beide Nachfolger Friedrichs des Großen wachsen wie selbstverständlich in eine soldatisch geprägte Umwelt hinein. Uniformen, Waffen, die Welt des Befehlens, prägen sie. So wird das Heer für die beiden Thronfolger eine Schule des Lebens, zumal die jeweiligen Herrscher ihre mutmaßlichen Nachfolger von den wirklichen Staatsgeschäften systematisch fern gehalten haben.

Aber sowohl Friedrich Wilhelm II., als auch dessen Sohn und Nachfolger Friedrich Wilhelm III. – diesem war das nur zu bewusst – konnten die Rolle nicht ausfüllen, die ihnen der Alte Fritz hinterlassen hatte. Das führte, wie aufzuzeigen ist, zuerst zur Schaffung von militärischen Beratungsgremien, auf deren Vorschläge die Könige vertrauen mussten. Dann war völlig klar, dass die Könige im Kriegsfall nicht den aktiven Oberbefehl übernehmen würden. Weder Friedrich Wilhelm II. noch Friedrich Wilhelm III. haben tieferes Verständnis aufgebracht für Strategie und Taktik, für die

Grundsätze der Truppenführung im Kriege überhaupt. Schon gar nicht wähnten sie sich zum Feldherrn berufen. Wurde einmal der »Oberbefehl« übernommen, so blieb dies ein formaler Schritt, weil tatsächlich andere führten. Da war bis 1806 der Herzog von Braunschweig, später, nach dem Zusammenbruch, oblag dieses Geschäft Generalen wie Scharnhorst, Gneisenau und Blücher.

Dass man damit nicht unbedingt schlecht fahren musste, beweisen die Jahre 1813 bis 1815. Es spricht für die beiden »Friedrich Wilhelme«, sich in diesem Punkt nicht überschätzt und die Führungsstrukturen ihren persönlichen Fähigkeiten und Bedürfnissen realistisch angepasst zu haben.

Die nüchterne Erkenntnis der Nachfolger des Alten Fritz`, dass es zweckmäßiger sei, die Führung der Operationen vertrauenswürdigen Generalen zu überlassen, besagt aber nicht, dass die Könige etwa eine Distanz zum Waffenhandwerk entwickelt hätten. In den Feldzügen persönlich durchaus tapfer, haben beide Herrscher das Feuer nicht gescheut. Der Schwerpunkt ihres Interesses am Soldatischen lag aber in einer ganz anderen Richtung. Er definierte sich vornehmlich über Äußerlichkeiten. So, wie die Augen der Liebe Pforten sein sollen, wird die Neigung der Könige zum Militär über den optischen Eindruck entstanden sein. Beide Könige traten, ganz in der Tradition der vorigen Herrscher, nahezu ausschließlich in Uniform auf. Eine zeitgenössische Schrift berichtet:

*FRIEDRICH WILHELM II. ALS SOLDAT:*

*Der Monarch war an diesen beiden Tagen ganz Soldat und so serieuse wie der erste Censor im Staate sein muß.*
*Sein Anzug war vollkommen militairisch: steife Stiefeln, lederne Beinkleider, eine weiße Treße, die simple Uniforme der Garde und einen großen Huth trug er, auch sahe man mit Vergnügen die zwey sonst gewöhnlichen Uhrketten nicht, statt dessen hatte er ein paar lederne, dem Preuß. Officier so gut kleidende Stutzhandschuh an. Der Monarch beobachtete alles bei der Special-Revue, so wie es sein erhabener Oncle eingeführet ...* (37,11)

Die Liebe zu militärischen Schaustellungen ist Vater und Sohn gleich eigen gewesen. Man begeisterte sich für das Objekt »Armee« als Symbol der wehrhaften Staatlichkeit an sich und mochte nicht an Krieg und Tote denken. Die Betrachtung unter mehr ästhetischen Gesichtspunkten dominierte. Für Friedrich Wilhelm II. dazu ein Beispiel: 1796 hatte der König ein erneuertes Reglement für die Kavallerie erlassen. Unter dem Titel III »Generalobservationes beim Exerzieren« heißt es bezüglich der Ausbildung der berittenen Truppen:

»Das Schönste vom gesamten Exerzieren und Marschieren ist, wenn der Säbel oder der Karabiner gut getragen wird.« (87,310 )

Ein späterer Kritiker konnte sich darauf die Bemerkung nicht verkneifen, wie viel kostbare Zeit wohl darauf verwendet worden sei, um dieses »Schönste« (87, 310) zu erreichen. Seine diesbezüglichen Ansprüche hat der König mutmaßlich auch allezeit durchgesetzt. So rügte Friedrich Wilhelm II. gelegentlich einer Wachtparade scharf das Marschieren des Regiments von Bornstedt. (37,10) Selbst im heimischen Potsdam drohte er den Stabsoffizieren seines I. Bataillons Leibgarde Arrest an, sofern sich deren Exerzierleistungen nicht bessern würden. Der Anlass: »Dero Missfallen über das Marchiren«. (37, 10)

Nicht zu leugnen ist, dass schon unter Friedrich dem Großen in den Jahrzehnten nach dem Siebenjährigen Krieg, wie Militärschriftsteller vielfach bekunden, sich der Hang zu komplizierten und gekünstelten Manövern verstärkt hat.

Die geringe Praxistauglichkeit derartiger Ausbildungsmethoden scheint nicht gestört zu haben, vielmehr erhoffte man alles von einem mechanischen Drill. Dieser sollte den Soldaten befähigen, verzwickte Evolutionen in kürzester Zeit auszuführen, ohne aus Reih und Glied zu kommen. Erstarrung der Ausbildung in einem Exerzierschema und Manövrieren als Selbstzweck hob nicht die Kriegstüchtigkeit des Heeres, erfreute aber das Auge des Herrschers. Friedrich Wilhelm II. hat dieses Erbe also schon vom Alten Fritz übernommen. Allerdings trat unter seiner Regierung diesbezüglich zumindest keine wesentliche Verschärfung oder Verschlechterung ein.

Eine solche These ist erlaubt, weil von den elf Regierungsjahren des Königs über viele Jahre hinweg erhebliche Teile der Armee in Kriegen oder auswärtigen Exekutionen gebunden waren. In solchen Phasen musste der »Exerzierteufel« naturgemäß zurückstehen.

*FELDZÜGE, MOBILMACHUNGEN, EXPEDITIONEN UNTER FRIEDRICH WILHELM II. IM ÜBERBLICK*

| | |
|---|---|
| 1787 | Der Feldzug nach Holland |
| 1788 | Teilmobilmachung gegen Dänemark |
| 1790 | Mobilmachung in Schlesien und Ostpreußen gegen Österreich und Russland |
| 1792 | Besitznahme von Ansbach-Bayreuth |
| 1792 | Feldzug in Frankreich. Valmy. Rückzug aus der Champagne |
| 1793 | Feldzug gegen die Franzosen. Belagerung von Mainz. Pirmasens. Kaiserslautern |
| 1794 | Feldzug gegen die Franzosen. Der Krieg in der Rheinpfalz |
| 1794 | Feldzug gegen die polnische Aufstandsbewegung |
| 1796 | Inbesitznahme von Nürnberg.Besetzung der Demarkationslinie aus dem Frieden von Basel |

Dafür scheint die Exerzierwut nach dem Regierungsantritt Friedrich Wilhelms III. 1797 erst recht erblüht zu sein. Goltz dazu: »Friedrich Wilhelms III. Neigungen nahmen freilich wieder mehr die Richtung auf Steigerung der Exerzierkunst, auf den Exerzierplatz, die Parade, die Uniform und das gute Aussehen der Truppe. ‚Egalite ist die erste Schönheit des Militärs' sagte seine ‚Instruktion für die gesamte Königliche preußische Infanterie' vom 15. März 1798.« (43,191)

Der junge König, soviel darf als sicher gelten, war in noch viel stärkerem Maße als sein Vater Anhänger eines kleinlichen Gamaschendienstes. Schon als Kronprinz, so vermerkte eine zeitgenössische Quelle, sei »... die Liebe zum Militaire ... bey ihm bis zum Enthusiasmus« (37,12) gegangen. Berichte besagen, dass er bereits als »Cron-Printz alle Uniformen von der Armee« (37,12) besaß und diese verschiedenen Monturen, darunter auch Mannschaftsuniformen, oft trug. Er war sich als Thronfolger nicht zu schade, den Spaten in die Hand zu nehmen und an der Seite von Kanonieren zu schanzen oder mit Kavalleristen Heuwickel zu rollen. (37,12) Das alles hat zunächst die Zuneigung des einfachen Soldaten zu dem Thronfolger befördert. Es konnte auch vorkommen, dass der Kronprinz die zu seinem Schutz beorderten Wachen unter seinem Kommando exerzieren ließ. (37,12)

»Erholung von den Geschäften« bereitete es ihm, wenn er seine Pallasche, Säbel und Flinten »revidieren und nachsehen« (37,12) konnte. Der frühe Sozialdemokrat Franz Mehring schmähte aus ideologischen Gründen den König heftig. Allerdings wird aufgrund der obigen Nachrichten verständlich, warum er Friedrich Wilhelm III. »die physische Tapferkeit eines Unteroffiziers« (zit.122,144) attestierte.

Das mag hart klingen, ist aber nicht ganz abwegig. Was das Militär betraf, so war der König »im kleinen groß«. Er verfügte gerade über jene Eigenschaften, die einen von seiner Aufgabe beseelten Spieß oder einen über die Maßen engagierten Kompaniechef ausmachen. Aber er war wie er war, und so blieb er charakterlich auch – selbst nach dem Wiederaufstieg Preußens in den Befreiungskriegen.

Ein bemerkenswertes Beispiel historischer Kontinuität liefert die Erziehung seiner Kinder. Wie er selbst, so trägt auch seine Nachkommenschaft von Kindesbeinen an nur Uniform. Militärische Ausbildung der jungen Prinzen war wiederum selbstverständlich. Davon zeugt eine Anekdote:

Als der spätere Kaiser Wilhelm II. in seiner Prinzenzeit im Jahr 1881 heiratete, war als Überraschung für das Brautpaar zum Polterabend die Nachstellung (modern: reanactment) eines Aufmarsches der »Langen Kerls« aus der Zeit des Soldatenkönigs Friedrich Wilhelm I. geplant. Dazu wurden Offiziere, deren Körpergröße das hergab, aus den Garnisonen Berlin und Potsdam abkommandiert. Sie mühten sich redlich das Schrittmaß des Parademarsches der alten Riesengarde zu meistern. Erhebliche Probleme bereitete den zu Offizieren der »Langen Kerls« bestimmten Darstellern das historisch getreue Führen des Spontons, das seit einem dreiviertel Jahrhundert aus der Armee verschwunden war. Kaiser Wilhelm I., der Großvater des Bräutigams, war eifriger Beobachter der Proben. Eines Tages platzte ihm der Kragen. Dann:

»Er gebot Stille und ließ sich Hut und Sponton geben, indem er zu dem Intendanten von Hülsen sagte: ‚Stellen Sie sich vor den Thron. Ich werde es Ihnen zeigen. Ich bin ja der einzige, der noch so ausexerziert ist.' Mit diesen Worten marschierte er selbst im Weißen Saal des Berliner Schlosses am

Thron vorbei.« (83,21) Eine Szene, die durchaus anrührt.

Der fast 84-jährige Kaiser lehrt die untergegangene Kunst des Exerzierens mit dem Sponton, der alten Stangenwaffe, die eines der Zeichen des Infanterieoffiziers vor 1806 gewesen war. Das war beeindruckendes Ergebnis der Erziehung seines Vaters, des Königs Friedrich Wilhelm III. Er hatte den jungen, 1797 geborenen Prinzen so gründlich »ausexerzieren« lassen, dass dieser noch im Greisenalter mit Ehrenbezeigungen mittels Sponton glänzen konnte.

## *Militärreformen – ja oder nein oder ein wenig?*

Die Beschreibung der Geisteshaltung der Friedrich dem Großen nächst folgenden Hohenzollernkönige in den Militärsachen zeigt, dass ein Bedürfnis nach grundlegenden Reformen nicht unbedingt empfunden wurde.

Das ist aber nur die eine Seite der Medaille. Es soll nicht verschwiegen werden, dass grundsätzlich beide Nachfolger Friedrichs des Großen um die Verbesserung des Loses von Soldaten, Subalternoffizieren und Invaliden bemüht gewesen sind. Vor allem Friedrich Wilhelm II. ist auch Schöpfer einer Reihe von segensreichen und nützlichen Einrichtungen für das Heer geworden, auf die noch im Einzelnen zurück zu kommen sein wird. Darunter befand sich manches, was die Zeiten überdauert oder aber zumindest das Leben des Soldaten erleichtert hat.

Die Literatur ist sich nicht einig, dass die Behandlung des Soldaten nach dem Tode des Alten Fritz eine mildere geworden sei, wenngleich der Ruf des Militärs noch immer kein guter war. Von den Zeiten des »Staatsbürgers in Uniform« war man noch Lichtjahre entfernt. Vielmehr sah man das Heer – als Nebenzweck – nach wie vor als eine Art Korrektionsanstalt für böse Buben.

Unter Friedrich dem Großen galt der Dienst im Heer bisweilen auch als »Strafe für üble Subjekte«. (87,304) Friedrich Wilhelm II. vermochte nicht, sich von einer solchen Auffassung frei zu machen. Eine Verordnung aus dem Jahr 1787 bestimmte, »daß auch solche Leute zum Heeresdienst zu verurteilen seien, die sich durch Rat, Zureden, gehässige Insinuationen usw. an Verbrechen gegen die Obrigkeit beteiligt hatten.« (87,304)

Im Vergleich zu dem Jahrzehnt von 1786 bis 1797 müssen die folgenden Jahre bis 1806 überwiegend als ein Jahrzehnt der Erwägungen und Diskussionen bezeichnet werden. Zwar kann man in den frühen Regierungsjahren Friedrich Wilhelms III. nicht gerade von Stagnation sprechen, aber manch guter Gedanke war trotz besserer Einsicht aufgrund der Umstände nicht zu verwirklichen. Mit der dem König so eigenen Kleinlichkeitskrämerei wird hier und dort Unwesentliches abgeändert.

Manches wird sogar gebessert – so die Einführung einer zum Sold zusätzlichen Brotration –, wirkliche Krebsschäden bleiben aber im Dunkeln oder der Monarch hat nicht die Kraft, einmal als richtig Erkanntes durchzusetzen.

Tiefgreifende Reformen ohne schmerzhafte Steuerbelastung der adeligen Grundherrschaften schien unmöglich. Vor einem Bruch mit der staatstragenden Adelskaste scheute der König verständlicherweise zurück. Auf den Domänen (königliche Güter) hob Friedrich Wilhelm III. aber 1799 die Frondienste gegen Leistung einer Geldabgabe auf.

Ein weiteres Hemmnis für richtungsweisende Reformen setzte die katastrophale Finanzlage des Staates – wem käme das nicht bekannt vor? Da war mit gutem Willen allein nichts getan. Es ist das Verhängnis des Königs Friedrich Wilhelm II. von Friedrich dem Großen ein Heer geerbt zu haben, dass bereits 1786 mit Mängeln und Schwächen belastet gewesen ist.

Viele Übel, die man später für die Katastrophe hat verantwortlich machen wollen, gehen auf die letzten Jahrzehnte der Herrschaft des Alten Fritz zurück. Der pedantische Exerzierwahn und die Praxisferne der Ausbildung war schon besprochen worden, weil er so eng mit den charakterlichen Eigenheiten der nachfolgenden Könige verzahnt ist. Einen weiteren Missstand bildeten alle Fragen der Logistik.

Welch katastrophale Folgen das Ausbleiben von Verpflegung und Futter zeitigen konnte, hatte Friedrich den Großen nicht nur der gänzlich verunglückte Feldzug von 1744, sondern vor allem der Bayerische Erbfolgekrieg gelehrt. Aber während er bei dem ersten Beispiel die Lage noch meisterte, ja 1745 die Schlappe glänzend ausbügelte, hatte auch er für die Misere 1778/79 keine andere Lösung, als zügig zu einem Friedensschluss zu kommen. Der »Kartoffelkrieg«

ging gerade nochmal gut, aber der Gott der Schlachten war nicht mehr der alte.

Überalterung hieß ein weiteres verkanntes Schreckgespenst. Die Soldaten aller Ränge wurden älter und älter. Verabschiedung scheute man, weil geordnete Versorgungsregelungen für invalide und felduntaugliche Soldaten und Offiziere fehlten. Die Könige nach dem Alten Fritz versuchten zu bessern, ohne aber das Blatt wenden zu können.

Den gefährlichsten Feind erahnte man nicht einmal. Da jeder Regimentschef und jeder Kommandeur wusste, womit er vor den Königen brillieren konnte, richtete sich auch die allerletzte Anstrengung auf die Vervollkommung der Exerzierkunst. Niemand dachte an Truppenführung im Krieg und die Förderung der Entscheidungsfreude der kommandierenden Generale. Bereits 1802 rief der später so geschmähte Massenbach aus, wo denn die »Schule der Generale« bleibe. (49, 506)

Man möchte meinen, es habe sich eine tödliche, geistlose Routine breitgemacht. So wuchs eine Generalität im preußischen Heer heran, die sich im Krieg 1806 häufig unfähig zeigte, selbständig angemessene Entschlüsse nach der Lage zu fassen. Nichts hat 1806 dem Heer so geschadet, wie diese angezüchtete Führungsschwäche.

Friedrich Wilhelm II. ist noch zugute zu halten, dass am Ende seiner Tage die kriegerischen Verwicklungen den Staat als solchen nicht in die Gefahr des Absturzes gebracht hatten. Wenngleich in den französischen Feldzügen wirklich nicht alles glänzend gelaufen war, so ist doch zu verstehen, dass er die Notwendigkeit umstürzender Reformen nicht sah. Allerdings hätte ihn die Unbeweglichkeit seiner Generale in dem Feldzug in Polen schon nachdenklich stimmen müssen.

Sein Sohn Friedrich Wilhelm III. war zunächst nicht den Fährnissen von neuen Feldzügen ausgesetzt. Er hatte deswegen keine Eile, etwas von Bedeutung zu verändern. Erst nach dem fühlbaren Wachsen der französischen Bedrohung stieg die Bereitschaft, durchgreifende Reformen zu erwägen. Dass der König Friedrich Wilhelm III. wesentliche Mängel zumindest gesehen hat, beweisen eigenhändige Aufzeichnungen. (43,277) Aber die Umsetzung der gehegten Pläne fand aus vielfachen Gründen nicht statt. Es blieben vor allem die Grundlagen der Heeresverwaltung in Ökonomie und Ersatzwesen (Kompaniewirtschaft und das Nebeneinander von Inländern und Ausländern) weitgehend unverändert.

Vieles lief nicht zufriedenstellend in der Entwicklung der bewaffneten Macht nach dem Tode Friedrichs des Großen. Wohl wahr. Ob aber jeder in der Literatur für sich diskutierte Mangel auch kausal zum Zusammenbruch des alten Preußen geführt hat, ist stark zu bezweifeln. Ich werde darauf zurückkommen.

Die Könige sind mit den existenziellen Problemen, mit denen die Armee zu ringen hatte, hinreichend vertraut gewesen. Es ist, als ob der Tod des epochemachenden Feldherrn aus dem Hohenzollernhause 1786 einen »Demokratisierungsprozess« in Gang gesetzt hätte. Nun wurde es auf einmal gewagt, aufgefordert oder auch unberufen an den Herrscher Empfehlungen und Vorschläge zur Reorganisation der Streitkräfte zu unterbreiten.

Eine große Ära der »Denkschriften« brach an. »Es war eine schreibselige Zeit« (43,273), so Goltz. Offiziere wie Lecoq, Courbiere, Rüchel, Knesebeck, Massenbach u.a., schließlich auch Scharnhorst, brachten ihre Sicht der Dinge zu Papier und dem Monarchen oder vorgeordneten Behörden zur Kenntnis. Selbst »ein schlichter Kleinbürger, Christian Traugott Köhler aus Pudewitz« reichte ein Memorandum bezüglich der Militärverhältnisse ein. (43,271/72) Sehr wahrscheinlich dürften solche Interventionen bei den entscheidungsschwachen Königen zumindest auf eine gewisse Reserviertheit gestoßen sein.

Gottesgnadentum und unaufgeforderter Ratschlag passten nun einmal nicht recht zusammen. Greifbare Wirkungen haben solche Schriften auch kaum gezeitigt. So sind denn die offenen und verdeckten Mängel der von Friedrich dem Großen überkommenen Kriegsmaschine mitgeschleppt worden bis zum bitteren Ende. Tatsächliche Untätigkeit oder gar Ignoranz in den Heeresfragen kann man bei gerechter Betrachtung beiden Königen nicht vorwerfen; indes der große Wurf unterblieb. Die Not war noch nicht groß genug.

Die Nachwelt aber sollte sich vor übermütigen Vorurteilen hüten. Dass ein Staat sein Schicksal mit »Reformen«, ohne dem harten Druck tatsächlicher Umstände ausgesetzt zu sein, zwingen kann, ist eine Illusion.

*FELDZÜGE, MOBILMACHUNGEN UND EXPEDITIONEN UNTER FRIEDRICH WILHELM III. BIS 1807 IM ÜBERBLICK*

| | |
|---|---|
| 1797–1801 | Besetzung der Demarkationslinie aus dem Frieden von Basel |
| 1801 | Besetzung Hannovers |
| 1802/03 | Besetzung der im Reichsdeputationshauptschluss erworbenen Gebiete |
| 1805 | erneute Okkupation des Kurfürstentums Hannover |
| 1805 | Mobilmachung gegen Frankreich |
| 1806 | Feldzug gegen Napoleon. Jena. Auerstedt. Kapitulationen. Rückzug. |
| 1807 | Winterfeldzug in Ostpreußen. Preußisch-Eylau. Heilsberg. |

## Das Heer in seiner inneren Verfassung bis zum Feldzug 1806

### *Die Grundlagen*

Als Friedrich der Große 1786 die Augen schloss, waren die Folgen für die von ihm installierte Militärverfassung gering. Pietät vor dem »Großen König« und die Überzeugung, dass das von ihm ererbte Heer die beste Armee Europas sei, ließen Bedenken kaum aufkommen.

So gab es keinen Bruch, sondern allenfalls mäßige Modifizierungen.

Das fridericianische System lebte bis in die Tage von Jena und Auerstedt fort. An den wesentlichen Grundlagen, insbesondere den personalen und wirtschaftlichen Voraussetzungen für die Existenz des Heeres überhaupt, hielten Friedrich Wilhelm II. und Friedrich Wilhelm III. fest.

Da war zum einen die spezifische Form der Rekrutierung für das Heer:

Die geborenen männlichen Preußen waren im Regelfall der sogenannten Kantonspflicht unterworfen. Der »Soldatenkönig« Friedrich Wilhelm I. hatte 1733 in mehreren Erlassen das Ersatzsystem der Armee so geordnet, dass den Regimentern Territorialbezirke zugeteilt wurden. Diese königlichen Verfügungen sind unter dem Begriff »Kantonsreglement« in die Geschichte eingegangen. Die gesetzgeberische Absicht des Königs bestand darin, die wilde Werbung der Regimenter zu unterbinden. Jene, praktisch ein regelloser Konkurrenzkampf um geeignete Rekruten, hatte viel böses Blut erzeugt und verschiedentlich sogar zum Aufruhr geführt. Nun wurden männliche Untertanen nach der Geburt registriert und bei Erreichen des militärpflichtigen Alters in das Regiment eingezogen, in dessen Kanton sie geboren waren. Wie leicht zu erkennen, beruhte das System auf der starren, unauflöslichen Bindung des einzelnen Bauern an die Gutsherrschaft und die Scholle mit ihren mehr oder minder strengen Formen der Erbuntertänigkeit und der Frondienste. Es gab keine der modernen Vorstellung entsprechende »Umzüge« von einem Kanton in den anderen. Was aber im ersten Augenblick als gerechte Verteilung der Last des Wehrdienstes wirkt, war eine Mogelpackung. Ein revidiertes Kantonsreglement aus dem Jahr 1792 nebst Nachfolgebestimmungen zementierte das System der Ausnahmen von der Dienstpflicht nicht nur, sondern erweiterte es sogar noch beträchtlich.

Ganze Gebiete, bestimmte Gewerbe und Personengruppen waren von der Militärdienstpflicht ausgenommen. Das waren die sogenannten »Exemtionen«. Unbedingt befreit hatte man zunächst die Söhne der Edelleute und der Bürger, die ein »sicheres Vermögen von 6.–10.000 Thlr.« (92,V,113) nachweisen konnten. Dann die Predigersöhne, die Theologie studierten, die erste Generation der eingewanderten Kolonisten, einzige Söhne von Bauerngütern und Dienstpersonal der Gutsherrschaften. Später erhielten »Woll- und Tuchfabrikanten für sich und ihre Gehilfen« (92,V,113) Suspendierung von der Dienstpflicht. Söhne von Zivilbeamten und Universitätslehrern brauchten ebenfalls nicht zu dienen. Zahlreiche Beamtenklassen und Berufe wurden dadurch privilegiert, dass junge Männer aus solchen Familien dienstfrei wurden, wenn sie ein Studium aufnahmen oder eine Verwaltungstätigkeit auf großen Gütern oder Domänen ausübten. (49,191) Ferner: »Berlin, Potsdam, Breslau, Magdeburg u.a. Städte und auch Landestheile, namentlich, wo eine rege Industrie vorherrschend war, blieben von der Kantonsverfassung befreit.« (49, 191)

Richtigzustellen ist insoweit noch, dass tatsächlich nur die »Altstadt Magdeburg« (114,12) dienstfrei war. Hinzu traten die Fürstentümer Ostfriesland und Mörs, die neuerworbenen Metropolen im Osten Danzig und Thorn, die sechs schlesischen Gebirgskreise sowie eine Unzahl von Städten und Distrikten in der ganzen Monarchie. (114,12)

Von einer allgemeinen Wehrpflicht konnte also überhaupt keine Rede sein. Eine solche ist erst 1814 gesetzlich eingeführt worden.

Die Könige zogen nur noch dort zum Soldatendienst ein, wo sie meinten, den Untertan als Arbeitskraft im Wirtschaftskreislauf am ehesten entbehren zu können. Die Ausweitung der Exemtionen spricht sogar für ein Anwachsen des Einflusses der Zivilbehörden innerhalb der Monarchie. Exemplarisches Beispiel dafür ist unter Friedrich Wilhelm II. der für Schlesien zuständige Provinzialminister Graf Hoym. (49,189)

Daneben stand das deutliche Bestreben, die gesellschaftliche Oberschicht (Adel, Beamte, Vermögende) zu schonen und »neue« Untertanen aus politischer Rücksichtnahme erst einmal möglichst milde zu behandeln.

Im Umkehrschluss ergibt sich daraus, dass die Dienstpflicht ganz überwiegend die bäuerliche Jugend und die städtischen Unterschichten traf. Die Kantonisten, die aus dem heimischen Kanton der Regimenter stammenden gebürtigen Preußen, bildeten eine bestimmende Säule der Armee. Sie waren die sogenannten »Inländer«, zeitgenössisch oft auch als »Einländer« bezeichnet. Eine wesentliche Abänderung hinsichtlich der Kantonspflicht blieb Friedrich Wilhelm II. vorbehalten: 1787 beschränkte er die Dienstzeit der inländischen Kantonisten auf 20 Jahre. Eine solche zeitliche Schranke gab es zuvor nicht.

Unter Friedrich Wilhelm III. sind 1798 die Kantonsgrenzen präzisiert worden. Schematische Gleichartigkeit sollte nicht herbeigeführt werden. Einheitlichkeit wurde insoweit angestrebt, dass der Kanton für ein Infanterieregiment 20.000 Einwohner haben sollte. Größere Kantone waren dann verpflichtet, zusätzlich den Ersatz für die Füsilierbataillone zu stellen. (49, 372)

## Die Werbung

Neben den Kantonisten bestand die preußische Armee nach dem Tode Friedrichs des Großen bis zum Zusammenbruch 1806 zum anderen, erheblichen Teil aus Geworbenen. Das waren Söldner, also Leute, die für ihren Lebensunterhalt dienten. Moralisierende Betrachtung verbietet sich im Angesicht der Heerscharen von Bettlern und Vagabunden, die Landstraßen und Orte der Monarchie bevölkerten. (112,145ff.) Die Gewissheit, regelmäßig auf niedrigem Niveau versorgt zu sein (= zumindest keinen andauernden Hunger zu leiden), könnte manchem verlockender erschienen sein, als ein Leben in der Gosse. Das war der Ausgangspunkt für die Werbung auch innerhalb Preußens. Geworben werden konnte natürlich nur jemand, der nicht der Kantonspflicht unterlag. Das besagt, dass im Vergleich zum Kantonisten jener muss, der Geworbene hingegen nach den Bestimmungen der Kantonsverfassung eigentlich frei wäre, nicht müsste, aber will. Wichtiger hingegen war die ausländische Werbung. Das bedeutete zunächst die Anwerbung von Soldaten im Reich (= in den deutschsprachigen Staaten und Landschaften außerhalb Preußens).

Dann aber folgt das Zuführen von Rekruten fremder Zunge. Es lässt sich nicht feststellen, wie viel Prozent der Ausländer aus freien Stücken unter die preußischen Soldaten geraten sind. List und Tücke waren nichts Außergewöhnliches. Dafür gibt es im Zeitalter des Soldatenkönigs und seines Sohnes genügend Beispiele. Eines ist in die Weltliteratur eingegangen: Das sind die Erinnerungen des Schweizers Ulrich Bräker (18), des »Armen Mannes im Tockenburg«.

Unter der Regierung des Soldatenkönigs endeten preußische Werber auch gelegentlich in einem fremden Staat am Galgen. Sogar einen Krieg mit dem benachbarten Hannover hätte zu Zeiten des Soldatenkönigs eine aus der ausländischen Werbung resultierende Kalamität beinahe ausgelöst. Dennoch blieb diese Art der Ersatzgewinnung unverzichtbar. Sie hatte auch gar nichts Ehrenrühriges. Ein Kurfürstenprivileg war die Werbung im Reich sowieso, zum anderen fand selbst ein ausgewiesener Schöngeist, wie der spätere Chef des K 6, der Generalmajor v. Stille, (82, 143) daran nichts Anstößiges.

Jedes preußische Regiment setzte sich demnach zu einem gewissen Teil aus einheimischen Soldaten und zum anderen aus geworbenen »Ausländern« zusammen. Das änderte sich nach dem Tode Friedrichs des Großen, wenn auch nur marginal.

Grundsätzlich suchten seine Nachfolger die Zahl der Ausländer zu vermindern. Seit Friedrich Wilhelm II. ging das Bestreben dahin, im Verhältnis Inländer zu Ausländer mehr eigene Untertanen unter die Fahnen zu bekommen. Ein Ziel, dem die Ausweitung der Exemtionen gerade zuwiderlief. Auf Befehl des Königs sollte ab 1787 (49,184) das Zahlenverhältnis wie in folgender Tabelle ersichtlich beachtet werden:

*ANGESTREBTES VERHÄLTNIS INLÄNDER – AUSLÄNDER AB 1787*

| | |
|---|---|
| Infanteriekompanie | 93 Kantonisten zu 76 Ausländern |
| Füsilierkompanie | 90 Kantonisten zu 75 Ausländern |
| Bei den Kürassieren und Dragonern | 96 Kantonisten zu 66 Ausländern |
| Bei den Husaren | 75 Kantonisten zu 75 Ausländern |

Die Zahlen (49,184) belegen seit 1786 ein deutliches Anwachsen der inländischen Rekrutierung. So auch durch die Hereinnahme der neugeschaffenen Füsilierbataillone in das Kantonssystem. Jany überliefert Angaben, die eine recht klare Sicht auf das Zahlenverhältnis zwischen Kantonisten und Ausländern gestatten.

*VERHÄLTNIS INLÄNDER (KANTONISTEN) ZU AUSLÄNDERN VOR 1806*

| | |
|---|---|
| Märkische, pommersche, magdeburgische, westfälische und die meisten schlesischen Infanterieregimenter | 832 Inländer und 760 Ausländer |
| 6 Berliner Infanterieregimenter | 832 Inländer und 860 Ausländer |
| 21 der 29 Grenadierbataillone | 614 Inländer und 160 Ausländer |
| Füsilierbataillone | 361–441 Inländer und 220–300 Ausländer |
| Kürassier- und Dragonerregimenter | 481 Inländer und 330 Ausländer |
| 5 der 9 1/2 Husarenregimenter | 750 Inländer und 750 Ausländer |
| Feldartillerie | 30 Ausländer pro Kompanie |

(49,436)

Im Gegensatz zu seinem Vorgänger, der derartige Unterschleife hingenommen hatte, verfügte Friedrich Wilhelm II. in seinem »Reglement für die ausländische Werbung« aus dem Jahr 1787, dass alle »Gewaltsamkeiten, listige Nachstellungen, Überredungen und Täuschungen« (49,185) bei der Werbung künftig unterbleiben sollten. Um die Dimension der ausländischen Werbung zu umreißen, eine Zahl: zwischen 1787 und 1797 wurden 21.503 geworbene Ausländer in die preußische Armee eingestellt. (49,186)

Nach dem Ende des Siebenjährigen Krieges 1763 hatte Friedrich der Große den Regimentern die eigenständige Werbung weggenommen, was sich als nachteilig erwies. Friedrich Wilhelm II. übertrug 1787 die Werbebefugnis wieder auf die Regimenter. Jeder Kompaniechef erhielt als Zuweisung von der Krone 500 Taler für diesen Zweck.

In Frankfurt am Main residierte der preußische General-Werbe-Inspekteur. Er war der Verantwortliche für die Werbung im Reich, bestimmte über den Einsatz der Werbekommandos und führte notwendige Verhandlungen mit den Reichsständen. In Person war das zunächst bis 1792 der Generalmajor von Lengefeld, dann bis

1806 der Oberst und spätere Generalleutnant von Seibert. (49,186)

Ob der Umstand, dass etwa ein Drittel der Soldaten keine Landeskinder waren, einen Einfluss auf die Katastrophe des Jahres 1806 gehabt hat, muss eher verneint werden. Valentini, Augenzeuge der Zeitverhältnisse mit dem Blick für das Wesentliche, beobachtet: »Die Anzahl geworbener Ausländer in den Regimentern, die überdies zum großen Teil sich nationalisierten, machten ... (die Truppen – d.V.) keineswegs zu zusammengepressten, nur durch Zwang zusammengehaltenen Rotten ...« (43,465)

Diese Feststellung erscheint glaubwürdig. Überraschenderweise ist nämlich in der Zeit von 1786 bis 1807 wenig die Rede von Deserteuren. Während Friedrich der Große noch ab und an »Generalpardon« (78, 111 ff.) erklären musste, um die bisweilen in hellen Scharen flüchtenden Soldaten wieder unter die Fahne zu bringen, wird unter den nachfolgenden Königen davon nicht mehr berichtet. Fahnenflucht hat stets und immer irgendwo zwischen Cleve und Königsberg, zwischen Berlin und Oberschlesien stattgefunden. Aber das war keine prägende Massenerscheinung mehr wie zu den Zeiten des Alten Fritz. Für die Zeit vor 1806 berichtet Pastor Nagel über die Garnison Halberstadt, in der das Regiment Herzog von Braunschweig (IR 21) lag: »Kein Monat verging, dass die Lärmkanone nicht einen Ausreißer (Deserteur) verkündigte…« (79,19) Das erscheint als eine gar nicht so ungünstige Quote und bestätigt das zuvor Gesagte.

Interessant ist noch, dass zu den »Ausländern« nicht nur alle Nichtpreußen gehörten, sondern auch deren Nachkommen. Kinder von Geworbenen »die bei der Kompanie geboren, deren Vater also kein Kantonist war, wurden als Ausländer eingestellt«. (49,186) Auch die außerhalb des Regimentskantons geworbenen preußischen Untertanen oder in Preußen lebende Fremde galten im Unterschied zu den tatsächlichen Kantonisten als »Ausländer«. Sie waren womöglich die sprichwörtlichen »unsicheren Kantonisten«.

### *EIN MILITÄRISCHES ORIGINAL: MAGISTER LAUKHARD:*

Als ein solcher darf wahrscheinlich der weithin bekannte Magister Laukhard gelten. Der Verfasser überaus wertvoller Memoiren war in der Pfalz geboren. Nach seinen Studien, zuletzt in Halle, wurde er

promoviert und habilitierte kurz darauf. Doch eine Universitätslaufbahn schlug er nicht ein. »*Aus drückender finanzieller Not und Verzweiflung darüber, im bürgerlichen Leben nicht Fuß zu fassen ...*« (61,444) trat Laukhard ganz aus eigenem Antrieb in das in Halle liegenden IR 3 ein. Streng genommen war Laukhard ein freiwillig Dienender. Nach den Maßstäben der Zeit galt er aber als ein durch seinen Hauptmann von Müffling Geworbener. Jener ist übrigens der Vater des späteren Feldmarschalls. (94,III, 109/10) Er bekam auch acht Louisdor Werbegeld, jedoch nicht auf die Hand gezählt. Sein Kompaniechef verwaltete dies kleine Kapital so fürsorglich für ihn, dass Laukhard noch Jahre später ein kleines »Plus« zur Verfügung hatte. Der unsichere Kantonist unterlag zunächst erheblicher informeller Überwachung. Die Angst vor Fahnenflucht war unter den Vorgesetzten allgemein. Einem dem Laukhard bekannten Soldaten aus Müfflings Kompanie hatte er zunächst seine Absicht zum Eintritt in das Regiment offenbart. Dieser sollte ihn fürs erste beherbergen. Das mochte der Magister nicht, weil dort zu viele Studenten verkehrten. Darauf erhielt er den Befehl, sein Quartier bei dem Unteroffizier Zutzel zu nehmen. Damit war in jedem Falle sichergestellt, dass der Kompaniechef über die Anwesenheit Laukhards in der Garnison unterrichtet blieb.
Das alles geschah am Ende des Jahres 1783, keine drei Jahre vor dem Tode Friedrichs des Großen.

Neben den Kantonisten, den geworbenen Ausländern und nicht dienstpflichtigen Inländern gab es noch die zahlenmäßig gar nicht so geringe Gruppe der sogenannten Überkompletten und Über-Überkompletten. Das war eine gewisse Anzahl von Soldaten außerhalb der Struktur, die dazu dienten, um bei Abgängen die Einheit sofort wieder auf die etatmäßige Stärke ergänzen zu können. (79,78)

## Kompaniewirtschaft

Das wirtschaftliche Rückgrat der Armee bildete die Kompaniewirtschaft. Den Unterhalt der Truppen gewährleistete der Staat dadurch, dass er den Kompaniechefs, also den Hauptleuten (zeitgenössisch: Kapitän) und Rittmeistern (bei der Kavallerie) einen Pauschbetrag zuwies. Die Kompaniechefs als »Inhaber« der Kompanie waren verpflichtet, dieses Geld zu verwenden, um die Kompanie in Personalbestand, Bewaffnung und Ausrüstung kriegstüchtig zu halten. Mit welchen Mitteln und Methoden der Inhaber der Kompanie dieses Ziel erreichte, war Sache des jeweiligen Kapitäns oder Rittmeisters. Auch der Chef des Regiments und die Stabsoffiziere besaßen Kompanien. Sie wurden von sogenannten »Stabskapitänen« geführt. Der war aber im Unterschied zu einem »wirklichen« Kapitän nicht wirtschaftlicher Inhaber der Kompanie.

Das Vorbild Friedrich Wilhelms I., des Schöpfers der Kantonsverfassung, der der »Plusmacherei« sehr ergeben war, wirkte über das ganze Jahrhundert fort. Ein Kompaniechef galt dann als »guter Wirt« – ein zeitgenössisch feststehender Begriff –, wenn es ihm gelang, seine Einheit in »Schuss« zu halten, bei den Inspektionen zu glänzen, und trotzdem durch sparsames Wirtschaften ein positives Saldo zu erzielen. Dieser Überschuss war neben seiner Besoldung dann sein ganz persönlicher Gewinn. Nach allen Schilderungen unterbrach ein ausbrechender Krieg dieses System.

Wirkliche Kriegsbegeisterung konnte man daher den so bevorrechteten Offizieren kaum unterstellen. Welche Quellen speisten nun den Profit des Inhabers einer Kompanie? Da standen an erster Stelle die sogenannten Beurlaubungen:

Das preußische Heer war, was die Inländer anbetraf, eine Armee von Bauern. (19,21ff.) Der Bauer, der auf dem Hof fehlte, war ein Ärgernis für den Gutsherrn. So bildete sich nach der Einführung des Kantonsystems rasch die Praxis heraus, den eingezogenen jungen Kantonisten vom Lande zu kurzer Ausbildung im Regiment zu behalten und ihn so schnell wie möglich nach Hause zu »beurlauben«, damit er als zupackende Arbeitskraft wieder auf dem heimischen Gut zur Verfügung stand. Der Widerspruch zwischen der ökonomischen Notwendigkeit, einerseits die bäuerliche Arbeitskraft zu schonen und dem politischen Anspruch auf der anderen Seite, ein zahlenmäßig starkes Heer zu unterhalten, hat das Bild der bewaffneten Macht Preußens von den Zeiten des Soldatenkönigs bis 1806/07 bestimmt.

Der Kompaniechef bekam vom Fiskus den Sold für den Soldaten ausgezahlt. In der Zeit, in der der Kantonist auf der heimischen –

gutsherrlichen – Scholle ackerte, musste er diesen Sold nicht weiterreichen. Das ergab einen ordentlichen Gewinn. Daneben existierten noch eine ganze Reihe von zweckgebundenen Zuwendungen, die in die Kasse des Chefs gelangten: Gewehrgeld, Reparaturgeld, Pferdearzneigeld, Montierungsgeld, Werbegeld. Ersparte hier der Chef durch »kluges Haushalten« einen Teil der Mittel, so floss der Überschuss auch in seine Tasche. Dazu kamen Pressionen derart, sich Bewilligungen, um die der Soldat einkommen musste, bezahlen zu lassen.

Die in der Kompanie dienenden Ausländer wurden ebenfalls über weite Teile des Jahres vom Dienst befreit. Da sie keinem Gutsherrn angehörten, der auf ihre Arbeitsleistung reflektierte, wurde hier ein anderes Mittel angewendet. Der Ausländer wurde einfach innerhalb der Garnison vom Dienst suspendiert und musste sich ein Handwerk oder etwas, womit er sich über Wasser halten konnte, suchen. Das waren die sogenannten »Freiwächter«. Auch deren Sold kassierte während der »Freistellung« vom Dienst der Kompaniechef.

Praktisch überschwemmten dann billige Lohnarbeiter den »Arbeitsmarkt« der Garnisonsstadt. Bittere Klagen der einheimischen Handwerksmeister, die sehr genau bemerkten, dass dieser »Billiglohnsektor« ihr Zunftprivileg unterlief, waren oft die Folge.

Noch bedeutsamer wird diese Problematik, wenn man weiß, dass die Armee sich in ihrer vollen Stärke allenfalls noch etwa zwei Monate im Jahr versammelte. Das war zur sogenannten »Exerzierzeit« im Frühling und – nur Teile des Heeres betreffend – dann noch zu den Herbstmanövern. Ansonsten hielt sich der Kantonist im heimischen Gutsbetrieb auf, der Freiwächter versuchte seinen Lebensunterhalt in der Garnison durch alle möglichen Arbeiten zu erwerben. Eine treffende zeitgenössische Abbildung aus der großen Berliner Garnison kündet von einem Grenadier, der Reinigungsgeräte verkauft und seine Ware mit dem Ruf »Bürschte, wer kauft Bürschte« anpreist. (12, 149)

Das war das ökonomische Innenleben der preußischen Armee beim Tode Friedrichs des Großen und das blieb es bis zum Frieden von Tilsit 1807. Neueste Forschung stellt die These Büschs von der personalen Identität von Gutsbesitzern und Offizieren in Frage. (8,IX) Dazu ist anzumerken, dass nach Auffassung des Autors das in dieser Stringenz auch von Büsch nicht behauptet worden ist. Es ging ihm wohl weniger um das einzelne Individuum, sondern eher um den Typus.

## Die Folgen der Beurlaubungen

In der hier in Rede stehenden Zeit rückte der Soldat im Frühjahr für sechs Wochen bei der Truppe ein. Während dieser 1 ½ Monate fand die eigentliche Ausbildung statt. Im Herbst rief man den Soldaten nochmals unter die Fahne, wenngleich ohne erneute Einberufung der Kantonisten. Das Interesse an deren Arbeitskraft in der Landwirtschaft überwog.

Diese preußische Art, das Missverhältnis zwischen dem Bedarf an Arbeitskräften, speziell in der Landwirtschaft, und dem Wunsch der Herrscher nach einer hochgerüsteten Armee zu überwinden, fand ihren Ausdruck in den Beurlaubungen der Kantonisten und Freiwächter für die meiste Zeit des Jahres. Die wirtschaftlichen Verhältnisse zwangen also den preußischen Königen in Friedenszeiten im Grunde ein Milizsystem auf. Zeitgenossen empfanden das bisweilen zutreffend. (43,281)

Diese Heeresverfassung hatte unabwendbare Nebenwirkungen: Von der Qualität der Ausbildung ganz abgesehen, konnte deren kurze Dauer nur ungünstige Folgen zeitigen. Außerhalb der Exerzierzeit blieben letzlich nur Stämme unter Waffen. Maßstab für den Umfang der weiter Dienst tuenden Soldaten bildete die Notwendigkeit zumindest den Wachdienst in den Garnisonen aufrecht zu erhalten.

Da galt es nicht nur die Hauptwache in der Garnisonsstadt zu besetzen, sondern auch Wachen für die Stadttore und – wie bei der Kavallerie – für die zahlreichen Pferdeställe vorzuhalten. Der Wachdienst hatte im 18. Jahrhundert einen sehr viel höheren Stellenwert als in neueren Zeiten, in denen es praktisch nur noch Kasernenwachen gab. In Berlin, so Sothen, existierten vor 1806 »nicht weniger als 61 Wachen«. (113,12) Neben den festen Wachen unterhielt man auch einen »ausgiebigen Rondendienst«. (113,12) Streifen patrouillierten also ständig in den Straßen und Gassen des Standorts und vor den Toren. Ein älterer Militärschriftsteller schätzt die Zahl der verbleibenden Diensttuer in den Kompanien außerhalb der Exerzierzeit auf 30–50 Soldaten. (113,12)

Der starke Wachdienst hat in den Städten zwei Ursachen gehabt: die Erschwerung von Desertion und die frühe Erkennung von Bränden. Die Befürchtung, eine verheerende Feuersbrunst könne auch die Quartiere und Ställe des Regiments verzehren, betraf das Militär unmittelbar und die Verhütung von Bränden lag nicht nur im Interesse der Stadtbürger.

Einc über den Wachdienst hinausgehende Ausbildung der Diensttuer fand wenig statt. Wer wachfrei war, hatte seine Ruhe. Es gab nicht viel zu tun. So kann man gut verstehen, dass der 1791 in das Regiment Gensdarmes (K 10) eingetretene blutjunge v.d.Marwitz schnell feststellte: »Außer der Exerzierzeit war der Dienst sehr leicht.« (68,41) Nachteiliger wirkten sich die Beurlaubungen bei den berittenen Einheiten aus. In »Pferdepflegertrupps« habe sich, so Pelet-Narbonne (87,346), die Kavallerie förmlich aufgelöst.

Die reiterlichen Fähigkeiten erlitten ganz natürlich Abbruch, wenn viele Kürassiere, Dragoner oder Husaren 10 ½ Monate des Jahres ein Pferd nur von Ferne sahen. (87, 346) So bleibt der Schluss, dass die Praxis der Beurlaubungen zweifellos zu einer erheblichen Verminderung der Effizienz der Ausbildung geführt haben.

Aber: Vielleicht hat der erbuntertänige Bauer auch auf dem heimischen Gutshof ab und an zu Pferde gesessen. Dass die Handhabung der Beurlaubung der Kantonisten und der Freistellung der Ausländer aber die Niederlage von 1806 begünstigt hat, ist jedenfalls nicht belegt.

Unter den obwaltenden Umständen einer recht unfruchtbaren Manövertaktik hätte weiteres Drillen womöglich wenig bewirkt. Das ständige Üben von »falschen« Ausbildungsinhalten hätte auch nichts verbessert.

## *Mann und Offizier – zum sozialen Gefüge der Armee*

Die Entwicklung der militärischen Ränge hatte sich im 18. Jahrhundert bereits in einer Form verfestigt, die der der Gegenwart weitgehend entsprach. Der Soldat musste zunächst seinem Unteroffizier gehorchen. Letzterer wusste den Offizier über sich. An der Spitze der Pyramide stand die Generalität.

### Mannschaften und Unteroffiziere

Die Mannschaftsdienstgrade waren noch nicht so stark zergliedert wie heute. Neben der ungeheuren Masse der einfachen Soldaten gab es nur noch den »Gefreiten«. Als Vorgesetzte in Spezialverhältnissen, z. B. auf der Wache oder als Aufsichtsperson in einer Soldatenstube, kamen ältere und ausgewiesen zuverlässige Soldaten in Betracht. Sie füllten im Einzelfall Funktionen aus, die sonst ein Unteroffizier wahrnahm. Der Gefreite war im Gegenzug dafür von manch lästiger Alltagsarbeit »befreit«. (92,III,59 u.117,46) Wie schon zuvor blieb der Gefreite, bei der Kavallerie auch »Freireuter« oder »Kalefaktor« (92,59; 9,169-abweichende Meinung) genannt, die einzige rangmäßige Differenzierung im Mannschaftsstand. Am Rande: der Gefreite hat als Lehnwort selbst in die russische Armee Eingang gefunden.

Der monatliche Sold der Mannschaften belief sich im Schnitt auf zwei bis drei Taler. (49,447)

Der Unteroffizier ist seit frühesten Zeiten der stehenden Heere die eigentliche Klammer zwischen Mannschaft und Offizier. Selbst durch Löhnung und Ansehen besser gestellt als der gemeine Soldat, ist er der Multiplikator, der in Person den Willen des Offiziers zur Geltung bringt. Er, der Unteroffizier, steht ständig – im Gegensatz zum Offizier – im Kontakt mit seinen Untergebenen. Praktisch ist der Unteroffizier ein Zwischenglied, das aber auch ganz zwangsläufig den Abstand zwischen Mann und Offizier vergrößert.

Im ausgehenden 18. Jahrhundert war die Trennung der »Ober-Offiziere« von den »Unter-Offizieren« schon sehr lange und deutlich vollzogen. Die unter einem Offizier stehenden Korporale befehligten ihre Korporalschaften, also Einheiten von ca. 10–15 Soldaten. Die ältesten Unteroffiziere, als solche Vorgesetzte der jüngeren Korporale, hießen Sergeanten. Sie besetzten z. B. Sonderfunktionen. Hier ist zuerst der Capitaine d`armes (58,63/64) zu nennen. Er verwaltete die Waffen und die Kammerbestände der Kompanie. Aber auch Sanitätsunteroffiziere, soweit man in dieser Zeit davon reden kann, scheinen als Capitaine d`armes bezeichnet worden zu sein. (58,63/64)

»Fouriere« hieß eine weitere Gattung von Unteroffizieren mit Sonderaufgaben. Sie besorgten auf Märschen und im Felde für die Kompanie die erforderlichen Geschäfte bezüglich der Unterkunft und Verpflegung. (2,186) Bei der Kavallerie besaßen auch die Trompeter Unteroffiziersrang. Im Gefecht fungierten die Sergeanten als »schließende« Unteroffziere hinter der aufgestellten Linie und waren als Erste dazu berufen, bei Verlust der Offiziere im Kampf das Kommando zu übernehmen. (58,65)

Der ranghöchste Unteroffizier bei der Kompanie war der Feldwebel, bei den berittenen Truppen und der Artillerie der Wachtmeister. Verantwortlich für den »inneren« Zustand der Einheit und federführend in den Verwaltungsangelegenheiten, ist er der Vorläufer des »Spießes« in den modernen Armeen des 20. Jahrhunderts (58,67; 118,74) geworden.

Die Stellung des Unteroffziers war insoweit eine eigentümliche, von der heutigen Zeit doch sehr abweichende, als er kaum über eigenen Handlungsspielraum verfügte. Nicht die selbständige Erfüllung von Aufgaben im Gefecht (modern: »Auftragstaktik«) stand im Fokus, sondern der Korporal hatte vorwiegend Auge und Ohr seines Offiziers zu sein. Der sogenannte »Visitierdienst« (58,119 ff.) nahm den Unteroffizier im Frieden neben dem Exerzieren voll in Anspruch.

Zur Verhinderung von Fahnenflucht waren die Unteroffiziere gehalten, ständig die Anwesenheit ihrer Untergebenen in den Quartieren zu kontrollieren. Der zu den Soldaten getretene Magister Laukhard meinte daher sinnig, dass die Unteroffiziere »eine große Ähnlichkeit mit den Verschnittenen haben, welche die Weiber im Orient bewachen müssen«. (61,106)

Wenn Rekruten gleich mit dem Unteroffizier in einem Quartier lagen, konnte das für Letzteren die Sache vereinfachen. Eine profunde und zugleich launige Beschreibung für den Typ einer der denkbaren Ausprägungen des Unteroffiziers liefert ebenfalls Laukhard. Sein Unteroffizier Zutzel aus dem IR 3, dem vormaligen Regiment des Alten Dessauers, konnte wahrlich ein Original geheißen werden. Seine Lieblingsbeschäftigungen scheinen »Branntweinsaufen« und Zanken mit seiner Frau gewesen zu sein. Ein Sittengemälde besonderer Art dazu:

*EIN UNTEROFFIZIER, DER STOPFT UND STRICKT:*

*Nichts war possierlicher anzusehen, als wenn Freund Zutzel dasaß mit dem Seitengewehr und einen blauen Mantel umhatte, eine schwarze Pudelmütze auf dem Kopf, die Brille auf der Nase, die Schnapspulle vor sich und so Strümpfe stopfte oder strickte, welches beides er aus dem Fundament verstand.*
(61,107)

Wer denkt da nicht an Spitzweg, der desöfteren handarbeitende Soldaten auf die Leinwand bannte!

Aber: zu allen Zeiten und in allen Armeen mag es gute und schlechte, menschenfreundliche und bösartige, zeitgemäß gebildete und dumme Unteroffziere gegeben haben. Überliefert ist aber nur weniges. Umso dankbarer muss man für Laukhards Charakterstudie sein. Die Bedeutung des Unteroffizierskorps für ein funktionstüchtiges Heer hatte aber Friedrich Wilhelm II. ohne Zweifel erkannt. So wurde 1789 die Zahl der Unteroffiziere, insbesondere bei der Kavallerie, stark vermehrt. (6,II, 236)

Eine nahezu revolutionäre Umwälzung geht auf Friedrich Wilhelm II. zurück: Von der nach modernen Maßstäben bisweilen überbetonten Ehrpusseligkeit des Offizierskorps wird noch die Rede sein. Hatte sich aber Friedrich der Große jemals darüber Gedanken gemacht, ob auch der Soldat oder der Unteroffizier eine »Ehre« besaß, die er wahren oder verteidigen musste?

Lange vor dem unter dem Konsulat 1802 gestifteten und im Napoleonischen Kaiserreich zu einem Verdienstorden für jedermann umgewandelten Kreuz der Ehrenlegion schuf der Nachfolger Friedrichs des Großen 1793 eine Auszeichnung für Mannschaften und Unteroffiziere. Die silberne und goldene Militärverdienstmedaille galten als Seitenstück zu dem Orden pour le merite, der nur an Offiziere verliehen wurde. Damit war in die streng ständisch organisierte Welt des alten Preußens eine kleine Bresche geschlagen. Der König suchte damit auch die Mannschaft und das Unteroffizierskorps durch ideelle Anreize zu motivieren, »am Portepee zu fassen«, wie man so sagt. Seine Intention hat Friedrich Wilhelm II. schriftlich niedergelegt.

*FRIEDRICH WILHELM II. AN DEN FELDMARSCHALL VON MÖLLENDORF 1794:*

(Es solle bekanntgemacht werden), *... dass keiner, der die Verdienstmedaille erworben, mit Fuchteln oder Stockschlägen bestraft, sondern bei groben Vergehen auf den Verlust der Medaille erkannt und dies als die härteste Strafe geachtet werden soll.* (94,II,239)

Das Tor in eine neue Zeit ist aufgestoßen. Die Scham über ein soldatisches Vergehen sollte schwerer wiegen und schmerzhafter empfunden werden, als das schlichte Verprügeln. Der Sold der Unteroffiziere bewegte sich um 1800 zwischen 3 und 4 ½ Talern monatlich. (49,447)

## Eine Klasse für sich: die Junker

Von einer Minderzahl von Offiziersanwärtern abgesehen, die im 1717 gegründeten Kadettenkorps und dessen auswärtigen Häusern erzogen wurden, bildete der Eintritt der adeligen Knaben als Junker in ein Regiment den gewöhnlichen Beginn von dessen Militärkarriere. Die Junker gehörten streng genommen noch zur Gruppe der Unteroffiziere. Allerdings blieb nie unvergessen, aus welchem Stand dieser kam und was seine zukünftige Profession sein sollte. Im noch kindlichen Alter von 12, 13 oder 14 Jahren trat der junge Adelige unter die Fahne. Noch zierten ihn nicht die Zeichen der Offizierswürde, insbesondere trug er nicht die silberne Offiziersdegenquaste, sondern eine solche aus Wollstoff. Das Leben der »Wollmichel« oder »Troddeljunker« war vor allem in der Exerzierzeit sehr hart, überforderte auch den jugendlichen Organismus bisweilen. Die wenigen überlieferten Zeugnisse führen zu dieser Annahme.

Die Könige wünschten, die Feldzeichen in den Händen junger Aristokraten zu sehen. So trugen regelmäßig »Gefreitenkorporale« (auch genannt »Gefreiter-Korporale« oder »Freikorporale« – 118,59), wie die dienstliche Bezeichnung der Fahnenjunker bei den Fußtruppen lautete, die Fahnen. Bei der Reiterei führten Standartenjunker die Kavalleriefahnen, die Standarten hießen. Bei der Artillerie nannte sich der entsprechende Rang Stückjunker, wenngleich die Einheiten der Artillerie Truppenfahnen nicht führten.

Friedrich Ludwig von der Marwitz, Jahrgang 1777, begann, obschon aus Gründen der Anciennität bereits Anfang 1790 in die Listen aufgenommen, ein Jahr später seinen aktiven Dienst. Im Regiment Gensdarmes (K 10) in Berlin erlebte er eine erste Exerzierzeit, die den 14-Jährigen an die Grenzen seiner Körperkraft führte. (68, 42) Die Standarte, die er windbewegt kaum zu halten vermag, muss er bei der Revue wegen völliger Erschöpfung (»leichenblass und schweißbedeckt« – 68,42) an einen Unteroffizier abgeben.

Goethe beobachtet in ganz ähnlicher Lage 1792 den 13-jährigen Freiherrn von Bechtolsheim bei Valmy, als er eine Standarte der Weimar-Kürassiere (K 6) führt. Wie es scheint, kamen Konzessionen an die körperliche oder seelische Unreife, also an die Jugendlichkeit der Junker, überhaupt nicht in Frage. Wenn erforderlich, erhielt auch der Junker vor versammelter Wachtparade »zwanzig Fuchtel mit der Klinge« (68,43) aufgezählt.

Die erste Zeit nach dem Eintritt ins Regiment kam der Junker zu einem alten Unteroffizier oder Wachtmeister auf die Stube. Einen Burschen durfte wohl der Eleve zumindest in den ersten Monaten noch nicht haben. (4,44) Er musste mithin für die nächste Zeit alle Verrichtungen selbst besorgen.

Ein namentlich nicht bezeichneter Standartenjunker bei den Blücher-Husaren (H 8) – eingetreten 1802 – beschreibt seine frühe Laufbahn so, dass er zunächst acht Monate Dienst leistete als gemeiner Husar. Dann erhielt er eine Korporalschaft und tat Unteroffiziersdienste. Jener erlebte strenge Vorgesetzte, landete im Arrest und musste Flüche ohne Zahl auf sich herabprasseln lassen. Allerdings blitzte auch ab und an auf, dass der Junker der gleichgeachtete Kamerad von morgen war. Der Anonymus zitiert seinen von der »Kopfgicht« – die Folge einer Kriegswunde – geplagten Rittmeister: »Verfluchte Lümmel, infames Rackerzeug, krummbeinige Schneidergesellen«, seien noch die »sanftesten Benennungen« gewesen, mit denen er seine Einheit bedachte, so der Augen- und Ohrenzeuge. Aber dann an ihn persönlich die Worte gerichtet: »Junker, Sie sind bei allem nicht mit gemeint«. (4,I,45)

Ein weitgerühmter Name, ein junger Mann aber, dessen Berührung mit dem Soldatenstand unglücklich endete: Der Dichter Heinrich von Kleist tritt 1792 mit 14 Jahren als Gefreitenkorporal in das Regiment Garde (IR 15 b) ein. Nach nicht einmal sieben Jahren, zwar inzwischen Offizier, gibt er enttäuscht ein Verhältnis auf, dass eigentlich ein Leben währen sollte. Das preußische Militär erscheint ihm als »ein lebendiges Monument der Tyrannei«. (7,17).

Hermann von Boyen`s Eintritt ins Heer (IR 2) erfolgte im 13. Lebensjahr. Beim Regiment »eingeschrieben« war er schon ein Jahr zuvor. Er bekundet, dass der Freikorporal alle Dienste vom Exerzieren, über die Wache bis zum Kompanievisitieren, mitmachen musste. Er übte also klassische Unteroffiziersaufgaben aus. Auch gab es Unterricht in Geometrie und Planzeichnen. (14,10ff.)

Dennoch darf man sich diese Jahre im Leben der Heranwachsenden nicht als einen endlos dauernden »Stress« (wie man modern sagen würde) vorstellen. Marwitz hatte schon bekundet, dass der Dienst außerhalb der kurzen Exerzierzeit in ruhigeren Bahnen verlief. Viel gefährlicher war es für die jungen Leute, auf »dumme Gedanken« zu kommen, um in den Einödgarnisonen die aufkeimende Langeweile abzutöten. So sind die überlieferten Streiche der den Kinderschuhen entwachsenden jungen Militärs Legion. Zu den Junkern gesellten sich für solchen Schabernack allezeit die jüngsten Offiziere des Regiments gern hinzu.

Fouque – später ein bekannter Schriftsteller der Romantik – berichtet von einem unter Fackelschein nächtens vorgetäuschten Leichenzug, der die Bewohner der Garnisonsstadt Aschersleben (K 6) erschrecken sollte. Die ein andermal in der Dunkelheit aufwendig inszenierte und mit viel Getön, Getöse und Schellengeläut vorgetäuschte Schlittenfahrt im Sommer (73,118) verfolgte den gleichen Zweck, nämlich den Einwohner der Stadt an seinen Sinnen zweifeln zu machen. Der Anonymus vom H 8 weiß zu berichten, dass man dem braven Bürger bisweilen Dungwagen und Ackergerätschaften vor dem Hause aufhäufte oder dessen Haustiere anpinselte. Dem Bürgermeister wurde auch einmal die Hauspforte zugemauert. Das war, wie der Verfasser der Memoiren es nennt, der »unvertilgbare Hang zum Possentreiben«. (4,I,49) Nur am Rande sei erwähnt, dass diese Tradition sich noch lange in den Streitkräften hielt. Beispiele dafür gibt es verschiedentlich.

Dass selbst ein dem Junker eingeräumtes Vorrecht unter Umständen ein zweifelhaftes Vergnügen sein konnte, weiß der junge Mann von den Blücherhusaren zu berichten. Nach alter Sitte hatte er, wie in der Armee üblich, an der Tafel seines Rittmeisters zu speisen:

*EIN JUNKER AN DER MITTAGSTAFEL:*

*Daß diese Mittagsmahlzeit für uns Junker etwas Behagliches hatte, möchte ich nicht behaupten. Wir befanden uns während dieser Zeit stets in einer Art von Dienstverhältnis, durften den Mund nicht aufmachen, wenn wir nicht ausdrücklich gefragt wurden, und erhielten Arrest, sobald wir einen Flecken auf das Tischtuch gemacht hatten oder auch nur eine Minute zu spät gekommen waren ...Viel unangenehmer, als der Rittmeister selbst, war uns Junkern die unverheiratete Schwester desselben, die ihm die Wirtschaft führte und beim Mittagstisch obenan saß. Es war eine alte, geizige Person, recht das Vorbild einer vertrockneten, neidischen, keifigen alten Jungfer. Der beste Wein konnte zu Essig werden und süße Milch sogleich gerinnen, wenn sie ihre Blicke darauf richtete. Besonders wenn wir Junker etwas zu sehr in die Schüsseln griffen, wußte sie gar nicht, was sie für verzwickte Grimassen schneiden sollte, und wo sie nur konnte, knappte sie an dem ohnehin schon kärglich zugemessenen Mittagessen soviel ab, dass wir gewöhnlich halb gesättigt wieder aufstehen mußten. Suppe, Gemüse und ausgekochtes Fleisch bildeten unser Mahl, Dünnbier das Getränk dazu. Kam der Braten auf den Tisch, so mußten wir Junker aufstehen und durften nur Sonntags länger sitzen bleiben, wo dann jeder ein Stück von dem schlechtesten Teil des schlechten Bratens und ein Kelchglas sauren Weins von Grüneberger Nordseite erhielt.* (4,I,44-46)

## Subalternoffiziere

Nachdem ein Junker gewöhnlich zwei oder drei Jahre Dienst geleistet hatte, zuerst als Gemeiner, dann als Unteroffizier, stand die Ernennung zum Offizier an. Der erste Offiziersdienstgrad war bis 1806 bei der Infanterie der Fähnrich und bei der Reiterei der Kornett. Keine Regel ohne Ausnahmen: Der Junker von der Marwitz wurde schon nach einem Jahr aktiven Dienstes Kornett. (73,44) Der spätere Dichter Friedrich de la Motte Fouque konnte sich die Zeit als Junker sogar ganz ersparen.

Durch Protektion trat er 1794 unmittelbar als Offizier bei den Weimar-Kürassieren – K6 – ein, als »fröhlicher Kornet« (73,70), wie er sich selbst nennt. Ob der Dichter Adalbert von Chamisso noch ein Junker wurde oder ob er 1798 in ein Berliner Infanterieregiment (70,III,930) schon als Fähnrich eintrat, war vorderhand nicht zu ermitteln. In der Skala der Beförderungen folgte dann der Secondelieutenant, schließlich der Premierlieutenant. Streng genommen sind auch die Stabskapitäne bzw. bei der Kavallerie die Stabsrittmeister, die eine Kompanie befehligten, aber nicht deren Inhaber waren, den Subalternoffizieren zuzurechnen. Allerdings lag deren Besoldung mit etwa 800 Talern pro Jahr schon sehr deutlich über den Bezügen eines Leutnants oder gar eines Fähnrichs.

Das Los des Subalternoffiziers war, sofern er nicht von zu Hause reichlich Zuschüsse erhielt, kein beneidenswertes. Die Besoldung konnte nur mäßig genannt werden. Davon musste der junge Offizier noch manche unvermeidbare Nebenausgabe bestreiten. Teuer zu stehen, weil auf eigene Kosten zu beschaffen, kam ihm insbesondere die gestickte Gala-Uniform. Schuldenmachen war ihm im Übrigen streng verboten.

Eine gewisse pekuniäre Entlastung bildete, wie schon erwähnt, der Brauch, wonach der Kompaniechef, zumindest den Junkern und unverheirateten Offizieren, freien Mittagstisch bot.

## Die »wirklichen« Kapitäne und Rittmeister; die Stabsoffiziere; der Chef des Regiments; die Generalität

Sämtliche vorgenannten Offiziere hatten eins gemeinsam, ob Kapitän/Rittmeister (= modern Hauptmann), Major (auch älter bisweilen noch Obristwachtmeister genannt), Oberstleutnant, Oberst oder als General der Chef des Regiments: sie waren Inhaber einer Kompanie und zogen daraus finanziellen Gewinn. Erst in dieser Offiziersklasse war ein auskömmliches Leben gesichert.

Nach Büsch erzielte ein Kompaniechef am Ende des 18. Jahrhunderts ein Jahreseinkommen von 2.282 Taler. (19,121) Majore kamen auf 2.737, der Obrist auf 5.045 Taler. (19,121) Den Sold für Generale bemisst Büsch auf 6.–7.000 Taler. Diese Beträge erhöhten sich real noch um 10 bis 20 %, weil ein Viertel der Besoldung in Gold (»Taler Courant«) gezahlt wurde. Diese Münzen hatten einen erhöhten Verkehrswert. (19,120)

Das über die Besoldung hinausgehende Belohnungssystem für das höhere Offizierskorps und die Generalität beruhte ausschließlich auf der Gnade des Herrschers, bindende Vorschriften oder Versorgungsregelungen gab es nicht. Wer eine Dotation (= ein Geldgeschenk oder ein Rittergut), die Einnahmen aus einer Domherrenstelle oder einer Amtshauptmannschaft erhielt, bestimmte der König nach eigenem Ermessen und Gutdünken.

Es bleibt jedenfalls ein für allemal die Feststellung, dass das finanzielle Gefälle vom Soldaten bis zum General atemberaubend gewesen ist.

Die Einkünfte eines »wirklichen« Kapitäns oder Rittmeister beliefen sich fast auf das Hundertfache des Jahressoldes eines einfachen Soldaten. Ein General verdiente im gleichen Verhältnis etwa das Zweihundertfache eines einfachen Soldaten.

Die ersten Generalsränge waren der Generalmajor und der Generalleutnant. Diese waren in der Regel Inhaber eines Regiments. Geführt wurde das Regiment vom Kommandeur, der regelmäßig den Rang eines Obersten bekleidete.

Dem Generalleutnant folgte rangmäßig der »General der Waffengattung«, also entweder der General der Infanterie oder der General der Kavallerie.

An der Spitze der Rangpyramide im Heer stand der Generalfeldmarschall. Ein Grad »Generaloberst« existierte noch nicht. Er ist in Preußen erst 1854 eingeführt worden. (118,71)

Auch in der Ranggruppe der Stabsoffiziere und Generale waren die Typen und Charaktere breit gefächert. Wir werden vielfach auf sie zurückkommen. Merkwürdig ist bei den schriftlichen Überlieferungen allemal, zu welch grundverschiedenen Beobachtungen zeitgenössische Betrachter kommen.

Fouque und Goethe gewinnen den höheren Vorgesetzten regelmäßig schöne Züge in Auftreten und Umgang ab, während Boyen an seinem General v. B.(esser) kein gutes Haar lässt. (14,130)

Die Zustände, die Friedrich Wilhelm II. hinsichtlich des Versorgungswesens alter und invalider Offiziere bei seinem Regierungsantritt vorfand, zeigten sich wenig befriedigend. Zur Verbesserung legte er 1788 eine Abgabe auf alle Besoldungen. Auch erging 1789 ein Patent, dass die Versorgung dienstunfähiger Offiziere regelte. (94,II,239) Angedacht war materielle Sicherstellung durch Übernahme in die zivile Staatsverwaltung, Einstellung in eine Invalidenkompanie oder – sofern kein eigenes Vermögen vorhanden – durch Pensionen. Die gut gedachten Bemühungen griffen aber wegen chronischer Unterfinanzierung nur bedingt bis gar nicht. Jany weist darauf hin, dass 1791 immer noch über 15.000 Invaliden völlig unversorgt waren. (49,196)

Es gab wohl Fonds wie die Offizierswitwenkasse zur Erziehung von Offizierstöchtern. Auch erhielten Soldatenkinder »Pflegegelder« und es wurde durch einen Schulfonds für sie gesorgt. Insgesamt blieb aber eine durchgreifende Besserung aus. So dürfte die Schilderung Janys, »Tausende von unversorgten Invaliden bettelten«, (49,194) bis zum Untergang der alten Armee zugetroffen haben. Viele Veteranen, so dieser Autor, seien durch »Not und Trunksucht ganz heruntergekommen«. (49,194) Etwas mehr als ein Dutzend Invalidenkompanien und etliche Invalidenhäuser reichten für die Monarchie einfach nicht aus.

Während für den einfachen Soldaten demnach Dienstunfähigkeit im ungünstigen Falle den Absturz ins Elend bedeutete, konnten Hinterbliebene von Offizieren nach dem Tode des Ernährers zumindest fühlbaren Einschränkungen in der standesgemäßen Lebensführung unterworfen sein. Die Witwe des Generals von Byern kam bei Friedrich Wilhelm III. darum ein, ihr doch die Bezüge aus der Amtshauptmannschaft des verstorbenen Generals zu belassen. Die Antwort des Königs kam, jedoch wird diese die Empfängerin kaum erfreut haben.

*FRIEDRICH WILHELM III. IM JAHR 1800 AN DIE WITWE DES GENERALS VON BYERN:*

*Gern würde ich Euch, wenn es nur von meiner Bereitwilligkeit abhinge, Eurem Wunsche willfahren und Euch die Amtshauptmannschaft des Verstorbenen noch auf einige Zeit auszahlen lassen. Da ich indessen noch so außerordentlich viele, gantz hilflose Officierswitwen zu versorgen habe, denen es selbst an dem notdürftigsten Lebensunterhalt gebricht, so müsste Ich die Unterstützung, welche ich Euch zufließen ließe, diesen Unglücklichen entziehen.«* (94,II,411)

Merkwürdigerweise wird über das mutmaßlich größte Versorgungsinstitut des Landes in der Literatur kein Wort verloren: die Großfamilie. Es ist nämlich mit einiger Sicherheit davon auszugehen, dass der dienstunfähig gewordene Kantonist wieder in sein bäuerliches und gutsherrliches Umfeld zurückgekehrt und dort von seiner Familie, ohne große Worte darüber zu verlieren, unterhalten worden ist.
Als Fazit bleibt: trotz königlicher Festsetzung von gewissen Versorgungsvorschriften reichten die staatlicherseits aufgewendeten Mittel nicht hin. So blieb es dann doch wieder der Entscheidung des Monarchen vorbehalten, wer welche Leistung erhielt.

## *Vom Alltagsleben in der Garnison*

### Unterkunft

Neben den wirklich großen Garnisonsstädten Berlin, Potsdam, Breslau und Magdeburg war die Masse der Regimenter in kleinen Landstädten untergebracht. Hier ist vor allem die Überschaubarkeit der räumlichen Verhältnisse bemerkenswert, konnte man doch viele Orte in einer halben Stunde von einem Stadttor zum andern durchwandern.
So haben die für die militärische Einquartierung bedeutsamen Gebäude in der Regel nahe beieinander gelegen: Irgendwo im Zentrum der Stadt befand sich die Hauptwache.

In Minutenentfernung davon der Wohnsitz des Chefs, weiter das Haus des Regimentskommandeurs, die Garnisonskirche, wo vorhanden das Exerzierhaus oder eine überdachte Reithalle. Da auch die Offiziere am Standort zur Miete wohnten, darf man davon ausgehen, dass neben dem Visitieren der Unteroffiziere auch die »gefühlte« Nähe von Offizieren stets zur Aufrechterhaltung der militärischen Disziplin beigetragen hat.

Die Soldaten lagen, oft gemeinschaftlich, in Bürgerquartieren. Wie wir von Laukhard wissen, beherbergten auch Unteroffiziere der Regimenter eine Anzahl Soldaten. Wohlhabendere Bürger konnten bisweilen auch auf ihrem Anwesen ein gesondertes »Einquartierungshaus« errichten, in dem die zugewiesenen Soldaten lebten. Damit konnte ein bessergestellter Stadtbewohner zumindest die Härten der Einquartierung etwas mildern.

Wer einem verheirateten Soldaten nebst Eheweib und Kindern Quartier zu geben hatte, war vielleicht nicht unbedingt zu beneiden. Allerdings gilt es zu beachten, dass ein Regiment häufig über Generationen zu einer Stadt gehörte. Die Städter kannten daher nichts anderes und man hatte sich darauf eingerichtet. Kasernen im heutige Sinne gab es nicht. Diese Form der Unterbringung hat sich eigentlich erst in der zweiten Hälfte des 19.Jahrhunderts durchgesetzt. (92,V,1,59ff.;74,168ff.)

## Verpflegung

Da keine kasernierte Unterbringung existierte, gab es zwangsläufig auch keine zentral verantwortete Verpflegung. Das Bild von aufmarschierenden und in einen Speisesaal einrückenden Soldaten gehört einer späteren Zeit an. Jeder hatte sich selbst um seine Nahrungsbeschaffung zu kümmern. So fanden sich kleine Gruppen von Soldaten zusammen, von denen im Wechsel immer einer die Mahlzeiten bereitete. Andere ließen sich gegen Bezahlung von ihren Quartierwirten »bekochen«, was wiederum die einheimischen Gastwirte nicht erfreute. Wieder andere versorgte der »Knapphans«, der Marketender. Dieser war meist ein verheirateter Unteroffizier, der gegen Bezahlung Soldaten versorgte. (102,249;118,187) Als Vorläufer der modernen Schnellrestaurants gab es in den Städten den »Garbrater«, der als eine »Mittelstufe zwischen Fleischer und Gastwirt« (93,120) anzusehen ist.

Prekär war, dass sich die Soldentwicklung weitgehend von dem fortschreitenden Preisanstieg für Lebensmittel abgekoppelt hatte. Der Musketier erhielt wie 1740 noch um das Jahr 1800 einen Sold von zwei Talern. (49,447) Friedrich Wilhelm III. hat 1799 zur Besserung der Umstände versucht, der Teuerung durch die Einführung einer zum Sold zusätzlich geleisteten

Brotration beizukommen. (49,447) Vor allem der verheiratete Soldat war, besonders als Freiwächter, auf »Nebenerwerb« angewiesen.

*DER SPÄTERE GENERAL VON WACHHOLTZ, 1806 LEUTNANT IM REGIMENT VON MALSCHITZKY (IR 28, GARNISON: BRIEG IN SCHLESIEN) ÜBER DIE FREIWÄCHTER:*

*Die Kasernen* glichen Fabriken; denn in jeder Stube standen große Räder und Hecheln, an welchen Soldaten, während sie im Dienste nicht beschäftigt waren, bis aufs Hemd ausgezogen und mit bloßen Füßen, vom Morgen bis in die Nacht hinein Wolle spannen und kratzten.*
*An allen Straßenecken fand man einige dieser Bedürftigen, die Montur über der Schulter und die Axt in der Hand, um für einen geringen Tagelohn ein Klafter Holz zu spalten. Zu jeder schweren Arbeit waren sie bereit und wurden dazu gebraucht. Wirkliche Bettelei fiel bei denselben zwar nicht vor, doch war jedem die geringste Gabe angenehm.* (49,447;zit. nach v.Vechelde)

*Gemeint sind die Wohnunterkünfte der Soldatenfamilien im Sinne von »Mietskasernen«

Unter dieser Sicht ist es zu verstehen, dass das Regiment Einfluss auf die Gestaltung der Preise in der Garnison nahm. Nach Büsch setzten Offiziere des Regiments in den Garnisonsstädten »die Taxen für Brot, Fleisch und Bier« (19,111) fest. Anzumerken ist noch, dass die Kultivierung der Kartoffel am Ende des fridericianischen Zeitalters zur Verbreiterung der Nahrungsgrundlage ungeahnte Bedeutung gewann.

Eines weiteren »Grundnahrungsmittels« ist hier noch zu gedenken: es heißt Branntwein. Von Magister Laukhard wissen wir, dass sein Unteroffizier Zutzel und dessen Eheliebste (»welche ein ganzes Nößel doch immer noch ein Tröpfchen nannte« – 61,107-) ausgewiesene Freunde des geistigen Getränks gewesen sind. Als sich Laukhard dann mit seinem Quartierwirt zerstritten hatte, frühstückte er nicht mehr in der Gemeinschaft mit diesem, sondern: »Allein da er anfing zu fordern, wies ich ihn ab und trank meinen Schnaps für mich allein«. (61,107) Auch für den 16-jährigen Junker von den Blücherhusaren besteht das Frühstück aus »Kommißbrot, mit etwas Wurst oder Käse belegt, je nachdem der augenblickliche Kassenbestand solchen Luxus erlaubte, nebst einem Schluck Kornbranntwein ... (4,44)

Man muss aber beachten, dass

diese Ernährungsgewohnheiten nicht auf Übermut und Trunksucht basierten, sondern darauf, dass man in dieser Zeit dem Wasser grundsätzlich als Träger von irgendwelchen Krankheitskeimen misstraute und trinkbare Weine schlicht zu teuer gewesen waren.

Selbst Poten widmet noch im Jahr 1877 in seinem Militärlexikon dem Branntwein einen Abschnitt, in dem er aus physiologischer Sicht begründet, warum das Getränk für den Soldaten unverzichtbar ist. (92,II,104)

## Familiäres – Zwischenmenschliches

In den Garnisonen der Großstädte und in denen des flachen Landes fand, wen wollte das verwundern, auch das pralle Leben statt. Soldaten heirateten Städterinnen, Kinder erblickten das Licht der Welt. Es entstanden durchaus auch Freundschaften und Beziehungen zwischen dem Militär und der städtischen Bevölkerung. Das kann man ersehen, wenn man betrachtet, wen der Soldat zu seinen Kindtaufen einlud oder als Gevatter bat.

Auch kam es vor, dass ein Soldat ein Mädchen aus einer anderen Soldatenfamilie ehelichte. Pastor Krause (57,1.11.24) benennt einen Fall – allerdings aus der Zeit vor dem Siebenjährigen Krieg –, der dazu führte, dass Schwiegervater und Schwiegersohn als Gemeine in einer Kompanie dienten. So etwas konnte sich bis 1806 immer ohne Weiteres ergeben, da auch ältere Soldaten, also ab 40 aufwärts, so selten nicht waren.

Hochzeiten und Taufen in Offizierskreisen waren naturgemäß opulenter. Der Vater des schon benannten Junkers von den Blücherhusaren, natürlich seinerzeit auch Rittmeister in ebendemselben Regiment, machte gleich alle Husaren seiner Schwadron zu Taufpaten. (4,8)

Typischer war aber, dass neben den Offizieren des eigenen Regiments, Fürstlichkeiten, die in irgendeiner Beziehung zu den Eltern standen, die Patenstelle einnahmen.

## In Sorge um die Sitten

Die räumliche Nähe von Stadtbevölkerung und Soldaten, konkret die herrschenden Einquartierungsverhältnisse, brachten es mit sich, dass auch ganz ungewollt manch uneheliches Kind geboren wurde. Dann galt es für Offiziere und Feldprediger zu forschen, wer von den Soldaten sich am Ende als Vater bekennen musste. Das war für ein junges Mädchen keine erfreuliche Situation.

Aber auch mit dem moralischen Wandel des Offizierskorps bezeigte sich die Obrigkeit bisweilen unzufrieden. Es wirkte jedenfalls bis in die Zeiten des staatlichen Zusammenbruchs von 1806 nach, dass die vorigen Könige frühes Heiraten ihrer Offiziere nicht gern sahen. Das »Leitbild« Friedrichs des Großen blieb in dieser Beziehung sowieso der Junggeselle. Dieser Umstand »begünstigte die Entstehung des Kurtisanenwesens in allen Garnisonen und führte bei vielen ernster veranlagten Offizieren bis zum General zur Pflege steter außerehelicher Verbindungen mit Mädchen meist niederen Standes«. (57,160)

Hinzu tritt, dass nach dem Verständnis der Zeit auch der König Friedrich Wilhelm II. alles andere als sittenstreng gewesen ist und kaum als »Vorbild« dienen konnte. Der »Familienmensch« Friedrich Wilhelm III. und vor allem die Königin Luise stießen sich hingegen sehr an diesen Zuständen.

Harte Befehle gegen das weit verbreitete »Maitressenhalten« (94,III,12) ergingen in den Jahren 1798 bis 1800. Dass diese Weisungen bis 1806 greifbare Wirkungen gezeitigt hätten, ist nicht erkennbar.

So blieb alles wie es war. Darüberhinaus raffte die Syphilis manch hoffnungsvollen jungen Offizier vor der Zeit hinweg.

## Religiöse Toleranz

Die Könige waren blinder Glaubenseiferei abgeneigt. Wenngleich die übergroße Masse der Soldaten dem evangelischen Bekenntnis anhing, so akzeptierte man auch eine Minderheit katholischer Soldaten. Zum Corps Towarczys – H 9 –, das allerdings im tiefsten Preußisch-Polen stationiert war, gehörte auch eine Tataren-Eskadron, deren Mannschaften Muslime waren. Auch das bildete keinerlei Problem. Der geistlichen Betreuung stand in allen Konfessionen und Religionen der Staat nicht im Wege. Die Regimenter bildeten in den Garnisonen selbständige Militärgemeinden mit eigenen Predigern und einer separaten Führung der Kirchenbücher.

Dass aber dennoch keine starre Trennung zwischen der Stadt- und der Militärgemeinde bestand, bekundet Drosihn beispielhaft für K 6. Er liefert eine Beschreibung zum Jahreswechsel 1800/1801, der ganz offenkundig von Einwohnern und Soldaten gemeinsam begangen worden ist.

*JAHRHUNDERTWECHSEL IN DER GARNISONSSTADT ASCHERSLEBEN (K 6):*

*Nach und nach füllte sich das Gotteshaus, das von einem starken Weihrauchgeruch erfüllt war, da ertönten, als die Orgeltöne zu erklingen begannen, von außen Kommandos und in dichten Gruppen betraten die v. Quitzowschen Kürassiere die Kirche. Es waren zum Theil schon ältere, starke Leute ... sie trugen blaue Uniform, mit weißem Vorstoß, weiße wildlederne Hosen und große Reiterstiefel; auf dem stark bezopften und gepuderten Haupte saß ein dreieckiger Hut mit einem Haarstutz an der Seite ... Das Trompetercorps hatte sich nach dem Chore unter die Orgel begeben und begleitete den Gesang mit Posaunen und Trompeten.* (25,4/5)

Starb ein Soldat im Dienst, so führte der letzte Gang in der Regel zum »Militär-Gottesacker«, der eigenen Begräbnisstätte für die Regimentsangehörigen.

## Vom Aufschwung des Geistigen

»Freizeit« im modernen Sinne kannte der Mensch des ausgehenden 18. Jahrhunderts nicht. Am Stadtarmen und dem gemeinen Soldaten – wenn er nicht gerade Magister Laukhard hieß – dürften die Wohltaten der Aufklärung noch weitgehend vorbeigegangen sein.

Allerdings hatte im Vergleich zu den Zeiten des Soldatenkönigs und Friedrichs des Großen bei den Offizieren eine spürbare Verfeinerung der Sitten stattgefunden und sogar hier und dort Bildungbeflissenheit um sich gegriffen.

Musste der Alte Fritz noch rohe Trunksucht und Hasard bei dem

Offizierskorps rügen, wuchs nun die Zahl der an geistigen Materien interessierten Militärangehörigen. Das war kein Wunder, sondern lag im »Trend« der Zeit. Wir reden hier von Jahren, in denen Kant, Klopstock und Gleim populär gewesen sind, Goethe und Schiller in der literarischen Welt bereits festen Fuß gefasst hatten. Zumindest ein Teil des Offizierskorps blieb davon nicht unbeeindruckt. Die Stunden der Muße auf Bildung zu verwenden, galt jedenfalls nicht mehr als Schande.

Lektüre, eigenhändige schriftstellerische Versuche und das Verseschmieden beurteilte man in Offizierskreisen nicht mehr als unvereinbar mit dem Waffenhandwerk. Lesezirkel, Besuche von Vorlesungen und geistiger Austausch mit Gleichgesinnten, auch, wenn sie aus dem gehobenen Bürgertum der Garnisonsstadt kamen, fanden ungehindert statt.

Der Dichter Fouque, seinerzeit junger Offizier im K 6, vermerkt für die Zeit nach dem Baseler Frieden von 1795 dazu etwas in seinen Aufzeichnungen:

*BILDUNGSEIFER IN DER GARNISON:*

*Jetzt bildete sich bald wieder in Aschersleben ein geselliger Kreis von mehrst Offizieren unter der damalig modern üblichen Bezeichnung Casino,* für Journal und sonstige Lecture bestimmt.*
*Wie es damit ernstlicher gemeint war, als für bloße Unterhaltung, zeigte sich an der Annahme von Posselts Annalen, ja von Schillers Horen, und der Abwesenheit aller ganz frivolen Schreiberei.* (73,119)

*Kasino ist hier als Ort der Lesestube gemeint, nicht im Sinne des Offizierskasinos, das es noch nicht gab.

Ein Reisender aus dem Jahr 1789 vermerkt, ebenfalls die Garnisonsstadt Aschersleben, das Tor zum Harz, betreffend, dass ein ehrwürdiger, geschickter und wissenschaftlich gebildeter Greis, namens »der spaßhafte Klausen« u.a. jungen Offizieren Unterricht »im Rechnen, Schreiben, Malen und vorzüglich in der Ingenieurzunft« erteile. (51,22)

Der spätere Kriegsminister von Boyen berichtet über seine Königsberger Garnison ganz Ähnliches. Einige Offiziere sollten nämlich in jeder Provinzhauptstadt durch einen vom König bestimmten Lehrer »Militärunterricht« (14,17) in Mathematik und Fortifikation erhalten.

Der Schulmann Rektor Sangerhausen veröffentlichte ein

Werk mit dem Titel: »Vorlesungen vor dem Corps Officiers des hochfürstl. Weimar. Kürassierregiments gehalten, Berlin 1793.« (86,57)

Wilhelm von Döring, später bis zum General aufgestiegen, berichtet über seinen Vater und dessen Interessen. Dieser war um 1790 Ingenieurleutnant in der schlesischen Festung Cosel.

*DIE STECKENPFERDE DES LIEUTNANTS IM INGENIEUR-CORPS DÖRING:*

*Der Vater war ein anerkannt geschickter und wissenschaftlich gebildeter Ingenieur, doch beschränkte sich sein Wissen nicht auf sein Fach. So unter anderem experimentierte er viel mit einer Elekrisir-Maschine, stellte selbst ein Galvanisir-Präparat, so ein Barometer und Thermometer her, betrieb die Obst- und Blumenzucht rational, war Pyrotechniker und machte für uns Kinder die herrlichsten Spielzeuge, Ombus-Chinois (= Schattenspiele), große Jagden und viel andere Papparbeiten.* (26,2)

In der zweiten Hälfte des 18. Jahrhunderts blühte die Freimaurerei so recht auf. Dem postulierten Ziel der »Veredelung des Menschengeschlechts« fühlte sich auch eine nicht unerhebliche Zahl von preußischen Offizieren verpflichtet. Sie gehörten als Logenbrüder solchen Geheimverbindungen an. Selbst Blücher, Gneisenau und Scharnhorst waren Freimaurer gewesen. (81,99)

## Vom Dienst in Friedenszeiten

Wie schon verschiedentlich ausgeführt, wird man davon ausgehen können, dass die Ausbildung in der Exerzierszeit hart und intensiv gewesen ist.

Die Exerzierzeit dauerte bis 1743 jeweils drei Monate. Friedrich der Große verkürzte sie auf zwei Monate. Schließlich soll sie dann 1786 auf sechs Wochen reduziert worden sein. (126,12)

*DIE LEIDEN DES JUNKERS VON DER MARWITZ IN DER EXERZIERZEIT; BERLIN 1791, REGIMENT GENSDARMES (K 10):*

*Ich war noch sehr klein und schwach und noch ein sehr schlechter Reiter. Wie die Exerzierzeit Ende März losging, wurde es mir unmäßig sauer. Da zu jener Zeit alles Exerzieren mit der frühesten Morgenstunde begann, so mußte ich gewöhnlich schon um*

*halb drei Uhr morgens im Stall zum Putzen sein. Ich mußte also um zwei Uhr von zu Hause weggehen ... Um halb vier ging dann alles nach Hause, um sich anzukleiden, um halb fünf war man wieder im Stall zum Satteln, um fünf Uhr wurde ausgerückt, wenn das Regiment im Ganzen vor dem Halleschen Tore, auf dem Felde bei Tempelhof exerzierte.*
*Dahin war beinahe eine Stunde Marsch, ebensoviel zum Rückweg und etwa zwei Stunden zum Exerzieren, so war man um neun Uhr zurück und nachdem die Parole ausgegeben war, etwa um zehn Uhr zu Hause.*
*In der ersten Zeit aber, wenn die Beurlaubten erst im einzelnen wieder eingeübt wurden, fing es eine Stunde später an.*
*Man ging nach dem Platz im Tiergarten. Da die Mannschaft aber in zwei Abteilungen nacheinander herauskam, so kamen wir nicht vor ein Uhr nach Hause, um drei Uhr aber wurde schon im reinen Anzug Unter den Linden zu Fuß exerziert, bis halb fünf und dann von fünf bis sechs abends im Stall wieder geputzt.* (68,41)

Der Dienst bei der Kavallerie war, wie zu ersehen, wegen der andauernd erforderlichen Sorge um das Pferd besonders strapaziös. Die Exerzierzeit schloss mit einer »Specialrevue« ab. (102,251) Im Herbst gab es Manöver, die sich in »Schulmanöver« und »Feldmanöver« unterteilten. Die Herbstmanöver in Potsdam waren gesellschaftliches Ereignis ersten Ranges. (68,44)

Der Dienstbetrieb in der übrigen Zeit des Jahres wurde durch die verbleibenden Diensttuer nur in mäßigem Umfang aufrechterhalten:

Exerzieren kleiner Abteilungen, regelmäßiges Bewegen der Pferde, soweit sie sich in der Garnison und nicht zur Grasung auf dem flachen Lande befanden sowie die Besetzung der Wachen.

Über die in den Garnisonsstädten – egal, ob Infanterie oder Reiterei dort lag – sich befindenden »Hauptwachen« muss man noch ein Wort verlieren.

Zumindest die Hauptwache war immer mit einem oder mehreren Offizieren besetzt, also eine sogenannte »Offizierswache«.

Sie war nicht nur die Zentrale des Garnisonswachdienstes, auf der notfalls auch zivile Ruhestörer, Trunkenbolde oder andere Missetäter arretiert wurden.

Vielmehr erfüllte das Gebäude aus soziokultureller Sicht noch eine weitere Funktion.

*EIN MILITÄRSCHRIFTSTELLER ÜBER DIE BEDEUTUNG DER WACHE:*

*Die Wache scheint für die jüngeren Offiziere in gewissem Sinne das heutige Kasino vertreten zu haben. Alles, was nicht dienstlich oder privatim verhindert war, sammelte sich allabendlich auf der Wache zu einem einfachen Abendessen und einem Glase Bier. Mitunter schloß sich auch ein mehr oder weniger solides Spielchen an.* (113,12)

Dass es für Offiziere eine planmäßige Weiterbildung in der Reitkunst und im Waffengebrauch gab, ist sehr zu bezweifeln. Es blieb dem Eigeninteresse vorbehalten, was der einzelne Offizier zur Vervollkommnung seiner Reit-, Fecht- und Schießkünste tat oder unterließ.

Marwitz beschwert sich über die vernachlässigte Reitkunst. (68,46) Übungen im Pistolenschießen unternimmt Fouque, weil ihm gerade einmal danach ist. (73,136) Boyen klagt, dass nach dem Tod des Alten Fritz »der Ernst, mit dem der Dienst bisher betrieben wurde« einschlief und die »Furcht vor Verantwortlichkeit bei verletzter oder ungenau erfüllter Dienstpflicht ... sich erst bei den Vorgesetzten, dann auch bei den Untergebenen« merklich vermindert habe. (14,15)

Davon abgesehen: ab und an konnte der Dienst in Friedenszeiten auch sehr unangenehme Züge annehmen. Wenn Not am Mann war, scheuten auch Friedrich Wilhelm II. und Friedrich Wilhelm III. nicht davor zurück, Truppen gegen die eigenen Untertanen in Marsch zu setzen. Schlesien, die Eroberung Friedrichs des Großen, war und blieb sozial eine Unruheprovinz. Dort aufkeimender Aufruhr erforderte bisweilen auch den Einsatz des Militärs.

Das K 6 wurde 1805 in der eigenen Garnisonsstadt eingesetzt, um eine lokale Hungerrevolte zu unterdrücken. (25,20 115,383) Reguläre Polizeikräfte, die von Zahl und Bewaffnung her in der Lage gewesen wären, auch nur örtlich begrenzte Unruhen zu dämpfen, gab es nicht.

So fiel diese Aufgabe bis ins 20. Jahrhundert oft genug dem Militär zu. Auch das darf nicht vergessen werden.

Ein anderes: Im Umgang mit Degen, Säbel und Pistole geschmeidig zu bleiben und Meisterschaft anzustreben, scheint Überlebensfrage gewesen zu sein. Vielleicht war förmliche Ausbildung gar nicht nötig, weil das so eng zu adeliger Lebensart und Erziehung gehörte, dass das Heer kein Dienstfach daraus zu machen brauchte.

Der Offizier der Zeit – zumindest bis zu den Befreiungskriegen – war grundsätzlich von Adel. Der nichtadelige Offizier blieb die Ausnahme. Friedrich der Große mochte keine bürgerlichen Offiziere leiden. Er wollte durchaus »unadlich geschmeis unter der armee« (13,17) nicht haben. Der mörderische Siebenjährige Krieg nötigte ihn zur Durchbrechung dieses Prinzips. Nach dem Krieg entledigte er sich dieser Offiziere alsbald, sofern nicht Nobilitierung in Betracht kam. Nach Schreckenbach (106,35) hatten 1806 Kürassiere und Dragoner überhaupt keine bürgerlichen Offiziere. Von der Goltz zählte zwei bürgerliche Dragoneroffiziere. (43,136) Die Infanterie, hier aber überwiegend die III. Musketierbataillone, die Husaren und Towarczys und die Artillerie verfügten in ihren Reihen über einen gewissen Prozentsatz von Offizieren, die nicht aus dem Adel kamen.

Der adelige Militärangehörige hatte, egal, ob er Junker oder General war, ein festgefügtes Kastendenken verinnerlicht. Gesinnung und Lebensshaltung waren gleichsam normiert. Zwei Aspekte sollen hier nur benannt werden: Da war zunächst der Regelfall der Heirat in eng geschlossenen »Blutskreisen«, wie Görlitz (44) es nennt. Der andere ist die unbedingte Pflicht des Offiziers zur Verteidigung seiner Ehre mit der Waffe in der Hand. Wer sich davor »drückte«, galt unter seinen Standesgenossen als ehrlos. Er wurde ohne Gnade verstoßen und musste den Dienst als Offizier quittieren.

Die Könige verhielten sich zur Duellfrage zwiespältig. Offiziell wurden Zweikämpfe nicht geduldet. Sie waren dem Staatsinteresse abträglich, weil der Tod von Offizieren auf diese Art objektiv als sinnlos empfunden wurde.

Andererseits erwarteten den Sieger einer solchen Auseinandersetzung, worin letztendlich eine stillschweigende Billigung der Sache lag, allenfalls einige Monate milder Festungshaft. Dass die Sache durchaus einen ernsthaften Hintergrund hatte, erhellt sich daraus, dass etliche der Memoirenschreiber, auf die wir bisher gern zurückgegriffen, im jugendlichen Alter Aventuren dieser Art gehabt haben. (73,133;68,47;4,41u.61)

Aus welch nichtigen Anlässen es zum Schlagen kommen konnte, darüber findet sich im Lebensbericht von Fouque ein Beispiel. Sein Regiment stand damals an der Demarkationslinie in Westfalen. Im Schloss von Bückeburg geriet er mit einem gleichaltrigen Offizier in einen Wortwechsel. Da: über die Lippen seines Kameraden Dankelmann »sprang … ein Wort, das Fouque mit der Reinheit seiner Ehre unverträglich fand«. Bald war das Duell verabredet. Dankelmann bedauerte seine Worte und entschuldigte sich bei Fouque. Genügte das?

*FOUQUE UND DANKELMANN – EIN DUELL IN BÜCKEBURG:*

*… Dankelmann sagte: »Bruder, ich habe Dich missvertanden, und mein Ausdruck vorhin war ein übereilter und also nichtig. Bist Du zufrieden mit dieser Erklärung? »Als Dein Freund: Ja!« entgegnete Fouque. »Als Edelmann und Offizier: Nein. Laß Blut fließen und den Flecken fortwaschen, der sonst auf meiner Ehre haften und rosten könnte.«* (73,204/05)

Fontane hat meisterhaft der Gefühlswelt des Offiziers der alten Armee und dessen Vorstellungen von Anstand und Ehre mit seinem »Schach von Wuthenow« ein Denkmal gesetzt.

## Von der Behandlung des Soldaten

Zur Voranstellung und zum Verständnis ist es wichtig, bei dieser Frage nicht aus dem Auge zu verlieren, dass die Behandlung des Soldaten in allen Armeen des 18. Jahrhunderts durch den Einsatz körperlicher Gewalt von Vorgesetzten gegen Untergebene geprägt gewesen ist.

Aber auch die zivile Gesellschaft fand gegen körperliche Züchtigung nichts zu erinnern. Man vergesse nicht, dass selbst in Deutschland in der Kindererziehung das »Recht zur körperlichen Züchtigung« erst vor ca. zehn Jahren ersatzlos und endgültig beseitigt worden ist. Die biblischen Bezüge, die Strafen und Führen durch Gewalt als Tugend rühmen, sind reichlich. In diesen Kontext gestellt, relativiert sich das Strafsystem in der preußischen Armee unter Friedrich dem Großen. Aber dennoch: Gassenlaufen, Bestrafung durch Stockschläge oder das »Fuchteln« mit der sogenannten Fuchtelklinge gehörten zum Alltag.

Ein berühmtes Kleinwerk des Malers und Radierers Chodowiecki zeigt in zwei Skizzen einen interessanten Sachverhalt: Zum einen prügelt ein Unteroffizier mit dem Stock einen Musketier. Dieser windet sich und sucht den Hieben auszuweichen.

Das zweite Bild zeigt einen ellenlangen Grenadier, der von einem Offizier gefuchtelt wird. Dieser lässt, breitbeinig dastehend, sich den Schmerz verbeißend, die Schläge klaglos über sich ergehen. Die Bezeichnung des zweiten Bildes lautet: »Wie ein ehrlicher Mann Prügel empfängt.« (40,142)

Dieser Titel bestätigt exemplarisch, dass es eine gesellschaftliche Ächtung der Gewalt, soweit sie der Durchsetzung staatlich achtbarer, vernünftiger Ziele diente (Erziehung von Kindern; Anhalten des Soldaten, seine Pflichten zu erfüllen usw.), nicht gab. Droysen führt in seiner Biografie des Generals von York aus, was hinsichtlich der Behandlung der Soldaten Standard gewesen, aber auch, dass durchaus der Wille zur Besserung bestand.

*DROYSEN ÜBER DIE SOLDATENBEHANDLUNG UNTER DEN NACHFOLGERN FRIEDRICHS DES GROSSEN:*

*Damals galten Schimpfen, Mißhandeln, Prügel, um die Kerle zu dressieren und zur Ordnung anzulernen, als unumgängliche Erfordernisse. Freilich hatte sich namentlich Möllendorf bemüht, eine humanere Weise einzuführen; »der König«, hatte er schon 1796 in einem Parolebefehl gesagt, »hat keine Schlingel, Canaillen, Hunde und Kropzeug in seinen Diensten, sondern rechtschaffene Soldaten, was auch wir sind, nur daß uns das zufällige Glück höhere Chargen gegeben.«* (28,47)

Zur Ehre des Heeres muss man aber sagen, dass es schon früh weitsichtige Offiziere und Generale gab, die diese Praxis der Menschenbehandlung kritisch hinterfragten. Ein menschenfreundlicher Kommandeur oder Chef konnte auch unter dem Alten Fritz schon in dieser Beziehung für eine mäßigende Handhabung wirken. Solches aber umso mehr unter seinen Nachfolgern.

Unter dem Einfluss der Aufklärung, die auch in dem Einzelnen ein Individuum mit Interessen und Gefühlen sah, konnte diese Frage nach dem Tode Friedrichs des Großen unbefangener diskutiert werden. Boyen berichtet von einem erstaunlichen Exempel: Sein philanthropischer Regimentschef, der General von Wildau (94,II, 268) erlaubte seinen Musketieren ohne Begleitung oder Pass durch die »doppelt besetzten Stadtthore« vor die Stadt zu gehen. Diese »Freiheit zum Spazierengehen«, wie Boyen es nennt, schien den alten Hauptleuten der Untergang des Abendlandes. Es trat dennoch die denkwürdige Folge ein, dass die Zahl der Desertionen abnahm. (14,23)

Das Militärsystem des alten Preußen gewährte also durchaus Spielraum. Der klardenkende Boyen führte ab 1799 als Stabskapitän eine Kompanie. Hinsichtlich der Behandlung der Soldaten erlegte er sich ausdrücklich Zurückhaltung und Mäßigung auf. Körperliche Züchtigungen behielt er jenen Soldaten vor, die »eigentliche Verbrechen« (14,123/124) begangen hatten. Jegliches Schlagen wegen reiner Missgriffe oder Ungeschicklichkeiten beim Exerzieren verbot er. Ihm schwebte vor, dass es erfolgversprechender sei, an die Ehre des Soldaten zu appellieren, als eine Verhaltensänderung durch stupides Prügeln zu erzwingen. Seine Erfahrungen bestätigten seine Auffassung. Auch York, lange Jahre dem Feldjägerregiment verbunden, führte dort eine humanere Behandlung ein. (28,47)

Der Erfolg solcher Bemühungen wird nicht auf die ganze Armee übergegriffen haben. Eingeschliffene Muster aus hundert Jahren verloren sich offensichtlich durch das Beispiel der Milde einzelner nicht. Jedenfalls stellt ein glaubwürdiger Gewährsmann noch für die Zeit nach 1800 fest, dass »das Militärische ... in seinen vorherrschenden Zügen grob und willkürlich« gewesen und alles mit »widerwärtiger, meist unnötiger und oft ganz verkehrter Strenge« (119,90) gehandhabt worden sei. Pastor Nagel bestätigt einen solchen Eindruck und gibt von den Verhältnissen in dem in Halberstadt garnisonierenden Infanterieregiment (IR 21) ein wenig günstiges Bild. (79,18ff.)

Die Nachfolger des Alten Fritz milderten grundsätzlich die Behandlung der Mannschaften und Unteroffiziere. Wenngleich er die Ergebnisse des grundsätzlich menschenfreundlichen Strebens des Königs kritisch betrachtet, so attestiert Boyen doch: »Jede Verfügung Friedrich Wilhelms II. trug den unverkennbaren Stempel des Wohlwollens.« (14,15)

Kurz nach seinem Regierungsantritt erging 1787 eine Abänderung der Kriegsartikel, die »einige harte Strafen« milderten und »Offiziere vor tyrannischer und brutaler Behandlung der Soldaten« warnte. »Neu bestätigte Kriegsartikel für die Unteroffiziers, auch gemeine Soldaten« (87,305) brachten eine weitere Milderung des Strafsystems.

Unter Friedrich Wilhelm III. haben weitere Abänderungen hierzu, soweit ersichtlich, nicht mehr stattgefunden.

Wie schon ausgeführt, hat der Wille der Könige allein nicht genügt. Man kann vermuten, dass die mildere Denkungsart Friedrich Wilhelms II. und von reformgesinnten Offizieren in dieser Frage womöglich den Erfolg hatten, dass auf dem einen oder anderen Exerzierplatz etwas weniger heftig, vor allem nicht wegen Bagatellen, geprügelt wurde. Als Strafe mochte man aber grundsätzlich nicht darauf verzichten.

Darüber gibt ein Bericht aus der Garnison des K 6 in Aschersleben Kunde:

*EIN SPIESSRUTENLAUF IM JAHRE 1801:*

*Wenige Tage nach Neujahr entwickelte sich auf dem großen Kirchhofe ein eigenartiges Schauspiel, das Viele aus der Bevölkerung herbeilockte. Ein Reiter der ersten Compagnie hatte sich verschiedener Diebstähle schuldig gemacht, wofür er zu drei Spitzruthengängen verurtheilt worden war.*

*Die ganze Compagnie rückte zu dieser Exekution nach dem bezeichneten Platze und nahm Aufstellung in zwei Gliedern, das erste mußte kehrt machen und einen Schritt zurücktreten, so daß eine zwei Schritt breite Gasse gebildet wurde; nun übergab der Profos jedem Mann eine frisch geschnittene, fast einen Finger breite Gerte; der Rittmeister ermahnte die Leute, den Delinquenten nicht zu schonen, und nachdem der Profos ein Quantum Ruthen genommen, wurde der Delinquent vorgeführt; er war mit einer leinenen Hose und Jacke bekleidet und die Hände waren gebunden; zunächst traten zwei Unteroffiziere in die von der Compagnie gebildete Gasse und marschierten mit gezogenem Degen dem Delinquenten voran, diesem folgte ein dritter Unteroffizier und der Profos; jeder Reiter wurde beobachtet, ob er auch ernstlich schlug, die zerschlagenen*

*Ruthen wurden durch den Profos ersetzt. Nach drei Gängen war mehrfach Blut sichtbar, nun wurde ihm ein Mantel umgehängt und* (er-d.V.) *im Lazareth ärztlicher Behandlung übergeben.* (25,15)

## *Infanterie, Kavallerie, Artillerie & Co. – Entwicklung der Waffengattungen bis 1806*

Die Fußtruppen kannten am Ende der Regierungszeit Friedrichs des Großen 1786 den Musketier, den Grenadier, den Füsilier und in geringer Zahl den Jäger zu Fuß. Ein »Infanterieregiment« bzw. ein »Füsilierregiment« bestand im Regelfall aus zwei Bataillonen zu fünf Kompanien. Nur das Regiment Garde (IR 15 a/b) und das vormalige Regiment des Alten Dessauers, das IR 3 in Halle, verfügten über drei Bataillone.

Zu jedem Regiment gehörten ferner zwei Grenadierkompanien. Diese waren aber nur verwaltungsmäßig den jeweiligen Regimentern zugeteilt. Im Kriegsfalle bildeten je zwei Grenadierkompanien eines Regiments mit den zwei Grenadierkompanien eines anderen Regiments – für die Kriegszeit völlig vom Schicksal ihrer eigenen Regimenter abgekoppelt – selbständige Grenadierbataillone.

In Weiterentwicklung dieses Brauchs waren beim Tode des Alten Fritz sieben der 32 Grenadierbataillone »stehende« (= schon im Frieden formierte) Grenadierbataillone. (49,30)

Neben diesen Feldtruppen existierten noch die sogenannten Garnisonsregimenter, die im Kriegsfalle zur Verteidigung von Festungen dienen sollten. Zu diesen traten die milizartigen Landregimenter Berlin, Magdeburg, Stettin und Königsberg.

### Neuformierung der Infanterie unter Friedrich Wilhelm II.

Diese vorgefundene Gliederung der Infanterie veränderte der neue König vollständig. Hier wird ein gutes Stück eigener Initiative sichtbar. Insbesondere die Schaffung einer zeitgemäßen »leichten« Infanterie ist sein bleibender Verdienst.

Mit Kabinettsordre vom 27. Februar 1787 verfügte der König, dass ab dem 01. Juni 1787 jedes Regiment aus zwei Musketierbataillonen und einem Grenadierbataillon bestehen solle. Diese Bataillone wurden einheitlich gegliedert. Sie umfassten vier Kompanien. Jeder Kompanie wurden durch Kabinetsordre vom 3. März 1787 zusätzlich zum Personalbestand zehn Schützen als leichte Infanterie beigeordnet.

Ab 1793 erhielt das Bataillon als Signalgeber für die Schützen einen Hornisten.

*BATAILLON DER FUSSTRUPPEN ZU VIER KOMPANIEN AB 1787:*

18 Offiziere
560 Mann und 48 Unteroffiziere
18 Zimmerleute (ab 1788 »Regiments-Artilleristen«),
12 Tambours
40 Schützen
1 Hornist (ab 1793) (94,II,236/49,159)

Aus den 1788 abschließend aufgelösten Garnisonsregimentern formierte man – mit Ausnahme der Garde – Depotbataillone für die Infanterieregimenter. Sie sollten Ersatz für das Feldregiment vorhalten und waren zum Einsatz in den Festungen bestimmt. (94,II,236)
Die Infanteriebataillone, einschließlich der neuen Grenadierbataillone, führten weiter, wie schon in der fridericianischen Zeit, zwei sechs- oder dreipfündige Bataillonsgeschütze mit. Unter Friedrich Wilhelm II. entstanden drei neue Linienregimenter, nämlich IR 56, 57 und 58. Das schon in den letzten Jahren des Alten Fritz formierte Feldjägerregiment (auch Regiment Fußjäger genannt) existierte mit zehn Kompanien weiter.

*STÄRKE DES FELDJÄGERREGIMENTS UM 1790:*

42 Offiziere
100 Oberjäger (Unteroffiziere)
10 Waldhornisten
1.200 Jäger (94,II,236)

Die Fußjäger stammten aus Försterfamilien bzw. Forstberufen. Sie bildeten ein recht eigenes Völkchen. Das Gassenlaufen als Bestrafung gab es in diesem Regiment nicht, als härteste Strafe galt »die Abgabe zur Infanterie«. (49,167) Der Zeit weit voraus waren die Umgangsformen. Die Jäger wurden mit »Herr« (49,167) angeredet. Eine Höflichkeit, von der der Rest der Armee nur träumen konnte. Das Regiment ist auf immer mit dem Namen des Generals von York verbunden.

Die interessanteste Neuschöpfung Friedrich Wilhelms II. bildet aber die Formierung von selbständigen Füsilierbataillonen. Sie wurden zum 01. Juni 1787 aufgestellt. Diese Füsiliere hatten mit den »Füsilierregimentern« unter Friedrich dem Großen nichts mehr zu tun. Unter dem Alten Fritz galten die Füsiliere als etwas zweitrangige, minderwertige, hinter den »alten« Infanterieregimentern (bis IR 34) zurückstehende, Linieninfanterie.

Die Füsiliere Friedrich Wilhelms II. hingegen waren klar als »leichte« Infanterie konzipiert, die von der Linieninfanterie durch Aufgabenstellung und Ausbildung getrennt blieben. Mit den Füsilieren wurde erstmals eine neue Struktur in der preußischen Armee etabliert, die es bis dahin so nicht gegeben hatte: die Brigade. Je drei Füsilierbataillone bildeten nämlich eine Füsilierbrigade, die unter einem General stand. Die einzelnen Bataillone nach ihren Chefs benannt, wählte man für die gesamte Brigade geografische Herkunftsbezeichnungen (also: z. B. Magdeburgische Brigade). Auch das ist eine (formale) Neuerung.

In der Gesamtschau ist festzuhalten, dass der neue König die gesamte Struktur der Infanterie, wie er sie von seinem Vorgänger ererbt hatte, über den Haufen warf. Erstaunlich und auch bisher nicht ausreichend gewürdigt, ist der Umstand, dass die Formierung leichter Infanterie energisch angegangen wurde. Man hatte also demnach die bisherigen Anstrengungen als unzureichend erkannt. Friedrich der Große litt in den drei Schlesischen Kriegen unter dem Fehlen von außerhalb der Lineartaktik operierenden leichten Truppen. Da war ihm Maria Theresia immer über gewesen.

Die sogenannten Freibataillone, die Friedrich der Große innerlich verabscheute, boten keinen hinreichenden Ersatz dafür. Dass leichte Truppen durchaus erforderlich waren, hatte dem Beobachter der Verlauf des Krieges in den englischen Kolonien 1775 bis 1783 gelehrt.

Nach den Neuerungen Friedrich Wilhelms II. war Preußen eigentlich für den sogenannten »kleinen Krieg« ausreichend gerüstet.

*LEICHTE TRUPPEN ZU FUSS NACH 1786:*

40 Schützen für den Patrouillendienst pro Linienbataillon
Feldjägerregiment mit 1.352 Kombattanten
24 Füsilierbataillone in acht Brigaden (94,II,236)

Als Garde behielt Friedrich Wilhelm II. das I. Bataillon Leibgarde (IR 15 a), das aus zwei Bataillonen bestehende Regiment Garde (15 b) sowie das sogenannte Grenadier-Gardebataillon (IR 6) bei. Die Gardebataillone bestanden abweichend vom Rest der Infanterie jeweils aus 5 Kompanien (nach 94, III,1: 6 Komp.). Hier war die alte Struktur beibehalten worden.
Bei seinem Tode zählte die Infanterie neben der obigen Garde 56 Linien-Infanterieregimenter, das Regiment Feldjäger, 24 Füsilierbataillone und 56 3. Musketierbataillone (= bis 1796 Depotbataillone genannt).

## Die Struktur der Infanterie unter Friedrich Wilhelm III.

Dem neuen König missfiel die Struktur seines Vorgängers. Er hielt die Bataillonsstärken für zu gering. Mit Kabinettsordre vom 28. Februar 1799 wurde praktisch die alte fridericianische Gliederung wieder hergestellt. Ab dem 01. Juni 1799 umfasste ein Infanterieregiment nun erneut zwei Bataillone zu fünf Kompanien sowie zwei Grenadierkompanien. Wie vor 1786 blieb es jetzt bis 1807 so, dass diese mit den beiden Grenadierkompanien eines anderen Regiments zu einem Grenadierbataillon vereinigt wurden. Im Unterschied zu früher aber blieb das Bataillon auch außerhalb der Exerzierzeit in bestimmten angewiesenen Garnisonen zusammen.

*STÄRKE EINES MUSKETIERBATAILLONS UNTER FRIEDRICH WILHELM III.:*

22 Offiziere
60 Unteroffiziere
1 Artillerieunteroffizier
1 Bataillonstambour
14 Tambours
1 Hornist
17 Artilleristen
50 Schützen
600 Gemeine
50 Überkomplette
10 Zimmerleute (49,374)

Friedrich Wilhelm III. ordnete die Errichtung der neuen Linien-Infanterieregimenter 59 und 60 an. Das Regiment Fußjäger wurde bedeutend verstärkt, sodass die Kompanie dort nunmehr 150 Jäger zählte. (49,376)

Zur Garde: Die Liste von 1806 benennt für das aus drei Bataillonen bestehende »Regiment Garde« nur noch eine einheitliche Stammnummer 15. Es existierte weiter das Grenadiergardebataillon (IR 6). Als neuen Bestandteil der Garde muss man ohne Zweifel IR 18 ansprechen.

1790 hatte der damalige Kronprinz dort die Chefstelle erhalten. Er behielt diese auch nach dem Antritt der Regierung bei. Folgerichtig firmierte die in Potsdam und Spandau stehende Truppe in der Stammliste als »Nr 18 Regiment des Königs« (114,68)

## Die Struktur der Kavallerie unter Friedrich Wilhelm II.

Die Gattungen der Reiterei und die Regimenter sind unverändert von seinem Vorgänger übernommen worden: 13 Kürassierregimenter, 12 Dragonerregimenter, 10 Regimenter Husaren, wobei darunter – als H 9 – sich das lanzenführende Korps Bosniaken befand.

*REGIMENTSSTÄRKEN DER KAVALLERIE UNTER FRIEDRICH WILHELM II. AB 1787:*

| Kürassiere | Dragoner | Husaren |
|---|---|---|
| 37 Offiziere | 37 Offiziere | 51 Offiziere |
| 80 Unteroffiziere | 75 Unteroffiziere | 150 Unteroffiziere |
| 11 Trompeter | 16 Trompeter | 30 Trompeter |
| 660 Gemeine | 660 Gemeine | 1.320 Gemeine |
| 60 Überkomplette | 60 Überkomplette | keine Überkompl. |

(49,168)

Die Veränderungen bei der Kavallerie gegenüber der Zeit Friedrichs des Großen waren marginal und befassten sich mehr mit Äußerlichkeiten. Etwas anderes mag für die Einführung von Scharfschützen in die Regimenter gelten.

Die Kompanieeinteilung bei den Kürassieren wurde 1789 aufgehoben. Zwei Kompanien wurden nun zu einer Eskadron (Schwadron) zusammengefasst.

Das K 10 (Gensdarmes) behielt aber die Gliederung in Kompanien bei. Die Kürassiere verloren, außer K 10 Gensdarmes und K 13 Garde du Corps, ihre Kesselpauker.

Die Dragonerregimenter mussten ihre Hautboisten und Trommler abgeben und erhielten dafür 16 Trompeter. Das war ein weiterer Schritt der Dragoner hin zur wirklichen Reiterei. Letzte Insignien ihrer infanteristischen Herkunft verschwanden damit. Darüberhinaus wurden die bestehenden Regimenter personell verstärkt.

Ähnlich den Schützen in den Infanterieregimentern erhielten auch in der Kavallerie alle Dragoner- und Husareneskadrons zwölf, die Kürassierschwadron zehn Scharfschützen, auch Karabiniers genannt. (87,305)

1792 trat das neuerrichtete Husarenbataillon Bila (H 11) zur Reiterei des Königs. Es entstand aus den Abgaben anderer Regimenter sowie aus den zahlenmäßig geringen Haustruppen des letzten Markgrafen von Ansbach und Bayreuth. Diese waren durch Gebietsanfall an Preußen an den König gekommen.

## Die Struktur der Kavallerie unter Friedrich Wilhelm III.

Wirklich Bedeutendes ist in dieser Beziehung für die Zeit von 1797 bis 1806 nicht zu vermelden. Lediglich das bisher nur aus drei Schwadronen bestehende K 13, das Kürassierregiment Garde du Corps wurde auf den Regelstatus der Kürassiere aufgestockt. Ab 1798 bestand es aus fünf Schwadronen.

Das ehemalige H 9, Korps Bosniaken, gestaltete der König zum 1. Juni 1800 um. Daraus entstand das Corps Towarczys. Wegen der hohen Zahl dienstwilliger polnischer Adliger konnte eine Truppe von fünfzehn Schwadronen, die sich in das Regiment Towarczys (zehn Schwadronen) und das Bataillon Towarczys (fünf Schwadronen) unterteilten, begründet werden.

Das gesamte Korps führte aber die einheitliche Stammnummer H 9. Zum Korps gehörte auch eine Eskadron Tataren. 1801 erfolgte die Errichtung eines neuen Dragonerregiments (D 13). 1803 entstand mit der Stammnummer 14 ein weiteres Dragonerregiment.

## Die Artillerie unter Friedrich Wilhelm II.

Typische Bezeichnung für Soldaten bei der Artillerie ist der Kanonier. Das bedarf keiner weiteren Erläuterung. Er ist für die Bedienung der Geschütze und für Verrichtungen, die damit im Zusammenhang stehen, zuständig.

Der Bombardier ist dem Namen nach verantwortlich für die Bedienung der »Wurfgeschütze«, also der Mörser und Haubitzen. Gleichzeitig scheint der Begriff einen unteroffiziersähnlichen Rang in der Artillerie zu bezeichnen. (92,II,73/74)

Der Feuerwerker hat, wozu naturwissenschaftliche Bildung und Geschick erforderlich ist, die Pulvermengen zu portionieren und die Munition zum Verschuss vorzubereiten. Auch steht er im Unteroffiziersrang.

Die von Friedrich dem Großen überkommene Artillerie gliederte sein Nachfolger in vier identisch strukturierte Regimenter.

*ARTILLERIEREGIMENT UNTER FRIEDRICH WILHELM II. AB 1787*

53 Offiziere
40 Feuerwerker
100 Korporale
220 Bombardiere
1.600 Kanoniere
10 Feldscherer
8 Hautbois
10–11 Tambours (49,175)

Ausgebildete reitende Artilleristen wurden in drei Kompanien Reitende Artillerie zusammengefasst und einheitlich geführt.

*REITENDE ARTILLERIE 1787*

16 Offiziere
12 Feuerwerker
30 Korporale
66 Bombardiere
480 Kanoniere
3 Feldscherer (49,175)

Die Batterien bestanden ab 1787 aus acht Geschützen, einschließlich zweier Haubitzen. Bis 1859 blieb es bei dieser Einteilung. (49,177) Die Gesamtzahl der Kanonen und Haubitzen der Feldartillerie belief sich 1790 auf 936 Geschütze. (49,177) Daneben existierte eine mit zahlreichen Rohren ausgerüstete Festungsartillerie in dreizehn Garnisonsartilleriekompanien fort. (49,179)

## Die Artillerie unter Friedrich Wilhelm III.

Trotz einer unüberschaubaren Zahl von Abänderungen im Detail scheint die Struktur für die Feldartillerie im Wesentlichen erhalten geblieben zu sein. Die Festungsartillerie wurde durch Kabinettsordre aus dem Jahre 1801 neu geordnet. Lediglich die Reitende

Artillerie wurde bis 1805 schließlich auf zehn Kompanien gebracht und dann als Regiment Reitende Artillerie bezeichnet.

*REGIMENT REITENDE ARTILLERIE 1805*

54 Offiziere
40 Feuerwerker
100 Korporale
220 Bombardiere
1.720 Kanoniere
20 Trompeter
10 Kompaniechirurgen (49,392)

Die Artillerieregimenter bildeten in ihrer Gesamtheit das »Fuß-Feldartilleriekorps«. (49,392)

*FUSS-FELDARTILLERIEKORPS 1806*

216 Offiziere
703 Unteroffiziere
880 Bombardiere
40 Chirurgen
116 Spielleute
6.400 Kanoniere
15 Mann Unterstab (49,392)

Daneben bestand ein Artillerietrain bedeutenden Ausmaßes. Ebenso ist nicht zu vergessen, dass in den großen Garnisonen und in den Festungen Artilleriedepots bestanden, die unterhalten werden mussten.

Ein Teil der Artillerie hatte auch durchaus Aufgaben mit naturwissenschaftlich-technischem Anspruch. Zu nennen sind hier die Laboratoriumskolonnen und die Brandgeschosskolonnen.

Zu dieser Gattung zählte zuerst das Ingenieurkorps. Das waren jene Offiziere, die die recht beachtliche Zahl der preußischen Festungen, zum erheblichen Teil in Schlesien gelegen, als Fachleute für die Fortifikation zu betreuen hatten. Die »Pontonniere« waren die Vorläufer der modernen Pioniere und sollten die Überwindung von Flussläufen sicherstellen. In den Mineurkompanien dienten häufig Bergleute. Ihre Aufgabe bestand darin, bei Belagerungen Gänge unter die belagerte Festung vorzutreiben und dort Minen zur Explosion zu bringen, die zur Vorbereitung der Erstürmung die Mauern der Festung zum Einsturz bringen sollten.

Dem Generalinspekteur der Artillerie unterstand das Pontonierkorps. Dieses zählte im Jahr 1787 ganze 58 Mann und sollte im Falle des Krieges auf knapp 200 Mann vergrößert werden. (3,176) Eine gewisse Selbständigkeit dieser Truppe gab es noch nicht. Sie galt schlicht als Anhängsel der Artillerie.

*TECHNISCHE TRUPPEN BEIM TODE FRIEDRICH WILHELMS II. 1797:*

| | |
|---|---|
| 2 ½ Kompanien Pontoniere | 143 Mann |
| 4 Kompanien Mineure | 364 Mann |
| Ingenieurkorps | 86 Mann |

(94,III,7)

Dass bei diesen Spezialeinheiten, die noch dazu zahlenmäßig sich am Rande der Bedeutungslosigkeit bewegten, bis 1806 noch etwas von Erheblichkeit geschehen wäre, war nicht festzustellen.

Der Tross der Heere am Ende des 18. Jahrhunderts nahm immer noch ungeheuerliche Ausmaße an. Nur zum geringen Teil wurden im Frieden Strukturen und Technik vorgehalten. Die Masse der nötigen Pferde und Trainknechte wurden erst im Mobilmachungsfalle ausgehoben.

Die wichtigsten Branchen dieser Versorgungsdienste waren: der Artillerie- und Pontontrain, Parkkolonnen zur Beförderung der Infanteriemunition, das Bäckerei- und Mehlfuhrwesen, das Lazarettfuhrwesen, das Registratur- und Kassenfuhrwesen.

## *Uniformierung und Bewaffnung von 1786 bis 1806*

### Uniformierung unter Friedrich Wilhelm II.

Die wichtigsten Entwicklungslinien: Farblich verblieb es bei dem bekannten Blau, das schon seit Jahrzehnten die Uniformfarbe der Infanterie und – in etwas hellerer Ausführung – der Dragoner darstellte. Ausnahme bildeten die »leichten« Truppen: Fußjäger und Füsiliere trugen grüne Röcke. Die Offiziersuniform in allen Waffengattungen war bis 1806 nicht mit Rangabzeichen versehen. Ob ein Offizier Fähnrichs- oder Oberstenrang bekleidete, war nur aus dem Alter des Trägers der Uniform abzuleiten. (85,15)

Das Heer Friedrichs des Großen änderte sich nach und nach auch im modischen Erscheinungsbild: »1788 traten an die Stelle des Dreispitzes, der Grenadiermützen und der Füsiliermützen zweiklappige Hüte, auch Casquets genannt.« (49,199) Die Gattungen der Infanterie unterschieden sich nach der auf der Vorderklappe des Casquets angebrachten Symbolik: Grenadiere – Granate, Musketiere – königlicher Namenszug, Füsiliere – kleiner fliegender Adler.

Das Grenadiergardebataillon (IR 6) trug die Grenadiermützen alter Form weiter. Ebenso behielten die Offiziere den Dreispitz bei. (49,199) Die Kürassiere legten 1790 ihre Kürasse ab. Die farbliche Gestaltung der Kolletts ging – außer bei K 2 – weg von einem gelblichen Ton (»paillefarben«) hin zu Weiß. Für Kavalleriegenerale kreierte der König bei der Mobilmachung 1790 eine eigene »Kampagneuniform« (49,205) Die traditionelle Haartracht des preußischen Soldaten veränderte sich insoweit, als der Zopf gekürzt und man nach und nach vom Pudern der Haare ganz abkam. (49,200)

## Bewaffnung unter Friedrich Wilhelm II.

Veränderungen in der Bewaffnung sind gegenüber der Ära des Alten Fritz` kaum zu verzeichnen. Um Verbesserungen im Detail war man bei den Infanteriegewehren stets bemüht. (49,202)

Die neu eingeführten Schützen wurden mit einem gezogenen Bajonettgewehr mit Visiereinrichtung ausgerüstet. (49,202) Zum knieend Schießen musste ein »Krückstock« verwendet werden, nach Jany »eine verkürzte Erneuerung der alten Musketengabel« (49,202) Das Infanteriegewehr wurde wegen der Form seines Schaftes von den Soldaten »Kuhfuß« genannt. Seit der Herrschaft Friedrich Wilhelms II. wurden die Spontons, die Stangenwaffe der Offiziere, von diesen nicht mehr mit ins Feld genommen. (49,203) Die neu eingeführten Scharfschützen in den Kavallerieregimentern rüstete man mit gezogenen Karabinern aus. (87,305)

## Uniformierung unter Friedrich Wilhelm III.

Ein bedeutender Militärschriftsteller befand: »Für das Bekleidungswesen hegte König Friedrich Wilhelm III. eine persönliche Vorliebe.« (49,472)

In seiner frühen Regierungszeit änderte das Heer grundsätzlich sein Aussehen. Die letzten Spätrokoko-Anflüge (»Zopf-Stil«) verflüchtigten sich. Der Soldatenrock erhielt einen kurzen, frackartigen Schnitt. Die Westen (Kamisöler) fielen weg. Westenvorderteile wurden am Rock selbst angenäht, »so daß nur der äußere Schein einer Weste übrigblieb«. (49,474)

Die Hüte in einer abgeschwächten Dreispitzform erreichten voluminöse Ausmaße. Für die Grenadiere wurde eine neue Grenadiermütze à la Friedrich Wilhelm III. eingeführt. Diese bestand aus einem niedrigen Kopfteil und einem vorgesetzten hohen schwarzlackierten Lederschild. Die Hüte der Füsiliere wurden 1801 durch Tschakos abgelöst. (49,481) Auch die Husaren wurden 1805 einheitlich mit Tschakos als Kopfbedeckung ausgerüstet. 1803 führte man eine einheitliche Generalsuniform ein.

Die Kragen wurden in der Armee immer höher und schließlich gesteift. Der Zopf war nach 1800 so eingekürzt, dass nur noch ein

Stummel blieb. Seitenlocken fielen überhaupt weg.

In der Gesamtschau kann man den Armeeuniformen Friedrich Wilhelms III. ein hohes Maß an optischer Eleganz nicht absprechen. Die Kleidung war aber durchgängig eng, wie angegossen, und knapp im Schnitt, sodass das Tragen nicht bequem gewesen sein kann. Verschiedentlich wird ein Vorfall aus dem Jahre 1801 kolportiert, der als Auslöser die abschnürende Enge der Uniform gehabt haben soll.

*AUS DER ZEITSCHRIFT FÜR DIE ELEGANTE WELT, JAHRGANG 1801:*

*Der preußische Offizier trägt sich jetzt überhaupt äußerst jung, nett und knapp. Der König liebt dies, und ist Selbst äußerst knapp und nett in seiner Uniform, die zwar äußerst einfach, aber sehr schön sitzt.*
*Das zu knappe Anziehen trug am Abend vor dem neuen Jahre dazu bei, daß ein junger Offizier vom Möllendorfschen Regimente, ein Herr von D. plötzlich bei einem Balle auf der Offiziersressource starb. Die Binde um den Hals, der ganze Anzug war so fest um den Körper gespannt, daß der Schlagfluß, der, wie man erzählt, sich gleich nachher zeigte als der junge Mann ein Glas Limonade getrunken hatte, und den Tanzreihen wieder herunter getanzt hatte durch diesen festen Anzug desto mehr Veranlassung und Wirksamkeit erhielt.*
(84,136)

Manches Uniformdetail hat bis in die Neuzeit Bestand gehabt, so die Stickerei an der Generalsuniform, die erst 1909 (3,472) durch die sogenannte »Larisch-Stickerei« abgelöst wurde.

Ferner gehen die »karmesinrote Farbe des Generalstabs und die schwarze Farbe der Artillerie, die hellblaue Farbe für den Train« (49,472) auf Friedrich Wilhelm III. zurück.

Auch die Modernisierung der Ehrenbezeigungen durch Anlegen der Hand, anstatt die Kopfbedeckung abzunehmen, hat der König eingeführt. Am 04. Mai 1802 wurde verfügt, dass zum Gruß nicht mehr der Hut abzunehmen, sondern die linke, zu Pferde die rechte Hand an den Hut anzulegen sei. (49,476)

Wegen der Bewaffnung der Truppen steht die Äußerung von Clausewitz im Raum, dass die Gewehre der preußischen Infanterie die schlechtesten in Europa gewesen seien. Jany hält dem entgegen, dass aus dem Feldzug 1806 selbst keinerlei Klagen über die Verwendbarkeit der Gewehre vorlägen. Die von Clausewitz geschmähten Gewehrfabriken in Spandau und Potsdam exportierten vielmehr Gewehre in erheblichen Stückzahlen ins Ausland. (49,468) Der Hintergrund der Clausewitzschen Rüge bleibt im Dunkeln.

Auch ist ein Sachverhalt des IR 45 bekannt, aus dem im Sommer 1806 gemeldet wurde, »daß die Gewehre des Regiments sehr dünne wären, folglich Gefahr zu besorgen stände, wenn mit scharfen Patronen geschossen werden sollte.« (49,469) Der Vorgang gibt Rätsel auf. Jedenfalls weist die Literatur keine Fälle nach, bei denen im Feldzug von 1806/07 preußische Truppen etwa deswegen in Nachteil geraten wären, weil die Läufe dem Druck des Verschusses nicht standgehalten hätten. Richtig ist, dass alle Gewehre der damaligen Zeit nach längerer scharfer Nutzung »unbrauchbar« wurden. Das lag an den starken Rückständen des Schwarzpulvers, was zu einer »Verschleimung« von Schloss und Lauf führte. (49,471)

Das neuentwickelte Nothardt-Gewehr war 1805 nur bei den Gardeeinheiten, einschließlich des Regiments des Königs, eingeführt. (49,471)

Der Soldat trug 1806 in der Patronentasche 60 Schuss. Die weitere Munition wurde auf den Bataillonspatronenwagen befördert. Allen weiteren Vorrat brachten dann Trainkolonnen heran. Mindestens so wichtig wie die Patronen waren die Flintsteine zur Zündung des Schusses. Ein Feuerstein reichte gerade für 20–30 Schuss. (49,471/72)

Der Soldat hatte einen davon am Gewehr, zwei in der Patronentasche. Den weiteren Bedarf an Flintsteinen führten die Versorgungsfahrzeuge des Bataillons und die Trainkolonnen mit.

# *Verwaltung. Führung. Ausbildung. Bekannte Namen in der Armee bis 1806.*

## Die oberen Militärbehörden

Friedrich Wilhelm II. hielt an dem Grundsatz fest, dass er erste und letzte Instanz in Militärfragen bleibe wolle, ganz so wie sein »großer Oheim«. Jany dazu: »Jede Personalveränderung, jede nicht etatmäßige Ausgabe über 100 Thaler, jeder neue Uniformknopf bedurfte der Genehmigung des Königs.« (49,150)

Der Dienstweg war nun so eingerichtet, dass »die Generaladjutantur ... zum Kabinett des Königs für die militärischen Angelegenheiten« (49,150) wurde. Das von v.d. Goltz 1787 geschaffene, aber als Idee schon unter Friedrich dem Großen projektierte Oberkriegskollegium war ein Vorläufer des späteren Kriegsministeriums.

*DAS OBERKRIEGSKOLLEGIUM ALS OBERE MILITÄRBEHÖRDE AB 1787:*

| | |
|---|---|
| Präsidium | Ehrenvorsitz durch Herzog von Braunschweig als Oberkriegspräsident und General der Infanterie von Möllendorf; als Vize-Oberkriegspräsident; amtierende Leitung der Geschäfte durch den Kriegspräsidenten Generalleutnant von Rohdich;»erster Kriegsminister« und den Vize-Kriegspräsidenten Generalmajor von Kannewurf |
| 1. Departement | Infanterie |
| 2. Departement | Kavallerie |
| 3. Departement | Artillerie |
| 4. Departement | Ingenieurkorps und Festungen (erst in 12/1788 eingerichtet) |

| | |
|---|---|
| 5. Departement | »Militärdepartement« des zivilen Generaldirektoriums;Verbindungsstelle zur Zivilverwaltung; zuständig für: Verpflegung, gesamtes militärisches Finanzwesen;Chef des Militärdepartements führte den Titel (zweiter) »Kriegsminister« |
| 6. Departement | Bekleidung, Ausrüstung, Feldgerät; Verwalter General-Kleiderkasse, General-Pferdekasse und seit 1790 General-Werbekasse |
| 7. Departement | Invalidenversorgung und Erziehung der Soldatenkinder |
| 8. Departement | Rechtsabteilung, Generalauditoriat |

(49,153/54)

Die Behörde arbeitete fleißig. Wöchentlich drei Sitzungen, ab 1790 zwei Sitzungen, deuten schon auf eine rege Aktivität hin. Natürlich war das nicht das diktatorische Durchregieren eines Alleinherrschers. »Die kollegialische Ordnung brachte sehr viel Zeitverlust mit sich«, sagt Jany. Den Geschäftsgang bezeichnet er als »schleppend, weitschweifig«. Es war eben eine wirkliche Behörde, eine »Schreibbehörde.« (49,152)

Das tatsächliche Problem, so Jany, lag darin, dass das Oberkriegskollegium keinen direkten Zugang zum König hatte. Es ließ sich durch die Generaladjutantur »mediatisieren«. (49,152) Diese bestand aus den Generaladjutanten der Waffengattungen, wobei der Generaladjutant von der Infanterie stillschweigend als (erster) »vortragender« Generaladjutant fungierte.

Eigentlich sollte die Generaladjutantur nur das »militärische ‚Korrespondenz-Bureau'« (49,152) des Königs sein. So aber schob sie sich zwischen die größte Militärbehörde und den König. Da die Generaladjutantur aber zum Teil in den Händen problematischer Naturen lag, sei es, dass es sich um mittelmäßige Charaktere handelte oder auch solche, die bestimmte persönliche Interessen verfolgten, kam nicht in jedem Fall etwas Gescheites heraus. Der Günstling des Königs, Bischoffswerder, zählte zeitweise zum Kreis der Flügeladjutanten. 1789 wurde Bischoffswerder für einige Zeit Generaladjutant.

Neben den vorbenannten Institutionen Generaladjutantur und Oberkriegskollegium setzte der König für Einzelzwecke Immediatkommissionen ein, so für das Ersatzwesen, das Invalidenproblem, für Mobilmachungsfragen usw. Durch die Immediatstellung hatten deren Mitglieder am Oberkriegskollegium und dem Generaladjutanten vorbei, unmittelbar Zugang zum König. Das war eine Struktur, die letztlich, selbst ungewollt, nur »umständliche Bureaukratie und ‚exakten Schlendrian'« (49,155) fördern musste.

Die direkt bei dem König angesiedelte Geheime Kriegskanzlei erhielt durch das Oberkriegskollegium die Personalveränderungen mitgeteilt. Es hatte dann für die Ausfertigung der Patente durch Vorlage beim König zu sorgen. Sie stellte monatlich für den König die Rangliste der Armee in Taschenbuchform auf. (49,156) 1789 erteilte der König dem Buchhändler Himburg ein Privileg zur Veröffentlichung der jährlichen Rangliste. (49,156) Ein Unterfangen, das sich erfolgreich anließ und bis zum Ersten Weltkrieg in der preußischen Armee eine feste Institution blieb.

Friedrich Wilhelm III. setzte wegen der Militärverhältnisse eine Immediat-Organisations-Kommission ein, die in Permanenz tagte und bis Ende 1805 fortbestand. (49,398) Wesentlicher Gegenstand waren alle denkbaren Erwägungen über die Mobilisierung von Reserven oder Milizen, um die Wehrkraft des Landes besser als bisher auszuschöpfen. (43,279ff.) Eine Frage, die bis zum Jahr 1806 nicht ausdiskutiert war.

Die Abänderung militärischer Führungstrukturen unterblieb bis 1806. Der vortragende Generaladjutant war auch unter Friedrich Wilhelm III. das Nadelöhr zum König, durch das innovative Gedanken und Anregungen hindurch mussten.

Naturgemäß neue Namen: von Zastrow, von Holtzmann, von Kleist, – der spätere Feldmarschall Graf Kleist von Nollendorf –, von Köckritz.

Da, wie schon bei seinem Vorgänger, der Generaladjutant von der Infanterie als eine Art Chef des Militärkabinetts fungierte, war der Informationsverlust in allen Branchen neben dem Dienst der Fußtruppen immens. Scharnhorst beschreibt diesen Umstand, ohne zu beschönigen.

*SCHARNHORST ZUR DIENSTLICHEN STELLUNG DES GENERALADJUTANTEN VON DER INFANTERIE VON 1787 BIS 1806:*

*Er trug ohne Vorbereitung und Beratung alle Gegenstände des Ingenieur- und Artilleriewesens, der höheren Anordnungen zum Kriege, des Details der Infanterie und Kavallerie usw. vor. Se. Majestät der König erhielten gewöhnlich von keiner andern Sache eine gehörige Auskunft als von den niederen Gegenständen des Infanteriedienstes.* (49,401)

Unter Friedrich Wilhelm III. sank die Bedeutung des Oberkriegskollegiums wegen des fehlenden Immediatsrechts weiter herab, zumal die Militär-Organisations-Kommission parallel weiter in Funktion blieb. Deren Mitglieder hatten Zugang zum König. Die Geheime Kriegskanzlei verharrte in ihrer Aufgabe als Personalbüro und Statistikbehörde. Entgegen ihrer geheimnisvolle Wichtigkeit ausstrahlenden Bezeichnung blieb sie 1806 in Berlin und rückte nicht mit ins Feld.

Ein Multifunktionär unter den beiden Königen war der Generalleutnant von Geusau. Chef des Ingenieurkorps und Generalinspekteur der Festungen, als zeitweiliger Generalquartiermeister dem Generalstab vorstehend, führte er bei den häufigen Mobilmachungen und Demobilisierungen, die ihn schließlich ganz in Anspruch nahmen, sozusagen die Bücher. Er leitete das zu diesem Zweck aufgestellte Feldkriegskommissariat. 1805 wurde diese »Kriegsformation des Oberkriegskollegiums«(49,403) als »Feldverpflegungsdepartement« institutionalisiert.

Dem Generalintendanten unterstanden im Frieden die Traindepots und die Vorbereitungsmaßnahmen für das Bäckerei,-Proviant- und Lazarettfuhrwesen. (49,408) Dem vorgenannten Feldkriegskommissariat war er ebenfalls weisungsberechtigt.

Die Organisation der Kriegsmagazinverwaltungen für Schlesien, Ost- und Westpreußen, also der Vorratshaltung von Mehl und Futter für Reit- und Zugtiere, wie überhaupt der Versorgungsfragen, ist sehr schwer nachzuvollziehen. Dies vor allem wegen der Überschneidung von Militär- und Zivilkompetenzen. (49,403/04)

Aus dem 5. Departement des Oberkriegskollegiums ressortierte die dem zivilen Generaldirektorium unterstehende Generalkriegskasse unter dem General Grafen Schulenburg-Kehnert, seit

1798 Generalkontrolleur der Finanzverwaltung. (49,403/04) Das Saniätswesen unterstand im Frieden der Hauptfeldlazerett-Direktion. (49,408) Führender Kopf des gesamten Medizinalwesens unter den beiden Königen ist der »hochverdiente Generalchirurgus und spätere Generalstabsarzt der Armee Johannes Goercke« (94,II,238) gewesen.

1787 erließ der König auf seine Anregung hin ein sehr belobtes Feldlazarett-Reglement.

## Der Generalstab

Unter Friedrich dem Großen existierte ein eigentlicher Generalstab nicht. Es handelte sich bei den Quartiermeistern und Quartiermeisterlieutnants um Offiziere, die zur »Königlichen Suite« (49,157) gehörten und unmittelbar Befehle des Königs ausführten. Ein Generalquartiermeister war seit 1781 nicht mehr ernannt. Friedrich Wilhelm II. machte 1787 den Obersten von Pfau zum Generalquartiermeister.

*CURT JANY ZU DEN AUFGABEN DES GENERALSTABES:*

*Im Felde bestanden die Aufgaben der Generalstabsoffiziere in der Auswahl der Marschstraßen und Lager, Führung der Kolonnen, wobei die aus dem Reitenden Feldjägerkorps ausgewählten Kolonnenjäger ihre Gehilfen waren, Rekognoszierung des Gegners, Adjutantendienst bei dem kommandierenden General, Nachrichtenwesen usw.* (49,158)

Im Frieden bildeten Landesaufnahme und die Erkundung von Verteidigungsstellungen in den Grenzgebieten, einen wesentlichen Teil der Arbeit der Generalstabsoffiziere. Daher spielten auch sogenannte Ingenieurgeographen zunächst eine bedeutsame Rolle innerhalb dieser Einrichtung.

Indes war der Umfang des »Generalsquartiermeisterstabes« nach dem Frieden von Basel erheblich geschrumpft. Beim Regierungsantritt Friedrich Wilhelm III. fehlte der Einrichtung noch immer eine geordnete Struktur und klare Aufgabenabgrenzung.

Der damalige Oberst von Massenbach, der wegen seines Verhaltens im Feldzug 1806 so unbarmherzige Kritik auf sich gezogen hat, reichte im Jahr 1802 eine Denkschrift zur Organisation des Generalstabes ein. Nach Vorlage positiver Stellungnahmen des Herzogs von Braunschweig, Möllendorfs,

Geusaus, des Fürsten Hohenlohe, Rüchels und Tempelhoffs befahl der König durch Kabinettsordre vom 26. November 1803 die Installierung eines mit klaren Geschäftsbereichen versehenen Generalquartiermeisterstabes. Von nun an waren konkret abgegrenzte Territorien den jeweiligen Abteilungen zur militärischen Bearbeitung zugewiesen. Die Ingenieurgeographen verschwanden, außer bei der Plankammer, aus dem militärischen Führungsstab.

Das war die Geburtsstunde des modernen Generalstabes in Preußen. 1804 trat der damalige Oberst von Scharnhorst vom Feldartilleriekorps als Dritter Generalquartiermeisterleutnant in den Generalstab ein.

## Die Generalinspekteure

Auf Friedrich den Großen geht die Einführung der Generalinspekteure zurück. Infolge der wachsenden Zahl der Regimenter war es dem König nach dem Siebenjährigen Krieg allein schon zeitlich nicht mehr möglich, in Person deren Ausbildungsstand zu prüfen. Zu diesem Zweck setzte er Generale ein, die, nach Waffengattungen getrennt, jeweils eine bestimmte Anzahl Regimenter zu besichtigen und darüber dem König Bericht zu erstatten hatten. Diese Einrichtung blieb wegen der Größe der Armee schlicht unverzichtbar. Der Inspekteur war nicht Vorgesetzter der zu seinem Bereich gehörenden Truppen. Vielmehr verkörperte er Auge und Ohr des Herrschers, um die Regimenter zu mustern. Ein Beispiel aus der Zeit Friedrich Wilhelms III.: Als Generalinspekteur der Magdeburgischen Kavallerie-Inspektion trat 1798 der Herzog Carl August von Sachsen-Weimar wieder ins preußische Heer ein, nachdem er 1794 den Dienst quittiert hatte. Er hatte die K 3, 6, 7 und 11 zu inspizieren.

## Ausbildung

Einiges war dazu in den vorigen Kapiteln schon ausgeführt. Man muss sich zunächst aber nochmals die zeitliche Komponente vergegenwärtigen: Einer wahrscheinlich durchgängig intensiven Ausbildung in der Exerzierzeit und für einen Teil der Truppen während der Herbstmanöver stand (aus den erläuterten wirtschaftlichen Gründen) ausbildungsmäßig relativer Leerlauf für den Rest des Jahres gegenüber.

Die Ausbildungsinhalte scheinen kritikwürdig, weil sie die formale Seite des Dienstes überbetonten und zu wenig auf Kriegstauglichkeit ausgerichtet waren. Nach Droysen übte man »fort und fort Handgriffe und festes Aufstampfen bei Marsch und Wendung«. (28,46) Man stritt, ob 71 oder 75 Schritt in der Minute für die Linieninfanterie vorzuziehen sei. Der eingeführte Geschwindschritt von 100 Schritt pro Minute erschien manch altem Offizier oder General »jakobinisch«. (28,46)

Neben derart fruchtlosen Entwicklungen geschah aber auch Nützliches: Hervorhebender Erwähnung ist allemal wert, welche Vorstellungen der Einführung der Schützen in die Infanterieregimenter, der Scharfschützen bei der Kavallerie, der Errichtung der Füsilierbataillone und der Beibehaltung des Regiments Fußjäger (Feldjäger) zugrunde lagen.

Für die Zeit von 1788 bis zum Jahr 1806 galt bei der Infanterie ein Reglement, dass einiges im Vergleich zu der davor geltenden Vorschrift vereinfachte. So wurden »alte Handgriffe«, also Exerziergriffe, die im Wesentlichen noch aus der Zeit des Soldatenkönigs (1713–1740) stammten, »gestrichen«. (29,164) Die Lineartaktik, also der Aufmarsch der Truppen in dreigliedriger Linie, zwei Treffen hintereinander, blieb weiter idealisches Leitbild. Aber Neuerungen verschloss man sich keineswegs, wie sich schon aus der verstärkten Aufstellung leichter Truppen ergibt.

Die Bestimmungen über den Dienst der Schützen wurden erstmalig 1788 in ein erneuertes Infanterie-Reglement aufgenommen. 1789 bekamen die Schützen noch eine spezielle eigene Instruktion. Der Infanterist des 18. Jahrhunderts galt als Teil einer Maschine, die möglichst schnell massenhaft Kugeln zu verschießen hatte. Auf das Treffen kam es nicht entscheidend an. Zielen war weder erforderlich, noch nach dem Reglement gewünscht und nach der Bewaffnung auch kaum möglich.

Vor diesem Hintergrund wirkt die Anordnung, dass die mit dem gezogenen Schützengewehr ausgerüsteten Schützen »alljährlich eine vierzehntägige Übung im Scharfschießen nach der Scheibe« (29,164) zu absolvieren hatten, schon bahnbrechend. Die Schützen sollten in aufgelöster Ordnung vor dem Bataillon vorgehen und den Feind durch ihr gezieltes Feuer in Verwirrung bringen. Sie sollten in der Lage sein, »ganz wie die Fußjäger zu fechten«. (49,166) Beim Patrouillendienst und in der Marschsicherung wurde die Fähigkeit angestrebt, unter Ausnutzung des Geländes und von Deckungen gezielte Schüsse abzugeben.

Die Füsilierbataillone bekamen 1788 ein Reglement, dass sich zwar überwiegend mit dem geschlossenen Einsatz beschäftigte, aber auch die »zerstreute Fechtart« (49,166) vorsah.

Tatsächlich hat die Praxis der Revolutionkriege gezeigt, dass der Einsatz im zerstreuten Gefecht dem Charakter der »leichten« Infanterie am ehesten entspricht.

*CURT JANY ÜBER DIE TAKTIK DER LEICHTEN INFANTERIE:*

*So zeigt die Kanonade von Valmy 1792 bei der Avantgarde unter dem Erbprinzen von Hohenlohe drei Füsilierbataillone vor der Linieninfanterie, 5 Jägerkompanien in Tirailleurlinie vor den Füsilieren, eine Formation, die schon an die taktischen Formen der Befreiungskriege erinnert.* (49,167)

Die Scharfschützen bei der Reiterei sollten ebenfalls für das genaue Erfassen und Treffen eines Ziels geschult werden. Daher war auch für sie »das Schießen nach der Scheibe« (49,169) wesentlicher Ausbildungsinhalt.

Tatsächliche Fortschritte sind unter Friedrich Wilhelm II. auf einem weiteren Gebiet erreicht worden: dem militärischen Bildungswesen. Zahlreiche Fortbildungsinstitute entstanden unter dessen Herrschaft.

*FORTSCHRITTE IM MILITÄRISCHEN BILDUNGSWESEN UNTER FRIEDRICH WILHELM II.:*

- ***1788** entsteht zur Fortbildung des Ingenieurkorps die Ingenieurakademie (Ecole de genie).*
- ***1790** wird die Tierarzneischule (Ecole veterinaire) zur Ausbildung von »Roßärzten«, die es bis dahin in der Armee nicht gab, (87,304) ins Leben gerufen.*
- ***1791** wird auf Vorschlag des Obersten von Tempelhoff eine Artillerieakademie gegründet. (94,II, 238)*
- ***1795** nimmt die auf Betreiben des schon genannten Generalchirurgen Dr. Goercke gegründete Medizinisch-Chirurgische Pepiniere (»Pflanzschule«) zur Ausbildung von Militärchirurgen den Lehrbetrieb auf.*

Ein mit herausragenden Geistesgaben ausgerüsteter junger Mensch besuchte zwischen 1800 und 1803 die Pepiniere. Dessen Namen hat in der Welt der Literatur und als späterer Ehemann der feinsinnigen Rahel Levin einen guten Klang: Karl August Varnhagen von Ense. In seinen berühmten »Denkwürdigkeiten des eigenen Lebens« hat er der Medizinisch-Chirurgischen Pepiniere, bei aller kritischen Betrachtung, ein schönes Erinnerungszeichen gesetzt. Die Schüler an der Einrichtung hießen Eleven.

*VARNHAGEN AUS SEINEN ERINNERUNGEN ÜBER EINE VORPRÜFUNG AN DER MEDIZINISCH-CHIRURGISCHEN PEPINIERE IM JAHRE 1801:*

*Einen der größten Momente meines Lebens erfuhr ich, als nach Ablauf meines ersten Studienhalbjahres ein allgemeines öffentliches Tentamen* (= Vorprüfung, Zwischenprüfung) *stattfand. Die sämtlichen Zöglinge in Uniform. Die Obern und Görcke selbst feierlich vorsitzend, eine große Zahl eingeladner Zuschauer, hoher Militärpersonen, Zivilbeamten und Gelehrten, dies alles bildete die ansehnlichste Versammlung, die ich noch gesehen hatte. Ich war nicht ohne Angst, doch ging alles ganz gut, ich bestand mit den anderen leidlich, bis endlich Kiesewetter zu examinieren anfing, und nun auch denen, die sich am stärksten gerüstet fühlten, der Mut etwas befangen wurde. Aber wie ward mir, als dieser von allen hochgehaltene und zugleich sehr gefürchtete Lehrer mit seiner durchtönenden, beredten Stimme so anhob: »Unter den Jünglingen, welche in dem vergangenen halben Jahre meine Zuhörer gewesen, haben sich durch Fleiß, Aufmerksamkeit und Fortschritte besonders drei hervorgetan; an ihrer Spitze steht der junge Varnhagen ...* (119,93/94)

Die Einrichtung, dies am Rande, firmierte ab 1818 als Friedrich-Wilhelms-Institut und ab 1895 als Kaiser-Wilhelm-Akademie.

## Bekannte Namen in der Armee zwischen 1786 und 1806

Im Zeitraum zwischen dem Tode Friedrichs des Großen und dem Zusammenbruch Preußens erfreute sich keiner so eines Ansehens in der Öffentlichkeit und bei beiden Königen wie der Herzog von Braunschweig.

Karl Wilhelm Ferdinand Herzog von Braunschweig-Lüneburg war 1735 zu Wolfenbüttel geboren. Im Siebenjährigen Krieg erwarb er sich auf dem westlichen Kriegsschauplatz wegen seines zupackenden Wesens und seiner persönlichen Tapferkeit die uneingeschränkte Anerkennung sowohl seines Onkels, des Herzogs Ferdinand von Braunschweig, als auch die Friedrichs des Großen.

Karl Wilhelm Ferdinand war der Neffe des Alten Fritz, denn seine Mutter und die Ehefrau Friedrichs des Großen waren Schwestern. Unter Friedrich Wilhelm II. wurde er Feldmarschall und führte 1787 die Expedition nach Holland. Spätestens danach galt er als der erste Feldherr Europas.

Im Feldzug in der Champagne 1792, vor allem bei Valmy, war von diesen Vorzügen nicht mehr viel zu entdecken. Im Gegenteil, er zeigte sich zögerlich.

Dennoch hielt der König zunächst an ihm fest. 1794 legte er den Oberbefehl nieder, wurde aber in den nächsten Jahren noch verschiedentlich verwendet. Friedrich Wilhelm III. wünschte, nach seinem Regierungsantritt 1797 den Herzog an erster Stelle in der militärischen Hierarchie zu sehen.

*FRIEDRICH WILHELM III. AN DEN HERZOG VON BRAUNSCHWEIG AM 16. NOVEMBER 1797:*

*Euer Durchlaucht und Liebden nehme Ich nicht Anstand ergebenst zu benachrichtigen, daß ich nach dem heute erfolgten höchst traurigen Hintritt meines innigst geliebten Vaters, des in Gott ruhenden Königs Friedrich Wilhelm II. Majestät, dessen auf mich vererbten Thron bestiegen und die Regierung angetreten habe. Die Anhänglichkeit und Liebe, welche Euer Liebden stets für des hochseligen Königs Majestät gezeigt und welche soviel zu dessen Zufriedenheit beigetragen hat, läßt mich hoffen, das Dieselben nicht nur an meiner gerechten Betrübnis gütigen Anteil nehmen, sondern Mir auch Ihre bisherige Freundschaft erhalten, Meiner Armee aber ferner den Stolz gönnen werden, Euer Liebden an ihrer Spitze zu sehen.* (94,II,87)

Der Herzog hielt sich häufig in der Nähe des Königs auf, wurde von diesem auch mit diplomatischen Missionen betraut. Nach dem Oberbefehl 1806 hat sich der inzwischen 71-Jährige nicht gerissen. Er musste vielmehr dazu gedrängt werden, weil er sich »zunächst hartnäckig« weigerte.

(94,II,88) Am Beginn der Schlacht von Auerstedt schwer verwundet, war er gezwungen, das Schlachtfeld zu verlassen. Er starb am 10. November 1806 in Ottensen bei Hamburg.

Ein zweiter in der Zeit zwischen 1786 und 1806 in der Armee weithin bekannter militärischer Führer war der Feldmarschall von Möllendorf. Wichard Joachim Heinrich von Möllendorf wurde 1724 in der Ostprignitz geboren, trat 1743 in das I. Bataillon Leibgarde (IR 15 a) ein. Er machte nahezu alle großen Schlachten des Siebenjährigen Krieges mit. Legendär (Orden pour le merite) machte ihn die Erstürmung des Kirchhofs von Leuthen in der gleichnamigen Schlacht am 05. Dezember 1757.

Die Ernennung zum Feldmarschall erreichte ihn im Jahr 1793. Im gleichen Jahr besetzte er die Preußen infolge der zweiten polnischen Teilung neu zugefallenen »südpreußischen« Gebiete. Er soll das mit soviel Takt und Leutseligkeit über die Bühne gebracht haben, dass die polnischen Stände ihn als Statthalter in Südpreußen vom neuen Landesherrn erbaten. (94,I,519) Aber stattdessen musste er den Oberbefehl am Rhein für den Feldzug 1794 übernehmen. Möllendorf wirkte in verschiedenen Funktionen und war auch um Verbesserung der Verhältnisse bemüht. »Als Gouverneur von Berlin stand er im Rufe großer Humanität und war bei den Truppen und der Bevölkerung gleich beliebt.« (43,116) Ohne unmittelbares Kommando nahm er dennoch im Alter von 82 Jahren – Priesdorff nennt das schlicht »unvernünftig« (94,I,520) – am Feldzug von 1806 teil. Durch einen anfeuernden Anruf an die Truppen machte er dann ein letztes Mal von sich reden. Er geriet in Erfurt in Gefangenschaft, starb aber erst hochbetagt im Jahr 1816. Er hatte also nicht weniger als vier preußische Könige erlebt.

Eines weiteren, in der benannten Zeit bis 1806 tonangebenden Militärs muss hier noch gedacht werden. Der General von Rüchel galt in den Jahren vor dem Zusammenbruch viel und hatte das Ohr beider Könige. Ernst Friedrich Wilhelm Philipp von Rüchel ist 1754 in Pommern geboren. Mit 39 Jahren ist er bereits General, was für die Zeit ganz außergewöhnlich war.

Seine Funktion als Flügeladjutant brachte ihn ständig in die Nähe des Herrschers. In den Revolutionskriegen führte er durchaus mit Verve und Erfolg. Neue Ämter, die ihm übertragen wurden, bekräftigten das Vertrauen Friedrich Wilhelms III., das dieser in den noch vergleichsweise jungen General setzte. Rüchel war der Mann der Zukunft.

Er entstammte der Generation, die den Siebenjährigen Krieg nicht mehr persönlich erlebt hatte. Der General war geistig äußerst rege, stark im Organisatorischen und schuf durchaus Nützliches. Er verfügte über einen scharfen Verstand, unermüdlichen Eifer, neigte aber wohl auch zur Selbstüberschätzung. Als unbedingter Anhänger der von Friedrich dem Großen überkommenen Taktik, machte er sich nicht nur Freunde.

*CLAUSEWITZ ÜBER DEN GENERAL RÜCHEL:*

*Man hätte den General Rüchel eine aus lauter Preußentum gezogene konzentrierte Säure nennen mögen.* (43,115)

Dieses Diktum ist wahrscheinlich missdeutig und in späteren Epochen häufig übertrieben gegen Rüchel ausgelegt worden. Tatsache ist vielmehr, dass zum Beispiel Scharnhorst ihn durchaus schätzte (43,114) und Clausewitz selbst außergewöhnliche soldatische Fähigkeiten an ihm rühmte. (43,115) Im Feldzug 1806 sind seine Führungseigenschaften umstritten. Persönlich hat er tapfere Haltung gezeigt. Ihm wurde bei Jena durch die Brust geschossen. Schnell gesundet, wurde er noch in Ostpreußen Gouverneur, schied aber 1807 aus dem Dienst. Da er auch in den Befreiungskriegen kein Kommando mehr erhielt, darf man davon ausgehen, dass er grundsätzlich das Vertrauen des Königs verloren hatte. Er starb 1823.

Schließlich stand der Erbprinz, seit 1796, Fürst von Hohenlohe sowohl bei Friedrich Wilhelm II. als auch bei Friedrich Wilhelm III. in hoher Gunst. Friedrich Ludwig Fürst von Hohenlohe-Ingelfingen war 1746 geboren. Mit 40 Jahren, noch unter dem Alten Fritz zum Generalmajor ernannt, gehörte er in den Revolutionskriegen zu den befähigsten und erfolgreichsten Truppenführern. Blücher nannte ihn einen Heerführer, auf den die Armee stolz sein könne. (94,II,212) Mit dieser Meinung stand er wahrlich nicht allein.

*VALENTINI ÜBER DEN FÜRSTEN HOHENLOHE IN SEINEN ERINNERUNGEN AUS DEM JAHRE 1833:*

*Zur Charakteristik des Fürsten Hohenlohe in seiner damaligen glänzenden und glücklichen Zeit, im*

*Alter zwischen 40 und 50 Jahren und mit allen Talenten und allem nötigen Wissen zum Feldherrn begabt, müssen wir vor allem der edlen, wahrhaft fürstlichen Haltung und jener stolzen Ruhe des Kriegers gedenken, die ihn in keinem Augenblicke verließ ...*
*Zu groß denkend, um je auf eigene Vorteile Rücksicht zu nehmen und zu stolz, um begangene Fehler mit denen der Untergebenen zu rechtfertigen, gehört der viel verkannte und viel geschmähte Fürst von Hohenlohe jedenfalls zu den edelsten Naturen, die je einen Kommandostab führten.* (43,109)

Im Jahr 1806 war er es, der durch die Entwicklung der Umstände in die prekäre Lage kam, einem Napoleon unmittelbar die Stirn bieten zu müssen. Aber erst die Kapitulation von Prenzlau hat wohl in den Augen des Königs das Maß voll gemacht. Das Jahr 1806 zerstörte jedenfalls den in einer bisher tadelsfreien soldatischen Laufbahn erworbenen Ruhm. Der Fürst starb 1818.

Alle diese Männer, einschließlich des bereits im Vorabschnitt erwähnten Generals von Geusau, repräsentierten die Armee bis 1806/07 maßgeblich nach außen. Aber auch diejenigen, die nach 1807 und dann in den Befreiungskriegen in das Licht der Öffentlichkeit traten, standen samt und sonders schon lange in den Diensten der preußischen Krone: Blücher hatte zwar in den Rheinfeldzügen Anerkennung erworben, war aber 1806 noch immer ein General unter vielen. York führte das Feldjägerregiment, ohne darüber hinaus hervorzutreten. Oberst von Scharnhorst bekleidete eine Generalstabsfunktion und Gneisenau war 1806 gerade einmal Kapitän im Füsilierbataillon von Rabenau (F 13), zugehörig zur Niederschlesischen Brigade.

# Preußens Heer in Krieg und Frieden bis zum Jahr 1806

## *Präludium – Ein militärischer Spaziergang nach Holland 1787 und Mobilmachungen bis 1791*

### Der preußische Feldzug nach Holland

Die Vereinigten Niederlande, im Süden angrenzend an die Österreichischen Niederlande – praktisch das heutige Belgien – wurden vom Fürstenhaus Oranien regiert. Dieses besaß die erbliche Statthalterwürde.

Die Oranier verkörperten das monarchische Prinzip, an dem sich ein selbstbewusstes städtisches, »republikanisch gesinntes Kaufmannspatriziat« (49,209) rieb. Aus der unterschiedlichen Stellungnahme beider Parteien zum Unabhängkeitskrieg in den englischen Kolonien entstanden innenpolitische Spannungen, die schließlich in einen Bürgerkrieg mündeten.

Das alles konnte zunächst Preußen ziemlich gleichgültig sein. Allerdings muss man wissen, dass die Gattin des oranischen Erbstatthalters Wilhelms V. preußische Prinzessin und Schwester des Königs Friedrich Wilhelm II. gewesen ist.

Als diese im Juni 1787 durch Aufständische, die sogenannten »Patrioten«, unangemessen und respektlos behandelt worden war, entschloss sich Preußen in Abstimmung mit Großbritannien zum militärischen Einschreiten.

Die Beleidigung seiner Schwester bildete den äußeren Anlass zur Intervention, dahinter stand aber das handfeste politische Anliegen, seinen Schwager, den Erbstatthalter, vor der Absetzung zu bewahren.

*DIE FÜR DEN ZUG NACH HOLLAND BESTIMMTEN TRUPPEN:*

| | |
|---|---|
| Infanterie-Regimenter: | Nr. 9,10,27,41,44,45,48 |
| Füsilier-Bataillone: | Nr. 1,2 |
| Jägerkompanien: | 2 Kompanien Fußjäger |
| Kürassier-Regimenter: | Nr. 6,7 |
| Dragoner-Regimenter: | Nr. 1 |
| Husaren-Regimenter: | Nr. 2 (1 Bat.), 8 (1 Bat.) |
| Artillerie: | 4 Batterien |
| Pontonierkommando | |
| Train | |

(49,211)

Die Stärke der Interventionsarmee betrug 26.000 Mann. (33,617) Den Oberbefehl erhielt der Herzog von Braunschweig. Als Stabschef (Generalquartiermeister) fungierte Oberst von Pfau. Die Operation wurde auch pioniertechnisch intensiv vorbereitet, (49,311) da man mit häufigem Queren von Wasserhindernissen rechnete. Für die Erwartung ernsthafter Kämpfe spricht, dass man acht Lazarettschiffe vorhielt. (49,311)

In drei Kolonnen marschierte das Interventionheer am 13. September 1787 in Holland ein. Es zeigte sich schnell, dass die »Patrioten«-Milizen regulärem Militär nicht gewachsen waren. Wo es zu Gefechten kam, räumte der Gegner in der Regel nach kurzem Kampf das Feld. Postierungen, Städte und Festungswerke wurden desöfteren handstreichartig von zahlenmäßig geringen Truppen genommen.

*RESTORFF ÜBER EINE AKTION DES K 6:*

*1787. Feldzug nach Holland. Überrumpelung von Deventer am 15. September durch ein Detachement von 50 Pferden des Regiments unter Führung des Rittmeisters La Viere und des Lieutenants v. Kropf. Der letztere erhielt mit 30 Kürassieren den Befehl, die Stadt zu überrumpeln, was auch vollständig gelang. Besonders zeichnete sich der die Spitze führende Unteroffizier, leider nicht namentlich bekannt, so aus, dass er dafür zum Lieutenant bei der Landmiliz ernannt wurde.*
(96,238/39)

Legendär ist die »Eroberung« eines feindlichen Kriegsschiffes durch Husaren. Hintergrund war, dass sich das Schiff auf einer Sandbank festgefahren hatte. Als der Husarengeneral von Eben (H 2) androhte, das manövrierunfähige Wasserfahrzeug durch Kanonen in Grund zu schießen, ergab sich der Kapitän. (49,213) Nach dem durchaus ernsthaften Gefecht bei Amstelveen kapitulierte die Hochburg des Aufruhrs, die Stadt Amsterdam am 9. Oktober 1787.

*URTEILE ÜBER DEN HOLLÄNDISCHEN FELDZUG 1787:*

*Clausewitz nannte das Gefecht bei Amstelveen:*

*... eine der schönsten Umternehmungen gegen eine Postierung. Der Herzog zeigt sich wieder in der Eigentümlichkeit, in welcher er als Erbprinz im Siebenjährigen Kriege geglänzt. Wegen dieses letzten glänzenden Schlages kann man ihm den Ruhm, welchen er in diesem Kriege sonst leicht erwarb, nicht mißgönnen. (49,215)*

Von der Goltz meint, der Feldzug sei, *ein Kabinettstück militärischer Umsicht und Geschicklichkeit gewesen.* (49,215)

Das ganze Verfahren war glücklich ausgegangen. Die preußischen Verluste an Gefallenen und Verstorbenen werden mit 211 Mann angegeben. Noch bemerkenswerter ist, dass dieser Feldzug finanziell aus den »laufenden Überschüssen gedeckt werden konnte, ohne, dass der Staatsschatz beansprucht wurde.« (49,216) Preußen konnte nach dem Feldzug seine Stellung im Konzert der europäischen Mächte stärken, rückte an England näher heran, was dem König den Rücken gegen Österreich und Russland stärkte. Der Ruhm des Herzogs von Braunschweig stand nach den holländischen Ereignissen im Zenit. Dass dieser Lorbeer viel zu leicht erworben war, trat in der Betrachtung zurück.

## Mobilmachungen 1788 bis 1791

Bis zur Verschiebung der politischen Gewichte durch den Eintritt der französischen Republik in die Geschichte, wirkten die Feindstellungen aus dem Siebenjährigen Krieg nach. Misstrauen musste Preußen vor allem Russland und Österreich. Frankreich hingegen stellte keine gegenwärtige Gefahr für die Monarchie dar. Russland hegte stets Interesse an der Einverleibung Ostpreußens, Österreich wollte Schlesien zurück.

1788 machte Preußen ein kleines Korps gegen Dänemark mobil. Dem lag zugrunde, dass der schwedische König Russland wegen seiner aktuellen Verwicklung in einen Türkenkrieg geschwächt glaubte. Die Schweden fielen in Finnland ein. Dänemark war Russlands Bundesgenosse. Die Zarin verlangte von Dänemark daraufhin vertraglich zugesicherte Truppenstellung von 12.000 Mann. Preußen sollte hier als Teil einer Koalition unter englischer Führung handeln, der nicht an einer weiteren Stärkung des Zarentums gelegen war. In diesem Fall reichte aber schon diplomatischer Druck der Engländer. Dänemark erklärte 1789 seine Neutralität in diesem Konflikt. Die preußischen Truppen hatten infolge dieser Entwicklung ihre Garnisonen gar nicht mehr verlassen müssen. (49,217/18)

Friedrich Wilhelm II. vertraute sich in den frühen Jahren seiner Regierung außenpolitisch der Leitung des Ministers von Hertzberg an. Dessen Credo lautete: Handlungsfreiheit für Preußen in den polnischen Angelegenheiten gegen Einräumung ungehinderter Schadloshaltung der Mächte Russland und Österreich auf dem Balkan und andernorts, wo es zu Lasten der Türkei ging.

Der Minister sah die Gefahr, dass sich Russland, welches im Einvernehmen mit Österreich stand, im Krisenfall der Stadt Danzig bemächtigen würde, was Preußen Nachteil brächte. 1788 (= nach der ersten polnischen Teilung) war Danzig noch polnisches Territorium. Zur Verhinderung solcher Versuche machte Preußen ein Beobachtungskorps von 8–9.000 Mann (3,219) mobil und errichtete mit Billigung Polens Schanzen zur Abwehr einer russischen Landung von See aus. (49,220)

1789 waren die Bewohner des zum Heiligen Römischen Reich gehörenden Bistums Lüttich mit ihrem Landesherrn in Streit geraten. Der Fürstbischof v. Hoensbroich musste wegen eines Aufruhrs im Oktober, der auch schon von den französischen Verhältnissen inspiriert gewesen war, fliehen.

In Ausführung der angeordneten Reichsexekution rückten 4.000 Preußen in Lüttich ein, was sich nicht nur unter vollkommener Ruhe und ohne Widerstand vollzog. Vielmehr sei dies »unter lauten Freudenbezeugungen der Bevölkerung geschehen.« (49,220) Die vermittelnde Art, mit der der preußische General von Schlieffen die Sache zu behandeln suchte, dankte ihm der Fürstbischof schlecht. Im Frühjahr 1790 räumten die Preußen Lüttich und überließen Stadt und Herrschaft ihrem Schicksal.

Zur Durchsetzung seiner politischen Ziele, also insbesondere die Erwerbung von Thorn und Danzig, entwickelte Preußen 1790 massiven Druck auf Russland und Österreich. Als der Plan gefasst wurde, im Jahre 1789, standen für beide Mächte die Dinge im Kampf mit den Türken noch ungünstig, schienen sie auf lange Zeit auf diesen Kriegsschauplätzen gebunden zu sein.

Die militärischen Erfolge der beiden Kaiserstaaten wendeten 1790 das Blatt. So war die Lage, in die sich Preußen hineinmanövriert hatte, durchaus gefährlich. Im Frühjahr 1790 wurde praktisch die gesamte Armee gegen Österreich und Russland mobilisiert. Das war der als Demonstration der Stärke gegenüber der Wiener Hofburg gedachte »Marsch nach Schlesien«. (49,221)

Während noch die Konzentration der Truppen in Schlesien lief, geplant waren dort 145 Bataillone, 166 Eskadrons und 58 Batterien (49,222), begannen die Diplomaten schon zu verhandeln. Kaiser Joseph II. war im Februar 1790 gestorben. Sein Nachfolger Leopold II. bemühte sich um gütliche Erledigung. Im Juli 1790 verglichen sich die Habsburger und Preußen im Vertrag von Reichenbach.

Damit war die Kriegsgefahr zwischen beiden Mächten geschwunden. Das Verhältnis mit Russland blieb aber vorerst unklar. In den Operationsplänen galt Österreich als Hauptgegner, was sich schon dadurch erhellt, dass das deutliche Übergewicht der Truppen sich in Schlesien sammeln sollte.

Die 37 Bataillone, 70 Eskadrons und 10 Batterien (49,222), die in Ost- und Westpreußen zusammengezogen werden sollten, hätten im Falle eines Krieges auch nur hinhaltend wirken können.

Nach dem Vertrag von Reichenbach verlegte Preußen deshalb seinen militärischen Schwerpunkt auf die östlichen Provinzen, da man sich des Verhaltens Russlands unsicher war.

Erst im Juli 1791 entschloss man sich zur Demobilmachung gegenüber Russland. Es standen dringendere Probleme, die grundsätzlich alle Monarchien angingen, auf der Agenda: Frankreich.

## *Der Feldzug von 1792 – die Würfel sind gefallen: preußische Intervention in Frankreich*

Die Entwicklung in Frankreich war von den Monarchen grundsätzlich als Gefahr für das eigene politische System erkannt worden. Um das in revolutionärer Gärung begriffene Frankreich zu bändigen und den Bourbonen den Thron zu retten, verabredeten Österreich, Preußen und Sachsen, inspiriert von französischen Emigranten, am 27. August 1791 in Pillnitz bei Dresden ein gemeinsames Vorgehen. Diese Allianz wurde von den regierenden Girondisten mit Recht als Kriegsdrohung aufgefasst. Am 20. April 1792 erklärte Frankreich dann seinerseits den Krieg. Die Büchse der Pandora war geöffnet. Von nun an kam Europa für die nächsten 23 Jahre nicht mehr zur Ruhe.

### Aufmarsch

Wie häufig in der Geschichte klafft auch hier zwischen großartigen Plänen und deren konkreter Umsetzung eine Lücke. Die Österreicher blieben zu erheblichen Teilen unter dem Herzog von Sachsen-Teschen in den Niederlanden gebunden. Die Stärke von dessen Feldarmee soll 34.000 Mann kaum überschritten haben. Ferner stand im Breisgau eine österreichische Armee von 27.000 Mann (Feldzeugmeister Fürst Hohenlohe-Kirchberg), die rein defensiv den Oberhein vor einem befürchteten französischen Angriff decken sollte.

Das bedeutete praktisch, dass die preußischen Truppen nahezu die Rolle des alleinigen Stoßkeils für das Eindringen in Frankreich bildeten. Die unmittelbare Hilfeleistung durch verbündete Truppen blieb marginal. Lediglich das österreichische Korps Clerfayt stand den Preußen zur Seite. Somit bildeten die Preußen das Zentrum der Aufstellung, während die kaiserlichen Heere die Flügel deckten. (1,240)

Tatsächlich ähnelt diese strategische Kombination ein wenig allen späteren Entwürfen, wenn es darum ging, den »Erbfeind« hinter dem Rhein in die Knie zu zwingen (erst Manstein durchbrach dieses Schema). Am linken Flügel die Defensive, in der Mitte Truppenmassen als das Scharnier, folgend der rechte Flügel – im Schlieffenplan allerdings mit der alles entscheidenden Offensivaufgabe bedacht.

Hier und heute – 1792 – bilden das österreichische Korps am Oberhein den defensiven linken, die Truppen in den österreichischen Niederlanden den rechten Flügel. Die preußische Armee ist die Nabe, der Mittelpunkt, das Zentrum. Von hier soll der bestimmende militärische Impuls ausgehen: der Vormarsch ins feindliche Gebiet mit dem Ziel Paris.

Dem Generalmajor v. Geusau, Direktor im Ober-Kriegskollegium, wurden am 28. März jene Truppen bezeichnet, die durch den König zur Intervention in Frankreich bestimmt worden waren. Generalmajor v.Moller erhielt am 2. April Weisung, sich zum Umfang der in dem Feldzug tunlichst mitzuführenden Artillerie zu erklären. Zwei Tage nach der französischen Kampfansage verfügte der König die vorläufige Marschbereitschaft. Das war der 22. April 1792. Am 6. Mai folgte die tatsächliche Mobilmachung der für den Feldzug bestimmten Regimenter. Im Einzelnen erhielten die aus der Tabelle ersichtlichen Truppen den Marschbefehl.

*VERZEICHNIS DER FÜR DEN FELDZUG GEGEN FRANKREICH BEFOHLENEN TRUPPENTEILE:*

| | |
|---|---|
| 39 Infanteriebataillone; IR | 3, 9, 10, 12, 21, 30, 32, 37, 38, 39, 41, 47, 49 |
| 7 Füsilierbataillone | 1, 2, 10, 13, 18, 19, 20 |
| 1 Bat. Feldjäger | |
| 10 Eskadrons Kürassiere | K 6 u. 7 |
| 30 Eskadrons Dragoner | D 1, 2, 4, 5, 10 (10 Eskadrons) |
| 30 Eskadrons Husaren | Batterie 2, 3, 6 u. Magdeburg. Husarenkommando |
| 6 Batterien Artillerie | |
| 7 Parkkolonnen | |
| 2 Handwerkerkolonnen | |
| 1 Laboratoriumskolonne | |
| 1 Brandgeschosskolonne | |
| 2 fliegende Pferdedepots | |

10 sonst. Fußkompanien
1/2 reitende Batterie
100 Pontons und
12 Brückenwagen
(6 Brücken)
Mineurkommando

Mit knapp 47.000 »Kombattanten« (49,242) zog Preußen – so der Militärhistoriker Jany – gegen Frankreich ins Feld. Hinzu traten rund 10.000 Mann Hilfspersonal, also vor allem Trainknechte und Dienstverpflichtete aller Art. Die Zahl der Kanonen, die Bataillonsartillerie in den Regimentern inbegriffen, betrug 221 Geschütze. Darunter befand sich lediglich eine einzige Batterie der schweren Zwölfpfünder. Die Kräfteangaben differieren verschiedentlich.

Poten gibt für die vom Herzog von Braunschweig geführte »Hauptarmee« eine Gesamtstärke von 82.000 Mann an. Darin eingerechnet sind: 6.000 Mann Hessen-Kasselsche Hilfstruppen, das 20.000 Mann starke kaiserliche Korps Clerfayt und 14.000 Emigranten. (92,V,313) Danach würden lediglich 42.000 Preußen übrigbleiben. Den Angaben von Jany ist aber der Vorzug zu geben.

Sicher scheint indes zu sein, dass keinesfalls mehr als 50.000 Preußen für dieses militärische Abenteuer eingeplant worden sind.

Die spätere Kritik des Kräfteansatzes dürfte rückschauend nicht ganz unbegründet sein: Im Angesicht des unbefriedigenden Ausganges des Feldzuges scheint die Rüge, dass überhaupt nur ¼ der preußischen Armee in den Kampf geschickt wurde, nachvollziehbar.

Die kritikbeflissene Nachwelt hat dem König und seinen Ministern den Vorwurf nicht erspart, die Schwere der Angelegenheit sträflich unterschätzt zu haben. Aber lag sie damit richtig? Man kann für Friedrich Wilhelm II. ins Feld führen, dass er sich lediglich als ein Partner in einem Koalitionskrieg verstand. Sollte er dafür, vom Kostenargument einmal ganz abgesehen, die Wehrkraft des ganzen Staates aufs Spiel setzen?

Preußen hegte noch dazu 1790/91 keine eigenen politischen Interessen gegen Frankreich, außer dem dumpfen Widerborst gegen die Revolution. Österreich hingegen verfolgte wegen der verwandtschaftlichen Nähe zum

*Französische Truppen im Jahr 1793*

französischen Königshaus sehr präzise Ziele. Der Krieg nutzte daher eher der Habsburgermonarchie. Preußen hätte sich auch mit einer Zuschauerrolle begnügt. Ihm konnte eine Schwächung Österreichs eigentlich nur gelegen kommen. Dennoch hat sich Friedrich Wilhelm II. durch ein diffuses antirevolutionäres Gefühl der Solidarität mit dem bourbonischen Herrscherhaus in eine bewaffnete Auseinandersetzung ziehen lassen, die seinem Staat nicht gut bekommen ist.

Parallel zur Truppengestellung liefen die Vorkehrungen für das Versorgungswesen in den Zweigen Verpflegung und Sanitätsdienst an. Auch wenn die Wirkung aller Anstrengungen nicht den Erfolg brachte, den die Beteiligten erwartet hatten, so kann man nicht sagen, dass die Führung in dieser Sicht völlig gleichgültig gewesen wäre. Mehl und Fourage wurden in frontnahe Depots an Main und Lahn verfrachtet, wobei das »Bäckerei- und Mehlfuhrwesen« grundsätzlich dem Intendanten

*Friedrich Wilhelm II. und der Kronprinz auf der Schanze zu Kostheim am 1. März 1793*

der Feldarmee, dem Generalmajor v.d. Goltz unterstand. Für die praktische Ausführung dieses Geschäfts zeichnete der Major v.Guionneau bis zum Frieden von Basel verantwortlich.

Unter dem »Generalstabsmedikus« Dr. Riemer und dem bekannten »Generalchirurgus« Goercke, dem eigentlichen Ideengeber für die Pepiniere, standen »6 Medici« und 145 Kompaniechirurgen (Feldscherer) bereit. Daraus ist unschwer zu entnehmen, dass der »Chirurg« der damaligen Zeit nicht als Arzt im heutigen Sinne, sondern als fachlich versierter Handwerker galt. Die meisten Glieder dieser für den Krieg unentbehrlichen Zunft entstammten noch immer den Barbier- und Baderstuben.

Schließlich, wen wundert´s, hat der Krieg Geld gekostet. Die Aufwendungen für die Feldzüge sind als »Kassengeschäfte« durchaus buchhalterisch erfasst worden.

Die Führung der preußischen Armee im Feldzug von 1792 blieb dem Herzog von Braunschweig vorbehalten. Zwar zog der König mit ins Feld. Er hatte jedoch angewiesen, Meldungen und Rapporte unmittelbar an den Herzog zu erstatten. Unter dem Braunschweiger fungierte der Oberstleutnant v. Grawert als eine Art Chef des Generalstabs. Diesem standen für die Arbeiten drei Majore als Quartiermeister, fünf Quartiermeisterleutnants und sechs Ingenieur-Geographen zur Verfügung. Hinzu traten aus Emigrantenkreisen vierzehn vormalig französische Offiziere, die in das preußische Ingenieurkorps eingereiht wurden. Von ihnen versprach man sich sachkundigen Rat bei der Einnahme der auf dem Wege nach Paris liegenden feindlichen Festungen.

Um vorzugreifen: neben den berechtigten Bedenken, der zahlenmäßige Ansatz an Truppen sei für eine Kraftanstrengung, die nichts weniger bezweckte, als nach Paris zu marschieren und dem alten Königtum wieder zur Macht zu verhelfen, viel zu gering, muss ein weiterer Minuspunkt benannt werden: Die Operationen gegen Frankreich begannen viel zu spät. Erst in der zweiten Augusthälfte überschritt das Gros der Einheiten die französische Grenze.

Das rächte sich dadurch, dass die Preußen im frühen Herbst überraschend in eine Schlechtwetterperiode hineinkamen, die fast die Auflösung der Armee zur Folge hatte. Wir reden hier von einer Zeit ohne Eisenbahn und ohne Kraftfahrzeuge. Und da dauerte es eben entsprechend, ehe die Versammlung der Invasionsarmee vollzogen war: Die Soldaten der entferntesten Garnisonen – und das hat man demnach als den Beginn des Aufmarschs gegen Frankreich anzusehen – brachen Ende Mai auf. In fünf Marschsäulen näherten sich die Truppenteile der Grenze. Die Konzentrierung der Armee vor dem Einmarsch fand schließlich im Großraum Koblenz statt.

*DER AUFMARSCH IN FÜNF MARSCHSÄULEN ZUM FELDZUG; ENDE MAI BIS AUGUST 1792:*

*1. Westfalen – Mülheim – Siegburg – Königswinter – Neuwied*
*2. Magdeburg – Braunschweig – (Hann.-) Münden – Fritzlar – Herborn*
*3. Mark Brandenburg – Halle – Erfurt – Eisenach – Gießen – Montabaur*
*4. Niederschlesien – Kursachsen – Meinigen – Fulda – Gelnhausen – Homburg*
*5. Oberschlesien – Böhmen:*

*Prag – Eger – Bamberg – Würzburg – Wiesbaden* (49,244)

Wie unschwer zu erkennen, dürfte bereits das Heranführen des Heeres an die französische Grenze eine logistische Herausforderung gewesen sein. Der räumliche Umfang des Aufmarschs stellt jegliche Truppenkonzentrierungen der fridericianischen Zeit in den Schatten.

Vom Aufmarsch zur Intervention berichten verschiedene Zeitgenossen: Magister Laukhard (IR 3 – aus Halle, das vormalige Regiment des Alten Dessauers) klagt nicht nur über sengende Hitze, schlechtes Trinkwasser, wucherische Marketender und anmaßende französische Emigranten, sondern auch über den Sittenverfall, den der kaum begonnene Krieg hervorrief. In Koblenz seien »alle noch etwas brauchbaren Weiber, selbst viele alte Betschwestern nicht ausgenommen, ... vor lauter Liebelei unausstehlich ...« gewesen. (61, 157)

Moderater klingt das alles bei dem Herrn Minister Goethe, der den Feldzug im Gefolge des Herzogs von Weimar mitmacht. Sein Herr ist preußischer Kavallerieführer, namentlich Chef des Regiments Weimar-Kürassiere (K 6). In der gehobenen Kunstsprache des Dichters klingt derselbe Tatbestand so:

*GOETHE ÜBER DEN MARSCH ZUR FRANZÖSISCHEN GRENZE IM SOMMER 1792:*

*Nun wusste jeder von dem Marsche selbst gar manches zu erzählen, wie man den Harz links lassend an Goslar vorbei nach Nordheim durch Göttingen gekommen; da hörte man von trefflichen und schlechten Quartieren, bäurisch-unfreundlichen, gebildet-mißmutigen, hypochondrisch-gefälligen Wirten, von Nonnenklöstern und mancherlei Abwechslung des Weges und Wetters. Alsdann war man am östlichen Rand Westphalens her bis Coblenz gezogen, hatte manch hübscher Frau zu gedenken, von seltsamen Geistlichen, unvermutet begegnenden Freunden, zerbrochenen Rädern, umgeworfenen Wagen buntscheckigen Bericht zu erstatten.* (42,25)

Am 23. Juli 1792 stand die zum Einmarsch in Frankreich bereite Streitmacht bei Koblenz versammelt. Nur die Reserveartillerie war noch nicht heran. Auf einer Schiffbrücke und einer »fliegenden Fähre« bei Neuwied überschritten die Truppen den Rhein und lagerten um Rübenach. Am 25. und 27.

Juli 1792 hielt der König Heerschau über die Regimenter.

Die Armee hinterließ einen »glänzenden Eindruck«. Und überhaupt: »Das Treiben in Rübenach glich, solange sich das Wetter günstig anließ, einem Lustlager.« (2,18) Die weitläufigen Zeltstädte der Truppen bildeten überall Anziehungspunkte für das »Publikum« aus Stadt und Land. Ein gewisser Jahrmarktscharakter (modern: event) hat dieser »Veranstaltung« aus fernen Tagen, in denen Menschen noch nicht medial überfüttert waren, durchaus innegewohnt.

Man kann es sich lebhaft vorstellen: lustwandelnde Bürger und Bauern nebst Ehegesponst und Kinderscharen, die die Soldaten wie Tiere im Zoo bestaunten. Man ergötzte sich am fremden Treiben, dem Spiel der Musikkorps und den bunten Uniformen. Musketiere, Grenadiere, Füsiliere, Reiter aller Gattungen, auch die Kanoniere, dürfte anderes mehr bewegt haben: »Am Abend kamen die Schönen ...,... um sich zu amüsieren.« (2, 22)

Ab dem 29. Juli folgte ein wegen des gebirgigen Geländes »anstrengender Marsch durch die Eifel auf Trier«. (49,244) Am 5. August bezog die Armee ein Lager »rechts der Mosel zwischen Trier und Coblenz«. (49,244) Der Aufenthalt dort dauerte ganze sieben Tage, da die Feldbäckereikolonnen nicht schnell genug zu folgen vermochten. Dem Heer hing ein »riesiger Tross« an, weswegen sich der Anmarsch ohnehin »ungemein schwerfällig vollzog.« (2,15)

Im Lager von Consaarbrück, in der Nähe von Trier, scheint die Generalität noch von einer Fortsetzung des »Spaziergangs nach Holland« überzeugt gewesen zu sein. Eine Quelle zitiert den General Herzog von Weimar mit den Worten: »Wir werden Champagner trinken, ohne einen Schuß zu tun.« (2,22) Ein Wermutstropfen: nach Jany und anderen Autoren soll das »schlechte Moselwasser« (49,247) im Lager bei Trier den Ursprung zu der späteren Ruhr-Epedemie im Heer gelegt haben.

Der preußische Oberbefehlshaber Herzog von Braunschweig beging im Koblenzer Hauptquartier mit der Unterzeichnung einer von hasserfüllten Emigranten diktierten, gegen Frankreich gerichteten »Deklaration« zu den Kriegszielen einen fundamentalen Fehler. Mit der unverhohlenen Bedrohung der Pariser Bevölkerung erreichte er das Gegenteil dessen, was er erhofft hatte.

*AUSZUG AUS DEM MANIFEST DES HERZOGS VON BRAUNSCHWEIG VOM 25. JULI 1792:*

*Mit großem Interesse vereinigt sich noch ein gleichgewichtiger Zweck, der beiden Monarchen sehr am Herzen liegt: nämlich die Anarchie in dem Innern von Frankreich und die Angriffe auf den Thron und auf den Altar zu beendigen, die Macht der Gesetze wieder herzustellen, dem König seine beraubte Freiheit und Sicherheit wiederzugeben ...*
*Die Einwohner der Städte, Schlösser und Dörfer, die es wagen, sich gegen die Truppen des Kaisers und des Königs von Preußen zu verteidigen ... sollen auf der Stelle nach der ganzen Strenge des Kriegsrechts bestraft und ihre Häuser zerstört und verbrannt werden. Auch erklären Ihre Majestäten auf Kaiserlich und Königliche Ehre und Wort, daß, wenn die Tuilerien angegriffen oder dem Könige von Frankreich, der Königin oder der königlichen Familie die kleinste Gewalttätigkeit zugefügt wird, wenn man nicht unmittelbar für ihre Sicherheit, Erhaltung und Freiheit sorgt, so wird der Kaiser und der König von Preußen eine exemplarische und unvergeßliche Rache dafür nehmen, Paris von Grund aus zerstören und die Rebellen für ihre Verbrechen den Strafen übergeben, die sie verdient haben.* (27,41)

## Durchaus von Bedeutung: Im Blick den Gegner

Die Lage in Frankreich verkomplizierte sich durch die Ereignisse des Jahres 1792 zusehends. Der Machtverlust des Königtums führte zunächst zur im Grunde noch gemäßigten Regierung der Gironde.

Ludwig XVI. und seine österreichische Gemahlin Marie Antoinette standen bei breiten Volksschichten im begründeten Verdacht, die feindliche Intervention zu begünstigen. Die Ereignisse kulminierten am 10. August 1792 in der Erstürmung des Pariser Tuilerien-Palastes durch eine aufgebrachte Volksmenge. Opferreicher Angriff und blutige Verteidigung der Tuilerien kompromittierten die Bourbonen endgültig. Die königliche Familie wurde gefangen gesetzt.

In den Wirrnissen der Revolution verfiel auch die bewaffnete Macht Frankreichs in chaotische Zustände. Das königliche Heer brach zu wesentlichen Teilen auseinander. Insbesondere hatten viele dem »ancien regime« verbundene Offiziere die Streitkräfte verlassen. Disziplinlosigkeit breitete sich allerorten aus. Es fehlte an militärischen Bedürfnissen jeder Art. In der gegenläufigen Tendenz sammelten sich seit 1791 unzählige patriotisch gesinnte Freiwillige aus der Stadt Paris und den Departements; zunächst in Paris selbst, dann in den von der Intervention bedrohten Nordostprovinzen. Aus diesen Freiwilligen der sogenannten Nationalgarde formierte man Bataillone.

Rousset weist aber darauf hin, dass von »Freiwilligkeit« schon 1792 nur noch bedingt die Rede sein konnte. (100,45) Der berühmte Aufruf: »Das Vaterland ist in Gefahr« von Anfang Juli 1792 postulierte nämlich bereits eine Dienstpflicht. In der Folge bildete sich bei der Infanterie eine Struktur heraus, nach der man je ein Linienbataillon (überwiegend noch in weißen Röcken) mit zwei Milizbataillonen (Uniformfarbe Blau) kombinierte. Das Ergebnis war praktisch ein Regiment bestehend aus drei Bataillonen. Die Bezeichnung als »Regiment« unterblieb aber. Man nannte die Konstrukte stattdessen »Halbbrigaden«. Die Kavallerie stammte ausschließlich aus der alten königlichen Armee. Eine durch die Revolution ohnehin schon verunsicherte Generalität erlitt 1792/93 Niederlagen oder agierte nicht zur Zufriedenheit der neuen Machthaber in Paris. Mancher Armeeführer endete unter der Guillotine oder lief in seiner Verzweiflung zu den Feindmächten über. Eine Erfahrung brachte das erste Kriegsjahr für die französischen Freiwilligen jedenfalls: Begeisterung allein reicht nicht zum Siegen. Sie ersetzt nicht militärische Ausbildung, Disziplin und Routine.

Bei allem Ungemach bildeten indes die Reste der zur Revolution übergegangenen ehemals königlichen Armee ein stabilisierendes Korsett, das das Schlimmste verhütete. Eine Melange aus Milizen und Linientruppen, das waren die Gegner der Preußen im Feldzug von 1792.

Gesetzliche Gleichstellungsregelung von Linien-Infanterie und Freiwilligen erfolgte erst im Jahr 1793 (amalgame). (100,108 ff.) Bei dem Einmarsch der Verbündeten Preußen und Österreicher verfügte Frankreich über Truppen wie aus der Tabelle ersichtlich.

*STREITKRÄFTE FRANKREICHS 1792*

| | |
|---|---|
| 1. Nordarmee | Oberbefehlshaber: General Lafayette; später Dumouriez; bestehend aus Teilstreitkräften: General Dillon-Dünkirchen bis Montmedy – 24.000 Mann; Oberbefehlshaber Lafayette; später Dumouriez: sog. Ardennen-Armee – bei Sedan und Mouzon – 19.000 Mann |
| 2. Armee des Zentrums | Oberbefehlshaber: Marschall Luckner; später General Kellermann – zwischen Thionville und Metz – 17.000 Mann |
| 3. Rheinarmee | Oberbefehlshaber Biron – zwischen Landau und Elsass – 22.000 Mann |

(49,245)

Etwa 82.000 Franzosen, zuzüglich der Festungsbesatzungen an der Westgrenze, standen also von der Kanalküste bis zum Elass verteilt, zum Schutze der Landesgrenzen bereit. Eigentlich keine Zahl, die die Invasoren hätte schrecken müssen.

## Preußischer Einmarsch in Frankreich

Nach einem handstreichartigen Überfall auf das befestigte Schloss Sierck am 11. August durch den Erbprinzen von Hohenlohe überschritt die Masse der Armee am 19. August 1792 die französische Grenze. Am gleichen Tage bestand Hohenlohe ein Gefecht bei Fontoy (Fentsch). Das Regiment Wolfrath-Husaren (H 6) zersprengte ein feindliches Regiment Chasseurs a cheval.

Der operative Ansatz war, da ja das Ziel Paris hieß, im Grunde nicht zu beanstanden: Das preußische Heer stieß praktisch zwischen den jeweils unterlegenen Armeen von Kellermann und Dumouriez hindurch und marschierte auf Longwy. Die Einnahme des Ortes »verursachte geringen Aufenthalt.« (49,246) Schon am 23. August 1792 ergab sich die Festung nach kurzwährender Beschießung.

Auch Verdun fiel am 2. September nach heftigerem Bombardement, u.a. mit Brandraketen – Goethe nennt sie »geschwänzte Feuermeteore« (42,37) – in die Hände der Preußen. Der französische Kommandant Beaurepaire richtete sich selbst. Eine vorherige Aufforderung zur Kapitulation war abgewiesen worden.

Bei leidenschaftsloser Betrachtung ist festzustellen, dass sich danach für die preußische Interventionsarmee die glücklichen Feldzugstage für dieses Jahr dem Ende zuneigten.

Die Elemente der Natur meinten es nicht gut mit der Armee des preußischen Königs. Erst glühende Hitze, später bei herbstlichem Wetter Regen, Regen und wieder Regen mit allen befürchteten, misslichen Folgen:

die Wege wurden grundlos, die Versorgungsnöte stiegen und Krankheiten breiteten sich rasch aus.

*EIN MILITÄRSCHRIFTSTELLER ÜBER DEN BESCHWERLICHEN VORMARSCH IN FRANKREICH:*

*Durchnäßt und missmutig stampften die Kolonnen, Infanterie und Kavallerie nach damaligem Gebrauch oft querfeldein ziehend, durch den Lehm, in den Lagern drang der Regen durch die Zelte. Die Ruhr ... griff um sich. Auf den verschlammten Wegen kamen die Bagagen und Brotwagen nur mit großer Verspätung nach.* (49,247)

Der berufene Zeitzeuge Magister Laukhard bezeichnet eine Lagerstatt bei Landres als das »sogenannte Drecklager.« (61,178) Unweigerlich drängten erste Anzeichen des Verfalls des vormals so stolzen Heeres ans Tageslicht.

Da zum Teil die Bevölkerung aus den Dörfern geflüchtet war, auch wohl ab und an aus Ortschaften auf preußische Einheiten geschossen wurde, lösten sich die Bande der Disziplin. Ein »wildes Requisitionssystem«, so Jany (49,247), habe alsbald die Oberhand gewonnen. Plünderungen beobachtet Goethe schon unmittelbar nach dem Einmarsch in Feindesland. (42,21)

Zwar besserten sich die Verhältnisse demnächst wieder, aber der Soldat merkt sich so etwas. Es gilt für diesen Feldzug – was auch für alle Zeiten zuvor Gültigkeit gehabt haben mag –, was der Dichter Goethe gesprochen hat.

*GOETHE ÜBER DEN NIEDERGANG DER SITTEN IM KRIEGE:*

*So zwischen Ordnung und Unordnung, zwischen Erhalten und Verderben, zwischen Rauben und Bezahlen lebte man immer hin, und dies mag es wohl sein, was den Krieg für das Gemüt eigentlich verderblich macht.* (42,46)

Nach einem Stillstand des Vormarschs bei Verdun trieb die Sache der Entscheidung zu. Erst, als der Herzog von Braunschweig wesentliche Teile des Korps Hohenlohe an sich gezogen und die hessischen Hilfstruppen die Armee erreicht hatten, setzte sich am 10. September das Interventionsheer wieder in Bewegung.
Die Preußen hatten nur die Wahl, nun mit aller Macht auf Paris zu marschieren oder zuzusehen, wie ihre Regimenter unter den Unbilden wie Schnee in der Sonne dahinschmolzen. Andererseits war für die Franzosen völlig klar, dass die »Konterrevolution« irgendwann unter den Mauern der Hauptstadt erscheinen würde. Es galt also zu handeln.
Auf den französischen General Dumouriez, der schon als Minister für die Kriegserklärung vom 20. April gestimmt hatte, soll der Entschluss zurückgehen, die Argonnenpässe zu sperren und den Vormarsch der Interventen zu stoppen. Nach seinen Memoiren will er, als im Kriegsrat der Rückzug hinter die Loire erwogen worden sei, seinem Adjutanten Thouvenot auf der Karte das Argonnengebirge gezeigt und die erhabenen Worte gesprochen haben: »Hier sind Frankreichs Thermopylen!« (116,296/97)
Schon ältere Historiker von Rang bezweifeln das und schreiben die Entscheidung dem französischen Kriegsminister Servan zu. Dieser habe den Befehl zum Sammeln in den Pässen von Grandpre und Clermont erteilt, um Paris zu decken.

*Die Tage vor dem Kampf*

Dumouriez zog die Armee Kellermanns und das Korps Beurnonville an sich und vereinte so etwa 53.000 Franzosen in der Gegend von Sainte Menehould. Dies geschah erst am 19. September, also einen Tag vor den Ereignissen von Valmy.
Das Dorf Valmy selbst liegt 9 km von St. Menehould entfernt, nördlich der Straße Verdun – Chalons. Auf den Höhen um die Ortschaft bezog das Revolutionsheer Stellung.

Die Tage vor Valmy hatten den französischen Befehlshabern demonstriert, dass ihr zusammengewürfeltes Heer aus Linien- und Miliztruppen alles andere als gefestigt und siegesgewiss war. Vielmehr rief die Annäherung der verbündeten Preußen und Österreicher teilweise Panik hervor. Generale machten kehrt, weil man vermeintlich preußische Truppen gewahrte.

Selbst Kellermann, so v.d. Goltz (42,424), fühlte sich erst nach mehrfachem Befehl bemüßigt, bei Valmy auf Dumouriez` linken Flügel aufzumarschieren. Tage zuvor hatte das nördlich von den Preußen operierende österreichische Korps Clerfayt bereits den Pass von La Croix aux Bois erobert, was Lager und Stellung der Franzosen bei Grandpre in Gefahr brachte. Dumouriez gab diese Position in der Nacht vom 15. zum 16. September auf.

Der preußische Vorhutführer Erbprinz von Hohenlohe setzte der feindlichen Nachhut mit erfolgreichen Aktionen nach.

Die vorhergehenden Umstände trugen also wenig dazu bei, die Kampfmoral des Revolutionsheeres aufzuhellen. Um so eher konnten die Preußen für den Tag von Valmy mit einem günstigen Ausgang rechnen. Aber am 20. September 1792 kam dann doch alles anders als gedacht.

Wegen Verpflegungsschwierigkeiten (43,424/25) trat auf preußischer Seite in der Woche vor Valmy zunächst eine erneute Stockung von zwei Tagen in den Operationen ein. Am 19. September setzte sich die Armee wieder in Bewegung.

Der Herzog von Braunschweig fürchtete vor allem für seine Versorgung. Deshalb beabsichtigte er ein Überflügeln der Franzosen durch Besetzung des Postens von Lachalade, um sie zur Freigabe des Passes von Les Islettes zu zwingen. Das hätte den Weg zu den Magazinen in Verdun offengehalten.

Auf die (falsche) Nachricht hin, die Franzosen seien abgezogen, befahl nun der König (43,425) den Rechtsabmarsch der Armee. Im Ergebnis dieser konfusen Bewegung zogen die Preußen – unbeabsichtigt – im Rücken der französischen Armee auf.

Als außerordentlich merkwürdige Nebensächlichkeit erscheint somit bei der aus dem Ruder gelaufenen Operation Folgendes: Die Armeen kämpften mit »verkehrter« Front:

Die Preußen standen mit dem Rücken gegen Paris, die Revolutionsstreitkräfte deckten mit dem Rücken Verdun. Französische Truppen besetzten die Höhen um Valmy; namentlich lagerten sie bei dem Gehöft La Lune.

Die 35.000 Mann zählenden Preußen hatten am Abend des 19. September mit der Vorhut Somme-Bionne erreicht, die Hauptarmee stand westlich davon bei Somme-Tourbe und das Korps Kalkreuth dahinter bei Somme-Suippes.

### *Die Schlacht beginnt*

Ganz ähnlich wie in den Katastrophentagen des Jahres 1806 begann auch hier der Kampf im dichten Nebel. Die Kolonnen der Avantgarde des Erbprinzen von Hohenlohe marschierten von Somme-Bionne in südlicher Richtung. Sie trafen zwischen Valmy und Hans auf französische Artillerie, ließen sich aber nicht beirren. Sodann kam die Kavallerie der Hauptarmee heran, deren Spitze – das Regiment Eben-Husaren (H 2 – die ehemaligen Zieten-Husaren) – im feindlichen Artilleriefeuer Verluste erlitt und im Galopp auswich.

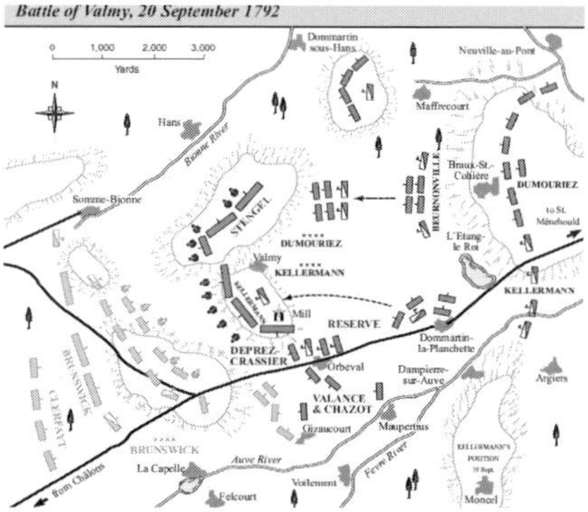

*Die Kanonade von Valmy am 20. September 1792.*

Die Franzosen räumten wegen des nun einsetzenden preußischen Beschusses alsbald das Gehöft La Lune. Das Vorhutgefecht alarmierte augenblicklich das ganze französische Lager. Dumouriez verstärkte jetzt die Truppen des Generals Kellermann, in dem er einen Teil seiner Armee nach den Hügeln von Mont Yvron beorderte, während die andere Hälfte Kellermann bei La Lune verstärken sollte. Die französische Armee stand nun in Schlachtordnung.

Hinter der Vorhut von Hohenlohe formierten sich jetzt auch die Preußen in zwei Treffen. Während des Aufmarschs der Kontrahenten war eine gewisse Kampfpause eingetreten. Erst, als der Nebel sich um die Mittagszeit lüftete, gerieten die Dinge wieder in Fluss. Preußische Artillerie fuhr unter Ausnutzung der Geländeerhebungen zwischen Somme-Bionne und La Lune auf und deckte die Franzosen mit Geschossen ein. Leichte Infanterie ging in aufgelöster Gefechtsordnung vor.

Der Leutnant v.d. Knesebeck aus dem Regiment des Herzogs von Braunschweig (IR 21) erinnert sich später, dass die Infanterie mustergültig vorgerückt sei, »wie auf dem Exerzierplatz im Angesicht des Feindes die Kugel aufgesetzt« (49,253) habe. Man avancierte, aber dann hielt man wieder, weil aus unerfindlichen Gründen jetzt sämtliche Artillerie »einige hundert Schritte vorgezogen« (49,254) wurde.

Der Erfolg der Beschießung der gegnerischen Front schien dem Soldaten zunächst auch augenscheinlich und der Beschluss als solcher gerechtfertigt. Bald stürzte die berühmte Windmühle von Valmy als Raub der Flammen in sich zusammen, Pulverwagen explodierten, Unruhe, ja teilweise Panik machte sich in den französischen Linien breit. Die Preußen »freuten sich des Unheils« (42,69), das sie den Feinden zugefügt.

Jedermann in den Reihen der Preußen erwartete nun unbedingt das Kommando zum allgemeinen Vorrücken, den Befehl zum Sturm auf die feindliche Stellung. Nach Jany betrug die Entfernung zwischen den Truppen der Avantgarde Hohenlohes und den französischen Linien nur noch 1.200 Schritt (49,254), also wohl keine 500 m mehr.

*GOETHE ÜBER DEN KAMPFGEIST DER PREUSSISCHEN TRUPPEN BEI VALMY:*

*»Die Unsrigen brannten vor Begierde auf die Franzosen loszugehen, Offiziere wie Gemeine hegten den glühenden Wunsch, der Feldherr möge in diesem Augenblicke angreifen...«* (42,67)

Aber nichts dergleichen geschah. Es setzte sich vielmehr das ins Werk, was als Kanonade von Valmy in die Annalen der Weltgeschichte eingegangen ist.

### *Angreifen oder nicht angreifen? – das ist hier die Frage*

Eine Umgehung des linken gegnerischen Flügels erwog die preußische Führung und ließ neun Bataillone in den Raum südöstlich von La Lune marschieren, wo auch der überwiegende Teil der preußischen Reiterei stand. Der Herzog von Braunschweig beobachtete gerade von dort die Entwicklung der Lage. Auch Friedrich Wilhelm II. mit seinem Gefolge traf an diesem Punkt ein. Der König wünschte den Frontalangriff auf die feindlichen Linien. Der Herzog zeigte sich skeptisch und widersprach seinem königlichen Herrn. Auf den später als Akteur im Feldzug 1806 so geschmähten preußischen Oberst v. Massenbach geht die Nachricht zurück, der Herzog von Braunschweig habe »... nach einer tiefen Betrachtung, sein Auge fest auf die Stellung des Feindes heftend,« geäußert, »Hier müssen wir nicht schlagen.« (43,425)

Es ist davon auszugehen, dass vom Mittag an, als sich die Nebel hoben und die Kontrahenten aufmarschiert waren, die Batterien der Kampfparteien sich dann jene andauernden heftigen Duelle lieferten, die das Ereignis nicht als »Schlacht«, sondern eben als »Kanonade« in die Geschichtsbücher gebracht haben.

Gegen ein Uhr mittags sei, so Goethe, das Lärmen der Kanonen am heftigsten gewesen. »Die Erde,« so der Dichter, »bebte im ganz eigentlichsten Sinne.« (42,70) Gegen Nachmittag flaute der Artilleriekampf etwas ab. In diesem Zeitpunkt traf der Herzog von Weimar auf den Oberbefehlshaber, der mit dem General Wolffradt am Eingang zu einer Talsenke zwischen La Lune und Dampierre hielt. Er habe aus verschiedenen Gründen auf den Frontalangriff verzichtet, so der Braunschweiger gegenüber dem Herzog von Weimar.

Während des Gesprächs schwoll der Gefechtslärm erneut merklich an. Nun redete Braunschweig plötzlich wieder vom Angriff, zu dem er sich gerade bis dahin nicht hatte aufraffen können.

»Wie«, so zum Herzog von Weimar gewendet, »wäre es, wenn Sie die Kavallerie holen ließen, dieses Tal säuberten und das ganze Pack nach Valmy zurückdrängten?

Wir würden es vielleicht aus seiner Stellung werfen, was halten Sie davon?« (2,39) Weimar: »Ich erwarte nur Ihren Befehl« Braunschweig: »Vorwärts, lassen Sie sie holen.« Aber der Feldherr zeigt sich dann doch unentschlossen.

*CARL AUGUST VON SACHSEN-WEIMAR ÜBER DIE WANKELMÜTIGKEIT DES HERZOGS VON BRAUNSCHWEIG BEI VALMY:*

*»Ich entsandte Chasot, um alles zu bringen, was er finden könnte, und in weniger als einer Viertelstunde führte er mein Regiment* (K 6), *die Lottum Dragoner* (D 1) *und die Regimenter Borstell* (K 7) *und Normann* (D 4) *heran. General von Wolffradt stieg zu Pferde mit den Worten: ‚Ich gehe auf meinen Posten an der Flanke.'– Der Herzog* (v. Braunschweig – d.V.) *schien sehr heiter. – Ich meldete ihm die Ankunft der Kavallerie. – ‚Ach lassen Sie das, mein Lieber!' –Jetzt war es an mir und meinen Truppen, betrübt zu sein.«* (2,39)

Mutmaßlich, der Tag dürfte sich auch demnächst seinem Ende zugeneigt haben, war das ein finales Aufflackern des Gedankens an ein offensives Vorgehen. Bei dieser letzten, oder eigentlich gar keiner Entscheidung, blieb es dann. Es wurde noch bis fünf Uhr nachmittags kräftig fortkanoniert. Die Kugeln flogen ohne Unterlass. Gegen Abend erlosch der grobe Feuerkampf und es zog Ruhe auf dem Gefechtsfeld ein.

Ein Glück besonderer Art scheint für die Preußen gewesen zu sein, dass die Bodenverhältnisse auf dem Gefechtsfeld die Wirkung der feindlichen Artillerie erheblich minderten. Die Kugel schlägt bei festem Boden auf und springt, wie das Kind den flachen Stein auf dem Wasser hüpfen lässt, als mörderisches Objekt fort und fort, bis die physikalische Kraft des Abschusses erlahmt. Bei Valmy bohrten sich die Kanonenschüsse der Gegner in den Schlamm.

Kein Geringerer als einer der Götter aus dem Olymp der schreibenden Zunft schildert eine solche Erfahrung. Er weilte während des Kampfes bei dem Regiment des Herzogs von Weimar, dem K 6 aus Aschersleben.

*GOETHE ALS BEOBACHTER DER KANONADE VON VALMY:*

*»... die Kugeln schlugen dutzendweise vor der Escadron nieder, zum Glück nicht ricochettierend, in den weichen Boden hineingewühlt; aber Kot und Schmutz bespritzte Mann und Roß, die schwarzen Pferde, von tüchtigen Reitern möglichst zusammengehal-*

*ten, schnauften und tosten.«* (42,68) Mitten in der Schlacht lenkt ein Eindruck aus friedvolleren Tagen Goethes gespannte Aufmerksamkeit ab:

*»Ein sonderbarer Anblick erinnerte mich an andere Zeiten. In dem ersten Gliede der Escadron schwankte die Standarte in den Händen eines schönen Knaben hin und wider; er hielt sie fest, ward aber vom aufgeregten Pferde widerwärtig geschaukelt; sein anmutiges Gesicht brachte mir, seltsam genug, aber natürlich, in diesem Augenblick, die noch anmutigere Mutter vor die Augen und ich musste an die ihr zur Seite verbrachten friedlichen Momente gedenken ...«.* (42,68)

Der gerade 13-jährige Standartenjunker Carl Emil von Bechtoldsheim ist der Sohn der Julie Freifrau von Mauchenheim, gen.v. Bechtoldsheim, der Goethe zeitweise nahe stand.

Der Tag von Valmy war, wie wir beiläufig erfahren haben, vor allem ein Kampftag für die Artillerie beider Seiten. 10.000 Schüsse sollen wechselseitig gefallen sein, behauptet Goethe. (42,70) Der Militärschriftsteller Poten rechnet sogar mit 40.000 Kugeln, die abgefeuert worden sein sollen. (92,IX,244) Ungeheuer furchterregend und die Sinne betäubend muss die Geräuschkulisse, das mächtige und ungezählt vervielfältigte Donnern der Abschüsse, deren andauernder Widerhall und das Zischen und Pfeifen der Kugeln, gewesen sein.

Für den Menschen der Gegenwart ist das schwer nachzufühlen. Zeitgenossen konnten aus eigenem Erleben Vergleiche ziehen. Die an blutigsten Hauptschlachten gewiss nicht arme Zeit bis 1815 kennt nur zwei Ereignisse, die von der Intensität des Geschützfeuers mit Valmy vergleichbar gewesen sein sollen: das sind die Schlacht von Bautzen und die Leipziger Völkerschlacht, beide im Jahr 1813. (49,254)

Trotz des unvorstellbaren Aufwands, den beide Seiten betrieben, um die Soldaten der jeweils anderen Partei ins Jenseits zu befördern, wirken die Verluste sowohl der Franzosen als auch der Preußen erstaunlich gering. Nahezu übereinstimmend geben alle militärgeschichtlichen Werke die aus der Tabelle von Seite 124 ersichtlichen Zahlen an.

Die Ursache wird im fast vollständigen Fehlen verlustreicher handgemeiner Auseinandersetzungen mit der feindlichen Infanterie und Kavallerie zu suchen sein. Auf die Bodenfeuchtigkeit, die die mörderische Kraft der Artilleriewirkung erheblich geschmälert hat, war schon verwiesen worden.

*Episodisches vom 20. September 1792*

Ein Streit der zeitgenössischen Schriftsteller entbrannte in der Folge darüber, ob die preußischen Truppen im Kampf vor Valmy »Haltung« gezeigt hätten, sich beim Zischen und Pfeifen der Kanonenkugeln gebückt oder ob sie Zeichen der Leichenblässe im Angesicht des Feindes hätten merken lassen.

Der Altmeister der preußischen Heeresgeschichtsschreibung Jany nimmt auf eine Episode Bezug, wonach in den Einheiten, als die Geschosse über sie hinweg gingen, Soldaten instinktiv Deckung nahmen, indem sie sich schlicht bückten. Solches bemerkte Friedrich Wilhelm II. »Kaltblütig« soll er diesen zugerufen haben: »Schämt Euch, Bursche! Bückt Euch doch nicht!« (49,254)

Der König, der bei Valmy nach allen Schilderungen das Feuer nicht gescheut hat, empfand solches Verhalten als schimpflich. Ganz anders sieht das der bissig-kritische Mitkämpfer dieses Tages, der Magister Laukhard aus der Universitätsstadt Halle an der Saale. Jenseits allen Redens von Ehre und Standhaftigkeit vertritt er eine ganz andere Überzeugung.

*MAGISTER LAUKHARD ÜBER DIE GRENZEN DER TAPFERKEIT:*

*»Wer könnte Offiziere und andere tadeln,«* so der Musketier und Akademiker Laukhard, *»die nach dem Gesetze der Sparsamkeit, Klugheit und wahren, vernünftigen Tapferkeit wie auch nach dem natürlichen Selbsterhaltungstrieb ausweichbaren Gefahren ausweichen ...«* (61,184)

Toten- oder Leichenblässe, wen will es verwundern, hat der Gewährsmann Laukhard, allenthalben, selbst in Gesichtern von Offizieren, wahrgenommen, als es ans Laden der Gewehre ging. (61,185) Ein untrügliches Zeichen, dass es ernst wurde. Das alles wird man dem gelehrten Kriegsmann und gebildeten Augenzeugen unumwunden glauben können. Eine interessante Wahrnehmung hat Laukhard auch noch beim Aufmarsch vor Valmy gemacht:

*ÜBER DEN ABERGLAUBEN DES SOLDATEN:*

*»Die Ängstlichkeit (der Soldaten – d.V.) ging so weit, dass, wer Spielkarten bei sich hatte, sie wegwarf aus*

*Furcht, der liebe Gott möchte nun ihn strafen wegen eines so gottlosen Gerätes, als eine Spielkarte ist.«* (61,185)

Der saturierte Gegenwartsmensch mag es als abergläubischen Hokuspokus abtun, über die Gemütsverfassung des einfachen Soldaten sagt die kleine Szene aber mehr als tausend Worte. Unverstellte Gottgläubigkeit wird, von einem Lästerer wie Laukhard einmal abgesehen, für die Masse des Heeres noch als selbstverständlich attestiert werden können.

### *Der Ausgang des Tages von Valmy*

Die Kanonade ebbte, wie erwähnt, gegen den Abend hin ab. Keine Seite hatte sich noch zu einer den Gang der Dinge ändernden, herzhaften Aktion entschließen können. Auch als die Preußen durch das am nächsten Tage eintreffende österreichische Korps Clerfayt sich deutlich, ja bis zur Zahl der Gegner, verstärkt sahen, erging kein Entschluss zur erneuten Aufnahme des Kampfes. Das wäre immer noch möglich gewesen, denn von den Franzosen ging Kellermann nur hinter die Auve zurück und General Dumouriez hielt vor der Aisne. Die Revolutionstruppen standen also noch in Reichweite.

Allerdings muss man bei Erwägungen, die die Literatur dazu anstellt, fragen: Woher sollte plötzlich der Schneid zu einem offensiven Vorgehen kommen, zu dem man sich am Vortag, womöglich unter günstigeren Voraussetzungen, nicht hatte entschließen können? So blieb es eben, wie es war. Der Grund für den katastrophalen Ausgang des Feldzuges war gelegt.

Die Franzosen, sich und der Schlagkraft ihrer militärischen Macht ganz zurecht in höchstem Maße unsicher, konnten ihr Glück über den verzagten Auftritt der Preußen kaum fassen. In späterer Zeit anerkannte soldatische Autoritäten räumen das auch ganz freimütig ein.

Auf Gouvion St.Cyr, einen der letzten Marschälle des ersten Kaiserreichs, geht die Aussage zurück, dass nur der Verzicht der Preußen auf einen Angriff auf breiter Front, »un grand desastre« (49,255) verhindert habe. Ganz im gleichen Sinne spricht der nachmalige Divisionsgeneral Thiebault. Durch seine Memoiren ist er zum klassischen Kommentator der Ära Napoleons I. geworden. Er ist Teilnehmer und Augenzeuge der Ereignisse um Valmy. Sein Fazit:

*EIN FRANZÖSISCHES URTEIL ÜBER VALMY:*

*»Die Unschlüssigkeit des Herzogs von Braunschweig kam uns zu Hilfe, denn er zeigte sich dem Willen des Königs gegenüber wenig fügsam; dieser* (d. i. der König – d.V.) *hätte uns in dem Feldzuge vernichten können, wenn er selbst von seiner Macht Gebrauch gemacht hätte, statt sie andern zu übertragen.«* (117,131)

### *Ein Feldherr rechtfertigt sich*

Einer unnachsichtigen, ja geradezu vernichtenden Kritik scheint der Oberbefehlshaber Herzog von Braunschweig erst durch spätere Historikergenerationen ausgesetzt gewesen zu sein. Das war wohl vordergründig auch erst die Folge der Katastrophen von Jena und Auerstedt 1806. Valmy hatte noch nicht den Zusammenbruch des preußischen Staates heraufbeschworen. Im Übrigen sprachen auch etliche Gründe dafür, »nicht zu schlagen«. Bei vernünftiger Betrachtung haben die Bedenken des Herzogs auch etwas für sich.

Zunächst führte Braunschweig die zahlenmäßige Überlegenheit des Feindes ins Feld. Das traf zweifellos auch zu, denn richtig erkannte der Feldherr, dass sich die Preußen überdeutlich in der Minderzahl befanden. Wenn eine spätere Zeit argumentiert – auch auf den vorgehend zitierten französischen Einschätzungen fußend –, das seien doch nur alles unausgebildete Milizen gewesen, die ein erster Sturmangriff hinweg gefegt hätte, so muss man fragen, ob der Herzog diese weise Erkenntnis jüngerer Tage, am 20. September 1792 wirklich hätte erahnen können.

Braunschweig nahm ein zweites Argument zur Erklärung seiner Untätigkeit für sich in Anspruch: Er habe nicht wissen können, welche Truppen der Feind hinter den Höhen um Valmy möglicherweise noch bereit gehalten habe. Gegenüber dem bereits erwähnten damaligen Major von Massenbach hat sich der Herzog einige Tage nach Valmy zu seinen Beweggründen eingelassen.

*DER HERZOG VON BRAUNSCHWEIG ÜBER SEIN VERHALTEN BEI VALMY:*

*»Aber nun will ich Ihnen noch eine Ursache sagen, Herr Major! Kennen Sie die Höhen von Johannisberg bei Nauheim ohnweit Friedberg? Ich habe da eine scharfe Affaire mit dem Prinzen Conde gehabt. Ich wußte nicht, was hinter den Höhen stand,*

*ich wurde geschlagen.Die Höhen von Valmy haben eine sehr große Ähnlichkeit mit den Höhen bei Johannisberg. Ich wußte auch nicht, was dahinter stand! Man wird vorsichtig, wenn man Unglück im Kriege gehabt hat.«* (49,255)

Diese ungute Erfahrung lag fast taggenau 30 Jahre zurück. (41,403) Es verwundert indes schon, dass der preußische Oberbefehlshaber eine derart lang zurückliegende Schlappe als Begründung für sein zögerliches Verhalten bei Valmy anführt. Jüngere Autoren lassen auch diesen Grund überhaupt nicht gelten: Zum einen habe es sich dabei um eine klassische Standardsituation, wie sie im Kriege dauernd vorkommt, gehandelt, zum anderen habe der Herzog über ausreichend Kavallerie verfügt. (43,427) Es wäre ein Leichtes gewesen, durch eine bewaffnete Aufklärung die ihn plagende Ungewissheit zu beseitigen.

Niemand sollte über den Herzog den Stab brechen, über eine Entscheidung richten, für die der Feldherr meinte, einige Vernunftsgründe vorweisen zu können. Aber objektiv ist es wohl so, dass der König gefühlsmäßig mit seiner Auffassung richtig lag. Ein beherzter, kühn entschlossener Angriff, sogar noch mit der komfortablen Rückversicherung, dass auch das österreichische Korps Clerfayt im Anmarsch war, hätte wahrscheinlich die Truppen von Dumouriez und Kellermann in alle Winde zerstreut und den Weg nach Paris eröffnet.

So wurde Valmy ein Synonym für die in der Kriegsgeschichte gar nicht so seltene Spezies der »verpassten Gelegenheit«.

*DER TAG VON VALMY:*

| | Preußen | Franzosen |
|---|---|---|
| Kommando | Herzog v. Braunschweig | Dumouriez, Kellermann |
| Truppenstärke | 35.000 | 53.000 |
| Verluste gesamt | 188 Tote/Verwundete | ca. 300 |
| Davon: | | |
| Verluste Infanterie | 111 | |
| Verluste Kavallerie | 36 | |
| Verluste Artillerie | 41 | |

*Eine Bilanz*

Es blieben nach der Kanonade von Valmy zwei Tatsachen festzuhalten. Die erste war die unumstößliche Gewissheit, dass das eigentliche Ziel des Feldzuges, nämlich die Wiederaufrichtung der Macht des bourbonischen Königshauses, endgültig verfehlt worden war.

Die zweite bestand in der – erst später durchdringenden – Erkenntnis, dass der Herzog von Braunschweig keineswegs als der gerühmte Feldherr von hohen Graden gelten konnte. Er hatte sich vielmehr der Lage nicht gewachsen und wenig entschlussfreudig gezeigt. Ein Friedrich der Große hätte das Heer unter die Mauern von Paris gebracht. Aber Friedrich Wilhelm II. verargte dem Herzog von Braunschweig sein Zaudern nicht. Er blieb weiter in Gnade und führte fernerhin das Kommando.

Selbst der Nachfolger Friedrich Wilhelm III., als 22-jähriger Kronprinz Teilnehmer an der Kanonade von Valmy, glaubte auf die Dienste des Braunschweigers nicht verzichten zu können. Im Feldzug von 1806 zeigte er dann, immerhin schon 71 Jahre alt, die gleichen Schwächen wie anderthalb Jahrzehnte zuvor bei Valmy.

Das Ergebnis des Tages lag vor den Kampfparteien wie ein offenes Buch: Frankreich brauchte für die nächste Zeit nicht mehr fremde Intervention und Restauration zu fürchten. Alle blutigen Verirrungen der Revolution würden nun in voller Pracht erst recht aufblühen. Valmy besiegelte das Schicksal von König Ludwig XVI. und dessen Familie.

Sie waren nicht mehr zu retten.

Ob sich in Johann Wolfgang von Goethe solche Gedanken regten, als er eine der wirkmächtigsten Sentenzen der Weltgeschichte äußerte, muss dahinstehen. Er selbst schildert das so: Geradezu grotesk mutete es den Dichter an, dass die Preußen noch am Beginn der Affaire alle Franzosen »anspießen« und »aufspeisen« wollten, und nun, am Abend, recht ratlos dastanden.

*GOETHES EINSCHÄTZUNG DER KANONADE VON VALMY:*

*»Wir hatten eben, als es Nacht werden wollte, einen Kreis geschlossen, in dessen Mitte nicht einmal wie gewöhnlich ein Feuer konnte angezündet werden, die meisten schwiegen, einige sprachen, und es fehlte doch eigentlich einem jedem Besinnung und Urteil. Endlich rief man mich auf, was ich dazu denke, denn ich hatte die Schar gewöhnlich mit kurzen Sprüchen erheitert und erquickt; diesmal sagte ich: ‚Von hier und heute geht eine neue Epoche der Weltgeschichte aus, und ihr könnt sagen, ihr seid dabei gewesen.'«* (42,73)

Kein Schulbuch kommt ohne diesen Satz aus, der zum ehernen Bestand kluger und bedeutender Worte gehört. Das Problem, über das Germanisten und Historiker bis heute streiten (42,291/92), liegt darin, dass J. W. v. Goethe seine Beobachtungen und Befindlichkeiten über den Feldzug des Jahres 1792 erst dreißig Jahre später zu Papier gebracht hat.

Es kann nicht abschließend entschieden werden, ob Goethe hier Wirklichkeit oder Fiktion im Sinne einer durch Zeitablauf geläuterten Erinnerung vorträgt. Aber: das geflügelte Wort ist richtig und treffend.

Und nur darauf kommt es an. Bar jeder Prosa bringt ein Militärschriftsteller des 19. Jahrhunderts das praktische Resultat der unentschiedenen Schlacht sehr genau auf den Punkt: »Die Revolution hatte gesiegt.« (92,IX,244)

### *Die Tage nach der Kanonade von Valmy*

Das preußische Heer lagerte nach dem Kampf unter den Kanonen der Franzosen. Der Grund wird in der völligen Erschöpfung der Truppen zu suchen sein. Es war darüber hinaus »entsetzlich kalt ... der Wind ging scharf und mit Regen vermischt«. (61,187) So blieb man am eben mangels anderslautender Befehle am Ort.

Goethe schildert bildhaft, wie selbst der Herzog von Weimar der widrigen Umstände wegen in einem Erdloch im Feuerbereich der französischen Artillerie nächtigt. Daraus schöpft der feinsinnige Beobachter das Axiom, dass der Soldat, eher die Gefahr in Kauf nimmt, als seinem Streben nach ein wenig Bequemlichkeit zu entsagen. (42,74)

Noch mehr: die nächsten zehn Tage bleibt die Armee in steter Fühlung mit den Franzosen. Man gewinnt den Eindruck allgemeiner Ratlosigkeit. Das Revolutionsheer konnte sein Glück kaum begreifen, einer scharfen Prüfung seiner tatsächlichen Fähigkeiten entgangen zu sein. Der König und der Herzog von Braunschweig wirken ganz unschlüssig, was überhaupt zu tun sei.

Auch sind Verhandlungen mit dem Feind angeknüpft worden – Anlass: der Austausch »einiger Gefangener« (49,256), darunter der preußische Kabinettssekretär Lombard, der unter Friedrich Wilhelm III. noch eine Rolle spielen sollte. Als der König jedoch bemerkte, dass der Hauptzweck der Kontakte in der Verleitung zum Bruch seiner Bündnisverpflichtung gegenüber Österreich lag, beendeten die preußischen Unterhändler die Sache.

Inzwischen hatten sich auch die Umstände zum Nachteil der Interventen geändert. Verpflegung blieb aus und eine Ruhrepedemie griff schnell unter den preußischen Regimentern um sich. Am 27. September vereinbarten die Kampfparteien aber noch »unbelästigten Abzug (der Preußen – d.V.) nach Koblenz« (43,428), was praktisch einer verdeckten Kapitulation gleichkam. So erging nach einem zwar nicht förmlich verabredeten, praktisch aber tatsächlichen Waffenstillstand von zehn Tagen am 30. September 1792 der Befehl zum Rückzug.

# Der Abzug aus Frankreich – ein Desaster

*Rückzug aus der Champagne*

Die Armee zog sich, unbehelligt vom Feind, über die »Enge von Grandpre« (49,256) in Richtung Maas zurück. Eine Wiederaufnahme der Operationen verwarf die militärische Führung, zumal das kaiserliche Hilfskorps Clerfayt nun endgültig in die österreichischen Niederlande abberufen worden war und demnächst marschierte.

Der nun folgende Rückzug des preußischen Interventionsheeres wuchs sich zur wahrhaften Katastrophe aus. Er nimmt viele Schreckensbilder der Auflösung des Napoleonischen Heeres beim Rückzug aus Russland 1812 vorweg, wenngleich dort noch durch die frostigen Temperaturen, den regelrechten Partisanenkrieg und die bewaffnete, aktive Verfolgung durch die Russen erschwerende Umstände hinzukamen.

Der größte Feind der Interventionsarmee war 1792 nicht etwa der französische Soldat. Mangelnde Verpflegung, das Durchziehen entvölkerter Ortschaften, fürchterliches Wetter – Regen ohne Unterlass, der die Wege auflöste und Wälder in Sümpfe verwandelte – und die Ruhrepedemie führten die Armee an den Rand des Untergangs. Schlamm und Kot knietief.

Die auf dem Weg zur Grenze liegenden Festungen wurden wieder geräumt. Am 21. Oktober überschritt die Armee die französische Grenze, jetzt in entgegengesetzter Richtung. Vielfältig sind die Zeugnisse vom Leid und der Erschöpfung der Truppen: Knesebeck berichtet von Soldaten, die aus der Marschformation austraten, sprachen »Herr Lieutnant, ich kann nicht mehr!, umfielen und auf der Stelle tot waren.« (49,256)

Die Dörfer des platten Landes erwiesen sich vollkommen ausgeplündert, die glücklich ausgegrabene Kartoffel, mit Pulver statt Salz bestreut und ein Trunk Kreidewasser, aus den aufgelösten Wegen geschöpft, blieb oft einzige Nahrung. (49,257)

Abenteuerliche Ausmaße nahm der Krankenstand an. Übel riechender Pesthauch der Ruhrlazarette überwehte die Szene. Die sich dahin schleppenden Truppen ermutigte der König in Person, »sich leicht zu machen« (49,257), das heißt, alles an Ausrüstung wegzuwerfen, was noch hinderlich war.

Der »verbummelte Hallische Magister« Laukhard, (49,257) Zeit- und Leidenszeuge vom IR 3, widmet der »Retirade« aus Frankreich ein ganzes Kapitel mit dem bezeichnenden Fazit: »Jämmerlicher Abzug aus Frankreich«. (61,196ff.) Damit dürfte diese Schilderung schon vom Umfang her einzig für das Ereignis sein.

Neben anderen Unsäglichkeiten, den Hungernden und Ruhrkranken, gedenkt Laukhard der toten und sterbenden Pferde (»alle fünf Schritt lag so ein Tier«) (61,198) Es ergeht Ende Oktober daher der Befehl an die Kavallerieregimenter, Pferde zum Fortschaffen der Kanonen herzugeben.

*STOLZE REITER MÜSSEN ABSITZEN:*

*Auf dem Rückzug hatte man gar bald bemerkt, daß die Kanonen nicht fortzubringen seien; wenig Vorspann war zu finden; die Pferde, auf dem Hinzug requiriert, beim Herzug geflüchtet, fehlten überall, man griff zu der letzten Maßregel: von jedem Regiment mußte eine starke Anzahl Reiter absitzen und zu Fuße wandern, damit das Geschütz gerettet werde. In ihren steifen Stiefeln, die zuletzt nicht mehr durchhalten wollten, litten diese braven Menschen bei dem schrecklichen Wege unendlich ...* (42, 146)

Diese Maßnahme führte – so Jany (49,258) dazu, dass zwar Regimenter dahinschmolzen, Pferde und allesmögliche »Heeresgerät« in Massen verlorenging, aber kein einziges Geschütz auf französischem Boden zurückblieb. Solcher Aufwand ist nicht nur den beachtlichen Herstellungskosten eines Geschützrohres geschuldet, sondern hat daneben einen immateriellen Grund. Nach den Fahnen, Standarten und den Kesselpauken der schweren Kavallerie hat im 18. Jahrhundert immer auch die Zahl der erbeuteten Kanonen über die formale Beurteilung von Erfolg und Misserfolg einer Schlacht oder eines Feldzuges entschieden. Aus dieser Sicht konnten die Preußen also getröstet sein. Am schlimmsten scheint sich das massenhafte Zerschleißen des Schuhwerks ausgewirkt zu haben.

*KAPUTTE SCHUHE – SCHLECHTE STIMMUNG:*

*»Es war schändlich anzusehen, wie die Preußen da ohne Schuhe durch den Kot zerrten und ihre Füße an den spitzigen Steinen blutrünstig aufrissen.«* (61,26)
Der mit akademischen Würden

behangene Magister Laukhard erkennt auch sogleich die Sprengkraft dieses Faktors für die Armee: *»Der schlechte Zustand des Schuhwesens machte mehr scharfe meuterische Reden bei der Armee rege als selbst der Hunger.«* (61,206)

Wieder auf deutschem Boden, scheint auch diesem Mangel sofort die Hauptsorge gegolten zu haben. Goethe berichtet lebhaft von den Bemühungen des Herzogs von Weimar, den Kürassieren seines Regiments neues Schuhwerk zu schaffen. Das Regiment K 6 »kantonnierte in den Dörfern Neuwied über«. (42,52)

Der Herzog beschaffte Leder, schickte die Schuster im Regiment zu den umliegenden Meistern zur Arbeit, sorgte für Auffrischung der Bekleidung und siehe bald: »... unsere Reiter trabten wieder ganz schmuck einher.« (42,52) Der unmögliche Zustand, den Laukhard kundgibt, nämlich, dass »von vier Mann ... allemal drei keine Schuhe« hatten und somit die Feldwebel des IR 3 Probleme bekamen, beschuhte Leute auf Posten zu schicken – man durfte »nicht barfuß auf die Wache ziehen« (61,206) – wird sich bald entspannt haben.

Schlimm waren und blieben die Zustände in den Feldlazaretten. Sie entstanden an jedem Ort auf dem Rückzug zwangsläufig – der Not der Umstände gehorchend – wegen der außerordentlich hohen Zahl an Kranken und Maroden. Einer solchen Massennot zeigten sich alle gutgemeinten Vorkehrungen der Medizinalbranche nicht gewachsen. Magister Laukhard bezeichnet diese Einrichtungen in verständlicher Entrüstung als »Mordlöcher«. (61,213/14) Wenn Goethe schreibt, der Herzog von Weimar habe einen Junker seines Regiments »aus dem Lazarett von Grandpre gerettet« (42,107), dann bestätigt das den gewonnenen Eindruck.

### *Ausklang des Feldzuges von 1792*

Nicht nur, dass die bewaffnete Intervention komplett gescheitert war, nein, das eigentliche Ziel des ganzen Krieges wurde vollständig verfehlt. Ja, man hatte sogar die gegenteilige Wirkung hervorgerufen, das Ende der französischen Königsherrschaft noch beschleunigt und die Erstarkung der Republik ungewollt begünstigt.

Während das mit so großen Hoffnungen ausgezogene preußische Interventionsheer sich aus Frankreich zurückzog, gingen die Revolutionstruppen nun ihrerseits offensiv am Rhein vor. Sie eroberten Speyer, Philippsburg, Mainz und Frankfurt. Zwar wurde Frankfurt am 2. Dezember zurückgewonnen, die Wiedereinnahme von Mainz blieb dann jedoch erst dem Feldzug des Jahres 1793 vorbehalten. Dumouriez hatte dann zu allem Unglück noch am 6. November die Österreicher bei Jemappes besiegt und zog in Brüssel ein. Die verbündeten Mächte waren, das lag offen auf der Hand, in die strategische Defensive geraten.

Alles in allem konnte das Fazit der Einmischung Preußens in die französischen Verhältnisse nur als total misslungen bezeichnet werden. Der Dichter Goethe, scharfsinniger und hellsichtiger Begleiter des Heerzuges gegen die »Neufranken« hat es dann auch wieder wortgewaltig und treffsicher auf den Punkt gebracht:

*GOETHES FAZIT ÜBER PREUSSISCHEN FELDZUG NACH FRANKREICH IM JAHR 1792:*

*»Dieser Feldzug wird als eine der unglücklichsten Unternehmungen in den Jahrbüchern der Welt eine traurige Gestalt machen.«* (42,322)

Dem ist nichts hinzuzufügen. Von nun an folgte, von zeitweiligen Unterbrechungen abgesehen, ein Feldzug dem nächsten. Krieg und Gewalt prägten die Epoche in einem Maße, wie die Menschen es bis dahin noch nicht gekannt hatten.

## *Der Feldzug von 1793*

### Die Belagerung von Mainz

Mit dem Frankreich der Revolutionszeit ging es den Staaten der antifranzösischen Koalition – also im Wesentlichen das Reich mit Österreich und Preußen im Bündnis mit Großbritannien, den Niederlanden und einigen anderen – wie Goethes berühmten Zauberlehrling: Nach dem Fehlschlagen der Intervention wurden sie nun die Geister, die sie gerufen hatten, nicht mehr los. Die Franzosen überschritten jetzt ihrerseits die Grenzen von Savoyen, der österreichischen Niederlande und General Custine rückte schon im Herbst 1792 über den Rhein.

Von dem preußischen Heer stand für den Feldzug 1793 zunächst ein Hilfskorps von 11.000 Mann unter dem Herzog von Braunschweig-Oels (nicht zu verwechseln mit dem Herzog Karl Wilhelm Ferdinand von Braunschweig-Lüneburg) in den Niederlanden. Wegen Erkrankung des Herzogs übernahm der General von Knobelsdorff im März das Korps. Diese Truppen überschritten die Maas und besetzten Antwerpen. Das Hilfskorps leistete, so Goltz, den Österreichern und Niederländern wertvolle Dienste. Zustand und Verhalten dieser Truppen und selbst die Initiative ihrer Offiziere werden gelobt. (43,435) Im August 1793 stießen diese Truppen dann zur Hauptarmee.

Den Hauptkriegsschauplatz für die Preußen bildeten aber die rheinischen Gebiete. 60.000 Mann zählte die unter dem Kommando des Herzogs von Braunschweig-Lüneburg stehende Hauptarmee der Preußen. An allererster Stelle der Ziele für 1793 stand die Wiedereroberung von Mainz. Von Ende März bis in den Juni kam es zu vielfältigen, zum Teil heftigen Gefechten im Zusammenhang mit der Einschließung und Belagerung von Mainz. Neben den Preußen waren an der Operation zur Wiedergewinnung der alten Kurfürstenstadt österreichische, hessen-darmstädtische, hessen-kasselsche und fränkische Kreistruppen beteiligt.

Die Einschließung der Stadt war der erste Schritt zur regelrechten Belagerung. Am 25. Juni eröffneten Preußen und Österreicher die erste Parallele und am 5.

Juli begann die Beschießung der Stadt. Nun rückten die Belagerer näher an die Mauern heran. Schon am 12. Juli war die zweite Parallele für das weitere Bombardement von Mainz bereit. Bereits am 22. Juli kapitulierte Mainz. Die 18.000 Mann starke Besatzung entging der Gefangenschaft, weil man ihr freien Abzug gegen die Verpflichtung, ein Jahr nicht gegen die Verbündeten zu dienen, eingeräumt hatte. Ob sich ein französischer Soldat daran gehalten hat? Wer wollte ein derartiges Versprechen überhaupt kontrollieren?

## Von Mainz nach Landau

Nachdem die preußische Armee durch den raschen Fall von Mainz für neue Operationen frei geworden war, sollte nun eine Offensive gegen die Saar mit dem Ziel stattfinden, die Franzosen dort zum Rückzug zu nötigen. Dazu sollten die feindlichen Linien an einer Passhöhe, genannt Kettrich, in der Nähe von Pirmasens durchbrochen werden. Zu diesem Zweck bezogen die Preußen zunächst eine »verschanzte Stellung bei Pirmasens, während eine starke Avantgarde auf dem Kettrich verblieb.« (43,440)

Am 13. September griff das französische Vogesenkorps die Preußen an. Der Herzog von Braunschweig ging seinerseits zum Gegenangriff über und warf die Franzosen. »Um 1 Uhr nachmittags am Gefechtstage war das Vogesenkorps nur noch eine Herde von Flüchtigen.« (43,440)

Letztes Ziel für 1793 sollte in Abstimmung zwischen dem Wiener Hof und Preußen die Eroberung von Landau sein. Die Österreicher unter dem General Wurmser durchbrachen dazu die Weißenburger Linien zwischen Weißenburg und Lauterburg. Preußen und Österreicher schlossen daraufhin Landau ein. Allerdings fehlte es an Belagerungsgerät.

Die Franzosen ihrerseits blieben nicht untätig, bekamen auch in Person von Hoche und Pichegru neue Oberkommandierende, die frischen Wind in die Operationen brachten. Der Herzog von Braunschweig, schon ganz auf das Einrücken in die Winterquartiere bedacht, wurde am 28. November 1793 von der 36.000 Mann starken Mosel-Armee unter Hoche bei Kaiserslautern angegriffen. Der Herzog stand mit 20.000 Preußen und Sachsen in verschanzter Stellung. Das Zentrum seiner Aufstellung lag bei Moorlautern, wo 7.500 Mann konzentriert waren. Der Angriff der Franzosen scheiterte. Wesentlichen Anteil am Sieg dieses Tages hatte die sächsische Kavallerie. Am 29. November erneuerte Hoche den Kampf. Nach Pelet-Narbonne scheint die preußische Artillerie überlegen gewesen zu sein. Zum Weiteren gelang es auch den Truppen des preußischen Generals Kosboth, bei denen sich Blücher befand, zu den Hauptkräften zu stoßen, von denen sie zunächst getrennt worden waren. Das alles bildete für Hoche Anlass, den Rückzug einzuleiten. »Sobald der Herzog bemerkte, dass der Feind den Rückzug antrat, ließ er seine Infanterie vorgehen, und auch die Kavallerie brach von allen Seiten zur Verfolgung vor.« (87,321). Am dritten Tag der Schlacht setzten die Franzosen ihren Rückzug fort, obwohl allgemein ein neuer Angriff erwartet worden war. Der Militärschriftsteller von der Goltz über diese drei Tage: »Der Sieg war ein glänzender.« (43,443)

Aber dieser Kampf blieb nicht nur ohne Folgen, sondern kurze Zeit darauf schlug Hoche die Österreicher bei Weißenburg. Die Belagerung musste aufgehoben werden. Zwei Tage später, am 28. Dezember 1793, zog er als Sieger in Landau ein.

## Kritik und Episodisches

Der Gang des Feldzuges war, äußerlich betrachtet, vom Ergebnis her nicht einmal ein ungünstiger. Mainz war in relativ kurzer Zeit aus den Händen der »Neufranken« zurück erobert. Die Kämpfe bei Pirmasens und Kaiserlautern endeten mit preußischen Siegen. Als ganz außergewöhnlich stuft es Goltz (43,445) ein, dass beide Schlachten aus der Verteidigung heraus gewonnen worden sind. Aber das war nur die eine Seite der Medaille. Bei Lichte besehen, war durch den ganzen Feldzug nichts bewirkt worden, was die Franzosen etwa zur Räumung deutscher Gebiete gezwungen hätte. An eine Eindämmung der Macht Frankreichs war gar nicht zu denken. Ursache des vergleichsweise günstigen – wenn auch politisch fruchtlosen – Resultats des Feldzuges von 1793 war ganz zweifelsfrei der Umstand, dass die französischen Truppen weiterhin qualitativ schlecht waren. Noch konnten die feudalen »Berufsheere« ihnen handwerklich Paroli bieten.

Aber die Feldherrnkunst des Herzogs von Braunschweig zeigte wiederum Schwächen. So vermochte er es trotz aller persönlicher Tapferkeit nicht, die Truppen derart zu konzentrieren, um mit einer Übermacht dem Feind gegenüberzustehen. Nur das hätte zu Siegen geführt, die auch politisch durchgeschlagen hätten. Es lag aber wohl zu sehr im Trend der Zeit, im erheblichen Umfang Truppen zur »Sicherung« und zu »Postierungen« zu entsenden und sie – sicher auch aus Versorgungsgründen – weit verstreut aufzustellen. Goltz schreibt, dass 58 preußische Bataillone und 85 Eskadronen im August 1793 über eine Luftlinie von 70 km (!) verstreut und zum Teil noch durch ein Gebirge getrennt, einquartiert waren.

Obwohl wesentliche Resultate nicht zu verzeichnen waren, hatte der Feldzug 1793 zu Verlusten von 400 Offizieren und 10.000 Mann geführt. (43,444) Das verwundert, sind es doch Zahlen, die dem Ausfall bei einer Generalschlacht späterer Jahrzehnte gleichen.

König Friedrich Wilhelm II. verließ im Übrigen das Heer am 29. September 1793, »um den Befehl auf dem Kriegsschauplatz in Polen zu übernehmen.« (49,273) Der Herzog sollte führen, wie er es für »gemäß« halten würde. Aus diesem Umstand lässt sich unschwer ableiten, dass der preußische König, der noch die Belagerung von Mainz umsichtig und zweckmäßig geleitet hatte, die Sache leid war und sein Interesse für die Auseinandersetzung mit Frankreich erkaltete. Im Grunde gab Preußen damit ein Zeichen, dass es den Kampf mit Frankreich nicht mehr als in seinem Interesse liegend ansah. Hinzu trat eine Verschärfung des Verhältnisses mit dem österreichischen Bundesgenossen. In Polen tat sich nämlich zwischen den Habsburgern und Preußen durchaus Streitpotenzial auf.

Die Belagerung von Mainz ist aus verschiedenen Gründen ein sehr lehrreiches und interessantes Feld. Zum Ersten: Zu den Teilnehmern an der Belagerung von Mainz zählt als Beobachter ohne Funktion der Weimarische Minister Johann Wolfgang von Goethe. Wie er schon im Vorjahr wegen der Chefstellung des Herzogs Carl August den Feldzug in der Champagne mitmachte, so erscheint er nun auch vor Mainz. Ende Mai 1793 trifft er im Feldlager ein. »Dienstag, den 27. Mai eilte ich, meinen

Fürsten im Lager bei Marienborn zu verehren ...« (42,236) Seine Erinnerungen hierüber bringt er als Teil seiner Lebensgeschichte später zu Papier. Natürlich schließt er sich auch vor Mainz dem Regiment seines Landesherrn, dem preußischen K 6 an.

*ÜBER GOETHES GESELLSCHAFT VOR MAINZ 1793:*

*Der Offiziere des Kürassierregiments von Weimar, der »alten Kriegs- und Garnisonskameraden,« gedenkt Goethe ... öfters und namentlich: des Obristen v. Gotsch, des Majors v. Weyrach, der Rittmeister de la Viere und v. Oppen, der Leutnants v. Fritsch, v. Flotow, v. Itzenplitz. Andere wie Vogelsang, Puttkamer, Bechtolsheim ...werden so bezeichnet, dass die Namen zu erraten sind. Goethe fühlt sich sehr wohl in diesem Kreise echter Kriegskameraden, eng verbundener trefflicher Männer.«*
(124, 32/33)

Eine Miniatur vom Meister selbst: Goethe berichtet in wohlgesetzten, treffenden Worten über das Lagerleben bei den preußischen Truppen vor Mainz. Goethe wäre nicht Goethe, wenn er sich mit der platten Wahrnehmung begnügen und nicht hinter die Erscheinung blicken würde.

*GOETHE ÜBER LEBEN UND TOD IM KRIEGE:*

*Wie aber der Mensch überhaupt ist, besonders aber im Kriege, dass er sich das Unvermeidliche gefallen lässt, und die Intervalle zwischen Gefahr, Not, Verdruß mit Vergnügen und Lustbarkeiten auszufüllen sucht: so ging es auch hier; die Hautboisten von Thadden* (d. i. – das Hallische IR 3 – d.V.) *spielten Ca ira und den Marseiller Marsch, wobei eine Flasche Champgner nach der anderen geleert wurde.* (42,239)
Ferner:
*Gegen Abend fanden sich die Offiziere des Regiments beim Marketender, wo es mutiger herging als vorm Jahr in der Champagne: denn wir tranken den dortigen schäumenden Wein und zwar im Trocknen beim schönsten Wetter.*
(42,239)

Besonders wach sind in Goethes Erinnerung der Nachtkampf bei Marienborn und dessen Folgen geblieben. Ursache des Kampfes war ein Ausfall der Festungsbesatzung von Mainz. Zuvor aber aus einer älteren Regimentsgeschichte:

*RESTORF ÜBER DAS K 6 IM GEFECHT BEI MARIENBORN IN DER NACHT DES 31. MAI 1793:*

*Dieses Dorf wurde in der Nacht vom 31. Mai durch einen Ausfall der Mainzer Garnison überfallen. Unter feindlichem Feuer musste die im Dorf liegende Schwadron zäumen und aufsitzen, wobei Major La Viere erschossen wurde. Nach ihm übernahm Major v. Heiligenstädt das Kommando, warf sich auf den Feind und trieb diesen zurück.*
*Durch die gleich darauf erscheinenden anderen vier Schwadronen des Regiments wurde das Hauptquartier vor dem Überfall beschützt. Sämmtliche Stabsoffiziere des Regiments erhielten dafür den Orden pour le merite. Der Verlust des Regiments betrug nicht weniger als 70 Pferde.* (96,239)

Am Morgen nach dem Gefecht empfing der Dichter Eindrücke von bleibender Wirkung. Wenn ihm auch durch den Feldzug 1792 der Tod auf dem Schlachtfeld wohl nicht das erste Mal vor Augen trat, so trifft er hier mit sezierendem Blick doch interessante Feststellungen.

*GOETHE ÜBER DAS AUSFALLGEFECHT VON MARIENBORN:*

*Die Sonne ging auf mit trübem Schein, und die Opfer der Nacht lagen nebeneinander. Unsere riesenhaften wohlgekleideten Kürassiere machten einen wunderlichen Kontrast mit den zwergenhaften, schneiderischen, zerlumpten Ohnehosen* (das sind die berühmten »Sansculotten« – d.V.)*; der Tod hatte sie ohne Unterschied dahingemäht. Unser guter Rittmeister* (?) *La Viere war unter den ersten geblieben; Rittmeister Voß … durch die Brust geschossen.* (42,241)
Weiter Goethe selbst:
*Ward Major La Viere mit allen militärischen Ehren vor den Standarten begraben,… starb Rittmeister von Voß … Abends wurde Rittmeister von Voß neben La Viere niedergesenkt.* (42,246)

So darf die preußische Armee für sich in Anspruch nehmen, dass auch ein Künstler von Weltrang punktuell ein Chronist ihrer Geschichte geworden ist. Erst 1806 ist Goethe wieder dem Phänomen Krieg begegnet. Das war, als in Jena die Brüder und Söhne der »zwergenhaften, schneiderischen Sansculotten« einzogen.

Der dem Leser schon aus dem Feldzug von 1792 vertraute Magister Laukhard vom IR 3 ist auch vor Mainz. Er bemerkt, dass der Einsatz zu Schanzarbeiten dem Soldaten und zwangsverpflichteten Bauern gar nicht gefällt.

*DER PREUSSISCHE SOLDAT LIEBT DAS SCHAUFELN UND SCHANZEN NICHT:*

*Der Soldat arbeitet überhaupt nicht gern. »Wenn ich hätte arbeiten wollen«, spricht er, »wäre ich nicht Soldat geworden.« Und wahrlich, ein Graben, woran 150 Mann zwei volle Tage arbeiten, kann in einem gar füglich durch 30 oder 40 Schaffer fertig werden. Die Bauern sind bei militärischen Werken ebenfalls schlechte Arbeiter. Einmal sind die Leute immer gezwungen, und da schicken sie Krethi und Plethi, Kinder, Weiber, Mädchen, kurz alles, was nur gehen kann. Bei der Arbeit selbst wird entweder geflucht oder gekackelt und wenig oder nichts ausgeführt.* (61,236)

Als sensible Beobachter nehmen Goethe und Laukhard 1793 wahr, dass hier mehr als nur ein Krieg unter Staaten im Gange ist. In Mainz haben Befürworter der französischen Sache, Feinde des herrschenden Systems, die Macht an sich gebracht. Die »Patrioten« sind nicht nur eine körperliche Gefahr, wenn sie einem Fürstendiener mit Pistol und Säbel gegenüber stehen, sie sind auch Vertreter von Ideen, die ausfliegen und die Menschen aufbringen können. Goethe weiß von den politischen Wirren in der Stadt.

Eine neue Epoche hatte begonnen. Weltanschauliches mischte sich nämlich drein. Da war nicht nur eine deutsche Stadt aus Franzosenhand zurückerobert, nein, aus Sicht der Fürsten hatten sie eine Brutstätte der Revolution auf deutschem Boden, die sogenante Mainzer Republik, zertreten. Der Lynchjustiz wird Tür und Tor geöffnet. Magister Laukhard berichtet von der Verfolgung der »Französisch Gesinnten« oder »Patrioten« im Speyerischen. (61,249 ff).

# *Der Feldzug von 1794*

## Krieg in der Rheinpfalz

Ein neues Indiz für nachlassende Begeisterung, mit der Preußen diesen Krieg gegen Frankreich noch führte: Der Herzog von Braunschweig legte das Kommando nieder. Sein Nachfolger wurde Feldmarschall von Möllendorf. Den Feldzug von 1794 führte Preußen im Wesentlichen schon gar nicht mehr auf eigene Rechnung. Nach den Vertragsbestimmungen mit seinen Bundesgenossen hätte Preußen am Rhein lediglich 20.000 Mann vorhalten müssen. »Der Rückmarsch der übrigen Truppen war schon eingeleitet, als am 24. Mai 1794, auf die Vorstellungen der Verbündeten hin, eine Vereinbarung zustande kam, wonach Preußen gegen entsprechende Subsidien 62.400 Mann den Seemächten, England und Holland, zur Verfügung stellte.« (43,447)

Möllendorf gebot über eine im Raum Mainz stehende Armee von 50.000 (nach anderen Angaben: 70.000) Mann. Das waren 74 Bataillone und 90 Schwadronen Reiterei. Hinzu traten 10 Schwadronen sächsische Kavallerie. (87,322) An der Rheinlinie von Mannheim bis Basel standen die Österreicher, Reichstruppen und Verbände französischer Emigranten. »Die preußische Armee sollte über Trier gegen Diedenhofen vordringen.« (87,322)

Am 22. Mai setzte sich zu diesem Zwecke das preußische Heer unter Möllendorf gegen die Stellungen der französichen Moselarmee in Bewegung. Bereits am nächsten Tag, am 23. Mai 1794, kam es zum Kampf. Im Gefecht bei Kaiserslautern focht man auf dem nämlichen Gelände, welches schon Ende November 1793 das Schlachtfeld abgegeben hatte.

Die Preußen trugen wiederum den Sieg davon, der Feind verlor über 2.000 Mann, 17 Kanonen, 10 Fahnen und wohl sämtliche Bagage. Blücher hatte am gleichen Tage ein von der Hauptarmee abgesondertes Gefecht bei Weidenthal. Auch er warf die Franzosen. Zu einer sinnvollen Ausnutzung des Erfolges kam es dennoch nicht. Anstatt ungesäumt zur Offensive überzugehen, besetzte man eine Defensivstellung, die sich fünfzehn Meilen lang hinzog und von Wadern, über St. Wendel, Landstuhl und Kaiserlautern reichte.

Der Kampf in der Rheinpfalz löste sich nun in einen heftigen Krieg der Vorposten und Feldwachen und in Gefechte zwischen kleineren Verbänden auf. Die Zahl der vorgefallenen Treffen ist überaus beachtlich. Ingesamt übte sich hier die Truppe, durch die Umstände gezwungen, im Kampf um Postierungen in einem gebirgigen Gelände.

Goltz bemängelt, dass man 1794 die Initiative »wieder ganz den Franzosen überlassen« (43,449) habe. Die leichten Truppen, Füsiliere, Jäger und Schützen entsprachen durchaus den Erwartungen. Naturgemäß wurde hier viel mehr im zerstreuten Gefecht gekämpft als in einer förmlichen Schlacht. Als Seele des Vorpostenkrieges zeigten sich hier wiederholt Blücher und sein Regiment. Der Husarengeneral scheint der einzige Anhänger des Offensivgedankens gewesen zu sein.

Ein Unglück mit weitreichenden Folgen traf die Preußen am 13. Juli 1794. Die preußische Stellung auf dem »Schänzel« bei Edenkoben im Haardtgebirge wurde überfallen und hielt dem Druck der Franzosen, nachdem auch noch der preußische Anführer General von Pfau gefallen war, nicht mehr stand. Mit der Eroberung dieses Bergpostens war die preußische Verteidigungsstellung durchbrochen. Die Armeeführung gab daher diese Linie ganz auf und zog sich wieder auf Mainz zurück.

Von der Goltz klagt: »Die Niederlage einiger Bataillone gab also die Entscheidung für eine Armee von 70.000 Mann.« (43,449) Eine detailreiche Studie über die Eroberung des »Schänzels« durch die Franzosen 1794 hat Schütte (110,25ff.) vorgelegt.

Erst im September gerieten die Dinge wieder etwas in Bewegung. Der Erbprinz von Hohenlohe-Ingelfingen stieß zur Deckung des Rheintales gegen Kaiserslautern vor. Am 18. und 19. September warf er die anmarschierenden Franzosen zurück und vernichtete sie am 20. September bei Kaiserslautern. Er nahm bei geringen eigenen Verlusten 100 Offiziere und 3.000 Mann gefangen und eroberte vier Geschütze und drei Fahnen. »Blücher zeigte sich an der Spitze seiner Kavallerie besonders tätig.« (43,449) Möllendorf rief das Korps aber wieder in seine Ausgangstellungen bei Pfeddersheim und Worms zurück.

Die strategische Lage kippte

aber indes. Die Franzosen gingen in den Niederlanden erfolgreich in die Offensive. Mainz wurde wieder von den Franzosen eingeschlossen und Luxemburg besetzt. In Ansehung, dass die am 1. Oktober 1794 fälligen Hilfsgelder aus Großbritannien und den Niederlanden ausgeblieben waren, zog Friedrich Wilhelm II. seine Truppen vom Rhein zurück.

## Kritik und Episodisches

### *Krieg und Politik*

Alle Kritiker, deren es wahrlich nicht wenige gibt, die ihre Stimme erheben und klagen, dass der Krieg 1794 schlaff und lustlos geführt worden ist, haben recht. Das ist aber die Verantwortung des Königs und seiner Politik. Der Soldat hat getan, was er musste. Von einem Versagen kann überhaupt keine Rede sein.

Die schwierige Rolle des Oberbefehlshabers, der von der Politik allein gelassen wird, der im Grunde von der politischen Führung keine klaren Direktiven erhält, was er eigentlich tun soll, manifestiert ein Schreiben Möllendorfs an den Grafen Dohna vom 1. Juli 1794.

Daneben kritisiert Möllendorf das Eingreifen Unberufener in die Kriegführung.

*DER OBERBEFEHLSHABER WEISS NICHT, WAS DER KÖNIG WÜNSCHT:*

*Ich tappe im Dunkeln und weiß bis jetzt weder meine Bestimmung noch den Zweck, welchen unsere Armee soll erreichen helfen. Es ist sehr unglücklich, wenn die verwickelte Politik sich in die militärischen Operationen mischt, und niemand ist dann mehr zu beklagen als der kommandierende General.* (49,292)

### *Friedrich de la Motte Fouque und der Feldzug 1794*

Der Feldzug 1794 ist der erste, den der Dichter Friedrich de la Motte-

Fouque erlebt. Durch Protektion ist er gerade erst mit 17 Jahren als Kornett, damit gleich als Offizier, in das Kürassierregiment des Herzogs von Weimar eingetreten.

Der Held von Landeshut 1760, der General de la Motte-Fouque, ist sein Großvater gewesen. Für den Feldzug 1794 sind seine Lebenserinnerungen von höchster Bedeutung. Natürlich ist er nicht ein abgeklärter, faktisch von außen hereinschauender Beobachter, wie Goethe für die Feldzüge 1792 und 1793, nein, er steht ja als Soldat mittendrin im Geschehen.

Hinzu tritt seine jugendliche, überschäumende Begeisterung für den Soldatenberuf: »Und dennoch war ich ein gar fröhlicher Kornet, vielleicht unter denen, die im Lenz des Jahres 1794 gegen die Franzosen in`s Feld rückten, Einer der Allerfröhlichsten.« (73,210) Mit dem Ersatz für das dort stehende preußische K 6 zieht Fouque an den Rhein. Dass die Reiter keine Pfarrerstöchter sind, erfährt er auf dem Marsch.

*KÜRASSIERE AUF DEM MARSCH – FOUQUE BERICHTET:*

*Mit den Marschgesprächen unserer Reiter ging`s wie mit ihren Marschliedern: nur allzu oft rohes, unsittliches Zeug, aber oftmals auftauchend aus dem verwilderten Getriebe ein edelkräftiges Gefühl, ein verständiger Spruch, eine leuchtende Vorahnung aus den uns bevorstehenden Krieges- und hoffentlich Siegestagen, wenigstens gewisslich doch Ehrentagen.* (73,304)

Fouque erzählt, wie die Tage im Winter bis zur Aufnahme der Kampfhandlungen dahingingen, wie der Kommandeur auf einem Schloss in den »Verhältnissen eines kleinen ritterlichen Hofhaltes« (73,121) lebte, dass die Offiziersfrauen ihre Männer in den Winterquartieren besuchten und auch, befördert durch die Gattin des Kommandeurs, Geistiges nicht zu kurz kam. In der Residenz des Fürsten von Wied in Neuwied waren die preußischen Offiziere gern gesehen. Man ging auch hin, »um das neue Kornetchen dort einzuführen oder (wie es nach lustigem Cavalleristenspaß hieß): »vorzureiten.« (73,123)

Nur durch glückliche Fügung erlebt der übermütige junge Mann überhaupt seine Feuertaufe bei Kaiserslautern am 23. Mai 1794. Eine Rheinfahrt in einem Nachen wäre ihm um ein Haar zum Verhängnis geworden.

»Nun Glückauf, zur ersten Waffenprobe, junger Freund! Zu

morgen gilt es« (73,127), ruft ihm ein Kamerad am Abend zu. Am Tage seiner Feuertaufe vor Meckenheim wird Fouque Zeuge eines unglückseligen Eingriffs in die Entscheidungsfreiheit des Kommandeurs Froreich, in dem der jugendliche Prinz Louis Ferdinand den Obristen von einer zweckmäßigen Verwendung seines Regiments abhält. Der Moment für eine entscheidende Attacke war verflossen. Der Kampf artete nun in eine Kanonade aus.

### *DER ERSTE EINDRUCK – FOUQUE IM KAMPF BEI KAISERSLAUTERN:*

*In unsrem raschen Vorrücken trug man uns den Leichnam eines eben erst erschossenen Offiziers entgegen. Diese Sorgfalt verkündete einen ausgezeichneten Todten. Man fragte. Einer der edelsten Adjutanten des Erbprinzen von Hohenlohe war es: Lieutnant von Schipp, in ruhmvoll früher Jugend gefallen als erstes Opfer dieses Tages.* (73,130)

Das Kürassierregiment Weimar und Fouque kamen ins dichte Kampfgewühl. Kanonenkugeln schlugen allenthalben ein, »mitunter Roß und Mann darnieder streckend.« (73,130) Der junge Schöngeist behielt die Nerven. Sein Oberst von Froreich war mit ihm zufrieden. Tod und Verstümmelung, so tröstete sich der Marsjünger, gehörten eben zur »Ahnung des heiligen Wortes: Beruf!« (73,130)

Nahe am Geschehen, erlebte der junge Mann einen zweiten Angriff auf die Vorrechte seines Regimentskommandeurs. Da kam der damalige Major von Massenbach – der bis 1806 noch öfter in unserer Schilderung auftauchen wird – die »rechte Hand« des Korpsführers Erbprinzen von Hohenlohe geritten und griff in die Befehlsgebung des Obristen von Froreich ein. Dieser verbat sich das. Es kam im Überschwang zu einem heftigen Wortwechsel. Der Kommandeur von K 6 will darauf nach der Schlacht »den Erbprinzen von Hohenlohe fragen, wer das Regiment Weimar kommandieren soll: Major Massenbach oder ich?« (73,133)

Am Rande: Es soll erwähnt sein, dass es nach der Schlacht zu einer Aussprache der Kontrahenten kam. Die Worte der Entschuldigung, die Fouque festhält, sagen einiges über den Umgang der Offiziere untereinander, sind so treffend gewählt, dass auf die Wiedergabe nicht verzichtet werden soll.

*OBERST VON FROREICH ZU DEM MAJOR VON MASSENBACH NACH DEM KAMPF BEI KAISERSLAUTERN AM 23. MAI 1794:*

Massenbach hatte wohl begriffen, dass er überzogen hatte. Er sprach *»billige Worte der Sühne zu dem verletzten Regiments-Commandeur«.* Die Aussöhnung folgte auf dem Fuße:*»Lieber Major«, sagte der Obrist, »wenn ein rascher Eifer Irgendwen über die Gränzen der Form wegreißt in einem bedeutenden Kampfesmoment: – Wer wollte nicht gern bereit sein, zu vergeben und zu vergessen? Es ist alles gut zwischen uns.«* (73,133)

Alles in allem kann man schon auf den Gedanken kommen, dass das auch ein Führungsproblem gewesen ist. Ob Prinz oder Major, wenn die wirklichen Kommandeure sich gegen anmaßendes Hereinreden übereifriger Dritter in die Führung ihrer Verbände mitten in der Schlacht zur Wehr setzen mussten, so lässt das tief blicken.

Massenbach und Fouque waren aus der Heimat bekannt, Ersterer vermutete den jungen Mann auf der Universität, jedenfalls nicht beim Militär. Deshalb: »Ei, Fritz Fouque, wo kommst Du her? Ich meinte Dich in Halle auf der Universität!« (73,132)

Zur Gemütslage unter den Soldaten fängt Fouque ein markantes Stimmungsbild ein. In dem Abendgefecht bei Hochdorf haben, so Fouque, französische Plänkler statt Kugeln gehacktes Blei verschossen. Die dadurch hervorgerufenen Verletzungen sind schrecklich (»so ziemlich jede Wunde eine zerreißende Todeswunde« -73,136 -). Die Reaktion bei Fouques Reitern blieb nicht aus.

*FOUQUE BERICHTET: KÜRASSIERE VOM K 6 ÜBER DEN FEIND:*

*Erfahrne Reiter aber sprachen ergrimmt: »Kommen wir zum Einhauen – heute keinen Pardon dem Patriotenpack! Das schießt ja wieder einmal mit gehacktem Blei, – wir sind`s schon sonst gewohnt von ihnen wider alle redliche Kriegsmanier!«* (73,135/36)

Am 20. September 1794, dem letzten Kampf bei Kaiserslautern, verharrte das K 6 in der Reserve. Fouque weiß daher von diesem Tag nicht mehr zu berichten, als dass der Himmel »ungeheure Regenströme« (73,154) über Kaiserlautern niedergehen ließ. Die Siegesfreude war, außer dass es zum Erfolg nichts beitragen durfte, dem Regiment so doppelt vergangen.

*Blücher bei Kaiserslautern am 20. September 1794*

Der Anteil Blüchers an den Kämpfen gegen Frankreich ist dessen »Kampagne-Journal der Jahre 1793 und 1794«, erschienen 1796 bei Decker in Berlin, zu entnehmen. Welchen Grad der Hass der Preußen auf die Franzosen mittlerweile erreicht hatte, belegt eine Äußerung Blüchers aus den Kämpfen von Kaiserlautern. Man erinnere sich an Fouque und seine Kürassiere zuvor.

*BLÜCHER ÜBER DIE SCHLACHT VON KAISERLAUTERN 1793:*

*Der Offizier, welcher das feindliche Bataillon kommandierte, bewies viel Kontenance, er war zu Pferd und hielt seine Leute immer zusammen; allein nichts konnte unsere brave(n) Husaren und Dragoner abschrecken, wir stürmten auf den Feind los, und obgleich er uns mit dem Bajonett entgegenkam und sich aufs hartnäckigste verteidigte, so drangen wir doch glücklich in ihn ein. Der Oberstleutnant von Pletz (dem der Kommandeur des Bataillons nur mit genauer Not in dem Walde entwischt war) nahm ihn in die Flanke, und nun wurde die Niederlage der Franzosen vollkommen. Die Erbitterung unserer Leute war aufs höchste gestiegen, sie hieben alles nieder. Ich musste ernstlich Gewalt dazu brauchen, um ihrer Wut Einhalt zu tun, und es gelang mir dennoch nur 200 Franzosen zu retten, die gefangen gemacht wurden; die übrigen lagen alle tot hingestreckt.*
*Mit dieser Affäre war der Rest des ganzen, bei Kaiserslautern gestandenen französischen Korps aufgerieben, es hatte aus 7000 Mann bestanden, wovon 3000 auf dem Platz blieben und 4000 gefangen wurden. Mein Regiment hatte allein 1500 Gefangene gemacht, die übrigen wurden durch die Regimenter Wolffrad, Katt, Schmettau und von den Kaiserlichen Regimentern Veczey und Waldeck eingebracht.* (zit.75,45/46)

## *Ein Seitenstück: Der polnische Feldzug 1794*

### Der Verlauf des Krieges in Polen

Die politische Struktur des Königreichs Polen schwächte das Land und machte es zum bevorzugten Opfer seiner Nachbarn. Schon 1772, in der ersten polnischen Teilung, waren riesige Gebiete an Russland, Preußen und Österreich verloren gegangen. 1793 einigten sich Preußen und Russland darauf, erneut weitere polnische Gebiete zu besetzen. Der Zarenstaat verleibte sich erhebliche Teile des heutigen Weißrusslands und der Ukraine ein. Danzig, Thorn, das Gebiet um Posen und das sogenannte Großpolen, also Territorien an Warthe und Weichsel, kamen unter preußische Herrschaft. Dieser letztere Distrikt firmierte nun unter dem Namen »Südpreußen«. Der Reichstag von Grodno billigte unter dem bewaffneten Druck russischer Truppen diese erneute Amputation Polens. Selbst ältere Literatur verschweigt nicht den anfechtbaren Charakter des ganzen Verfahrens.

»Hartnäckig widerstand die Versammlung den preußischen Forderungen. Erst nachdem die kühnsten Patrioten aus dem Reichstage weggeführt waren, wagten die Übrigen nicht mehr, ihren Widerstand laut werden zu lassen. Ihr Stillschweigen wurde als Bejahung gedeutet und der Vertrag vollzogen, durch welchen Preußen ausser Danzig und Thorn, die Woiwodschaften Posen, Gnesen, Kalisch etc. erhielt.« (92,VII,409)

Das Vorgehen der Nachbarstaaten Polens, die schlichte Annexion fremden Gebiets, ist allenfalls durch die Praxis der spätfeudalen Politik gerechtfertigt. Moralischen Maßstäben der modernen Gesellschaft hält das sicher nicht stand. So ist es nur zu verständlich, wenn die Geschichtswissenschaft der Gegenwart »eine tiefe Imprägnierung der polnischen Nation durch die Teilungserlebnisse« (20,1622) konstatiert.

Die politische Entscheidung wurde sofort umgesetzt: »Unverzüglich bemächtigten sich die Alliierten der erworbenen Ländereien.« (92,VII,409) Ein preußischer Kordon deckte die neue Grenzlinie und in Südpreußen rückten zwei Divisionen unter dem General Graf von Schwerin ein.

Nun kam es, vor allem wegen der russischen Repression, in Warschau zum Aufstand, der sich ausbreitete. Gegen Reste der polnischen Nationalarmee sowie aufständisches Landvolk hatten sich nun Preußen und Russen zu erwehren. Die Führer auf der polnischen Seite waren vor allem Madalinski, Dabrowski (auch Dombrowski genannt – 92,II,324) und der berühmte Kosciuszko, der unter Washington schon im amerikanischen Unabhängigkeitskrieg gekämpft hatte. Die russischen Generale Igelström und Denisow standen zu Beginn allein im Feld, da General Schwerin nicht marschfertig war. Letzterer erkrankte auch bald und gab das Kommando an den General von Favrat ab.

Zu einheitlichem Handeln zwischen den alliierten Russen und Preußen kam es nicht. Am 3. Juni 1794 traf König Friedrich Wilhelm II. in Wola, in der Nähe Warschaus ein, dem alten Feld der polnischen Königswahlen, und übernahm den Oberbefehl. Nach einem harten Kampf, der Schlacht bei Rawka am 6. Juni, zog sich Kosciuszko auf Kielce zurück. Der polnische Feldherr hatte in der Gefahr gestanden, umgangen zu werden, weswegen er aufgab. Es war dies die einzige wirkliche Feldschlacht der Preußen in dieser Kampagne. Die Preußen verloren 21 Offiziere und 552 Mann. (49,325) Die Zahl der gefallenen Polen leitet Jany aus der Anzahl der Bestatteten her: über 2.000 Tote wurden begraben. (49,325)

Der König, gestützt auf eingehende Informationen, verfolgte im Sommer 1794 den an sich richtigen Gedanken, Warschau einzuschließen und zu belagern. Zu einem solchen Entschluss trug sicher auch seine positive Erfahrung aus dem Feldzug 1793 bei. Er mag sich da an die Einnahme von Mainz erinnert haben. Am 31. Juli 1794 begann die Beschießung Warschaus.

Zur gleichen Zeit allerdings »empfing der König beunruhigende Nachrichten aus Südpreußen, wo die Insurrektion (= Aufstand, Aufruhr) mehr Truppen forderte.« (92,VII,412) Da war dem König dann doch sein »eigenes Hemd« Südpreußen näher, als der Warschauer »Rock«.

Schließlich war noch ein erwarteter Pulvertransport an den Gegner verloren gegangen.

Die Belagerung wurde aufgehoben. Am 6. September zogen die preußischen Truppen von Warschau, unter heftigen Missfallensbekundungen gegen ihre Militäroberen, ab.

Nordöstlich Warschaus führte derweil das preußische »Narew-Korps«, 11.000 Mann stark, unter dem General von Schönfeld einen Kleinkrieg gegen die Aufständischen. Die 53.000 Preußen, die die Hauptarmee bildeten, besetzten nun, nach dem Rückzug von Warschau, »das Land westlich der Bzura und Pilica und ... die Landstriche um Krakau und Sandomiercz.« (92,VII,412) Am 18. September übernahm General Graf Schwerin erneut das Kommando. König und Kronprinz, wohl der Sache schon wieder müde, kehrten nach Berlin zurück. (49,327)

Nach Schlappen bei Kamion und Witkowice zogen die polnischen Aufständischen unter Dabrowski erhebliche Kräfte zusammen, griffen am 2. Oktober 1794 Bromberg an und eroberten es. Die Stadt hatten das Depotbataillon des Regiments von Pirch (IR 8) und eine Füsilierkomapanie verteidigt. Ferner war der Husarenoberst v. Szekely mit dem Füsilierbataillon von Hinrichs (F 17), drei Eskadrons Husaren und einigen Geschützen zur Unterstützung herbei geeilt. Sämtliche Truppen hielten der Übermacht nicht stand. Szekely fiel im Kampf.

Mit dem Fall von Bromberg, der den König arg verstimmte, hatten sich die aufständischen Polen eine Basis für weitere Operationen geschaffen. Auch war in Bromberg reichlich militärischer Bedarf aller Art erbeutet worden. Der polnische Befehlshaber wendete sich nun – das Fernziel Danzig im Auge – zunächst gegen Thorn. Bei Annäherung eines preußischen Korps unter dem Obersten Lediwary nahm er aber von seinem urspünglichen Vorhaben, der Erstürmung der schwach besetzten Stadt Thorn, Abstand. Dabrowski zog sich darauf hin auf Warschau zurück.

König Friedrich Wilhelm II. forderte jetzt den kommandierenden Graf Schwerin auf, den Polen unter Dabrowski und Madalinski den Rückzug zu verlegen. Das gelang trotz erheblichen personellen Aufwandes nicht. Am 19. September war von Warschau aus kommend ein Korps von 4.000 Insurgenten unter Joseph Poniatowski – dem späteren französischen Marschall – an die Bzura vormarschiert, um Dabrowski den Rückzugsweg nach Warschau zu öffnen. Dies, so Jany (49,331) hätte für den Grafen Schwerin ein Achtungszeichen sein müssen, da die Bewegung Poniatowskis deutlich die Absicht Dabrowskis offenbarte. Der Durchbruch durch die preußische Armee glückte. Das Korps Dabrowskis, 4.500 Mann stark, entkam der Vernichtung oder Gefangennahme. »Sogar einen großen Wagenzug mit den in Bromberg erbeuteten Vorräten« (49,332) konnten die Insurgenten retten.

Das Kommando der preußischen Truppen hatte sich der Lage nicht gewachsen gezeigt. Generalleutnant Graf von Schwerin wurde nun erneut durch den General von Favrat ersetzt. Der abgelöste Oberbefehlshaber sowie der Generalmajor von Schwerin mussten sich kriegsgerichtlicher Untersuchung stellen und wurden verurteilt.

Anzunehmen ist, dass König Friedrich Wilhelm II. über die geoffenbarte Führungsschwäche seiner Generale doch tief erschüttert war. Denn ein kriegsgerichtliches Erkenntnis gegen Generale wegen eines solchen Fehlverhaltens sei »um so bemerkenswerter, als Friedrich Wilhelm II., ebenso wie sein Nachfolger, nicht zum Wohle des Heeres, eine sehr zu Milde und Nachsicht neigende Natur war.« (87,337)

Die Lage begann sich indes unter dem Eindruck russischer Waffenerfolge für Preußen zu entspannen. Insbesondere hatte der russische General Suwurow am 10. Oktober Kosziuszko bei Maciejowice entscheidend besiegt. Der polnische General selbst geriet verwundet in Gefangenschaft. Am 4. November 1794 erstürmten die Russen »in einem wütenden Kampfe« (49,331) Praga (= der ostwärts der Weichsel gelegene Stadtteil von Warschau – d.V.), am 8. zogen sie in die Hauptstadt ein.

Eine Anmerkung am Rande: Verbunden war diese Eroberung Warschaus durch Suwurow mit Abscheulichkeiten, die ihrerseits wieder eine Rache für russische Opfer bei dem Aufstand Warschaus am 17. April 1794 gewesen sein sollten. (92,VII,414) Es mag dahinstehen.

Jedenfalls zählt dieser historische Fakt durchaus zum eisernen Bestand an Ereignissen, aus dem sich bis heute russisch-polnische Aversionen speisen. Der spätere Kriegsminister von Boyen, als junger preußischer Offizier nach der Übergabe Warschaus dort vor Ort, bezweifelt zumindest den Umfang der den Russen vorgeworfenen Greueltaten, hält sie für übertrieben. (14,81)

Mit der Einnahme Warschaus trat eine deutliche Beruhigung in den Aufstandsgebieten ein. Der preußische Husarengeneral von

Günther, der zuvor während des ganzen Jahres der tätigste Führer im Kleinkrieg gewesen war, operierte weiter mit dem Narew-Korps in Gemeinschaft mit russischen Truppen. Nach einigen Gefechten, die zum Nachteil der polnischen Soldaten und Freischärler ausfielen, erlosch der Aufstand.

Im Jahr darauf – 1795 – erhielt Preußen in der 3. Teilung weiteres polnisches Land. Am 9. Januar 1796 rückten preußische Truppen in das nunmehr zum Königreich Preußen gehörende Warschau ein.

*Kritik und Episodisches*

Der Kampf von Teilen der preußischen Armee gegen die nationale Aufstandsbewegung war ein Krieg, der zum großen Teil von Freischärlern geführt wurde. Das waren polnische Bauern, die sich notfalls mit Sensen bewaffneten, um die weitere Zerstückelung ihrer Heimat zu verhindern. Die Heeresteile, auch der Preußen, waren jeweils zahlenmäßig gering. Da spielen zum Teil »Korps«, die von Obristen geführt werden und aus wenigen Bataillonen Infanterie, einigen Schwadronen und ein paar Geschützen bestehen, eine Rolle. Ob der Kräfteansatz für das, was Preußen bewirken wollte, ausreichend gewesen ist, kann wieder durchaus mit einem Fragezeichen versehen werden.

Selbst bei der eigentlichen »Hauptschlacht« dieses Krieges bei Rawka zählten die Preußen nur 15 ½ Bataillone, 27 Eskadrons und 45 Geschütze. Die verbündeten Russen waren nicht viel stärker, verfügten über 12 ½ Bataillone und 35 Eskadrons Reiterei, 26 Geschütze und 5 Kosakenpulks. Alles in allem standen etwa 20.000 Mann gegen ebenso viele Polen. (49,323) Ansonsten war der Krieg in Polen, ähnlich, wie der in der Rheinpfalz ein andauernder, aufreibender Kleinkrieg.

Erstaunlich ist die Zähigkeit der polnischen Aufständischen. Bewaffnete Bauern und keine Berufsoldaten haben da gekämpft. In einer ähnlichen Lage befand sich auch der preußische Landwehrmann und der freiwillige Jäger im Jahr 1813. Der moralische Faktor ist im Militärwesen eben tatsächlich nicht zu unterschätzen. Daher ist die mitschwingende Entrüstung Pelets nicht zu teilen, wenn er über eine Episode aus der Schlacht von Rawka sinniert: »Der Angriff der vereinigten russisch-preußischen Kavallerie wurde von den polnischen Bauern zurückgeschlagen.« (87,335)

Zeitgenossen und Mitkämpfer mögen aber über die Fähigkeiten eines »Insurgentenhaufens« (14,77) erschrocken sein. Jany hingegen bemerkt ohne alle Schnörkel oder Relativierungen über die Aufständischen bei Rawka: »Die Polen hatten sich tapfer geschlagen.« (49,325)

Was die Führung anbelangt, so fällt schon hier, also im Jahr 1794, das Urteil verheerend aus. Da scheint Schwerin allenfalls die Spitze des Eisberges gewesen zu sein. Nur die Tätigkeit des Husarengenerals von Günther findet bei den späteren Kommentatoren Gnade. Die einfachen Soldaten, so von der Goltz, hätten »wie die Löwen gefochten ... Die höhere Führung aber hatte völlig versagt.« (43,460)

Zur schwerfälligen, um abstrakte Regeln bemühten Art des Kriegführens bemerkt von der Goltz über die Zeit vor der Schlacht von Rawka: »Am 3. Juli traf Friedrich Wilhelm II. wirklich ein und wollte angreifen. Erst aber sollten nach der Methode der Zeit einige Bataillone und Eskadrons nach Lowicz gegen Warschau vorgehen, um Kosziusko zu einer Entsendung dorthin zu verleiten und ihn zu schwächen.« (43,454)

Auf den Gedanken, dass der feindliche Heerführer dieses Signal missachten, den Zweck durchschauen könnte, kam niemand. Schlimmstenfalls hätte dies sogar zur Verminderung der eigenen Streitkräfte geführt. Ein anderes:

*AUS DEN TAGEN DER EINNAHME VON BROMBERG DURCH DIE AUFSTÄNDISCHEN:*

Im Zusammenhang mit der Verteidigung Brombergs erwähnt Jany ein Gefecht an dem Kloster Labiszyn an der Netze, 20 km vor Bromberg. Das kleine Korps des Obersten Szekely hatte einen vorgeschobenen Posten von 40 Füsilieren und 15 Husaren unter dem Leutnant Beyer – späterer Oberst (14,74) – an dem Kloster Labiszyn ausgestellt. Jany weiter:

*Er wurde am 29. September von dem General Madalinski mit 200 Jägern angegriffen, verteidigte sich auf dem von einer starken Mauer umgebenen Kirchhofe fast 2 Stunden lang, warf sich dann, als feindliche Geschütze eine Bresche in die Mauer schossen, mit den noch übrigen 11 Mann in die Kirche und setzte den Kampf bis zur letzten Patrone auf dem Chor hinter dem Hochaltar fort.* (49,329/30)

Über die vorgefallenen Grausamkeiten zwischen Russen und Polen war schon kurze Andeutung genommen worden. Der Hass auf die preußische Okkupation scheint teilweise milder gewesen zu sein. Diesen Schluss lassen Streiflichter nach der Einnahme von Bromberg zu:

Der tödlich verwundete Führer des preußischen Detachements, der Husarenoberst von Szekely wird »von den Polen mit militärischen Ehren begraben.« (49,330) Nachsichtig wird die eroberte Stadt Bromberg behandelt: Mit 10.000 Talern Kontribution begnügt sich der General Dabrowski. Und: Er lässt sich das im Rathaus aufgehängte Porträt Friedrichs des Großen »schenken«. (49,330) Das alles atmet noch Sinn für Maß und Gesittung – trotz der feindlichen Stellung der Parteien gegeneinander. In der Literatur, so bei Boyen, kursieren aber auch gegenteilige Geschichten. Boyen weiß er von einem polnischen Anführer namens Antonowitz zu berichten, der für »schaudereregende Grausamkeit« (14,62) bekannt war. Er hatte einmal, so Boyen, zwei gefangene Dragoner vom Regiment Werther (D 6) nackt an einen Baum binden lassen und sie als Zielscheiben für das Pistolenschießen freigegeben. (14,62)

Überhaupt bietet der spätere Generalfeldmarschall von Boyen eine der umfänglichsten Darstellungen auf Grund persönlichen Erlebens über den Feldzug in Polen 1794. (14,30-100)

Da er wesentliche Protagonisten in Person erlebte, sind seine Urteile über diese von hohem Interesse. Den Generalleutnant Graf von Schwerin, den er zur Unterscheidung zu dem Generalmajor von Schwerin (General Schwerin II) als General von Schwerin I bezeichnet, charakterisiert er wie folgt:

*BOYEN ÜBER SCHWERIN I:*

*Schwerin war kein böser Mensch; aber ihm fehlte Urteil und Entschlossenheit; er frug zu viel an, und die königlichen Befehle trugen auch manches dazu bei, ihn unsicher zu machen.* (14,77)

Der General von Favrat scheint ein Unikum in der Armee gewesen zu sein.

*BOYEN ÜBER DEN GENERAL VON FAVRAT:*

*Der General v. Favrat war aus Savoyen gebürtig … Favrat war von mittlerer Größe, aber von herkulischem Körperbau und besaß eine Muskelkraft, mit der er noch im hohen Alter ungewöhnliche Dinge verrichtete. So hatte er sich in Rom aus den Gefäng-*

*nissen der Inquisition bloß durch den Gebrauch seiner Arme befreit, einen Mörser im Zeughause zu Danzig, den als Seltenheit August der Starke bewegt hatte, mit Leichtigkeit gehoben, einem Spitzbuben, der ihm im Gedränge des Schauspiels den Geldbeutel stehlen wollte, zur Warnung in der Tasche die Finger zerbrochen, und noch als General seinen mit sechs Pferden bespannten Reisewagen, der sich in einem Sumpfloch festgefahren hatte, zum Erstaunen aller Umstehenden durch Hilfe seiner Schulter für die anziehenden Pferde wieder beweglich gemacht.* (14,45)

Dabei war Favrat nach Boyen von »edler, gerechter Gesinnung, nicht ohne wissenschaftliche Bildung, und von unerschütterlicher persönlicher Tapferkeit.« (14,46) Allein, er hing eigensinnig und eitel einem kleinkarierten, auch wesentlich von ihm selbst entwickelten Schema der Truppenführung an, das für die Kriegspraxis nicht zu gebrauchen war. Dazu, so Boyen, beherrschte er kaum die deutsche Sprache, sein Befehlsgemisch aus Französisch und Italienisch musste erst übersetzt werden und er war über die Maßen kurzsichtig. So erfüllte auch er die Idealvorstellungen von einem Truppenführer kaum.

Nur ein preußischer General scheint in der ganzen polnischen Kampagne den Anforderungen entsprochen zu haben: nimmermüde, immer im Sattel, erfolgreich, angriffslustig, so recht ein Nachfolger des alten Zieten aus dem Busch, der gerade einmal vor acht Jahren des Zeitliche gesegnet hatte.

*GENERAL VON GÜNTHER:*

*Sein kräftiger Geist wohnte in einem ungewöhnlich kleinen Körper, sodass, wenn er ein nur mittelgroßes Pferd besteigen wollte, es ihm beschwerlich wurde, mit der rechten Hand den Sattelbaum anzufassen, er gab sich dann gewöhnlich die erste Hilfe, indem er die Schabracke angriff, sich an dieser bis zur Höhe des Sattels heraufschwang und so, selbst im Alter noch, mit großer Leichtigkeit das Pferd bestieg … Im Gefecht belebte ihn der Mut des Jünglings bis zur Verachtung jeder Gefahr; er gehörte zu der alten Preußenschule, die sein Freund Gleim mit den Worten bezeichnet:*
*Wir fragen nicht, wie stark er ist, Wo steht er, fragen wir.* (14,78/79)

Der äußerlich magere Inhalt dieser zwei Zeilen ist beachtlich. Der 1719 in Ermsleben, einem Ort zwischen Aschersleben und Quedlinburg, geborene Dichter und literarisch-schöngeistige Multiplikator Gleim steckt unbewusst schon Terrain für die Zukunft militärischen Denkens ab. Ein Quentchen Militärdoktrin für schlechtere Zeiten schimmert auf: Die Missachtung der Zahl und die Überbetonung des Willens.

Eine weitere Frage wirft der Feldzug in Polen auf: Warum beauftragte Friedrich Wilhelm II. mit der Führung der Gesamtoperationen nur mäßig begabte Generale und Zauderer? Vermutlich: er kannte seine Generale nicht wirklich. Die freigiebige Verteilung des pour le merite »bei der Revue« an Generale mag dafür ein Anhalt sein. Äußerer Eindruck ging bisweilen Wissen um tatsächliche Fähigkeiten im Kriege vor. So blieb die Ernennung von geeigneten höheren Befehlshabern Glückssache.

## *Glanzloses Ende: Der Friede von Basel 1795. Die Demarkationslinie*

Im Westen räumten die Preußen die linksrheinischen Gebiete und bezogen Winterquartiere im Hessischen. Die abziehenden Truppen schieden ungern aus der Rheinpfalz. Fouque berichtet, dass die Kürassiere seines Regiments nach der Melodie des Schubartschen Kapliedes sangen:

*»An Pfalzens Gränze füllen wir*
*Mit Erde unsre Hand,*
*Und küssen sie. Das sei der Dank*
*Für Deine Pflege, Speis und Trank,*
*Verlassnes armes Land.«* (73,157)

Das lässt erahnen, dass es den Truppen im Kriegsgebiet nicht schlecht ging und man in den heimischen Garnisonen eher wieder mit jämmerlichen Quartieren und schmalerer Kost rechnete. Der König hatte jedenfalls mit dem französischen Abenteuer abgeschlossen. Zudem wollte Preußen »für die dritte polnische Teilung freie Hand bekommen.« (91,332)

Im Frieden von Basel im April 1795 schied Preußen aus der antifranzösischen Koalition aus. So endete eine Unternehmung sang- und klanglos, die den Staat auch finanziell schwer belastet hatte. Frankreich, so das Zugeständnis Preußens, durfte die links des Rheins belegen preußischen Besitzungen (»halb Cleve, Mörs, Obergeldern« -91,332-) behalten. Als geheime Vertragsabrede sicherte Frankreich Preußen Entschädigung für die abgetretenen Gebiete zu.

Weiterhin willigte Frankreich ein, die Neutralität Norddeutschlands anzuerkennen und zu wahren. Zu diesem Zweck sollte eine Demarkationslinie eingerichtet werden. Diese Linie wurde zum ganz erheblichen Teil von preußischen Truppen gesichert. Faktisch stellte Frankreich damit Nordeutschland unter preußische Oberaufsicht. 25.000 Mann (49,303) setzte Preußen zu diesem Zweck ein. Bis zu dem allgemeinen Frieden von Luneville 1801 verblieben preußische Truppen an der Ems und in Westfalen.

Der schon mehrfach in Bezug genommene Dichter Friedrich de la Motte-Fouque stand mit seinem Regiment, dem nunmehrigen Kürassierregiment von Byern (K 6), von 1796 bis Juni 1800 an der Demarkationslinie. Seiner Schilderung ist zu entnehmen, dass man sich jedenfalls häuslich eingerichtet hatte. Zwischen dem nahegelegenen Hof in Bückeburg und dem Offizierskorps des Regiments bestanden enge, freundschaftliche Beziehungen.

# ZWEITER TEIL

*Die Katastrophe von Jena und Auerstedt. Der Untergang der alten Armee (1806)*

## Das preußische Heer am Vorabend des Zusammenbruchs von 1806

In der Literatur wird bisweilen die preußische Niederlage von 1806 im Sinne einer »Gesetzmäßigkeit« diskutiert, so als sei die Entwicklung der Dinge von vornherein völlig klar gewesen. Dem ist aber keineswegs so.

Der unbefangene Leser wird vielmehr feststellen, dass von völligem Stillstand in der Entwicklung zwischen 1786 und 1806 gar keine Rede sein kann. Verwiesen sei nur auf das Aufblühen des militärischen Bildungswesens und die Schaffung eines tatsächlichen Generalstabes. Auch die Formierung leichter Infanterie gehört hierher.

Goltz unterstreicht sehr richtig, dass der Kampf in einem aufgelösten Schützengefecht den preußischen Truppen keineswegs unbekannt gewesen ist. (43,530) In den Kämpfen in der Rheinpfalz zeigten sich die preußischen Schützen, Füsiliere und Jäger durchaus den Franzosen gewachsen. Man sah einen Teil der Probleme und Mängel. Diese standen durchaus in der Diskussion. Nur zu tatsächlichen Entscheidungen kam es vor 1806 nicht mehr.

Es darf auch nicht übersehen werden, dass die verhängnisvolle Verkettung von drei verlorenen Feldschlachten und der massenhaften Kapitulation von Festungen einfach nicht vorhersehbar gewesen ist. Man möge auch nicht vergessen, dass Offiziere und Generale wie Scharnhost, Gneisenau und Blücher, die später Epochales leisteten, durchaus siegesgewiss ins Feld gezogen sind.

Wenn man sich den Mängeln des Heeres am Vorabend von Jena und Auerstedt zuwendet, so mag es solche erster und zweiter Güte geben. Zu den Mängeln letzterer Art zählt der Umstand der Überalterung. Richtig ist dabei, dass es in jedem Regiment auch etliche nach modernen Maßstäben sehr alte

Soldaten und Offiziere gab. Ein Beispiel von vielen dazu:

*ÄLTERE OFFIZIERE UND SOLDATEN IM KÜRASSIER-REGIMENT VON QUITZOW (K 6):*

*Der Kürassier Andreas Mathies von der Eskadron des Majors v. Wedel war 1761, also bereits im Siebenjährigen Kriege als 16-Jähriger beim Regiment eingetreten. Der Unteroffizier Heinrich Knappe, seit 1784 im Regiment,... hatte sich im Rheinfeldzuge die silberne Verdienstmedaille erworben ... Das Überaltern der Armee, besonders des Offizierkorps machte sich auch im Regiment Quitzow bemerkbar. General von Quitzow stand 1806 im 69., Oberst von Schubärt im 64, Oberst von Heiligenstedt im 62, Major v. Wedel im 57 und Major von Seelhorst im 53. Lebensjahre.* (125,Nr.9,V.)

Auch Boyen klagt über seinen Regimentschef, der praktisch dienstunfähig gewesen sei. Allerdings wird eben dieser Punkt nicht genügen, daraus etwas Grundsätzliches abzuleiten.

Blücher war 1806 auch schon 64 Jahre alt. Sicher ist ein 61-jähriger Soldat wie der Kürassier Mathies nach landläufiger Vorstellung eine Unmöglichkeit. Andererseits stelle man sich die unbezahlbare psychlogische Wirkung vor, wenn er vor den jungen Männern seiner Schwadron über den Siebenjährigen Krieg und Friedrich den Großen referiert hat. Also: Die Überalterung in der Armee mag eine unerfreuliche Erscheinung gewesen sein, eine kriegsentscheidende Bedeutung hat sie zumindest bei der Feldarmee nicht erlangt.

Etwas anderes mag vielleicht für die Kommandanten und Gouverneure der Festungen gelten, die häufig ihre Funktion als eine Art Gnadenbrot, also als Versorgungsleistung, ansahen. Dass die mangelnde Bereitschaft, Festungen auch wirklich zu verteidigen, hier etwas mit dem Alter und den Gebrechen dieser Offiziere zu tun haben könnte, ist nicht auszuschließen.

Aber auch hier muss man sich vor pauschalen Verallgemeinerungen hüten: Der General Courbiere, 1807 zum Feldmarschall ernannt, verteidigte die Festung Graudenz, obwohl er dem Jahrgang 1735 angehörte, also während der Belagerung auch schon deutlich über die 70 ging.

Dann gibt es da noch, wie vorerwähnt, aus der Zeit vor 1806 die Meldung des Regiments von Zweiffel (IR 45), wonach die Gewehrläufe durch dauerndes Putzen und Polieren so dünn geworden sein sollten, dass sie keinen scharfen Schuss mehr aushielten. (49,469) Das ist ein klarer Mangel zweiter Güte. Es ist jedenfalls kein Beispiel bekannt, dass wegen der Qualiät der Feuerwaffen preußische Truppen im Feldzug eine Niederlage erlitten hätten.

Zu den Mängeln erster Güte, solche also, die nachvollziehbare Erklärungen für das, was geschah, geben, zählt unbedingt die Unfähigkeit der Armeeführung. Das benennen Jany, Goltz u. a. klar. Der König war, wie der Leser bereits weiß, alles andere als ein Feldherr. Demzufolge führte der Herzog von Braunschweig die Armee. Unglücklicherweise fiel er durch schwere Verwundung alsbald aus. Ob oder wie er es anderfalls besser gemacht hätte, vermag man nicht zu sagen, da er bekanntermaßen auch zum Zaudern neigte. Kein anderer General fand sich, der die Leitung in die Hand nahm.

Wie recht hatte da der später so geschmähte Oberst von Massenbach gehabt, als er sich mit einer Denkschrift an den General Herzog von Weimar wandte:

*OBERST VON MASSENBACH IM JAHRE 1802:*

*Die Schule des Subalteroffiziers, des Kapitäns, des Bataillonsführers ist vortrefflich.* ***Aber die Schule der Generale?*** *Wo ist jetzt Gelegenheit, sich zum General, d. h. sich zum selbständigen Befehlshaber aller Waffen zu bilden?* (49,506)

Die Truppen haben auch 1806 mit Mut und Gottvertrauen gefochten. Die höhere Führung hingegen versagte völlig.

Noch ein weiterer Mangel von erheblicher Bedeutung ist zu vermelden. Von der unzureichenden, im Grunde praxisfernen Truppenausbildung war schon mehrfach gesprochen worden. Hierzu trat noch der Faktor, dass bei der Infanterie der Grundsatz waltete, dass der Einbruch in die gegnerische Aufstellung erst erfolgen solle, wenn durch das Gewehrfeuer der Feind erschüttert und zum Weichen gebracht wäre. (43,529/30) Dort liegt die Ursache für die stundenlang stehenden Gefechte vor Hassenhausen und vor Vierzehnheiligen. Bei einem zeitgemäßen, einem modernen taktischen Ansatz, hätten die Dörfer sofort erstürmt werden müssen, wie es dann in den Befreiungskriegen die Regel wurde.

Ebenso ließ man die leichte Infanterie selbständig, aber im Sinne eines Linienregiments agieren. Bei sinnvollem Einsatz hätte gerade die leichte Infanterie die Linientruppen vor den feindlichen Tirailleuren durch Feuerkampf in aufgelöster Ordnung schützen müssen. (43,404) In dieser Beziehung war man in den Revolutionskriegen schon einmal weiter gewesen. Auch das ist ein vorwerfbarer Fehler, den aber eine befähigte Truppenführung erkannt und vermieden hätte. Weiterhin erwies sich der Ansatz, die Truppen in Divisionen zu formieren als Problem, wenn man nicht gleichzeitig dafür sorgte, dass tatsächlich gemischte Verbände einheitlich geführt wurden.

Obwohl der Begriff »Division« nach einem modernen Großverband klingt, scheint sich dahinter nur der Umstand zu verbergen, dass jeweils mehreren Infanterieregimentern etwas Kavallerie und Artillerie, wohl im Wesentlichen zur Selbstverteidigung, beigegeben wurde. Ein einheitliches Führungskonzept für solche gemischten Truppen und Erfahrungen im Umgang mit diesen gab es nicht. Dieser Ansatz brachte es nämlich auch noch mit sich, dass man im erheblichen Umfang Kavallerieregimenter, sogar schwadronsweise, zerteilte, und der Infanterie beigab. Eine weitere Unsitte der preußischen Strategen vor 1806 lag in einer, womöglich noch als klug und vorsorglich empfundenen, Zersplitterung und Verzettelung der Streitkräfte, um möglichst große Räume zu decken. Allein schon diese Idee war natürlich bei einer agilen, quicklebendigen, beweglichen Armee, wie der französischen in Napoleons besten Zeiten, abwegig und nicht zu realisieren.

Der Kaiser der Franzosen hatte ein einfaches Konzept: Das, was gemeinhin der Grundsatz »getrennt marschieren, vereint schlagen«, besagt, ist doch folgendes: 1. führe deine Truppen in der Fläche heran (= damit sie sich, um sich nicht selbst im Wege zu stehen, möglichst auf vielen Straßen und Wegen annähern und durch Requirierung leichter zu verpflegen sind) und 2. sorge dafür, dass sie nur so weit voneinander entfernt sind, dass sie am Tag der Entscheidung binnen Stunden vereint werden können. Danach gehandelt zu haben, ist das ganze Geheimnis des französischen Sieges von 1806.

Schlussendlich: mit Napoleon Bonaparte auf der gegnerischen Seite führte ein begnadeter Feldherr eine Armee, die kriegserfahren wie keine zweite gewesen ist. Deren Generale und Korpsführer waren junge, dynamische Militärs, die durch die Schule der dauernden Kriege seit 1792 gegangen waren. Ferner: die französische Armee steckte voller Kraft, Selbstvertrauen und – Erfahrung. Ein Jahr zuvor hatte sie die Russen und Österreicher bei Austerlitz vernichtend geschlagen. Der letzte Feldzug der Preußen lag dagegen zwölf Jahre zurück.

Allerdings: die preußische Generalität und das Offizierskorps blickten mit Verachtung auf die Franzosen. An Siegesgewissheit mangelte es den Preußen wahrlich nicht.

Es darf nicht verschwiegen werden, dass als Ausfluss dieses herausfordernden Übermuts hier und dort Provokationen, aufreizende Auftritte von Militärs stattgefunden haben, die nur als Kampfansage verstanden werden konnten. Während der König 1805 noch mit sich um die Entscheidung über einen Bruch mit Frankreich rang, drängten Teile der Armee zum Krieg.

*DER SPÄTERE FRANZÖSISCHE GENERAL MARBOT ÜBER DIE STIMMUNG IN PREUSSEN IM JAHRE 1805:*

*Vor meiner Abreise … konnte ich mich selbst überzeugen, wie der Haß gegen Napoleon die sonst ruhige preußische Bevölkerung in einen wahren Taumel der Aufregung versetzte.*
*Die Offiziere von meiner Bekanntschaft wagten nicht mehr das Wort an mich zu richten oder mich zu grüßen; mehrfach wurden Franzosen vom Pöbel thätlich angegriffen; und schließlich trieben die Offiziere der Garde-Gendarmen* (= d. i. das Kürassierregiment Gensdarmes – K 10) *die Prahlerei so weit, daß sie ihre Säbel an den Steinstufen des französischen Gesandtschaftsgebäudes wetzten …* (67,243/44)

Nie ist ein Heer mit mehr Selbstüberhebung und Verkennung der eigenen Schwächen in den Krieg gezogen, als das preußische von 1806. Dieser Hochmut ist schwer gestraft worden. Kritische Geister hatten es offenkundig schwer.

*VARNHAGEN VON ENSE IN HALLE; HERBST 1806:*

*Preußische Truppen, welche sich allmählich gegen Süden und Westen zogen, waren in und bei Halle zu sehen, und erhöhten das Vertrauen und die Lust zum Kriege. Einige Hitzköpfe gerieten völlig in Wut, wenn man einen friedlichen Vergleich noch für möglich halten, oder die Überlegenheit der preußischen Kriegsmacht über die französische nicht unbedingt annehmen wollte. Ich erinnere mich, dass ich mit dem Geheimen Rat Schmalz über den Markt ging, und ein Offizier ihn mit Neuigkeiten ansprach, dass der Krieg entschieden sei und nichts den tollen Bonaparte mehr vom Untergang retten könne. Als ich von französischen Generalen sprechen wollte, fiel er heftig ein: »Generale? Wo sollen die herkommen? Wir Preußen haben Generale, die den Krieg verstehen, die von Jugend auf gedient haben, jene Schuster und Schneider, die erst durch die Revolution etwas geworden, können vor solchen Männern nur gleich davonlaufen. Ich bitte Sie um Gotteswillen, sprechen Sie mir nicht von französischen Generalen!«* (119,190/91)

Geradzu legendär ist ein Wort des Generals von Rüchel geworden:

*RÜCHEL ÜBER DIE PREUSSISCHE GENERALITÄT:*

*Meine Herren, Generale, wie der Herr von Bonaparte einer ist, hat die Armee Sr. Majestät mehrere aufzuweisen.* (53,112)

# Der Feldzug von 1806

## *Der politische Weg in den Abgrund*

### Casus Belli: Hannover und der Rheinbund

Über die preußische Politik bis zum Jahre 1806 war bereits im Eingangskapitel berichtet worden. Zur Rekapitulation: Wegen der Androhung Russlands, sich den Durchmarsch durch Preußen mit Gewalt zu erzwingen, machte Preußen am 19. September 1805 seine ge-

*Königin Luise im Feldzug 1806.*

*Königin Luise bei dem Regiment Königin-Dragoner am 18. September 1806.*

samte Armee mobil. (49,511) Mit Russland einigte man sich schnell, nachdem die Neutralität Preußens durch französische Truppen verletzt worden war. Ehe die preußische Politik aber zu bündigen Beschlüssen kam, waren die Russen und Österreicher schon von Napoleon geschlagen. So verlief die Wirkung des ganzen preußischen Aufmarschs im Sande.

1806 stand das Königreich Preußen politisch isoliert da. Das besiegte Kaiserhaus Habsburg hatte nach der Niederlage mit Napoleon Frieden geschlossen. Nur Russland, ebenfalls geschwächt durch den verloren gegangenen Feldzug 1805, England und das militärisch bedeutungslose Schweden befanden sich noch im Kriegszustand mit Napoleon.

Großbritannien war über den Hohenzollernstaat erbost, weil sich dieser aus der Hand der Franzosen Hannover übereignen ließ. Dem Zarenstaat traute Preußen, obwohl es dessen Beistand erhoffte, auch nicht ganz über den Weg, da es ein Interesse Russlands an Ostpreußen argwöhnte. Derweil erweiterte sich der Machtbereich Napoleons gerade 1806 rasant.

Der Kaiser versorgte seine Familie mit Königsthronen, im Juli 1806 richtete Frankreich den Rheinbund auf. Der Bund bestand aus Staaten, die Napoleon hörig waren. Der »Protektor« des Rheinbundes hieß: Napoleon. Durch diese Entwicklung unterwarf Frankreich Süddeutschland vollständig und Teile Westdeutschlands seiner Botmäßigkeit. Kaiser Franz II. legte daraufhin im August die Kaiserkrone des Heiligen Römischen Reichs Deutscher Nation nieder, das damit aufhörte zu bestehen. Vorsorglich hatte er bereits zwei Jahre zuvor den Titel eines Kaisers von Österreich angenommen.

Das ganze französische Heer weilte 1806 in Süddeutschland, zum einen der Versorgung aus fremden Landen wegen, zum andern auch, um den Druck auf Preußen zu erhöhen, sich dem System der politischen Neuordnung Europas anzuschließen. Treffen wollte Frankreich damit letztlich Russland und England.

Nachdem Frankreich dann im Interesse eines Friedenssschlusses mit England, diesem das »soeben (Preußen – d.V.) aufgedrängte Land Hannover« (91,343) nun wieder den Briten anbot, sich Preußen ohnehin durch die Existenz des Rheinbundes schwer düpiert sah, entschloss es sich Anfang August 1806 zur Anordnung einer umfassenden Mobilmachung.

Im September wurde das Gros der preußischen Truppen in Thüringen zusammengezogen. Außer dem Kurfürstentum Sachsen und wenigen Kleinstaaten verfügte Preußen über keine Verbündeten – russische Truppen standen fernab und fielen für einen Entscheidungskampf in Mitteldeutschland aus. Preußen forderte Frankreich nun in der Form eines Ultimatums auf, seine Armee aus Süddeutschland zurückzuziehen. Napoleon dachte nicht im Traum daran, dieser Aufforderung Folge zu leisten. Unerquicklicher diplomatischer Notenwechsel, einmal schmeichelnd, dann wieder drohend, lief mit dem Aufmarsch der Kontrahenten parallel. Pläne, nach Franken vorzustoßen, gab die preußische Armeeführung bald auf. Die verbündete preußisch-sächsische Armee wollte nun den Feind auf der Nordseite des Thüringer Waldes »erwarten«. Derweil rückten die Franzosen aus Franken nach Thüringen vor.

## Preußischer Aufmarsch

Dann überschlugen sich die Ereignisse: Am 9. Oktober 1806, nach Ablauf des Ultimatums, erklärte Preußen den Krieg an Frankreich. Erste Kämpfe verliefen für die Preußen durchaus unglücklich. Im preußischen Hauptquartier herrschte bald Gewissheit, dass

*Preußische Truppen 1806.*

Napoleon seinen Vormarsch auf dem rechten Ufer der Saale nehmen werde. (49,553)

Am 12. Oktober stand Napoleon schon in Gera. Unter Bezug auf den Austausch diplomatischer Depeschen musste sich Friedrich Wilhelm III. noch von Napoleon verhöhnen lassen.

*NAPOLEON AN DEN PREUSSISCHEN KÖNIG AM 12. OKTOBER 1806:*

*Kurz darauf erhielt ich die Note Ihres Ministers vom 1. Oktober, die mich am 8. zu einem Rendezvous aufforderte. Als guter Kavalier habe ich Wort gehalten und befinde mich nun im Herzen Sachsens. Glauben Sie mir, ich habe so mächtige Streitkräfte, dass alle die Ihrigen den Sieg nicht schwankend machen können!* (123,9/10,260)

Die Preußen formierten mit dem Aufmarsch im September 1806 zunächst die sogenannte Hauptarmee unter dem nominellen Befehl des Königs. Tatsächlich führte die Hauptarmee der Herzog von Braunschweig. Dieses Heer war ca. 65.000 Mann stark. (49,548) Des Weiteren schuf man ein »Preußisch-Sächsisches Korps« unter dem General Fürsten Hohenlohe-Ingelfingen. Dessen Stärke belief sich auf mehr als 26.000 Preußen und 18.000 Sachsen. (49,548) Ein weiteres preußisches Korps stand unter dem »Generalkommando des Kurfürsten von Hessen« (49,548) in Westfalen und Hessen (Stärke: knapp 35.000 Mann). (49,548) Schließlich wurde aus den westpreußischen Regimentern ein »westpreußisches Reserverkorps« (49,548) unter dem Befehl des Herzogs Eugen von Württemberg gebildet. Die unter dem Begriff »Reservearmee« in dic Geschichte dieser Tage eingegangene Formation war etwa 18.000 Mann stark.

Als Absonderung von der Hauptarmee bildete man ein Korps unter dem Herzog von Weimar, dessen Aufgabe darin bestehen sollte, »die feindlichen Verbindungen zu stören.« (49,554)

Eine »Entsendung« (49,554) von Truppen in Richtung Fulda bedeutete eine weitere Schwächung, weil diese Truppen wegen zweitrangiger Zielstellungen am Entscheidungstage nicht zur Verfügung standen.

## *Der Zusammenstoß der beiden Armeen*

### Französischer Vormarsch aus Franken. Erste Kämpfe.

Die Franzosen drangen in raschen Märschen aus Süddeutschland nach Thüringen vor. In drei Säulen in Richtung Coburg-Saalfeld, Kronach – Lobenstein-Schleiz und Bayreuth – Hof bewegte sich die

Armee nach Mitteldeutschland. Ihre Korps führten die Marschälle Bernadotte, Davout, Soult, Lannes, Augerau und Ney. Kommandierender der Kavallerie-Reserve war Murat. Die Stärke der Franzosen im Feldzug 1806 wird mit insgesamt 207.000 Mann angegeben. (47,57 ff.)

Am 9. Oktober traf die Vorhut des französischen Korps Bernadotte bei Schleiz auf den zum Korps Hohenlohe gehörigen General Tauentzien. Dessen gemischtes, aus Preußen und Sachsen bestehendes Kontingent war relativ schwach, sodass ohnehin nur der Rückzug auf Triptis in Betracht kam. Allerdings verbiss sich die Nachhut Tauentziens in den Kampf. Der Husarengeneral v. Bila »hielt sich aber zulange bei Schleiz auf und erlitt bei vortrefflicher Haltung der Truppen einen Verlust von 12 Offizieren und 554 Mann« (49,554)

Nach dieser Ouvertüre, die für sich genommen, noch gar nichts bedeuten musste, kam es noch schlimmer. Die etwa 9.000 Mann starke Vorhut des Korps Hohenlohe stand infolge von Missverständnissen in der Befehlsführung – Hohenlohe durfte aufgrund von Weisungen des Herzogs von Braunschweig nicht der Bewegung der Avantgarde folgen – plötzlich am anderen Saaleufer isoliert da. Ihr Führer, der preußische Prinz Louis Ferdinand, sah sich am 10. Oktober bei Saalfeld der vorderen

*Der Kaiser der Franzosen, Napoleon Bonapart.*

Divison Suchet des französischen Korps Lannes gegenüber.

Der Prinz organisierte zunächst noch geordneten Widerstand. Nach einer gescheiterten Attacke, die Louis Ferdinand in Person angeführt hatte, stoben die sächsischen Husaren zurück, den Prinzen mit sich reißend. Bei dem Ort Wöhlsdorf, auf halbem Wege zwischen Saalfeld und Schwarza, stürzte sich verfolgende Reiterei auf den Prinzen. Der Generalshut und der Ordensstern auf seiner Brust ließen ihn als lohnende Beute dastehen. Der Quartiermeister Guindey des französischen 10. Husarenregiments geriet an den Prinzen. Bei dem Kampf mit den blanken Waffen versetzte Guindey, der zuvor durch einen Hieb des Prinzen verwundet worden war, schließlich Louis Ferdinand einen todbringenden Stich in die Brust. Die Truppen Louis Ferdinands gingen zurück. Weil die Saale sehr niedriges Wasser führte, entkamen die preußischen und sächsischen Soldaten, indem sie den Fluss durchwateten. Dies gelang auch einem Hauptmann im Füsilierbataillon Rabenau (F 13). Er hieß Neithardt von Gneisenau. Bei Saalfeld verloren Preußen und Sachsen 1.700 Soldaten. Schwerer aber wog der Tod des Hohenzollernprinzen,

*Der Tod des Prinzen Louis Ferdinand bei Saalfeld am 10. Oktober 1806.*

der allgemein als böses Omen gedeutet wurde. Louis Ferdinand soll in seinem letzten Nachtquartier auf der Heidecksburg in Rudolstadt jene ominöse »weiße Frau« erschienen sein, die der Sage nach den nahen Todeseintritt von Gliedern des Hauses Hohenzollern ankündigt. So zog er, voll von dunklen Ahnungen, in den Kampf.

*DER TOD DES PRINZEN LOUIS FERDINAND NACH EINER FRANZÖSISCHEN DARSTELLUNG:*

*Am 10. Oktober hatte das III. Armeekorps – Marschall Lannes – beim Saaleübergang vor der kleinen Stadt Saalfeld das erste Zusammentreffen mit einem preußischen Infanteriekorps unter dem Prinzen Ludwig, Neffen* (richtig ist: Großneffe – d.V.) *des Königs von Preußen. Diese Infanterie hielt nicht stand vor unseren Truppen und zog sich in Unordnung nach einer Saalefurt zurück, der Prinz bemühte sich nebst einigen Husaren seiner Begleitung, die Flüchtigen zu ordnen, als ein Sergeant der 10. französischen Husaren namens Guindey, den Degen in der Faust, auf ihn lossprengte mit den Worten: »Ergeben Sie sich, Herr General oder Sie sind ein Kind des Todes.« Der General – es war der Prinz – antwortete: »Mich ergeben? Niemals!« Und er brachte Guindey, indem er dessen Waffe in die Höhe strich, einen Säbelhieb bei, der das Gesicht streifte, er wollte ihm einen zweiten versetzen, als der Sergeant nachstieß, die Brust des Prinzen durchbohrte und ihn vom Pferde warf.* (123,9/10,274)

Mit Louis Ferdinand starb gleich zu Beginn des Feldzuges »ein Haupt der Kriegspartei« am Hofe, einer der schärfsten Befürworter des Krieges mit Frankreich. Seine relative Jugendlichkeit, sein ruhmvolles Ende, überhaupt seine schillernde Persönlichkeit und das ihm zuteil werdende Schicksal machten ihn zur Legende.

Guindey, sein französischer Überwinder, fiel am 30. Oktober 1813 in der Schlacht bei Hanau. (123,9/10,275) Auch in neuerer Literatur findet sich ein von Guindet, der später noch unter die Subalternoffiziere aufstieg, eigenhändig verfasster Bericht über das Ereignis. (47,257ff.)

## Die strategische Konstellation vor den Schlachten von Jena und Auerstedt. Eine Schlacht? Zwei Schlachten? Eine Doppelschlacht?

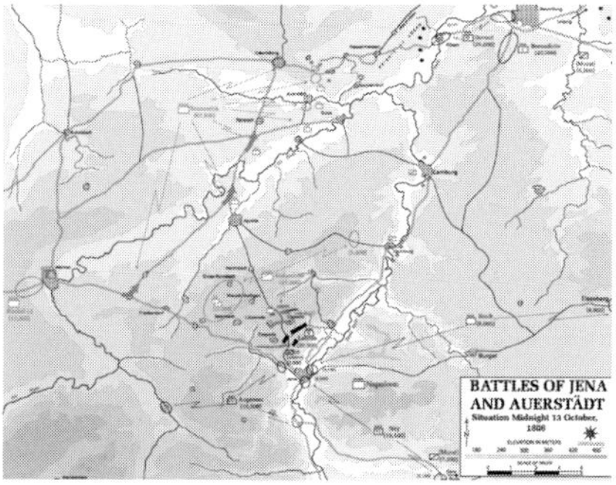


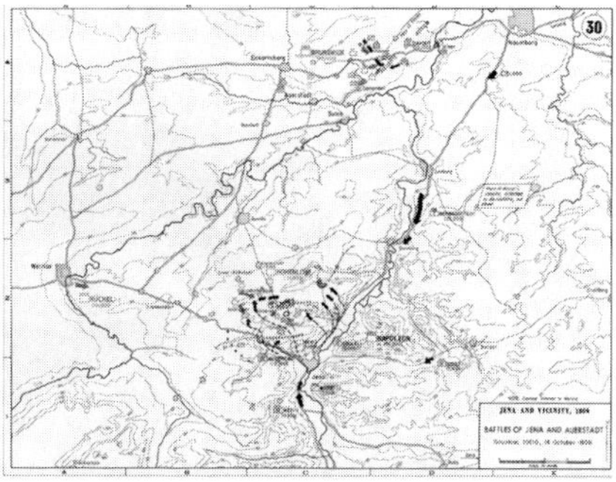


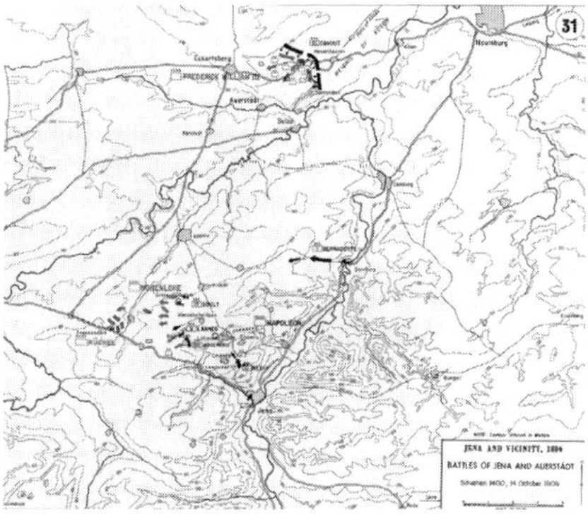


*Die Karten zeigen die Aufstellung der preußischen und napoleonischen Truppen sowie die Gefechtsentwicklung während der Doppelschlacht von Jena und Auerstedt am 14. Oktober 1806.*

Fest steht, dass es eine vergleichbare Situation in der Kriegsgeschichte der neueren Zeit wohl nicht noch einmal gegeben hat. Wenn man sich die operative Lage und die Entwicklung der Dinge ansieht, wird man zu dem Schluss gelangen müssen, dass es tatsächlich zwei Schlachten, die eher zufällig zur gleichen Zeit in einer gewissen räumlichen Nähe stattgefunden haben, gewesen sind. Sowohl die Annahme einer einheitlichen »Gesamtschlacht«, als auch die Bewertung des Geschehens als »Doppelschlacht« würden einen geplanten Willen der maßgeblichen Feldherren voraussetzen, eine solche schlagen zu wollen. Genau das war aber nicht der Fall.

Die preußische Armee befand sich seit dem 10. Oktober praktisch im Zurückgehen. Durch ein längerwährendes Gefecht bei Winzerla am 12./13. Oktober wurde das preußisch-sächsische Korps unter Hohenlohe »auf Jena zurückgedrängt.« (47,20/21) Am 13. Oktober räumte man Jena und nahm eine Stellung linksseitig der Saale auf dem Hochplateau nördlich über der Stadt zwischen Closewitz und Lützeroda ein. Fürst Hohenlohe bezog sein letztes Hauptquartier vor der Schlacht auf der Wasserburg Capellendorf.

Die Hauptarmee lagerte am 13. Oktober, von Weimar kommend, im Bereich Auerstedt. Deren Hauptquartier wurde im dortigen Gutshaus eingerichtet. Die zur Hauptarmee gehörigen Truppen des Generals Rüchel waren noch bei Weimar zurück. Die Stadt Jena und das Dorf Auerstedt liegen etwa 20 km von einander entfernt. Bei Jena stand, ohne dass eine Trennung dieser Heeresteile explizit beabsichtigt gewesen ist, Hohenlohe mit seinem Korps, vier bis fünf Marschstunden in nördlicher Richtung davon entfernt, die Masse der Hauptarmee.

Es war operativ eine Lage entstanden, in dem das Korps Hohenlohe wie eine Vorhut wirkte, hinter der dann in gehöriger Entfernung das Gros der Truppen, die Hauptarmee aufmarschiert war. Dieses Bild muss der Betrachter vor Augen haben, wenn man den Vorgang zutreffend würdigen will.

Napoleon hatte von den Positionen, die die preußisch-sächsische Armee bezogen hatte, allenfalls eine ungefähre Ahnung. Am Nachmittag des 13. Oktober war er in Jena eingetroffen. Dort hielt er sich indes nicht auf, sondern sorgte mit der ihm eigenen Energie dafür, dass Truppen und Artillerie auf das Hochplateau geschafft wurden. Der Kaiser übernachtete im Biwak auf dem Landgrafenberg und stand am Morgen dem Korps Hohenlohe schlachtbereit gegenüber. Am frühen Morgen, zunächst noch im dichten Nebel, begannen die Kämpfe oberhalb Jenas.

Aber: Napoleon hatte keine Kenntnis davon, dass er hier nur einem von der Hauptarmee praktisch abgesonderten Korps gegenüberstand. Er nahm an, das Gros der Preußen vor sich zu haben. Als Stratege von weltgeschichtlichem Format hatte er bereits weitergedacht. Wenn er der preußischen Armee vollends den Garaus machen wolle, so könne das dadurch geschehen, dass im entscheidenden Moment ein von ihm abgesendetes Korps im Rücken der preußischen Aufstellung erscheinen müsse. Der

Plan mutmaßlich also: Napoleon greift die preußischen Truppen – seiner Ansicht nach die Hauptarmee – frontal an.

Wenn er nicht bereits selbst die Entscheidung erzwingen kann, wird spätestens das Erscheinen eines französischen Korps im Rücken der preußischen Aufstellung seinen Sieg garantieren. Zu diesem Zweck schickte Napoleon das Korps des Marschalls Davout rechts der Saale flussaufwärts mit dem Auftrag, den Saaleübergang bei Kösen zu besetzen, so notwendig zu erobern, auf das dortige Hochplateau vorzudringen, um dann mit einem Marsch in den Rücken des Feindes den erwarteten Sieg des Kaisers zu erzwingen oder die schon eingetreten Niederlage der Preußen zum Inferno zu steigern. So geschah es. Was Davout nicht wusste: wegen der großräumigen Rückwärtsbewegung der Preußen brach die Hauptarmee am 14. früh von Auerstedt auf und verlegte weiter nach Norden, in Richtung Kösen.

Ebenfalls im knüppeldicken Morgennebel stießen dann bei Hassenhausen erste Truppen des Korps Davout auf preußische Truppen der Hauptarmee. Marschall Davout hatte keinen blassen Schimmer davon, dass ihm bei Hassenhausen nahezu die gesamte preußische Hauptarmee gegenüberstand. Er hielt diese Einheiten für die Nachhut der preußischen Hauptarmee, die ja nach seiner Vorstellung bei Jena Napoleon die Stirn bieten sollte. So entwickelte sich gewissermaßen aus einem »Begegnungsgefecht« die Schlacht von Auerstedt.

Auf seiten der preußischen Führung herrschte die gleiche Unwissenheit wie bei den Franzosen. Dass Hohelohe Napoleon in Person gegenüberstand – wenngleich dessen Nimbus noch nicht zum unbedingten Angstfaktor geworden war – dürfte ihm nicht bewusst gewesen sein. Als für die preußische Seite höchst tragisch hat sich der Umstand erwiesen, dass man bei der Hauptarmee auch zunächst annahm, auf die gesamte französische Armee unter Napoleon getroffen zu sein. Hätte man nur die Schwäche des Korps Davout geahnt, der Tag bei Hassenhausen wäre wahrlich anders ausgegangen.

In der Zusammenfassung: Napoleon denkt bei Jena, er stehe der preußischen Hauptarmee gegenüber. In Wirklichkeit kämpft er nur gegen das Korps Hohenlohe. Hohenlohe seinerseits glaubt, er würde es nur mit einer schwachen feindlichen Vorhut zu tun haben. Er ahnt nicht, dass ihm der Kaiser mit dreifach überlegener Macht auf den Pelz rückt. Davout meint zunächst, er würde nur auf Nachhuten und rückwärtige Sicherungstruppen der Preußen treffen. Tatsächlich lässt er sich, unwissend über diesen Umstand, auf ein Ringen mit fast der gesamten preußischen Armee ein.

Der 14. Oktober 1806: ein Tag der Irrtümer und Missverständnisse und ein Tag von zwei Schlachten, die Preußen und seiner Armee teuer zu stehen kommen sollten.

## Die Schlacht von Jena am 14. Oktober 1806

Hohenlohes Nachhut hatte am 13. ihre Stellungen auf dem Landgrafenberge wegen der nachrückenden Franzosen räumen müssen. Napoleon konnte seine Truppen konzentriert auf der Hochebene ansetzen. Hohenlohes Truppen hingegen waren über weitläufige Quartiere verteilt und die Entwicklung einer Schlachtaufstellung war demgemäß schwierig. Die Schlacht begann früh sechs Uhr mit einem dreistündigen Schützengefecht um Closewitz und Lützeroda. Es herrschte dichter Nebel. Als sich dieser lichtete und der französische Marschall Lannes erkannte, mit welch zahlenmäßig schwachem Gegner er es zu tun hatte, griff er ernergisch an.

Die Truppen unter dem preußischen General Tauentzien wurden, »nachdem die Hälfte seiner Mannschaft todt oder verwundet, und alle Munition verschossen war,«(92,V,62) nach Vierzehnheiligen und Kleinromstedt zurückgeführt. Poten vermerkt zu dieser Ouvertüre: »Einige Bataillone freilich waren in ungeordneten Trupps geflohen.« (92,V,62) Ohne Befehle Hohenlohes abzuwarten, ließ der General von Grawert infolge des Gefechtslärms seine Division das Biwak abbrechen und nach Vierzehnheiligen abmarschieren.

Im Hin- und Her der Befehle – Hohenlohe wurde inzwischen bewusst, dass es sich um eine ernste Affaire handelte – hatten die Franzosen mittlerweile Vierzehnheiligen und Krippendorf schon besetzt. Hohenlohe schickte dringend nach dem General Rüchel, der am Webicht bei Weimar stand. Dann ließ er die Divison Grawert vor Vierzehnheiligen aufmarschieren und dort ein intensives Feuergefecht beginnen. Nach Poten wollte er in dieser Stellung den

Anmarsch von Rüchels Truppen erwarten. (92,V,62)

Gegen 12.30 Uhr sah Hohenlohe den Ausgang wegen einiger erfolgreicher Attacken der Kavallerie noch ungemein optimistisch. Über die wahre Stärke des Feindes scheint er sich zu dieser Zeit aber immer noch getäuscht zu haben. Und: »Das Gefecht bei Vierzehnheiligen wurde stehend, wobei die Preussen durch Geschütz- und Kleingewehrfeuer grosse Verluste erlitten.« (92,V,62) Die wachsende Zahl der Feinde, die auf dem Kampfplatz erschienen und die Preußen und Sachsen aus allen Positionen verdrängten, veranlasste Hohenlohe, am frühen Nachmittag den Befehl zum Rückzug zu erteilen. »Die Franzosen folgten und ihre Massen umfassten bald beide Flügel; ihre Kavallerie nutzte jede Unordnung zum Einhauen ...« (92,V,63)

Zwar erschien gegen 14.00 Uhr noch General von Rüchel mit 12.000 Preußen (109,95) auf dem Schlachtfeld, allerdings viel zu spät, um noch irgendetwas wenden zu können. Rüchel selbst wurde alsbald schwer verwundet. Da nun auch für Rüchels Korps der Rückzug nicht mehr zu vermeiden war, lockerten sich die Bande der Disziplin. Verwirrung und Chaos fingen an, um sich zu greifen. »In der Nacht vom 14./15. löste sich die Hohenlohesche Armee fast gänzlich auf.« (92,V,63) Erst in der Folge gelang es, nach und nach wieder »einzelne geschlossene Truppenkörper herzustellen.« (92,V,63)

*Marshall Murat bei Jena.*

Bei Jena hatten 36–37.000 Preußen und Sachsen gegen rund 100.000 Franzosen gefochten. Für den Hauptkampf um Vierzehnheiligen gibt Schuster ein Verhältnis von 19.000 Preußen und Sachsen zu 22.000 Franzosen an. (109,186) Wie unschwer zu erkennen, war es die außerordentliche zahlenmäßige Überlegenheit der napoleonischen Truppen, die die Ausführung einer weitgreifenden Umfassung des Gegners möglich machte und die Preußen und Sachsen damit zum Rückzug nötigte.

Napoleon hatte den Marschall Davout angewiesen, die Saale rechtsseitig flussabwärts in Richtung Naumburg zu rücken, den Saaleübergang bei Kösen zu nehmen, um über das Hochplateau in Rücken und Flanke der preußischen Aufstellung zu gelangen. Der Marschall hatte, wie schon ausgeführt, keine Kenntnis, dass er direkt auf die preußische Hauptarmee zumarschierte.
Wäre das der Fall gewesen, hätte sich Davout sicher in respektvoller Entfernung gehalten. Nach Jany betrug die Gefechtsstärke der preußischen Hauptarmee am 14. Oktober mindestens 48.000 Mann, »was eher zu niedrig als zu hoch ist.« (49,576) Das französische Korps war keineswegs stärker als 25.000 Mann. (123,9/10,291;49,577) Nur Poten geht von fast 30.000 Franzosen im Korps Davout aus. (92,I,288)

Die Schlacht von Auerstedt entwickelte sich aus einem Begegungsgefecht. Die Divisionen der preußischen Hauptarmee waren am Morgen aus dem Raum Auerstedt aufgebrochen und strebten dem Saaleübergang Kösen zu.

Die Franzosen fanden zu ihrer Verwunderung den Übergang über den Fluss unbesetzt. So rückten sie ungehindert auf das Hochplateau und marschierten in Richtung Jena. Im dichten Nebel stießen die Preußen und Franzosen bei Hassenhausen aufeinander. Die ersten Gefechte, die infolge der Konfusion wegen der beschränkten Sicht schon unglücklich verliefen, hatte hier die Vorhut der Hauptarmee unter dem General von Blücher durchzukämpfen. Unwissenheit, mit welchen gegnerischen Truppen man es überhaupt zu tun hatte, bestand beidseitig.

Das Korps Davout setzte sich aus den Divisonen Gudin, Friant und Morand zusammen. Die Division Gudin besetzte als Erste den Ort Hassenhausen, auf halbem Weg zwischen Auerstedt und Kösen, ebenso wie die angrenzenden Hohlwege. Als sich der zähe Morgennebel hob, konnte die preußische Armeeführung nicht mehr verhehlen, dass es sich hier nicht lediglich um eine Plänkelei handelte, sondern eine ernste Auseinandersetzung zu erwarten war. Der tatsächliche Oberbefehlshaber, der Herzog von Braunschweig, erkannte »mit dem Blick des alten Soldaten« (49,578), dass die Eroberung des Dorfes Hassenhausen entscheidend war. Wer Hassenhausen einnahm bzw. hielt, würde die Schlacht gewinnen.

Der 82-jährige Feldmarschall von Möllendorf, ohne Funktion in der Begleitung des Königs, spornte die aufmarschierenden preußischen Bataillone – wie weiland 1757 der Marschall Schwerin bei Prag – mit dem Ruf zur Eile an: »Frische Fische, gute Fische!« (49,578) Aber alles Mühen reichte nicht. Die Franzosen entfalteten sich so zum Angriff, wie sie auf dem Gefechtsfeld von dem Saaleübergang Kösen herkommend nach und nach eintrafen. »Um das Dorf Hassenhausen entspann sich ein heftiger Feuerkampf, ähnlich, wie um dieselbe Zeit bei Vierzehnheiligen.« (49,578)

Als der preußische Oberbefehlshaber, der Herzog Karl von Braunschweig-Lüneburg am Beginn der eigentlichen Schlacht so schwer verwundet wurde, dass er alsbald daran verstarb, er tödlich getroffen niedersank, »... hörte jeder geordnete Oberbefehl auf.

Der König übernahm ihn nicht selbst, wenn er auch Einzelanordnungen traf, übertrug ihn aber auch keinem anderen General ..., und jeder Zusammenhang ging verloren, obwohl noch nicht die Hälfte der Armee in den Kampf verwickelt war.« (49,579)

Es scheint zu diesem Zeitpunkt bei beherztem Zupacken auch noch nichts verloren gewesen zu sein. Davout soll schon unter dem Druck der Preußen Aufgabe und Räumung Hassenhausens erwogen haben, als gerade eben die frische Division Morand eintraf. Gegen Mittag wankte der rechte preußische Flügel und trat den Rückzug an. Das stehende Feuergefecht um Hassenhausen ließ den Verlust der Preußen in die Höhe schnellen. Auf preußischer Seite ankommende Truppen wurden mangels eines einheitlichen Oberbefehls verzettelt und planlos angesetzt und bewirkten nichts mehr.

Am Nachmittag »zogen die Trümmer der drei Divisonen, die sich vor Hassenhausen verblutet hatten«, (49,581) ab. Das waren die Divisonen Prinz von Oranien, Graf von Wartensleben und Graf von Schmettau gewesen. Zunächst hatte Schmettau allein gegen Gudin gestanden. Gegen neun Uhr morgens waren auf französischer Seite Morand und auf preußischer Seite Wartensleben eingetroffen. Zuletzt griff Oranien an, konnte aber dem Kampf keine andere Wendung mehr geben. Das erkannte Vorhaben der zuletzt eingetroffenen französischen Division Friant, den linken Flügel der Preußen umgehen zu wollen, war für den König Anlass, die Schlacht abzubrechen.

Die Reserven (Divisionen Graf Kunheim und von Arnim) wurden gar nicht mehr eingesetzt. Der Rückzug, der immer noch als halbwegs geordnet beschrieben wird, ging auf Eckartsberga. Dessen Ziel bestand darin, sich mit dem Korps Hohenlohe zu vereinigen, von dessen Niederlage bei Jena niemand auch nur eine Ahnung hatte.

Auf dem Rückzug trafen die geschlagenen Preußen von Jena auf jene von Auerstedt. Es gehört wahrlich keine Phantasie dazu, sich auszumalen, welche bösen Folgen die zeitgleich erlittenen Niederlagen, bei sich kreuzenden Wegen in dunkler Nacht und chaotischen Befehlsverhältnissen haben mussten.

Der Verlust der Schlachten wuchs sich erst jetzt zur wahrhaften Katastrophe aus. Die preußische Feldarmee löste sich praktisch vorübergehend auf. Erst nach und nach sammelten sich die versprengten Truppen und konnten wieder in festen Verbänden formiert werden.

Die Verluste der Franzosen für Auerstedt werden mit 270 Offizieren und 7.000 Mann angegeben. (92,I,288) Die preußische Armee verlor 320 Offiziere. Die Einbuße bei der Mannschaft ist offenkundig, ebenso wie bei Jena, schwer einzuschätzen, weil wegen der chaotischen Verhältnisse auf dem Rückzug darüber ernsthafte Erhebungen nicht mehr angestellt worden sind.

Eine Anmerkung: Im Zentrum des Schlachtfeldes hatte das Dorf Hassenhausen gelegen. Gerechterweise hätte dieser Ortsname Eingang in die Annalen der Kriegsgeschichte finden müssen. Aber es ist, wie es ist: die Schlacht ist nach dem Ort benannt, in dem der preußische König und sein Stab vor der Schlacht letztes Quartier bezogen hatten.

Der König übergab den Oberbefehl über die Trümmer des Heeres dem Fürsten Hohenlohe und ging über Magdeburg, Küstrin und Graudenz nach Ostpreußen. Die Reste der Armee zogen dann über Magdeburg nach Nordwesten, mit dem allgemeinen Ziel, die Oder zu erreichen und sich in den östlichen Provinzen zu sammeln.

Über Jena und Auerstedt, für die preußischen Militärs nachfolgender Generationen schlechthin der Schock des Jahrhunderts, das Synonym für Katastrophe, Fiasko, Zusammenbruch, ist viel geschrieben worden. Wohl die fundierteste Analyse hat am Beginn des 20. Jahrhunderts Colmar Freiherr von der Goltz mit seinem Buch »Von Roßbach bis Jena« vorgelegt. Frage: Warum schlug Friedrich der Große die Franzosen 1757 bei Roßbach? Warum besiegte 1806 Napoleon die »erste Armee Europas?«. Die Antwort ist simpel und wahrscheinlich auch im Kern zutreffend: Der Soldat hat jeweils nach seinem Vermögen gekämpft. Daran lag es nicht. Im Argen lag das höhere Kommando, die »Schule der Generale« hatte tatsächlich gefehlt.

Die Schlacht von Jena erscheint dabei noch im mildesten Licht. Ein generelles Problem der Zeit war völlig offensichtlich die mangelnde Kenntnis von der Stärke und den Bewegungen des Gegners.

Aber Achtung: Napoleon verkannte die wirkliche Entwicklung der Lage genauso wie der preußische Führungsstab. Auch seine Aufklärung hatte keine zutreffende, der Wirklichkeit entsprechende, richtige Widerspiegelung der Lage ergeben. Insoweit dürfte dieser Punkt bei der Beurteilung zu vernachlässigen sein. In die Falle ist Hohenlohe gelaufen: er stand einer Übermacht von etwa 1:3 gegenüber.

Poten rügt den General Rüchel, denn dieser habe vom Webicht bei Weimar bis auf das Schlachtfeld von Jena »unbegreiflich lange Zeit« (92,V,63) gebraucht. Ist Rüchel Schuld an der Niederlage von Jena? Mitnichten: bei der haushohen Überlegenheit Napoleons hätte auch ein früheres Eintreffen Rüchels nichts mehr fruchten können. Jena musste geradezu zwangsläufig so ausgehen, wie es gekommen ist. Jany sieht das anders. (49,570)

Ganz anders sieht es mit Auerstedt aus. Bei Lichte besehen, ist es die ganz persönliche Niederlage Friedrich Wilhelms III. Der Monarch war in Person anwesend. Nach dem Ausfall des Herzogs von Braunschweig hätte er entweder ad hoc einen neuen Oberbefehlshaber ernennen oder er hätte sich selbst aufraffen müssen, das Kommando zu übernehmen. Zu Letzterem fehlten ihm Eignung und Können, zu Ersterem die befähigten Generale. Zum Vorwurf muss König und Heeresführung gereichen, dass offenkundig niemand an Alternativen für den Fall, dass der Oberbefehlshaber fallen würde, – was ja in einer Schlacht nicht unmöglich ist – gedacht hatte.

Die Kopflosigkeit des Königs und seiner Generalität dürften letzte Ursache des Unglücks gewesen sein.

Andererseits: wer hätte beim Tod Napoleons in der Schlacht die Führung der Franzosen übernommen? Geschichte ist auch Schicksal. Da kann man vom grünen Tisch nachträglich prüfen, tadeln, rügen, sich ereifern, es ist, wie es einmal ist. Eine Lese aus Zeitzeugenberichten wird bestätigen, dass das preußische Heer nicht besser oder schlechter als in anderen Phasen der Geschichte gewesen ist.

Wie schon hier und dort erwähnt: zum großen Teil sind es dieselben handelnden Personen, die 1806 in die Niederlage verstrickt waren, aber sich 1813 glänzend bewährten. König Friedrich Wilhelm III. hatte, noch ganz unter dem Eindruck der Schlacht von Auerstedt stehend, einen Brief an die Königin Luise verfasst. Dessen wesentlicher Inhalt ist von erheblichem Interesse, wenngleich man sagen muss, dass dieser Bericht eben doch bestätigt, dass der König alles andere als ein Feldherr gewesen ist.

Seine Tätigkeit in der Schlacht beschränkte sich auf partielle Anordnungen, die auch von einem x-beliebigen General stammen könnten. Von einem subalternen, kleinkrämerischen Standpunkt zeugen die Zeilen des Königs schon irgendwie. Zuerst rügt der König in seinem Brief den übereilten Einsatz der Kavallerie unter Blücher am Beginn der Schlacht. Dann:

*FRIEDRICH WILHELM III. AUS SÖMMERDA AM 15. OKTOBER 1806:*

*Also brav ist man denn doch im Ganzen, Gottlob, gewesen. Allein nicht glücklich.*

*… Die Infanterie kam endlich. Ich selbst* (das ist der König!! –d.V.) *ordnete den Aufmarsch der Schmettau`schen Division, der Herzog* (= der tatsächliche Oberbefehlshaber!) *den der Wartensleben`schen … Die Kanonenkugel pfiffen schon höllisch um und über uns. Ich ritt zur Wartensleben`schen Division, die schon im kleinen Gewehrfeuer*

*war. Das zweite Bataillon Heinrich riss aus. Ich* (= der König!) *hieb mit dem Degen in die Flüchtlinge, aber umsonst. Die Magdeburgischen Regimenter waren noch nicht ganz formiert, als schon die kleinen Kugeln um uns einschlugen, wobei mein polnischer Schimmel durch die Brust geschossen wurde, dass ich beinahe herunterfiel und die ganze übrigen Zeit der Bataille ein Pferd vom General Zastrow geritten habe.*
*Zu gleicher Zeit etwa hatte der Herzog das Unglück durch beide Augen geschossen zu werden. Ich kam sogleich dazu, wie ihn eben zwei Grenadiere vom Bataillon Haustein unterstützten. Der Anblick war schauderhaft … Die Füsillade und Kanonade dauerte ununterbrochen auf das Hartnäckigste fort, ohne dass ein Teil weichen wollte. Einige Bataillone leider wichen und zerstreuten sich auf die schändlichste Art … Lange blieb das Gefecht unentschieden …* (47,69/70)

Auf dem Rückzug, im Durcheinander von zwei geschlagenen Armeen, war der König sogar gezwungen, weil von Franzosen umringt, sich an den Wachfeuern der Feinde »durchzuschleichen«. (47,69/70) Das muss für einen Herrscher, der auf Rang und Würde kleinlich achtete, eine elende, unauslöschliche Erfahrung gewesen sein.

*EIN BLÜCHERHUSAR BERICHTET VOM 14. OKTOBER 1806:*

*Die französischen Infanteriebataillone, auf welche wir* (in der Schlacht von Auerstedt – d.V.) *in viel zu schwacher Zahl – denn keine anderen Truppen folgten uns weiter – jetzt einhauen wollten, waren alte, geübte Kriegsscharen. Sie formierten Karrees, ließen uns auf achtzig bis sechzig Schritt herankommen und gaben dann eine Salve, die große Verheerungen in unseren Gliedern anrichtete. Die Hälfte unserer Pferde erhielten so gefährliche Verwundungen, dass sie zusammenstürzten, und auch vielen Husaren und fast allen Offizieren saßen französiche Kugeln in den Gliedern. Mein Ukrainer-Falbe hatte einen Schuss mitten in die Brust bekommen, lief noch wie rasend einige zwanzig Schritte vorwärts, und stürzte dann zusammen. Mit vielgeübter Voltigeurgeschicklichkeit sprang ich jedoch aus dem Sattel bevor ich vom Sturze selbst mit verletzt wurde, verlor aber bei dieser Gelegenheit meine Säbelscheide. Zu Fuß kaum hundert Schritte von einem feindlichen Infanteriekarree entfernt, befand ich mich in großer Gefahr, doch glückte es mir, ein Husarenpferd, dessen Reiter erschossen war, aufzufangen und mich ohne verletzt zu werden in den Sattel schwingen, obgleich die feindlichen Kugeln mich umpfiffen. Die schwachen Überreste unserer Schwadronen sprengten in wilder Flucht nach diesem missglückten Angriff zurück, doch lag das ganze Feld um mich her voll toter und verwundeter Leute und Pferde des von Blücherschen Husarenregiments.* (4,I,96/97)

Ein recht merkwürdig Ding sind die verschiedenen Auffassungen über die Verpflegung der preußischen Truppen vor Jena und Auerstedt. Richtig ist, dass die Franzosen requirierten, was blökte, grunzte und gackerte.

Sie hielten sich nicht mit Formalien auf. Dieses System war unfein, aber funktionierte. Beredtes Zeugnis gibt ein Bericht über die Parade der französischen Truppen in Würzburg vor dem Aufbruch nach Thüringen.

*KAISER NAPOLEON BESICHTIGT DAS 7. LEICHTE INFANTERIEREGIMENT:*

*Zum 7. leichten Infanterieregiment, das fast ausschließlich aus Leuten aus dem unteren Languedoc und den Pyrenäen bestand, sagte der Kaiser: »Ah, das sind die besten Fußgänger* (= Infanteristen – d.V.) *der Armee; niemals bleibt auch nur ein einziger zurück, besonders dann nicht, wenn es gegen den Feind geht! Aber um euch volle Gerechtigkeit zu erweisen«, fügte er lachend hinzu, »muss ich euch noch sagen, dass ihr auch die ärgsten Schreihälse und Marodeure* (bei Marbot: »Langfinger«) *der ganzen Armee seid!« – »Ja, das stimmt!«, erwiderten die Soldaten, die alle eine Ente, Henne oder Gans auf ihrem Tornister mitschleppten.* (67,248/49;123,9/10,266)

Bei der preußischen Armee bestimmten hingegen definitiv noch 1806 Verpflegungsrücksichten den Gang der Operationen. Da mag es auch eine Rolle gespielt haben, dass man sich ja im Gebiet des verbündeten Kurfürstentums Sachsen bzw. des Herzogtums Weimar befand und deshalb von ungeregelten Beitreibungen absah, wenngleich diese Praxis nicht völlig fremd war. An verschiedenen Stellen berichtet Memoirenliteratur von gravierenden Verpflegungsschwierigkeiten in den Tagen vor den Schlachten des 14. Oktober. Wachholtz (zit.49,576) bekundet, dass die preußischen Soldaten »seit drei Tagen wenig oder gar nichts genossen« hätten. Jany bezeichnet das als »unverantwortliche Übertreibung« und verweist darauf, dass die Truppen für drei Tage mit Brot versehen gewesen seien. Bei Buttelstedt habe die Feldbäckerei »im Betrieb« gestanden. In der Umgebung von Weimar, so Jany, hätten die Truppen Schlachtvieh erhalten und abkochen können. Zu allem Überfluss sei auch noch »eine Schäferei mit 700 Schafen requiriert und verteilt worden«. (49,576)

Ob das Heer vor Jena und Auerstedt Hunger gelitten hat oder nicht, wird wohl unentschieden bleiben müssen. Wahrscheinlich beruht der Dissens auf dem Elend der Erinnerungsliteratur überhaupt: Der Schreiber geht von einem bestimmten Zustand an einem bestimmten Ort zu einer bestimmten Zeit aus und schlussfolgert kühn, dass es mit Gewissheit überall so gewesen sein müsse, wie er es gerade erlebt hat. Memoiren sind aber eben Singuläres und flechten doch oft Dinge vom Hören-Sagen ein, die eben gerade nicht auf eigener Erfahrung beruhen. Eine literarische Ehrenrettung für den preußischen Soldaten des Unglücksjahres 1806 hat die Zeiten überdauert.

In einer Skizze, genannt »Anekdote aus dem letzten preußischen Kriege«, berichtet der Dichter Heinrich von Kleist von einem tollkühnen Husaren vom Korps Hohenlohe. Dieser besteht darauf, im Angesicht des sich heranziehenden Feindes erst einmal in aller Ruhe bei einem Schankwirt drei Gläser Branntwein zu trinken, um dann in aller Gemütsruhe sein Pfeifchen zu schmauchen.

Der Wirt schwitzt Blut und Wasser. Als schließlich drei französische reitende Jäger unmittelbar am Dorfrand auftauchen, fegt der Husar alle aus dem Sattel und sprengt mit den Beutepferden davon. »Bassa manelka, bassa teremtetem, hoho-hoho-hoho« sind seine Schlachtrufe. Einen solch verwegenen Menschen hat der Wirt seines Lebtags nicht gesehen. Auch das kann sich 1806 so oder ähnlich wirklich ereignet haben.

## Die Niederlage der preußischen Reservearmee am 17. Oktober 1806 in und bei Halle

Die Truppenstärke des Herzogs Eugen von Württemberg, wird sehr verschieden angegeben. Die Reservearmee soll zwischen 11.000 (49,585) und knapp 18.000 (einschließlich des Regiments Treskow – 39,11) stark gewesen sein. Die Ursache der dritten fulminanten Niederlage der Preußen nach Jena und Auerstedt scheint darin gelegen zu haben, dass der Herzog zulange bei Halle stehen blieb. Obwohl er vom Verlust der Schlachten Kenntnis hatte, hielt er in einem Lager bei der Stadt. Womöglich fühlte sich der Herzog Eugen verpflichtet, die geschlagenen Truppen aufzunehmen.

Es gibt also schon Argumente, die für sein Verhalten sprechen. Mit zu harscher Kritik sollte man also vorsichtig umgehen. Sinnvoller wäre sicher der Rückzug gewesen, um dem König die Truppen zu erhalten. Wahrscheinlich ist der preußische Befehlshaber – wie alle anderen auch bloß – von der Totalität der Niederlage und dem sintflutartig schnellen Vordringen der Franzosen überrascht worden. So sah er sich schneller als erwartet den Feinden, hier dem Korps Bernadotte, gegenüber.

Bernadotte, der wegen seiner Untätigkeit am 14. Oktober schwer in die Kritik geraten war, rehabilitierte sich durch seinen Sieg am 17. Oktober. Über die Hohe Brücke und das sich anschließende Klaustor drangen die Franzosen in Halle ein. In heftigen Straßenkämpfen trieben sie die Preußen bis zu den östlichen Toren der Stadt. Unter einem Verlust von 5.000 Mann entwichen die Reste der geschlagenen Truppen in Richtung Bernburg und Dessau.

Besonders tragisch ist das Schicksal des Regiments von Treskow (IR 17 aus Danzig). Dessen Bataillone waren wohl abgekommen und marschierten nun aus der Richtung Schwittersdorf auf Halle. Der Weg führte durch die Heide, den hallischen Stadtwald. Beim Verlassen desselben sah sich Treskow schon von der französischen Division Drouet umringt. Die Kämpfenden gelangten schließlich nach dem Dorf Kröllwitz.

Um nach Halle zu kommen, musste das Regiment über die Saale. Wegen der Ortsunkenntnis hielt man ein Wehr an der Kröllwitzer Papiermühle für eine Brücke. Ein Irrtum, der sich rächen sollte. Von französischer Übermacht verfolgt und hart bedrängt, stürzten sich Treskows Musketiere massenhaft in die Saale. Um ihre Fahnen nicht dem Feind in Hände fallen zu lassen, warfen die Junker von Könitz und von Kleist diese in die Fluten. (49,586)

Goltz rügt das Verhalten des Generals von Treskow nachdrücklich. Treskow hatte von dem Gelände vor sich absolut keine Ahnung. Zudem marschierte das Regiment zu einem Zeitpunkt an, als sich der Waffenlärm schon entfernte und die Franzosen offenkundig die Stadt eingenommen hatten. Auch auf diese Lage reagierte Treskow nicht – außer, dass er den Geldwagen des Regiments und seine Chaise zurückschickte, die auch wohlbehalten in Magdeburg angekommen sein sollen.

In seiner Not, was zu tun sei, richtete der Regimentschef das Wort an seinen Kommandeur Oberst von Engelbrecht. Er erhält klassisch zur Antwort: »Was der Herr General befehlen werden, werde ich tun.« (43,140/41) Also auch hier das gleiche Bild wie in den Schlachten des 14. Oktober. Weitgehender Mangel an Eigeninitiative und Entschlussfreudigkeit bei den hohen und höheren militärischen Führern.

Der Kampf in den Straßen von Halle war grauenerregend, worüber ein namhafter Heimatforscher berichtet:

*BARON VON SCHULTZE-GALLERA ÜBER DEN 17. OKTOBER 1806 IN HALLE:*

*Die Franzosen drangen unter dem Schutz eines heftigen Kartätschenfeuers auf der Hohen Brücke vor und trieben die Preußen unter starkem Gefecht durch das Klaustor auf den Markt hinauf. Vergebens stellte sich nochmals ein Bataillon entgegen, Soldatenfrauen, ihre Kinder an der Hand, zogen heulend und wimmernd hinter ihnen her, um mit ihren Männern zu sterben.*

*Endlich flüchteten die Preußen vor der Übermacht in regelloser Flucht. In der Sackgasse des Kühlen Brunnens wurde eine Menge Flüchtlinge erbarmungslos niedergestochen, überall in den Straßen und Gassen lagen Tote und stöhnende Verwundete. Einige Studenten standen noch tollkühn in Schlafrock und Pantoffeln an der Schmeerstraßenecke, bald mussten sie in Hemd und Hosen barfuß flüchten: die große Plünderung begann. Die Löffel- oder Schwefelbande, nach ihren Löffeln am Hut genannt, war, während man noch kämpfte, in Straßen und Gassen eingedrungen und brüllte ihr berüchtigtes Lied: Buvons, Brulons, Futons, Mettons le feu a toutes les maisons,*

*Venons a cinqunate, cinq cents usw. Sie durchsuchten die Taschen und Tornister der Toten und Verwundeten und nahmen das Beste, das sie noch fanden. Die Türen der Häuser, die sich nicht freiwillig öffneten, schlugen sie mit dem Gewehrkolben ein, Frauen und Mädchen schnitten sie die Kleider auf und vergewaltigten die Splitternackten, wo und wie sie konnten.* (108,234)

Der General von Treskow wurde nach dem Kampf »gefangen wie im Triumph durch die Straßen der Stadt geführt.« (108,235)

## Die Festungen

Eine Festung war in der frühen Neuzeit nicht lediglich eine zur Verteidigung eingerichtete Burg. Das waren auf den Prinzipien der französischen Militärwissenschaft und Ingenieurkunst am Beginn des 18. Jahrhunderts gegründete Anlagen, die Städte mit einem ausgeklügelten, ringartigen System von Mauern, Gräben, Vorwerken und Stellungen umzogen. Die Wälle der Festung mussten, so sie etwas gelten wollte, mit starker Artillerie besetzt sein.

Der Name des Marschalls Vauban steht für diese unter Ludwig XIV. eingeleitete Entwicklung an erster Stelle. Aus einem friedlichen Ort wurde so eine Position von höchster militärischer Bedeutung. Festungen lagen auf dem Weg der in ein Territorium eindringenden Heere. Sie einfach zu umgehen war kaum möglich, weil dann der Eindringling von einer solchen Bastion im Rücken bedroht werden konnte. Festungen beherbergten (im Idealfall) auch starke Garnisonen. Daher war es mindestens erforderlich, dass von einer Invasionsarmee Teile zur Belagerung abgezweigt wurden, was diese natürlich schwächte.

Aber auch der Verteidiger musste, wenn er es ernst meinte, innerhalb der Mauern Truppen vorhalten. An den wiederkehrenden Brennpunkten militärischer Auseinandersetzungen in Europa entstanden »Festungsgürtel« wie im nordfranzösich/belgischen Gebiet oder das berühmte »Festungsviereck« in Norditalien. Diese Militärbauten waren so bedeutend, dass sich ganze Kriegsverläufe um sie entwickelten und entschieden. Ein Feldzugsplan ohne Berücksichtigung der Festungen war gänzlich unmöglich.

Preußen verfügte 1806 über

eine ganz erhebliche Zahl von Festungen. Da war zunächst die eigentliche Hauptfestung der Monarchie, Magdeburg. Hinzu trat im nordöstlichen Bereich die wichtige Festung Stettin. Königsberg lag weit außerhalb jeglicher strategischer Überlegungen und diente eigentlich nur zur Prävention gegen russische Annexionsgelüste. Die nicht sehr bedeutende Festung Erfurt war erst 1802 an Preußen gelangt. Der Schwerpunkt der preußischen Festungen lag in Schlesien.

Hier konnte von einem Gürtel durchaus die Rede sein. Die bedeutendste Festung Schlesiens war Schweidnitz. In den Schlesischen Kriegen hatten bedeutsame Kämpfe um Bollwerke in dieser Provinz stattgefunden. Die dortigen Festungen waren – und dies ist wichtig, zu verstehen – Vorkehrungen gegen Österreich, den abgesagten Feind Friedrichs des Großen. Aber die Zeiten hatten sich seit den Verhandlungen von Pillnitz 1791 geändert. Gegenüber Frankreich waren die Festungen in Schlesien ohne kriegsentscheidende Bedeutung.

Noch ein Punkt darf in der Betrachtung nicht vernachlässigt werden: Der Krieg um die Festungen hatte im 18. Jahrhundert Gebräuche hervorgebracht, die von den Militärs der Zeit akzeptiert und als nicht ehrenrührig empfunden wurden. Wenn die Verpflegung und Munition erschöpft, die Verteidiger mehrere Stürme abgewehrt hatten, dann konnte ohne Gesichtsverlust kapituliert werden. Die Verteidiger durften dann in aller Regel, einen Trümmerhaufen hinterlassend, mit klingendem Spiel abziehen.

Die Besonderheit verschiedener Festungskapitulationen 1806 war aber, dass diese praktisch kampflos übergeben wurden. Das galt natürlich als schimpflich. Was hier diesen oder jenen Kommandanten, der eine lange tadelsfreie Militärkarriere schon hinter sich hatte, »geritten« haben mag, bleibt rätselhaft.

Noch ein letzter Gedanke zu den Festungen: Wurde eine solche befestigte Stadt verteidigt, zog dies zwangsläufig die dortige Bevölkerung mit Gut und Blut in die militärische Auseinandersetzung hinein. Der Bürgerstand der Stadt wurde praktisch zur Geisel der Militärs.

Zum Verlauf des Festungskrieges 1806 im Einzelnen:

Mit 10.000 Mann – die Masse dieser Soldaten waren die Flüchtigen aus den Schlachten, nicht etwa die Besatzung der Festung – in seinen Mauern kapitulierte am 16. Oktober die Festung Erfurt. Diese war kaum hinreichend armiert, hätte aber doch einigen hinhaltenden Widerstand zur Deckung des Rückzuges leisten können. Hinzu trat noch, dass das Korps des Herzogs von Weimar nahe an Erfurt vorbeimarschierte.

Es ist dem Weimarer später zum Vorwurf gemacht worden, dass er sich mit seinem recht starken Korps nicht in die Festung Erfurt geworfen und zu deren Verteidigung beigetragen habe. Aber einmal recht bedacht: hätte er diese Entscheidung getroffen, wäre es mit einiger Sicherheit geschehen, dass seine Soldaten infolge der Kopflosigkeit und des allgemeinen Durcheinanders auch bloß in die Kapitulation hineingezogen worden wären.

Am 27. Oktober kapitulierte die Zitadelle Spandau unter dem Major von Beneckendorff. Dies, mehr symbolisch als strategisch von Bedeutung, empfanden Zeitgenossen als verwerflich, weil nicht einmal der »Versuch einer Gegenwehr« (49,587) unternommen worden war. Die Festung Küstrin übergab der Oberst von Ingersleben am 1. November, nachdem er noch geringe Zeit zuvor dem König sein Wort verpfändet hatte, erst zu kapitulieren, »wenn ihm das Schnupftuch in der Tasche brenne« (76,85)

Etwa zur gleichen Zeit, am 29. Oktober, übergab der Generalleutnant von Romberg die Festung Stettin »an die Husarenbrigade Lasalle!« (49,590) Von außen heranziehenden preußischen Truppen auf dem Weg nach Osten hatte er, was damals als Gipfel der Verworfenheit gedeutet wurde, den Zugang zur Festung mit der Begründung verwehrt, er stehe schon in Unterhandlungen mit dem Feind über die Kapitulation der Festung! (49,590)

Magdeburg, nach dem 20. Oktober von den Franzosen eingeschlossen, und mit Kriegsmitteln und einer Besatzung von 20.000 Mann versehen, hielt bis zum 11. November 1806 aus. Der Festungskommandant General von Kleist »überlieferte … die ihm anvertraute Festung … dem Feinde, weil er alles für verloren und jeden Widerstand für unnütz hielt.« (49,593) Wegen der Kenntnis der Kapitulation von Magdeburg und der Waffenstreckung von Blücher bei Lübeck ergab sich am 22. November 1806 die Festung Hameln unter dem Generalmajor von Schöler. Dort hatten die Truppen selbst die Kapitulation ihrer Führung nicht mittragen wollen. Die Mannschaften meuterten und zerstreuten sich darauf in alle Winde. (49,593) Nienburg folgte am 26. November.

Die militärisch bedeutungslose »Veste Plassenburg (in Kulmbach in Franken) wurde am 25. (November – d.V.) dem Feinde überliefert, ehe noch ein Geschütz abgefeuert hatte.« (49,594)

### *»Leuchttürme« in schwerer Zeit*

Umgeben von diesem Jammer hat die ältere Militärgeschichtsschreibung den Kampf der Festungen in umso leuchtenderen Farben ausgemalt, die bis zum Frieden von Tilsit im Sommer 1807 standhielten. Hier ist zunächst die Festung Graudenz zu nennen. Die kleine Weichelfestung verteidigte der General von Courbiere hartnäckig und widerstand allen Versuchen, durch Meldungen von außen schwach zu werden. Als ihm die Franzosen mit List und Tücke die Nachricht vermitteln wollten, Friedrich Wilhelm III. sei tot, soll Courbiere entgegnet haben, nun gut, dann sei er eben der König von Graudenz. (76,135)

Es hielten ferner die Zitadelle von Pillau (Kommandant Herrmann) und die kleinen schlesischen Festungen Cosel (Kommandant Neumann) und Silberberg (Graf Güntz-Rekowski) stand. Danzig wurde durch General von Kalckreuth tapfer verteidigt, aber erlag schließlich den Franzosen.

Ein Name aus dieser Zeit überstrahlt aber alle anderen: Kolberg. Dafür, dass Veit Harlan am Ausgang des Dritten Reichs seinen »Durchhalte-Film« über die Belagerung von Kolberg und dessen Verteidigung drehte, können die 1806/07 handelnden Protagonisten nichts. Das soll deshalb hier keine Rolle spielen.

Die Verteidigung von Kolberg war exemplarisch darin, dass sie zeigt, welche Kräfte und Bestrebungen einfach da sein mussten, um den Widerstand gegen eine Belagerung zu organisieren. Dazu gehörte zuerst ein anpackender Kommandant – einen solchen hatte auch Kolberg zunächst nicht. Dann mussten wenigstens einige Aktivisten aus der Bürgerschaft das Militär unterstützen. Einen solchen in einer Ausprägung par exellence hatte Kolberg in der Person des »Vorstehers der Bürgerschaft« Nettelbeck.

Die Masse der Bevölkerung dürfte sich auch in solchen Zeitläuften stets abwartend und indifferent zeigen, sodass es auf die »Führung« durch einzelne tatsächlich ankommt. Der knapp 70-jährige Nettelbeck – der vorzügliche Memoiren hinterlassen hat, die selbst ein Goethe lobte – berichtet davon, dass die Einwohner nur Mund und Nase aufsperrten, wenn er zur Verteidigung der Stadt Forderungen stellte und er dann schließlich die Sache mangels Helfer lieber selbst in die Hand nahm.

Ansonsten wird hier deutlich welche Opfer eine Stadtgemeinde gezwungenermaßen brachte, wenn sie einer Belagerung standhielt. Die Schilderungen Nettelbecks über die Beschießung Kolbergs im Sommer 1807 nehmen das Grauen der Bombenangriffe im Zweiten Weltkrieg durchaus schon vorweg.

### *Nettelbeck über die Verteidigung Kolbergs 1806/07*

Eine Festung war im tiefen Frieden kein Gegenstand besonderer Aufmerksamkeit der Herrscher. Wie bei jedem Bauwerk waren eigentlich regelmäßige Instandhaltungen erforderlich, um die Festungsbauten bei Ausbruch eines Krieges verteidigungsbereit zu haben.

Da die Könige aber auch noch andere Ideen hatten, wofür Geld mit vorgeblich besserem Nutzen ausgegeben werden konnte, litten die Festungen im Frieden regelmäßig Mangel. Wie die Dinge in Kolberg lagen, das wird man wahrscheinlich auf die Monarchie insgesamt übertragen können.

#### *NETTELBECK ÜBER DEN ZUSTAND DER FESTUNG KOLBERG 1806:*

*Allein wie sah es doch im Herbst 1806 mit allem, was zu einer rechtschaffenen Verteidigung gehörte, so gar trübselig aus! Seit undenklicher Zeit war für die Unterhaltung der Festung so gut als gar nichts getan worden. Nur drei Kanonen standen, in der Bastion Pommern, auf Lafetten und dienten allein zu Lärmschüssen, wenn Ausreißer (=* Deserteure – d.V.) *von der Besatzung verfolgt werden sollten. Alles übrige Geschütz lag am Boden, hoch vom Grase überwachsen, und die dazugehörigen Lafetten vermoderten in den Remisen.*

*Rechnet man hierzu die unzureichende Zahl der Verteidiger, sowie die unkriegerische Haltung derselben (denn die tüchtigere Mannschaft war ins Feld gezogen), die allgemeine Entmutung, welche noch täglich durch die herbeiströmenden Flüchtlinge und tausend sich kreuzende*

*Unglücksbotschaften allstündlich genährt wurde, und den notorischen Mangel an den nötigsten Bedürfnissen für eine Belagerung, so behaupte ich sicherlich nicht zu viel, dass ein rascher kecker Anlauf in den ersten Tagen mehr als hinreichend gewesen wäre, den Kommandanten in seinen eigenen Gedanken zu entschuldigen, dass er keinen ernstlichen Widerstand gewagt habe.* (80,393)

Der Kommandant von Kolberg bei Beginn der Belagerung war der Oberst von Lucadou, der 1741 in Genf geboren war. Er ging also auch schon auf die 70 zu. Die Memoiren Nettelbecks lassen kein gutes Haar an ihm. Andere Schriftsteller sehen das nicht so dramatisch. Priesdorff meint unter Auswertung schriftlicher Belege, dass er durchaus nach den Möglichkeiten für die Herstellung der Verteidigungsbereitschaft von Kolberg gesorgt habe. (94,III,289) Auch als Gneisenau, der spätere strategische Kopf der Befreiungskriege, die Kommandantenstelle übernahm, fand er nichts Grundsätzliches zu erinnern. Lediglich sein Stillhalten und Zusehen, wie der Belagerungsring sich schloss, also sein Absehen von aktiver Verteidigung durch Ausfälle, ist kritisert worden. Dennoch, das Bild, das Nettelbeck von dem alten, mürrischen Mann zeichnet, ist eine köstliche Miniatur der preußischen Heeresgeschichte. Auch die Haushälterin des Obersten spielt hierbei eine Rolle.

### *NETTELBECK ÜBER DEN OBERST VON LUCADOU:*

*… Kommandant war damals der Oberst von Loucadou, ein alter abgestumpfter Mann, der seit dem bayerischen Erbfolgekriege, wo er ein Blockhaus gegen die Österreicher mutig verteidigt hatte, zu dem Rufe gekommen war, ein besonders tüchtiger Offizier zu sein.*
*Späterhin hatte er nur wenig Gelegenheit gehabt, seine Reputation zu behaupten; und gegenwärtig war der Geist verflogen, oder hing noch so blind an dem alten Herkommen, dass er sich in der neuen Zeit gar nicht zurechtfinden konnte. Natürlich konnte solch ein Mann uns kein großes Vertrauen einflößen …*
*Es mag hierbei nicht unerwähnt bleiben, dass bei allen meinen Unterredungen mit diesem Manne sich auch wie von ungefähr, seine Köchin, Haushälterin oder was sie sonst sein mochte, einfand und ihren Senf mit darein gab. Mochte ich nun dies oder jenes vortragen, und mein Bedenken so oder so äußern: flugs war das schnippische Maul bei der Hand:*

*»Ei, seht doch! Das wäre auch wohl nötig, dass sich sonst noch jemand darum bekümmerte! Der Herr Oberst werden das wohl besser wissen.«* (80, 393/394)

Lucadou wurde schließlich abberufen, ohne dass dies mit einer Ungnade verbunden gewesen wäre – er wurde 1807 noch Generalmajor –, und der Major von Gneisenau trat an dessen Stelle. In dieser Funktion gelangte Gneisenau zu erstem öffentlichen Ruhm, der ihm zu einer herausgehobenen Stellung im preußischen Militär verhalf. In die Militärreorganisationskommission berufen, befand er sich von nun an häufig in der Nähe des Königs.

Eine Festung, die sich bis zum Letzten verteidigte, zog unweigerlich die Stadt mit in den Strudel des Verderbens. Über ein grauenvolles Bombardemant in der allerfrühesten Morgenstunde des 1. Juli 1807 berichtet Nettelbeck, der sich zusammmen mit dem Kommandanten Gneisenau auf den Wällen befand. Er schildert diesen Vorgang mit solch plastischer Intensität, dass der Leser froh ist, nicht dabei gewesen zu sein. Ab drei Uhr morgens beschossen die französischen Belagerer und die anwesenden Rheinbundtruppen Kolberg.

*NETTELBECK ÜBER DIE BESCHIESSUNG VON KOLBERG AM 1. JULI 1807:*

*Ich befand mich in dieser entsetzlichen Nacht neben unserem Kommandanten auf der Bastion Preußen, als dem höchsten Punkte, den unsere Wälle zum Umherschauen darboten. Von hier aus konnten wir beinahe alle feindlichen Schanzen übersehen; und ebenso lag die Stadt vor uns. Es ist nicht auszusprechen, wie höllenmäßig das Aufblitzen und Donnern des Geschützes Schlag auf Schlag, und Zuck auf Zuck um uns her wütete; während auch das Feuer unserer Festung in seiner Antwort nichts schuldig blieb.*

*In der Luft schwärmte es lichterloh von Granaten und Bomben; wir sahen sie hie und da und überall ihren lichten Bogen nach der Stadt hinein wälzen; hörten das Krachen ihres Zerspringens, so wie das Einstürzen der Giebel und Häuser; vernahmen den wüsten Lärm, der drinnen wogte und toste, und waren Zeuge, wie bald hier bald dort, wo es gezündet hatte, eine Feuerflamme emporloderte. Von dem allen war die Nacht so hell, als ob tausend Fackeln brennten; und das gräßliche Schauspiel schien nicht ein Menschenwerk zu sein, sondern als ob alle Elemente gegeneinander in Aufruhr geraten wären, um sich zu zerstören.*

*Was aber drinnen in der Stadt unter dem armen wehrlosen Haufen vorging, ist vollends so jammervoll, dass meine Feder nicht vermag, es zu beschreiben. Da gab es bald nirgends ein Plätzchen mehr, wo die zagende Menge vor dem drohenden Verderben sich hätte bergen mögen. Überall zerschmetterte Gewölbe, einstürzende Böden, krachende Wände und aufwirbelnde Säulen von Dampf und Feuer. Überall die Gassen wimmelnd von ratlos umherirrenden Flüchtlingen, die ihr Eigentum preisgegeben hatten und die, unter dem Gezisch der feindlich umherkreisenden Feuerbälle, sich verfolgt sahen von Tod und Verstümmelung. Geschrei von Wehklagenden; Geschrei von Säuglingen und Kindern; Geschrei von Verirrten, die ihre Angehörigen in dem Gedränge und der allgemeinen Verwirrung verloren hatten; Geschrei der Menschen, die mit Löschung der Flammen beschäftigt waren; Lärm der Trommeln, Geklirr der Waffen, Rasseln der Fuhrwerke: – nein, es ist nicht möglich, das furchtbare Bild in seiner ganzen Lebendigkeit auch nur von fern zu schildern.* (80,461/62)

Man braucht nicht über hellseherische Fähigkeiten zu verfügen, um anzunehmen, dass das über 20.000 Mann starke Belagerungskorps, die etwa 5.000 Verteidiger bei Fortsetzung der heftigen Beschießung alsbald überwunden haben würde. Allein, am 2. Juli um drei Uhr nachmittags traf die Kunde vom allgemeinen Waffenstillstand ein. Kolberg hatte standgehalten und war gerettet. Aber um welchen Preis? Die Stadt lag in Trümmern, die »Verlustliste der Besatzung und der Bürgerschaft Kolbergs« (46,266) weist 2.861 gefallene, verwundete, gefangene, vermisste Militärs aus. 69 Bürger der Stadt waren getötet oder verwundet worden. Wo Licht ist, ist auch Schatten: Der vorgenannte Gesamtverlust beinhaltet auch 334 Deserteure. Preußische Soldaten waren Menschen und keine Automaten.

Dass es demnach auch Militärangehörige gegeben hat, die versagt haben, aus welchen Gründen auch immer, ist gerade für das Jahr 1806 nicht verwunderlich. Nettelbeck hat Verfehlungen von Offizieren und Soldaten bei Gneisenau namhaft gemacht, deretwegen er sich später wegen Verunglimfung verantworten sollte. Man wollte derartige Pflichtvergessenheit gar nicht wahrhaben. So berichtet der Kolberger Bürgervorstand von einem Hauptmann, der sich, Krankheit vorschützend in einem Gewölbe verbarg und einem Leutnant der völlig trunken in einem Keller hauste, anstatt bei seiner Truppe zu sein. Eine Einheit, die zur Verstärkung einer Schanze vor der Stadt abgesendet wurde, kam dort nicht an. Man fand sie, einschließlich ihres Hauptmanns, in den Morgenstunden schlafend im Gelände. Auch das war die preußische Armee von 1806. Aber wer will über solche Erscheinungen richten?

Eine interessante Kuriosität am Ende: In den ersten Tagen nach dem Schluss der Kampfhandlungen saßen Gneisenau und der französische Befehlshaber des Belagerungskorps General Loison nebst ihren Stäben beim gemeinsamen Diner. (80,472) So erforderten es die Sitten.

Nicht unerwähnt soll bleiben, dass der Vater des späteren Generals von Döring als Ingenieroffizier in Kolberg gewesen ist. Dieser lag wegen Meinungsverschiedenheiten sowohl mit Gneisenau, als auch mit Nettelbeck über Kreuz. Der Sohn hat nach den Berichten seines Vaters keine allzu hohe Meinung von Nettelbeck, (25,151) der ihm als eitel beschrieben worden war.

## Kapitulationen im freien Felde

Der Kelch des Unglücks war für den preußischen Staat noch nicht bis zur Neige geleert. Nach den verlorenen Hauptschlachten, der weitgehenden Auflösung des Heeres und der epidemisch um sich greifenden Manier, beim Auftauchen erster Franzosen ganze Festungen zu übergeben, konnte man noch tiefer sinken. Hohenlohe hatte mit einer Stärke von 30.–35.000 Mann Magdeburg verlassen und beabsichtigte, sich zur Oder durchzuschlagen. Unter nachteiligen Gefechten – so zersprengte die Dragonerdivision Grouchy am 27. Oktober bei Wichmansdorf in der Nähe von Boitzenburg einen der berühmtesten Truppenteile der alten Armee, das Berliner Kürassierregiment Gensdarmes (K 10) – erreichte Hohenlohe den Raum um Prenzlau.

Real hielt sich die Zahl der verfolgenden Franzosen in Grenzen. Bei Bewahrung ruhigen Blutes hätte es durchaus gelingen können, die Truppen zur Oder zu führen. Nun geriet aber der wohl zwischenzeitlich in Nervenkostüm, seelischer Widerstandskraft und auch wegen körperlicher Erschöpfung reduzierte Fürst von Hohenlohe in Unterhandlungen mit franzö-

*Blücher kapituliert bei Lübeck am 7. November 1806: »Ich kapituliere, weil ich kein Brot und keine Munition mehr habe.«*

sischen Truppenführern, darunter Marschall Murat. Diese behaupteten, das Korps des Marschalls Lannes sperre den Raum zwischen Prenzlau und Stettin. Eine Überprüfung dieser Angabe durch Hohenlohes Chef des Generalstabes, der nach 1806 zur Unperson erklärte Oberst von Massenbach, soll diese Tatsache bestätigt haben. In Wirklichkeit war der Weg nach Stettin frei. (49,588)

Die französischen Truppen, die man dem Oberst Massenbach gezeigt hatte, mögen sonst wo gestanden haben. Wegen der Ahnungslosigkeit Massenbachs, seiner fehlenden Fähigkeit, sich im Gelände zu orientieren, glaubte er, was ihm die französischen Parlamentäre suggerieren sollten, nämlich, dass der Weg zur Oder verschlossen sei.

So scheint tatsächlich Massenbach der Einflüsterer gewesen zu sein, der Hohenlohe zur Kapitulation bei Prenzlau bewog.

*CURT JANY ÜBER DEN FÜRSTEN HOHENLOHE AM 28. OKTOBER 1806 BEI PRENZLAU:*

*So streckte ein preußisches Korps von 10.000 Mann im freien Felde die Waffen, obwohl der Feind, der ihm angeblich den Ausweg versperrte, nur in der Einbildung der durch Unglück und Elend erregten Geister vorhanden war.* (49,589 )

Infolge der Kapitulation von Prenzlau gab eine weitere Truppenabteilung unter den Obristen von Poser und von Hagen am 29. Oktober auf. Am gleichen Tag resignierte General Romberg in Stettin und übergab die Festung.

Dieses Ereignis veranlasste wiederum – wie ein Dominoeffekt: ist erst ein Stein gefallen, kippt das

*Der Einzug Napoleons in Berlin am 27. Oktober 1806.*

ganze – die Kapitulation des Husarengenerals von Bila bei Anklam, der sich mit 18 ½ Schwadronen in Gefangenschaft begab.

Es ist indes festzuhalten, dass nicht alle Einheiten die Kapitulationen mitmachten, sondern ausbrachen und sich allen Widrigkeiten zum Trotz zur Oder durchschlugen.

Das Grenadierbataillon Prinz August kämpfte, bis es von der Überzahl zerschlagen wurde. Auch Teile des Kürassierregiments von Quitzow, deren Chef bei Hassenhausen schwer verwundet und in Magdeburg gestorben war, wehrten sich. Die letzten zwei Standarten dieses Regiments wurden gerettet. Größere geschlossene Einheiten scheint es nach Prenzlau nicht mehr gegeben zu haben.

Man schlug sich durch, so gut es eben ging. So gelangten jedenfalls nach und nach noch eine Menge Versprengter über die Oder. Zwar ging noch reichlich Artillerie und Bagage an den Feind verloren, aber die Kriegskassen der Hauptarmee, des Hohenloheschen und des Rüchelschen Korps konnten gerettet werden. (49,590/91)

Abgesondert vom Korps Hohenlohe zog der General von Blücher, in seinem Stabe befand sich Oberst von Scharnhorst, mit seiner Kolonne in Richtung Oder.

Nachdem in seinem Hauptquartier die Vorgänge um Prenzlau bekannt geworden, der Weg zur Oder nun tatsächlich versperrt war, entschied man sich, auf Lübeck zu marschieren. Jany (49,591) bezeichnet als operatives Ziel dieser Bewegung das Abziehen möglichst vieler Truppen der Franzosen. Man hoffte, dass so der König Zeit zur Neuformierung von Truppen und zur Annäherung an den russsichen Verbündeten gewinnen könnte.

Bei Altenzaun an der Elbe bestand York ein erfolgreiches Nachhutgefecht. Sechs Kompanien seines Jägerregiments und die Magdeburgische Füsilierbrigade deckten den Elbübergang gegen Truppen des Marschalls Soult. Über Gadebusch erreichte Blücher schließlich am 5. November Lübeck. Der General hoffte, dass ihm Dänemark den Übertritt auf sein Staatsgebiet erlauben würde. Diese Rechnung ging nicht auf. So musste Blücher in Lübeck einen aussichtslosen Kampf austragen. Bernadotte beschreibt dies kurz und bündig.

*DER FRANZÖSISCHE MARSCHALL BERNADOTTE ÜBER BLÜCHER IN LÜBECK:*

*Der in den Straßen und Häusern verschanzte Feind hatte unglaubliche Anstrengungen gemacht, uns zurückzuwerfen. Jeder Platz, jede Straße war ein Schlachtfeld. Der General Blücher machte mit der Kavallerie mehrere Angriffe in den Straßen.* (49,593)

Wie absehbar, konnten die Preußen hier nur unterliegen. Mit 9.000 Mann kapitulierte Blücher am 7. November 1806 und ging mit ihnen in Gefangenschaft. In einem Bericht über die Vorgänge in Lübeck betonte er, dass er nur die Waffen gestreckt habe, »weil er kein Brot und keine Munition mehr« (49,593) gehabt hätte. General Blücher wurde auf Betreiben Scharnhorsts, der den König insoweit überzeugen konnte, im März 1807 gegen den gefangen genommenen französischen Marschall Victor ausgetauscht. Eine Bedingung hatten die siegreichen Franzosen sich für die Zustimmung zu einem solchen »Geschäft« ausbedungen: Blücher sollte sich vor der Auswechslung bei dem Kaiser Napoleon melden.

Auf dem Schloss Finckenstein in Ostpreußen trafen der Korse und Blücher das einzige Mal in ihrem Leben persönlich aufeinander. Noch Priesdorff (94,II,420) bedauert (um 1937), dass über das Aufeinandertreffen der beiden verlässliche Nachrichten überhaupt nicht vorliegen. Blücher, darauf angesprochen, meinte später nur lakonisch über Napoleon: »Er war sehr nett zu mich.« (94,II,420)

Tatsache blieb, dass nach Prenzlau, Anklam und Lübeck, die Franzosen Herren bis zur Oder geworden waren. Der Feldzug 1806 ging zu Ende. Ein solches Katastrophenjahr hatte Preußen noch nicht erlebt. Die Fortexistenz des gesamten Staatswesens stand sehr in Frage.

*Das Feldjägerregiment unter York deckt den Elbübergang Blüchers im Gefecht bei Altenzaun am 16. Oktober 1806.*

Der Winter kam und die Operationen verlangsamten sich ohnehin. Preußen war total geschlagen.
Aber auch die Franzosen konnten die an den Tag gelegte Dynamik und Energie nicht unbegrenzt aufrechterhalten. So ging das Jahr zu Ende. Wer es unter den Soldaten der mehr oder weniger zerschlagenen Truppenteile geschafft hatte, fand sich, so er wollte, nach und nach in Ostpreußen ein. Es ist wohl mit einiger Sicherheit davon auszugehen, dass die »Ausländer« in den Reihen der preußischen Regimenter zum überwiegenden Teil einfach ohne Wiederkehr entlaufen waren. Die Kantonisten, die heimischen Preußen, konnten sich, einfach weil sie Familie und Anverwandte zu Hause hatten, so etwas kaum erlauben.

Wie sehr den einfachen Soldaten neben allem Ungemach der Niederlagen und Demütigungen auch der Umstand niederdrückte, dass sich die Truppen immer mehr von der »Heimat«, von dem Zuhause der Soldaten entfernten, belegt ein Vorfall aus dem K 6. Dem Soldaten erschloss sich im Chaos dieser Tage nicht der Sinn des Handelns der politischen Führung, weil diese selbst überhaupt noch keine Idee hatte, wie es weitergehen sollte. Vom Kürassierregiment von Quitzow erreichten nach Auerstedt, Prenzlau und Anklam 12 Offiziere und 250 Unteroffiziere und Mannschaften Ende November 1806 Ostpreußen.

Dies war aber nur dem entschlossenen Handeln einzelner Offiziere zu danken. Restorff berichtet einen Vorfall, der sich an der Oder, also etwa Anfang November 1806 ereignete. Die Stimmung schien einen Tiefpunkt erreicht zu haben, weil sich »fast sämtliche Mannschaften in der Absicht versammelten, um sich nach der Heimath zu begeben.« (96,3) Die Kavalleristen standen ganz offensichtlich schon bereit, jeden Augenblick »nach Hause« abzumarschieren.

Das roch gewaltig nach Massendesertion und Meuterei. Leutnant von Loebell, später hochdekoriert, Kommandeur des (neuen) Brandenburgischen Kürassierregiments und zum General aufgestiegen, verhinderte das Schlimmste. Wahrscheinlich hat er durch seinen Einsatz Unglück für viele verhindert, ohne danach noch ein Wort darüber zu verlieren. Er handelte hier nicht nur als

Offizier nach den Maßgaben seines Standes, sondern auch als Mensch, der mit dem einfachen Reiter unter den Bedingungen des Zusammenbruchs mitfühlen konnte.

*RESTORFF ÜBER DEN LIEUTENANT VON LOEBELL: EINE SICH ANBAHNENDE MEUTEREI BEI DEM K 6:*

*Nun begab sich der Lieutnant v. Loebell nach dem Sammelplatze, sah dort schon aus der Entfernung einen Haufen von etwa 100 Mann zu Pferde ... und trat an den ungeregelten Haufen heran. Auf die dringende, wiederholte, kräftige Aufforderung gelang es demselben, Alle zum Absitzen zu vermögen und ihnen alles das, was sie bisher so ehrenvoll geleistet hatten … dergestalt ins Gedächtnis zurückzurufen, dass sich Alles an ihn herandrängte, ihm die Hand reichte, die Zusicherung gab, treu zu bleiben dem verehrten Könige, seinem Rufe überall hin zu folgen und nie die ehrenvolle Bahn zu verlassen. Etwa eine Stunde später wurde der Weitermarsch angetreten, und Alles war wieder beruhigt ...* (96,3/4)

*Frau von Bonin bringt eine königliche Kasse in Sicherheit.*

*Berlin nach den Niederlagen von Jena und Auerstedt. Hinter den aufgeregten Bürgern: der berühmte Aufruf des Grafen Schulenburg-Kehnert »Ruhe ist die erste Bürgerpflicht«.*

Diese Schilderung lässt erahnen, in welchem Maße die Nerven »blank« lagen. Ein weiteres Indiz für den desolaten Zustand der Reste der preußischen Truppen, ist dann wohl der Umstand, dass ein Leutnant die widerspenstigen Reiter überzeugen muss. Wo waren die höheren Offiziere, die sich noch bei der Truppe befanden?

*Der Feind ist da.*

*Von der Leipziger Messe zurückkehrende Kaufleute verbreiten die Schreckensnachrichten von Jena und Auerstedt.*

# Der Feldzug 1807 – der Friede von Tilsit

Der Feldzug des Jahres 1806, so verunglückt, wie nur etwas in der Weltgeschichte, hatte die faktische Zerschlagung der preußischen Armee gebracht. Was über die Oder entkam und schließlich bis nach Ostpreußen gelangte, waren kaum noch geschlossene Einheiten. Es waren Trümmer, woraus sich aus der Not geboren ergab, wenigs-

*Das Husarenregiment von Prittwitz erobert in der Schlacht bei Heilsberg am 10. Juni 1807 den Adler des französischen 55. Linienregiments.*

*Einquartierung fremder Truppen.*

tens diese halbwegs zu formieren und neu zu ordnen. Hinzu trat die Nutzbarmachung aller Depotformationen, die von ihren Regimentern in Preußisch-Polen, Pommern und Ostpreußen als Ersatzeinheiten zurückgelassen worden waren.

Man zog alle noch greifbaren Kantonisten ein. Zusammen mit den Ranzionierten (= aus der Gefangenschaft entflohene preußische Soldaten) wurden daraus neue Truppenkörper geformt. Die Umstände ließen indes aber wenig Zeit. Es entsprach ganz dem offensiven Naturell eines Napoleon, dass er seinem geschlagenen Feind keine Ruhepause gönnte, sondern vielmehr ohne Säumen bis nach Ostpreußen nachsetzte. Dabei galt sein Hauptaugenmerk nun den Russen, die als Gegner ja noch im Felde standen.

Es war klar, dass Friedrich Wil-

*Eine Beitreibung.*

helm III. den verbündeten Zaren wenigstens durch einen symbolischen Beitrag unterstützen musste. So stießen einige wenige Truppen zur russischen Armee unter dem General von Bennigsen. Ein Korps von ganzen 2.000 Mann unter dem General L` Estocq verteidigte im November 1806 den Weichselübergang bei Thorn gegen die Franzosen. (87,377)

Am 7./8. Februar 1807 fand die Schlacht von Preußisch-Eylau statt. Von den preußischen Truppen konnte lediglich das Korps L`Estocq, zu dessen Stabschef inzwischen Scharnhorst ernannt war, daran teilnehmen. Allerdings waren dessen Nachhut und Reserven unter den Generalen von Prittwitz und von Plötz zuvor abgedrängt worden.

In der Schlacht zählten die Truppen Lestocq`s daher lediglich

7.600 Mann, (87,380) nach Jany 6.000. (49,608) Die Verluste der Preußen beliefen sich nach der Schlacht auf etwa 800 Mann. Das Regiment Towarczys eroberte einen französischen Adler, der der Königin Luise am 10. März als »Geburtstagsgabe« (49,609) überreicht wurde.

Diese Schlacht war überaus blutig gewesen. Kein Vergleich mit Jena oder Auerstedt. Die Verluste der Russen sollen sich auf 26.000 Mann, die der Franzosen fast auf 30.000 Mann (87,382;49,609) belaufen haben. Die Schlacht ging, auch wenn die Franzosen auf dem Schlachtfeld nächtigten und die Russen sich aus Sorge um ihre Verbindungslinien zurückzogen, im Grunde unentschieden aus. Keine der Parteien konnte letzlich einen entscheidenden Nutzen aus ihr ziehen. Nach Jany griffen die preußischen Truppen auf ausdrücklichen Wunsch der russischen Führung gerade zu einer Zeit an, als der linke Flügel der Russen schon in Auflösung zurückging.

Im Bereich Schmoditten – Kutschitten »entfaltete sich das Korps in drei Angriffskolonnen mit vorgezogenen Schützen« (49,608) und vertrieb die Franzosen nach kurzem Feuergefecht mit dem Bajonett aus ihren Positionen. Warum ging das nicht bei Jena und Auerstedt? Hatte man schon daraus gelernt? Das Eingreifen der Preußen hat wohl zumindest in einem entscheidenden Moment zur Stabilisierung der russischen Aufstellung beigetragen.

Die »Ehre der preußischen Waffen (ist) glanzvoll« (49,608) wiederhergestellt worden, jubelte Jany später.

L`Estocq, so Jany, sei durch die Umstände in eine ähnliche Lage geraten, wie Rüchel bei Jena. Die Aufgabe, die ihm gestellt war, lautete: Rettung einer Schlacht, die sich im Grunde schon zur Niederlage neigt. (49,608) Ob das so gewesen ist oder darin angesichts der geringen Zahl der Preußen eine lässliche Übertreibung liegt, mag dahinstehen.

Ein tollkühnes Husarenstückchen – wer denkt da nicht an jenen wilden Reiter, über den Heinrich von Kleist in seiner Anekdote lebendigen Bericht erstattet – ereignete sich noch im Winter 1807. Der Unteroffzier Giese von den Prittwitz-Husaren wurde mit 20 Husaren zur Erkundung ausgeschickt. Auf dem Rückweg erkennt die Patrouille zu ihrem Entsetzen, dass der Ort Braunsberg, durch den ihr Weg zwingend führt, inzwischen von den Franzosen besetzt ist.

*UNTEROFFIZIER GIESE REITET AM 26. FEBRUAR 1807 IN DAS VON DEN FRANZOSEN BESETZTE BRAUNSBERG IN OSTPREUSSEN:*

*Er ritt in die Stadt und gelangte, von der beginnenden Dunkelheit und Schneegestöber begünstigt, unbeachtet bis zur zweiten Brücke. Hier erkannt und beschossen, bahnte er sich mit seinen Reitern, den Säbel in der Faust, den Weg. Nur vier Husaren, die mit ihren Pferden im Feuer stürzten, mußten zurückgelassen werden, mit dem Rest erreichte er glücklich freies Feld und die Straße nach Heiligenbeil.*
*Nun aber befand er sich im Rücken der französischen Vorposten. Eine Feldwache wurde überfallen und zusammengehauen. Weiter jagend stießen die Husaren auf eine Abteilung französicher Kavallerie, die im Begriff stand, zwei erbeutete Bataillonsgeschütze nebst Pulverwagen fortzuführen. Sie wurde zersprengt, ihr die Beute abgenommen, und glücklich traf Giese mit seinen 16 Husaren und den zurückeroberten Geschützen am späten Abend beim Gros der Abteilung Plötz in Heiligenbeil ein.* (87,383)

Johann Wilhelm Giese: nach Priesdorff (94,V,236) war der 22-jährige Giese erst am 1.7.1807 zum Unteroffizier befördert worden. Wie dem auch sei, er hat für einen einfachen Husaren aus dem Mannschaftsstand bemerkenswert schnell den Stand des Offiziers erreicht und ist in den Adelsstand erhoben worden. Im fortgeschrittenen Alter ist er sogar noch General geworden. Das ist eine Ausnahmekarriere, begründet durch eine Tat, die sich in der Armee herumgesprochen hat. Das war nicht die Regel.

Wenige Wochen nach der Schlacht von Preußisch-Eylau bezogen die Parteien – in schon fortgeschrittener Jahreszeit – »Winterquartiere«. Von Ende Februar bis Anfang Juni ruhten die Kampfhandlungen. Der Krieg ging, was nicht vergessen werden darf, zeitlich parallel vor allem als »Festungskrieg« in Pommern, in Danzig und in Schlesien weiter.

In Ostpreußen nahmen die Kontrahenten den Kampf zu Beginn des Sommers wieder auf. An der Schlacht von Heilsberg am 10. Juni 1807 – 90.000 Russen gegen 65.000 Franzosen – (87,385) nahmen 27 Schwadronen preußische Reiterei und zwei Batterien teil. In diesem Kampf eroberte das Regiment Prittwitz-Husaren (H 5) das Feldzeichen des 55. Infanterieregiments. Das französische Regiment wurde aufgerieben und dessen »Adler« im Gefecht ergriffen.

Ein anderes: Im Angesicht des feindlichen Aufmarschs galoppierte der Leutnant Gebhardt von dem Kavallerieregiment Towarczys auf den vor der Front haltenden napoleonischen General d`Espagne zu und stach ihm mit der Lanze durch den Hals. (87,386) Sofort warfen sich französiche Kürassiere auf ihn. Der Kampf, der dann folgte, muss fürchterlich gewesen sein: mit fünf Hieben auf den Kopf und achtzehn Stichwunden rettet sein Regiment den tollkühnen Offizier vor der Gefangenschaft. (87,386)

Der Kampf endete mit dem Rückzug über den Fluss Alle, da Bennigsen begründete Befürchtungen hegte, umgangen zu werden. Eine Entscheidung brachte auch der Kampf bei Heilsberg nicht, in dem die preußischen Reiter ganz gute Figur gemacht hatten. Nach der Schlacht kehrten die Truppen in die Positionen zurück, die sie zuvor innegehabt hatten. Wenige Tage später, am 14. Juni, schlug Napoleon den russischen Heerführer Bennigsen bei Friedland vernichtend.

Das war die Entscheidung, die der Kaiser solange gesucht hatte. Das preußische Korps L`Estocq, zur Deckung Königsbergs bestimmt, hatte keinen Anteil an der Schlacht. Jedoch musste infolge der Niederlage der Russen und des weiteren Vormarschs der Franzosen Königsberg aufgegeben werden. Die Preußen gingen über die Memel in den äußersten Zipfel der Monarchie zurück.

Nach dem Triumph der Franzosen bei Friedland blieb dem Zaren nun keine Wahl mehr. Er musste sich Napoleon beugen. Damit konnte sich auch der preußische König nur noch auf Gnade und Ungnade Napoleon unterwerfen.

Wie man so sagt: die gute Nachricht war, Preußen blieb als Staat erhalten. Aber, die schlechte Nachricht lautete: Im Frieden von Tilsit, geschlossen am 9. Juli 1807, verlor Preußen etwa die Hälfte an Land und Leuten. Es war vom Status einer europäischen Großmacht zum von Frankreich abhängigen Vasallenstaat heruntergedrückt. Der Friede von Tilsit besiegelte auch das Ende der »alten« Armee. Das Heer des Soldatenkönigs, das Heer Friedrichs des Großen war dem Untergang geweiht.

# DRITTER TEIL

## *Knebelung und Auferstehung. Das Heer zwischen dem Frieden von Tilsit und den Befreiungskriegen (1807–1813)*

## Die Militärreformen

### *Bestandsaufnahme: das Heer nach dem Frieden von Tilsit*

Es war nach dem militärischen Fiasko offenkundig, dass, von aller zu erwartender Beschränkung von seiten des Siegers abgesehen, das Vorkriegsheer nicht wieder hergestellt werden konnte. Daher gab es nur eine reale Möglichkeit: die Neuformierung aus den Resten jener Truppenteile vorzunehmen, die nach dem Schicksalsschlag noch unter der Fahne standen.

*STÄRKE DER HEERES IM OKTOBER 1807:*
*ES STANDEN IN:*

| | | |
|---|---|---|
| Ostpreußen | Infanterie | 841 Offiziere, 22.320 Mann |
| | Kavallerie | 597 Offiziere, 14.112 Mann |
| Pommern | Infanterie | 233 Offiziere, 9.087 Mann |
| | Kavallerie | 63 Offiziere, 1.897 Mann |
| Schlesien | Infanterie | 233 Offiziere, 7.748 Mann |
| | Kavallerie | 48 Offiziere, 1.270 Mann |
| Dazu | Artillerie u. Pontoniere | 165 Offiziere, 4.488 Mann |
| | In Summe: ca. 63.000 Mann (49,651) | |

Hinsichtlich zukünftiger Ersatzgewinnung war zunächst die Einstellung der ausländischen Werbung gegen Zahlung von Handgeldern beschlossen worden. Die Armee sollte sich zukünftig nur noch aus Landeskindern rekrutieren.

Das Kantonsreglement blieb aber bis 1813 die Grundlage zur Einziehung des heimischen Ersatzes. (49,651) Nach und nach brach sich aber der Gedanke der »allgemeine Konskription ohne Exemtion« (49,651) Bahn.

## *Die Neuformierung der Armee*

Wenn alle heeresgeschichtlichen Werke eine Zäsur für 1807 dahin vornehmen, dass praktisch in diesem Jahr die »alte Armee« abgewickelt worden ist, so ist das sachlich zutreffend gedeutet.

Das sind keine schlichten Umgliederungen oder auf monarchischem Gutdünken gewachsene Entscheidungen über das Eingehen oder das Neuentstehen von Truppenteilen aus etwas Vorhandenem gewesen. Also etwa derart, dass man hier und dort Veränderungen vornimmt. Vielmehr ist aus einer scheinbar rettungslos verlorenen Trümmermasse eine vollständig andere, die »neue Armee«, die dann wieder ihrerseits im Jahre 1918/19, mit dem Schluss des Ersten Weltkrieges ihr Ende fand, entstanden.

Am Beispiel der 60 Infanterieregimenter von 1806 wird das Prinzip deutlich: Ganze neun Regimenter blieben bestehen. 51 wurden praktisch aufgelöst (49,656ff.), noch vorhandene Mannschaften oder einzelne Bataillone in andere Truppenteile überführt.

Die Betrachtung des Endes der aufgelösten Regimenter zu Fuß macht das Dilemma deutlich. Die übergroße Mehrzahl dieser Einheiten geriet in den kapitulierenden Festungen oder durch die Streckung der Waffen im freien Felde in Gefangenschaft.

Bemerkenswert ist, dass auch die Fußgarde in diesem Feldzug keine gute Figur machte. Das Grenadier-Gardebataillon (Nr. 6) kapitulierte in der Festung Erfurt, Reste bei Prenzlau. Das Regiment Garde (Nr. 15) und das »Regiment des Königs« (Nr. 18) fielen ebenfalls durch die Ereignisse bei Prenzlau in die Hand des Feindes. (49,656/57) Ähnliches gilt für die Grenadier-und Füsilierbataillone. Zum Teil schon in den Kämpfen am 14. Oktober und in der Folgezeit zersprengt oder gefangengenommen, endete die Mehrzahl durch Verwicklung in die Kapitulationen. (49,661 ff.)

Von dreizehn Kürassierregimentern wurden neun aufgelöst, zwei kamen unbeschadet in die neue Struktur, darunter das Regiment Garde du Corps (K 13). Ähnlich sah es in den anderen Gattungen der Kavallerie aus. Allerdings scheint man hier des Öfteren aus Gründen der Zweckmäßigkeit von förmlicher Auflösung abgesehen zu haben. Die Überreste, Depots und Reserven verschiedener Regimenter wurden, zum Teil ohne Rücksicht auf die Herkunft des Reiters, also egal ob zuvor Kürassier oder Dragoner, zu einer neuen Einheit zusammengeschmiedet.

## Erste Strukturen in der »neuen« Armee

Diejenigen Infanterie-Regimenter, die fortbestanden oder aus Trümmern formiert wurden, erhielten eine neue Einteilung. Sie bestanden nunmehr aus zwei Grenadierkompanien, »die nach wie vor brigadeweise zu Grenadierbataillonen zusammenstießen« (49,651/52) sowie im Gros aus drei Bataillonen zu vier Kompanien zuzüglich einer Garnisonskompanie. Das III. Bataillon der Infanterieregimenter hieß seit 1809 Füsilierbataillon. Dieses war, so Jany, wegen der »neuen Tiraillieur- und Kolonnentaktik« als ein »leichtes Bataillon« konzipiert. (49, 652)

Auffällig ist, wie schwer man sich mit der aus dem diffusen »Gardegedanken« erwachsenen Erwartung des Kriegsherrn tat, dass gerade die Grenadiere etwas Außergewöhnliches leisten könnten. Selbst nach der Katastrophe kehrt man also zunächst fast zum fridericianischen Modell zurück. Man muss aber nachsichtig sein: Sogar in der Armee bis 1914 hießen die IR 1–12 Grenadier-Regimenter und die »Garde« war inzwischen auf ein ganzes Armeekorps aufgebläht.

1808 formierte man aus den Truppen der vormaligen Garnison Kolberg zwei weitere Infanterieregimenter. Eines erhielt als Ehrung für die tapfere Verteidigung der Festung bis zum Waffenstillstand die Bezeichnung »Leib-Infanterieregiment«, das andere den Namen Colbergsches Infanterieregiment. (49,652) Das zahlenmäßig starke Feldjägerregiment überlebte das Revivrement ebenfalls, wenngleich in neuer Gestalt. Es wurde 1808 geteilt in das Gardejägerbataillon und das Ostpreußische Jägerbataillon. (49,652)

Die Garde hatte sich, wie schon erwähnt, nicht besser gehalten, als der überwiegende Rest der Armee auch. Dennoch mochte der König, dem Empfinden der Zeit entsprechend, nicht ohne Gardetruppen zu Fuß sein. Ein im Kriegsverlauf neu aufgestelltes Bataillon Garde wurde durch Teilung 1808 zum Regiment Garde erweitert. Hinzu trat 1809 ein neu errichtetes Garde-Füsilierbataillon. (49,655)

## Die preußische Armee nach dem Pariser Vertrag von 1808

Die Gliederung nach der Niederlage der preußischen Armee ist nachhaltig durch den Pariser Vertrag vom 8. September 1808 bestimmt worden. Das Diktat Napoleons gestand Friedrich Wilhelm III. eine Truppenstärke von insgesamt 42.000 Mann zu. Die Reduzierung geschah zu allererst durch ein Rücksetzen der Stärken der bestehenden Einheiten. Am 16. November 1808 verfügte der König dann Grundlagen der Struktur, die zukünftig das Heer bestimmen sollten. Bereits im formalen Sektor waren die Unterschiede gravierend. Die früheren Chefstellungen entfielen. Die Regimenter wurden demnach nicht mehr mit dem Namen des Inhabers bezeichnet. Nun waren ausschließlich Territorialbezeichnungen zulässig.

Die Truppen wurden in sechs Brigaden gemischter Waffen vereinigt. Das waren im Einzelnen die Ostpreußische, die Westpreußische, die Pommersche, die Brandenburgische, die Niederschlesische und die Oberschlesische Brigade. 1810 gingen noch die Reste der Mineur-und Pontonierkompanien ein.

Daraus wurden die Preußische, die Brandenburgische und die Schlesische Pionierkompanie gebildet. (49,655)

In dieser Formation bestand das Heer bis zu den Befreiungskriegen. Jany: »Aus diesem Stamm erwuchs das Heer, das in den Befreiungskriegen das französische Joch zerbrach ...« (49,655)

*DER GRUNDSTOCK DES NEUEN HEERES 1810:*

6 Grenadierbataillone
12 Infanterieregimenter (je 2 Musketier- und1Füs.-Btl.)
3 Jäger- bzw. Schützenbataillone
4 Kürassierregimenter
6 Dragonerregimenter
6 Husarenregimenter
3 Ulanenregimenter
3 Artilleriebrigaden
3 Pionierkompanien (49,655)

## *Die Militärreformen – eine innere Wandlung*

Eines muss man vorauszuschicken: Es ist, soweit ersichtlich, kein Fall in der jüngeren Geschichte bekannt, in der ein Staatswesen einen derart katastrophalen Absturz in herrschaftlicher und weitgehend personeller Kontinuität überlebt hat. Revolutionen und militärische Niederlagen mit dem Charakter eines totalen Zusammenbruchs haben regierende Häuser vertrieben und entmachtet, haben Diktatoren der Neuzeit zum Selbstmord bestimmt, haben zumindest immer zu einem »Systemwechsel« geführt.

Hier: nichts von alledem. Die Niederlage von 1806 hat die preußische Monarchie zu Boden gedrückt, aber selbst ein persönlich schwacher Herrscher hat merkwürdigerweise dennoch die Malaise überstanden. Da bleibt nur die Feststellung, dass das Staatsgefüge der Hohenzollernmonarchie im inneren Kern stabiler gewesen ist, als man erwarten konnte.

Hinzu kommt, dass Napoleon sehr wahrscheinlich Preußen neben dem Großherzogtum Warschau als Pufferstaat gegen das Zarenreich erhalten wollte. Fest steht aber auch, dass Preußen, jedenfalls zeitweise, so fest im Griff des französischen Gewalthabers gewesen ist, dass eine Entthronung Friedrich Wilhelms III. durchaus im Bereich des Möglichen gelegen hat. Der Zar hätte Ostpreußen sicher gern aus den Händen des Schlachtenkaisers empfangen. Und wenn Napoleon das Bedürfnis gehabt hätte, 1810 seiner österreichischen Braut Schlesien als Morgengabe

*In der Militär-Reorganisationskommission: Boyen, der König, Gneisenau, Scharnhorst, Stein, Grolmann (v.l.n.r.).*

für deren Vater zu übereignen, hätte das wohl kaum jemand hindern können.

So wird man in der Annahme nicht völlig falsch liegen, dass auch glückliche Umstände das Überleben Preußens gesichert haben. Jedenfalls gab es kein Naturgesetz, dass der Staat Preußen unter den Hohenzollern als regierendes Haus fortbestehen müsse.

Dies alles im Blick, kann der Reformleistung nur Hochachtung gezollt werden. Der preußische Königsstaat blieb in seinem äußeren Formenkanon stabil, in seinem Wesen aber modernisierte er sich grundlegend und stieß das Tor ins bürgerliche Zeitalter auf. Anderswo hatten derartige Veränderungen Revolutionen erfordert. Die Stichworte zu den Stein-Hardenbergschen Reformen lauten im zivilen Bereich: Verwaltungsreform, Kommunalreform (Städteordnung), Zoll- und Steuerreform, Agrarreformen (verbunden mit der Bauernbefreiung), Reform der Gewerbeordnung (Wegfall des Zunftzwangs), Judenemanzipation.

In diesen Rahmen fügen sich die Militärreformen ein: Wenige Tage nach dem Frieden von Tilsit installierte der König eine Militär-Reorganisiationskommission. Generalmajor von Scharnhorst vom

Generalstab wurde als Ranghöchster Haupt der Kommission und erhielt Befehl zu handeln.

Es stießen zur Reorganisationskommission der Oberstleutnant von Gneisenau, die Majore von Grolman und von Boyen, der Stabskapitän von Clausewitz sowie eine Reihe anderer, dem Reformgedanken keineswegs wohlwollend gesinnte Offiziere.

Die Durchsetzung angedachter und von Scharnhorst, Gneisenau und anderen als essentiell empfundenen Veränderungen war harter, nervenaufreibender Kampf gegen die Reformgegner in den Reihen der eigenen Kommission, Teile des Offizierskorps und gegen – den König. Ein Kampf, der kaum angenehmer als das Gefecht mit Degen und Gewehr gewesen sein dürfte.

Ein abgesagter Feind der Reformer war neben anderen namhaften Militärs ausgerechnet der spätere Held von Wartenburg, der namhafte General York. Ihm galten die nach Umorganisation strebenden Offiziere schlicht als »Natterngezücht«.

Womöglich hat aber auch die Tatsache, dass sein geliebtes Feldjägerregiment der Teilung in zwei Jägerbataillone verfiel, seinen Zorn geschürt.

Der spätere Kriegsminister von Boyen hat in seinen Denkwürdigkeiten zur Charakteristik und zur individuellen Fähigkeit einzelner Kommissionsmitglieder intime Einblicke gewährt. (14,256 ff.)

## Das Ergebnis der Militärreformen

Am Beginn des Jahres 1809 war das Werk im Wesentlichen vollbracht, die Reorganisation des Heeres hatte Gestalt gewonnen, war praktisch, bis auf Ausnahmen, abgeschlossen.

*DAS FAZIT DER MILITÄR-REFORMEN 1807–1809:*

***1.*** *Feststellung der Verantwortlichkeit der Offiziere und Generale für Fehlverhalten im Feldzug 1806*

***2.*** *Brechung des Privilegs der Besetzung der Offiziersstellen durch den Adel (»Reglement über die Besetzung der Stellen der Portepee-Fähnriche und über die Wahl zum Offizier bei der Infanterie, Kavallerie und Artillerie« vom 6.8.1808)*

***3.*** *Beseitigung der Kompaniewirtschaft. Chefstellen entfallen (bis auf Ausnahmen, wo sie aber reine Ehrenfunktion sind). Bezahlung der*

*Offiziere nunmehr ausschließlich aus dem Staatshaushalt. Gestaltung der Besoldung derart, dass angemessener Ausgleich als Ersatz zu den Einnahmen aus der Kompaniewirtschaft entsteht.*

**4.** *Versorgung der Soldaten mit großen Montierungsstücken durch den Fiskus. Für Beschaffung der kleinen Montierungsstücke werden Ökonomiekommissionen bei den Regimentern gebildet. Ein Offizier wird im Regiment als Rechnungsführer eingesetzt.*

**5.** *Verschlankung der Logistik bei den Regimentern: Der gewaltige Tross wird radikal vermindert.*

**6.** *Einführung neuer Exerzierreglements, die in den Waffengattungen das Schwergewicht auf eine kriegsmäßige Ausbildung legen. Einführung des Scheibenschießens in der ganzen Infanterie.*

**7.** *Reorganisation der militärischen Bildungsanstalten. Begründung der Allgemeinen Kriegsschule in Berlin 1810 als Vorläufer der späteren Kriegsakademie.*

**8.** *Umwandlung des Oberkriegskollegiums in eine moderne Zentralbehörde: Ab 1.3.1809 arbeitet das Kriegsministerium, bestehend aus dem Allgemeinen Kriegsdepartement, dem Militärökonomiedepartement und dem Kriegskommissariat.*

**9.** *Einführung neuer Kriegsartikel am 3.8.1808: Abschaffung entehrender Körperstrafen (Stockprügel, Gassenlaufen). Ausnahme: bei Desertion und Diebstahl wird körperliche Gewalt weiter als Strafmittel geduldet.*

**10.** *Bestrebungen mit dem Ziel der Einführung einer allgemeinen Wehrpflicht. Zunächst nicht durchsetzbar. 6.8.1808 Verordnung über Ausbildung einer Kriegsreserve (»Krümpersystem«). Erst 1814 Gesetz über die Verpflichtung zum Kriegsdienst und 1815 Landwehrordnung.* (28,619/21)

Das Werk der Militärreformer ist nicht aus dem »Nichts« entstanden. Unter dem Zwang der Umstände handelten zwar Scharnhorst und seine Mitstreiter, aber viele Materien waren bereits vor 1806 lange Jahre in der Diskussion der interessierten Militärkreise umfänglich erörtert worden.

## Das Strafgericht über pflichtvergessene Offiziere und Generale nach den Ereignissen des Feldzuges 1806

Die Ereignisse des Feldzuges 1806 waren so unerhört, das Versagen von militärischen Führern so eklatant, dass ein geharnischtes Strafgericht die Folge sein musste.

Im Ortelsburger Publicandum vom 1. Dezember 1806 gibt der König die Linie vor. Insbesondere haben sich jene zu verantworten, die in die Kapitulationen von Prenzlau und Anklam/Wolgast verwickelt worden sind oder die ohne Not Festungen an den Feind übergeben haben. Erste Generale und Obristen werden ohne Abschied entlassen oder »cassirt« (= in Haft genommen). Der gewesene Kommandant von Küstrin, der Oberst von Ingersleben, wird »zum arquebusieren condemnirt«, ein Urteil, das später gemildert wird. (1,8)

Der König will nun für die Folgezeit durchgreifen. Wer zukünftig eine Festung aus nichtigen Gründen oder auch nur wegen der Befürchtung eines Bombardements übergibt, wird »ohne Gnade erschossen.« (1,9) Aber auch der Soldat, der seine Waffen wegwirft, soll künftig ohne Federlesens füsiliert werden.

Eine Immediat-Untersuchungs-Kommission prüfte ab 1807 das Wohlverhaltens jedes einzelnen Führers im Feldzug. In den Regimentern wurden sogenannte Regimentstribunale niedergesetzt, die für die Durchleuchtung des Verhaltens des einzelnen Offiziers im Feldzug sorgen sollten. Der General von Grawert hatte hierbei den Grundsatz angeregt, »dass jedes Offizierkorps sich selbst sichten solle« (50,15)

Hierbei ging es weniger um das Verhalten des einzelnen Offiziers in der Schlacht, sondern um die vielfältigen Unwägbarkeiten auf den Rückzügen und das Verhalten bei Kapitulationen. Am Ende der Prüfung stand dann im positiven Falle die Erteilung eines Zeugnisses des Wohlverhaltens oder aber eben die Verweigerung eines solchen Attestes.

*DEM LEUTNANT VON ZIETEN VOM LEIB-GARDE-BATAILLON (NR. 15) WIRD DAS ZEUGNIS DES WOHLVERHALTENS VERWEIGERT – 27. DEZEMBER 1808:*

*»Auf die ... eingereichten Tribunals-Akten ... und das aus selbigen extrahierte und Seiner Majestät dem Könige vorgelegte Resultat haben Allerhöchstdieselben ... zu beschließen geruhet, dass ... 2. der Lieutenant v. Zieten, weil er, ohne zur*

*Bagage commandirt zu seyn, sich der Kapitulation von Wolgast angeschlossen hat, seine angebliche Krankheit nicht bescheinigt ist, und es ihm bei mehrerem Eifer nicht an Mitteln und Gelegenheit gefehlt haben würde, mit seinen wenigen Mannschaften der Gefangenschaft zu entgehn und zur Armee nach Preußen zu kommen, in der Wiederanstellung nicht besonders berücksichtigt und ihm ein Zeugniß des Wohlverhaltens nicht ertheilt« wird.* (1,322)

Bis zum Jahre 1809 sind infolge der Untersuchungen der Kriegsereignisse von 142 Generalen 17 kassiert und 86 verabschiedet worden (128,620)

Glimpflicher liefen in der Regel die Regimentstribunale ab, wo nachsehbares Fehlverhalten oft mit dem schlichten Abschied aus dem Dienst endete. Es waren auch meist nur Einzelfälle in den Regimentern zu behandeln. Zu berücksichtigen ist ferner, dass wegen der Heeresreduzierungen infolge der Niederlage etwa 5.000 Offiziere ohnehin schon aus dem Dienst geschieden waren, sich von geringer Handarbeit oder bürgerlicher Tätigkeit ernähren, von geringen Pensionen oder Halbsoldzahlungen leben mussten. (31,150)

Wenn auch die Generalität von 1806 weitgehend entfernt worden war, so darf nicht vergessen werden, dass die verbleibenden Subaltern- und die jüngeren Stabsoffiziere das künftige Offizierskorps der Befreiungskriege gebildet haben.

## Das Krümpersystem

Es ist dies eine Art der Schaffung einer ausgebildeten Reserve, die mehr oder weniger an der französischen Besatzungsmacht vorbei praktiziert wurde. Nach verschiedenen Versuchen galt ab Dezember 1808 für jede Kompanie die Weisung, »daß für die monatlich einzuziehenden 5 Rekruten 5 Mann der ältesten Einländer zu entlassen seien« (50,13).

Allerdings war auch diese Idee nicht völlig neu.

*HERRMANN VON BOYEN ÜBER DEN BEGRIFF KRÜMPER:*

*Der Name Krümper, den die Franzosen, als sie späterhin die Sache bemerkten und darüber unruhig wurden, gewöhnlich als crimper herausbrachten und Erklärungen über seine Bedeutung verlangten,*

*Ausbildung der Krümper.*

*entstand sehr zufällig; in Ostpreußen verstand man unter dem Namen Krümper eine beliebige Zahl einer Kompagnie obligate Leute, die aber noch in keiner Liste standen, wahrscheinlich war die Benennung zuerst bei der Kavallerie aufgenommen und dem beim Futterempfange üblichen Krumpmaß nachgebildet.* (14,299)

1811 wurde die Zahl der Ein-

*Krümper und Rekruten auf dem Weg nach Breslau.*

zuziehenden auf acht bei der Infanteriekompanie und auf drei bei jeder Reitereskadron bestimmt. (127,437/38) Der Umfang der auf diese Art und Weise praktisch »neben« dem stehenden Heer herangebildeten Reserve war beachtlich, vor allem wenn man bedenkt, dass dies in einem Zeitraum von gerademal fünf Jahren zustande gebracht wurde. Im Herbst 1812 standen über 33.000 feldverwendungsfähige und mehr als 3.000 für den Garnisonsdienst taugliche Krümper zur Verfügung.(127,437/38) Diese geschulte Reserve erreichte also beinahe die Stärke der regulären Armee mit ihren 42.000 Mann.

Der optische Eindruck der Armee wurde nach 1807 ein völlig neuer. Jany formuliert es so: »Der alte Glanz verschwand, die Armut des Staates drückte sich auch in der äußeren Erscheinung der Truppen aus.« (50,44)

Der König lehnte sich bei Neuuniformierung im Schnitt an das russische Vorbild an, welches ihm zusagte. Alle Truppen erhielten Tschakos aus Filz, diese mit einem Lederschirm versehen. Zur Schonung der Tschakos trug die Truppe diese mit einem dunklen Wachsleinwandbezug. Die Tschakos waren bei den Regimentern mit verschiedenartiger Symbolik verziert.

Zur Parade wurden Haarbüsche oder Federbüsche aufgesteckt, die Jäger trugen am Tschako stattdessen grüne Behänge (Kordons). In der Haartracht verschwand der Zopf 1807 endgültig aus der Armee. 1811 ging auch der Brauch des Puderns des Seitenhaars ein.

Den Rock knöpfte man zweireihig vornüber. Die Kragen blieben sehr hoch und waren bis 1814 vorn schräg angeschnitten. Auf beiden Schultern saßen nunmehr Achselklappen. Die Uniformgrundfarben blieben: für die Infanterie dunkelblau. Jäger und Schützen trugen dunkelgrüne Röcke. Die Hosen waren dunkelgrau, im Sommer trug man weiße Leinwandhosen. Als Schuhwerk dienten an das Knie reichende Stiefeletten bzw. Stiefel. Endlich, nach Jany »ein wesentlicher Fortschritt«, (50,44) wurden in der Armee durchgängig dunkelgraue Mäntel eingeführt.

Das Lederzeug der Infanterie war weiß, Füsiliere, Jäger und Schützen trugen dieses in Schwarz. Verschiedenfarbige Kragen und die Farbe der Achselklappen ließen die Herkunft des Regiments erkennen. Offiziere trugen außerhalb des Dienstes einen Hut mit Federbusch. (50,44ff.) Neuartig war auch, dass der Dienstrang nun an den Achselklappen erkannt werden konnte. Es wurde je nach schwarz-silbernem Tressenbesatz des Schulterstücks unterschieden nach Stabsoffizieren, Kapitäns und Leutnants.

Die zukünftig unberittenen Subalternoffiziere der Infanterie mussten im Feld einen kleinen Tornister mitführen. Wie wenig man dieses Ausrüstungsstück zunächst schätzte, ja es Offiziere als ehrenrührig ansahen, den Tornister wie die gemeine Mannschaft zu tragen, davon weiß der spätere

General von Döring zu berichten. (25,139/40)

Die Kürassiere bekamen eine neue Kopfbedeckung russischer Art. Sie trugen jetzt einen Lederhelm mit hohem Rosshaarkamm. Sie kämpften in den Befreiungskriegen ohne den namengebenden Kürass. Erst 1814 wurde dieser erstaunlicherweise wieder eingeführt.

Die Zahl der Fahnen war in der »neuen« Armee merklich vermindert. Seit 1811 führten die Musketierbataillone nur noch eine Fahne, ebenso wie jedes Kürassier- und jedes Dragonerregiment nur noch eine Standarte besaß.

Gegenüber der alten Armee wurden Truppenbagage, Verpflegungstrains und die Zahl der Knechte erheblich reduziert. Dazu trugen in erster Linie die radikale Herabsetzung der Anzahl der berittenen Offiziere bei der Infanterie und der Offizierspackpferde, der Verzicht auf die Zelterpferde, die Brotwagen und der vollständige Wegfall der Regimentsartillerie bei.

## Zur Bewaffnung der Armee nach 1807

Für die Infanterie wurde 1809 die Einführung eines neuen Gewehrmodells befohlen (sog. »neupreußisches Gewehr«). Abgesehen davon, dass auch die Parameter dieser Waffe keineswegs optimal waren, konnte »von Gleichmäßigkeit der Bewaffnung... überhaupt keine Rede« (50,43) sein. Die Regimenter führten die verschiedensten Gewehre (altpreußische Modelle, Nothardt-Gewehr, ausländische Fabrikate). Der Besatz der Artillerie mit Geschützmaterial blieb unverändert. Durch Neubegründung einer Geschützgießerei in Gleiwitz und einer Pulverfabrik in Neiße kräftigte sich die Leistungsfähigkeit der preußischen Kriegswirtschaft. Neu war ferner die strukturmäßige Einführung von Artilleriewerkstätten. Die reitende Artillerie erhielt Husarensäbel. (50,43/44)

## Ausbildung und taktische Neuorientierung

Maßgebliche Militärhistoriker bewerten das Exerzierreglement für die Infanterie von 1812 als bedeutend. Es habe Jahrzehnte lediglich mit wenigen Umarbeitungen überdauert und wesentliche Bestandteile seien noch in das Reglement von 1888 eingeflossen. Weniger günstig wird das Reglement für die Kavallerie von 1810 eingeschätzt. Das Exerzierreglement für die Artillerie aus dem Jahr 1812 hat für die Gefechtsweise über die einzelne Batterie hinausgehend wenig Wirksamkeit erlangt. Sechspfünder bildeten nach 1806 die hauptsächliche Artilleriewaffe. (50,50/51)

Die Ausbildung wurde nun, nach den bitteren Erfahrungen der jüngstvergangenen Feldzüge, eine durchaus kriegsmäßige.

*CURT JANY ÜBER DIE TRUPPENAUSBILDUNG NACH DEN MILITÄRREFORMEN:*

*Dem vor 1806 vernachlässigten Felddienst wurde jetzt ein ausgesprochener Wert beigelegt. Vorpostendienst, Marschsicherung und Aufklärung, größere Märsche, nächtliche Unternehmungen, Biwaks- und Hüttenlager, Schanzarbeiten wurden zum Gegenstande der Übung gemacht, in kriegsmäßig angelegten langdauernden Herbstmanövern das Zusammenwirken der Waffengattungen gefördert.* (50,52)

1810 wurde der bekannte York zum Generalinspekteur der leichten Truppen ernannt. Seiner Kontrolle unterstanden nun, über die Waffengattungen greifend, die Füsiliere, Jäger, Schützen und Husaren. Für jede Brigade wurde ferner ein gesonderter Befehlshaber für die leichten Truppen bestimmt.

Preußen hatte mit dem militärischen Reformwerk wohl das getan, was es unter politischem Kuratel und finanzieller Beengtheit objektiv leisten konnte. Insbesondere waren aber jene taktischen Formen, die eine künftige bewaffnete Auseinandersetzung bestimmen würden, erkannt. Als taktische Grundkomponente, darauf stellte man sich ein, wirkte jetzt die Kolonne. Napoleon hatte das in vielen blutigen Schlachten demonstriert.

Das bedeutete, dass sich das Bataillon im Gefecht in der Tiefe in Zugkolonnen formierte. Die Linie als bestimmendes taktisches Element war damit abgelöst. Ein Keil aus der Tiefe, eine »Angriffskolonne« (50,48) hatte, so räumten die Militärs ein, eine höhere Durchschlagskraft als der Kampf auf der Linie.

*EIN STATEMENT ZUR KOLONNENTAKTIK:*

*Diese Angriffskolonne mit dem schlagenden Tambour ist die hauptsächliche Kampfform der preußischen*

*Infanterie von Groß-Görschen bis Belle-Alliance gewesen.* (50,48)

Alle Schriftsteller stimmen darin überein, dass die Kolonne aber auch für feindliche Artillerie »ein sehr massiges Ziel« (50,48) bietet. Eine denkbare Erklärung für die außerordentlichen Menschenverluste in den Schlachte der napoleonischen Ära. Zu beachten ist, dass sich die Waffentechnik (Gewehre, Geschütze) gegenüber der fridericianischen Epoche, der Hochzeit der Lineartaktik, ja nicht grundlegend verbessert, gar revolutioniert hatte.

Der Übergang zu Kolonnentaktik, den die Franzosen wohl zuerst in Konsequenz vollzogen haben, hatte Gründe. Zum einen erfordert der Feuerkampf in der Linie vorzüglich ausgebildete Soldaten, gedrillte Schützen, die praktisch jeden Handgriff im Schlaf beherrschen. Solche Soldaten hatte das revolutionäre Frankreich nicht. Friedrich der Große wollte durch die überlegene Feuergeschwindigkeit seiner Truppen den Gegner zum Weichen bringen. Ging es in ein Handgemenge, ein Hauen und Stechen über, entsprach das schon nicht mehr seiner Intention.

Dass die Kolonne ja in der Breite nicht die Feuerwirkung wie eine Linie erzielen kann, steht fest: Die Kolonne ist extra dazu gemacht, ohne viel zu fackeln, in den Gegner einzubrechen und allein schon durch den Aufprall ihrer Masse den Feind zum Rückzug zu zwingen. Leistet hier ein Gegner nur einigen Widerstand, endet alles in blutigstem Nahkampf und einem Gemetzel Mann gegen Mann, so wie es dann in den Schlachten der Befreiungskriege beinahe zur Regel geworden ist.

Die »Kolonne« ist das eine taktische Element. Das andere sind die leichten Truppen, die den Aufmarsch der Kolonne decken. Der »Angriffskolonne«, der Aufstellung in einer starken Tiefengliederung, gehen Füsiliere oder die dritten Glieder der Grenadier- und Musketierbataillone in aufgelöster, in Schützenordnung voran. Diese Tirailleure »maskieren die Angriffskolonnen und vertreiben die Feinde, welche nicht stark genug sind, einer Linie leichter Infanterie zu widerstehen«. (50,49)

In der »Normalaufstellung« der Brigade bildeten die Füsilierbataillone im Übrigen »ein als Avantgarde bezeichnetes Vortreffen.« (50,49) Danach sollte ein »Haupttreffen« der in Kolonne formierten Bataillone der Linieninfanterie folgen. Hinter diesen war eine Reserveaufstellung von zwei Bataillonen vorgesehen.

Das war der theoretische Ansatz. Die Umstände der Praxis haben das Prinzip zur Geltung gebracht, im Einzelnen konnten sich aber immer Situationen ergeben, in denen nur beherztes Kämpfen und kein Reglement mehr helfen konnte.

## Preußisches Militär unter der französischen Fremdherrschaft

### *Offiziersschicksale*

Die Niederlage des Jahres 1806 hatte nicht nur den König und den Staat selbst bis ins Mark getroffen, auch das Offizierskorps der Armee war einschneidenden Veränderungen ausgesetzt. Da stand zuerst die zahlenmäßige Reduktion der Streitkräfte an, die viele Offiziere aus dem Dienst scheiden ließ. Die Schicksale der betroffenen preußischen Offiziere waren äußerst vielfältig: ein geringerer Teil blieb im königlichen Dienst oder trat wieder in ihn ein. Die ehemaligen Offiziere, mussten, soweit sie nicht auf ihren Gütern die Landwirtschaft betreiben konnten, sich nach einem Broterwerb umschauen. Die glücklicheren unter ihnen erhielten staatliche Unterstützung (»Halbsold«).

Nicht wenige traten auch in die Dienste anderer Herrscher. Hier gab es nun in der Zeit bis zu den Befreiungskriegen grundsätzlich zwei Möglichkeiten. Da ja niemand hellseherisch erahnen konnte, dass die ganze Herrlichkeit des heutigen Siegers nach nicht einmal einem Jahrzehnt im Staube liegen würde, kann man jenen nicht »moralisch« kommen, die Militärdienste in Napoleon verbundenen Heeren genommen haben. Hier sind also vor allem die Armeen der nichtpreußischen deutschen Vasallenstaaten Napoleons zu nennen. Ganz speziell sah sich manch ehemaliger preußischer Offizier plötzlich als Untertan des Königs von Westphalen wieder. Aus kurhessischen und braunschweigischen Gebieten und den im Frieden von Tilsit abgetretenen linkselbischen Besitzungen Preußens formte Napoleon für seinen jüngsten Bruder Jerome das Königreich Westphalen.

Vom Kaiser in jeder Beziehung

abhängig, stand natürlich auch die westphälische Armee wie selbstverständlich Napoleon zur Verfügung. Der spätere General von Brandt (94,VI,1842), im Oktober 1806 als Fähnrich in der preußischen Armee angestellt, ging nach dem Frieden in polnische Dienste (= die Armee des napoleonhörigen Großherzogtums Warschau) und machte in einem Regiment der Weichsellegion die Feldzüge in Spanien und in Russland auf Seiten der Franzosen mit.

Eine solche Laufbahn war dann nach dem Ende der Befreiungskriege nicht unbedingt eine Empfehlung für den Wiederentritt in die preußische Armee. Manchem trug man seine Wahl, aus freien Stücken dem korsischen Eroberer gefolgt zu sein, ewig nach.

Dann gab es die andere Gruppe: abgesagte Feinde Napoleons und Frankreichs. Sie traten in fremde Dienste, aber nicht um mit, sondern um gegen den Kaiser zu kämpfen. Hier ist zunächst jener Offiziere zu gedenken, die im englischen Sold in Spanien gegen die Franzosen Krieg führten. Der Verfasser der Memoiren »Ein deutsches Reiterleben«, ursprünglich Blücherhusar, zeigt exemplarisch einen solchen Weg auf. Nach seiner Beteiligung an der Aufstandsbewegung des Jahres 1809 ging er nach England, von dort zum Kampf gegen die Franzosen auf die pyrenäische Halbinsel. 1812 trat er in russische Dienste. Mit der siegreichen Zarenarmee gelangte er dann wieder nach Preußen und trat erneut in die Armee ein. Dies war, im Vergleich zu der vorigen Gruppe, eine ungebrochene, geradlinige Biografie zu nennen. Es war klar, dass solche Offiziere Anfang 1813 mit offenen Armen aufgenommen worden sind.

So wie der erwähnte Blücherhusar traten etliche Offiziere in die Dienste des Zaren, als sich die Teilnahme Preußens am Feldzug gegen Russland abzeichnete. Darunter waren namhafte Vertreter wie der bekannte Clausewitz. Gneisenau war, in Opposition zu dem franzosenfreundlichen Kurs Preußens, schon 1809 aus dem Dienst geschieden. Auch er trat erst am Beginn der Befreiungskriege wieder in das Heer ein. Der Historiker Gordon Craig meint sogar, die »moralischen Folgen des Pakts« mit Napoleon, die Zusage, Truppen gegen Russland zu stellen, seien »verheerend« gewesen: »Dreihundert preußische Offiziere – fast ein Viertel des Offizierskorps – reichten entrüstet ihren Abschied ein;...« (22,78)

Das Offizierskorps wird in seiner Masse antifranzösisch eingestellt gewesen sein. Das ist angesichts des Katastrophenjahres 1806 nur zu gut verständlich. Dass unter solchen Voraussetzungen Rache- und Revanchegelüste unterschwellig, mehr oder weniger im Geheimen, gut gedeihen konnten, ist auch klar. Der König hatte kaum eine Wahl, als Napoleon zu Willen zu sein. Diesem Umstand mussten sich auch die Offiziere und Generale beugen. Wir reden hier von einer Zeit, als Preußens Macht völlig am Boden lag. Wäre es dem Kaiser der Franzosen eingefallen, die Dynastie der Hohenzollern zu entmachten und das Königreich aufzuteilen, hätten das Friedrich Wilhelm III. und sein Heer definitiv nicht verhindern können. Der König durfte also Napoleon gegenüber keinen Anlass zu Argwohn geben.

Eine überaus harte Belastungsprobe stellte in dieser Hinsicht das Jahr 1809 dar. Österreich hatte sich

*Der Tod des Majors von Schill im Straßenkampf in Stralsund am 31. Mai 1809.*

*Eine Verhaftung.*

erhoben. Napoloeon war dadurch mit seinem Heer dort gebunden. Zwar war er siegreich bis nach Wien vorgedrungen, aber in der Schlacht von Aspern am 21./22. Mai 1809 drängt der österreichische Erzherzog Karl den Kaiser Napoleon in die strategische Defensive. Erst der französische Sieg von Wagram am 5./6. Juli 1809 zwingt die Habsburgermonarchie zum erneuten Friedensschluss mit Frankreich. Parallel zu diesen Ereignissen erhebt sich Tirol unter der Führung Andreas Hofers gegen die Franzosen.

Manche glaubten mit Ausbruch dieses Krieges nun die Zeit gekommen, dass sich Preußen mit dem Ziel, die französischen Ketten abzuwerfen, Österreich anschloss. Das Zögern des Königs und der anderen deutschen Fürsten, nun, da die Zeit günstig schien, aus dem französischen Zwangsverbund auszubrechen, gab Anlass zu verschiedenen Militärrevolten. Diese erreichten aber allesamt nicht den erwünschten Zweck. Keiner einzigen Aktion der franzosenfeindlichen »Patrioten«, der schärfsten Gegner des napoleonischen Systems, gelang es, einen allgemeinen Volksaufstand hervorzurufen.

Die Zeit war einfach noch nicht reif. Napoleon verfügte immer noch über die stärkste Militärmacht auf dem Kontinent, ja nach dem Frieden von Schönbrunn am 14. Oktober 1809 stand er praktisch im Zenit seiner Macht. So scheiterten insbesondere folgende Erhebungen:

Da ist zunächst der Zug des Majors von Schill zu nennen, der legendär geworden ist, auch wegen seines tragischen Ausgangs. Schill, bei Beginn des Feldzuges 1806 noch der (wahrscheinlich) älteste Leutnant der Armee, bewies seine Qualitäten schon bei der Verteidigung von Kolberg 1807. Im Jahr 1809 Major und Kommandeur des 2. Brandenburgischen Husarenregiments, verließ er am 28. April 1809 mit dem Regiment seinen Standort. Dies mit dem Ziel, einen antifranzösischen Volksaufstand zu entfesseln.

Unterhalb Magdeburgs, bei Dodendorf, kam es zum Gefecht. Schill griff sechs Kompanien der Magdeburger Garnison, Franzosen und Westphalen, mit zwei Geschützen unter dem Oberst Vauthier (92,VIII,316) an. Das kleine Korps sollte sich dem Schillschen Regiment entgegen stellen. Einen Teil seiner Einheit ließ der französische Oberst Karrees bilden. Diese wurden von den Husaren niedergeritten und zersprengt.

Nur der feindlichen Infanterie, die den Kirchhof von Dodendorf verteidigte, konnte Schill mangels Fußtruppen nicht beikommen. Schill hatte vergebens darauf gerechnet, dass die Westphalen auf den ersten Anruf hin zu seinem Korps überlaufen würden.

*KEINE KAMERADEN MEHR – DER TOD DES LEUTNANTS STOCK BEI DODENDORF AM 5. MAI 1809 – BERICHTET VON EINEM MITKÄMPFER:*

*Es dienten unter diesen westfälischen Truppen sehr viele ehemalige preußische Offiziere und Unteroffziere, und so hofften wir, daß es uns gelingen würde, wenigstens einen Teil derselben zur Vereinigung mit uns oder doch zur Niederlegung der Waffen zu bewegen. Ein Offizier unseres Korps, der Leutnant Stock, hatte einige frühere Regiments-Kameraden unter diesen westfälischen Offizieren.*
*Er ritt nun allein noch an 200 Schritte weiter vor, freundschaftlich mit dem Taschentuche winkend und den ihm befreundeten Offizieren zurufend, sie sollten zu uns übergehen und vereint mit uns für Deutschlands Sache kämpfen. Eine Flintensalve, die von der zunächst stehenden westfälischen Kompanie gegeben wurde, war die einzige Antwort auf diese Aufforderung, und von mehreren*

*Kugeln durchbohrt sank der Leutnant Stock aus dem Sattel.*
*Daß die westfälischen Offiziere, jetzt, wo der Kampf beginnen sollte, nicht zu uns übergehen wollten, verdenke ich ihnen vom Standpunkt der militärischen Ehre, den der Soldat vor allem unbedingt festhalten muss, keineswegs. Auch ich selbst hätte es nicht getan; und wäre ich erst einmal westfälischer Offizier geworden, so hätte ich auch für die Ehre der westfälischen Waffen mutig gekämpft. Eine wahre Infamie war es aber, auf diesen als Parlamentär allein vorgerittenen Offizier zu feuern ...*
(4,I,251/52)

Die Lage wurde für den kühnen Husarenführer zunehmend hoffnungsloser. Schill zog sich nach Norden. Er vermehrte sein Korps noch um einige Infanteriekompanien, stand aber schließlich am 31. Mai 1809 in Stralsund eingeschlossen einer gewaltigen Übermacht von 5.500 Dänen und Holländern gegenüber. Sein Korps wurde zerschlagen. Major Schill selbst fiel in den Straßenkämpfen. Elf Schillsche Offiziere wurden später in Wesel standrechtlich erschossen.

So endete ein Unternehmen, das unter falschen Voraussetzungen und Annahmen begonnen worden war: weder liefen die westphälischen Soldaten in Massen über, noch erhielt Schills Korps den erwarteten Zulauf von Freiwilligen.

Die Bevölkerung blieb passiv und abwartend. Die westphälischen Offiziere und Beamten hielten zur neuen Herrschaft.

Der Herzog Friedrich Wilhelm von Braunschweig-Oels, genannt der Schwarze Herzog stellte in Böhmen ein Freikorps auf, mit dem er durch Sachsen zog, Halberstadt, in der Nähe von Magdeburg, im Sturm nahm und schließlich die vormalige Residenz Braunschweig erreichte. Allerdings musste er bald der Übermacht der Franzosen und ihrer Verbündeten weichen und ging auf Bremen zurück. Sein Korps schiffte sich nach England ein.

Der Herzog, 1771 geboren, hatte bis 1806 bereits eine beachtliche Militärkarriere in der preußischen Armee hinter sich gebracht. General war er schon seit 1801. Ein Mitkämpfer des Schwarzen Herzogs war der vielfach zitierte vormalige Offizier aus dem Husarenregiment Blüchers.

*ÜBER DAS KORPS DES SCHWARZEN HERZOGS 1809:*

*Das Korps, das der Herzog jetzt im nördlichen Böhmen auf eigene Kosten anwarb, bestand fast ausschließlich aus früheren preußischen Offizieren und Soldaten. Zuvor war die Werbung für das Korps in Preußen streng untersagt; allein dies verhinderte nicht, dass Dutzende ehemaliger preußischer Offiziere und entlassener Soldaten heimlich über die Grenze kamen, um sich anwerben zu lassen. Ich glaube, es befanden sich unter allen Offizieren kaum sechs bis acht, die nicht früher in der preußischen Armee gedient hatten …*

*… Die Mannschaft bestand zur Hälfte aus früheren Soldaten der preußischen Armee, die als Ausländer bei der neuen Organisation entlassen waren. Gutgeübte, mutige Kerle, welche bei energischer Führung die Hölle gestürmt hätten, befanden sich die Menge darunter, aber auch leider nur zu viele Säufer, Marodeure und andere Taugenichtse …* (4,I,270/71)

Auch der Zug des Schwarzen Herzogs war zum Scheitern verurteilt, und zwar aus den gleichen Gründen, die auch Schill nicht das Gewollte erreichen ließen. »… die Ruhe und ja selbst Gleichgültigkeit der Bevölkerung« (4,II,270) signalsierte, dass die Zeit noch nicht für Veränderungen reif war. Ebenso ging die Unternehmung des Obristen Freiherrn von Dörnberg schief. Jener hatte von 1796 bis zur Kapitulation Blüchers 1806 bei Lübeck im preußischen Heer gestanden. 1809 als Oberst der Gardejäger (70,V,82) im Dienste des Königs von Westphalen, sann er auf einen Aufstand gegen dessen Herrschaft. Der Krieg gegen Österreich schien dafür eine gute Gelegenheit zu bieten.

Im April 1809 machte er den Versuch mit ein »paar Tausend Bauern« (70,V,82) Kassel einzunehmen. Sein Detachement wurde zerschlagen, er selbst konnte fliehen. Über das Ende berichtet Dörnberg selbst: »Die Bauern, die noch bei uns waren, ermahnten wir, für jetzt nach Hause zu gehen und sich bis zu einer bessern Gelegenheit ruhig zu verhalten.« (53,355)

In der Summe der drei Beispiele bleibt festzuhalten, dass die Erhebungen zu einem wesentlichen Teil durch aktive oder ehemalige Soldaten und Offiziere des preußischen Heeres inspiriert und getragen worden sind.

## *Aufsässigkeit in der Provinz – der »böse Baron« von Krosigk*

Heinrich Ferdinand von Krosigk wurde 1778 geboren. Er entstammte einem alten obersächsischen uradeligen Geschlecht: erste urkundliche Erwähnung im Jahr 1103.

Räumlich war die Familie vornehmlich mit dem Saalkreis und dem Anhalt-Bernburgischen Gebiet eng verbunden. Geburtsort des hier in Rede stehenden Heinrich Ferdinand von Krosigk ist Poplitz bei Alsleben an der Saale. 1805 beerbte er seinen Vater und saß nun »auf Poplitz, Laublingen, Leau, Beesen, Besedau, Gröna, Peißen und Großböhla«. (111,141) Mit 17 war er in das Infanterieregiment Schwerin eingetreten, gerade noch rechtzeitig, um die Campagne in Polen mitzumachen. Den Dienst quittierte er nach dem Tod des Vater, um die Bewirtschaftung seines Gutes Poplitz zu übernehmen.

Gelassen sah er der Auseinandersetzung des Jahres 1806 entgegen. Voller Überzeugung vertrat er in einem Brief an den Generaladjutanten des Königs, von Köckritz, den Standpunkt, dass sich Preußen und sein Adel (= das Offizierskorps) selbst genug sei und Verbündete nicht brauche.

*KROSIGK AN KÖCKRITZ IM JAHRE 1806:*

*Man sagt, der König rechne auf russische und schwedische Unterstützung: Wozu braucht der König, unser Herr, fremde Truppen, solange er noch seinen Adel hat?*
*Wir sind ihm die Nächsten, auf uns kann er sich verlassen, und erst mit unserem letzten Atemzuge mag er sich nach fremder Hilfe umsehen!*
(111, 142)

Ein Beispiel, dass sich an andere reiht, die schon genannt worden waren. Niemand rechnete mit einem Ausgang des Krieges, wie er dann eintrat.

Krosigk hielt es in Poplitz nicht länger. Er begab sich unter Mühen und Gefahren nach Memel und nahm wieder Dienste. Nach der Schlacht bei Preußisch-Eylau, in der er verwundet wurde, reichte er erneut den Abschied ein und zog sich nach Poplitz zurück. Nun begann das, was nach der Überlieferung ihn zur Legende gemacht hat: Als Gutsherr, der auch listigerweise noch das Amt des Maire (nach der westphälischen Verfassung der Ortsvorsteher/Bürgermeister) übernommen hatte, arbeitete er halb offen, halb verdeckt gegen die Franzosen. Aus seiner Abneigung, ja seinem Hass gegen die westphälische, also sprich: die französische Herrschaft, machte er nicht einmal ein Geheimnis.

Er lieferte einige Bravourstücke ab, mit denen er die Besatzungsmacht foppte. Wo er ihnen in Wort und Tat Abbruch tun, Schaden zufügen konnte, tat er das. So erarbeitete er sich nach und nach seinen Ruf bei den Franzosen: Der »böse Baron von Krosigk« – le mauvais baron. Mitglied des verschwörerischen Tugendbundes, 1809 verwickelt in das Vorhaben des Leutnants von Katte, die Festung Magdeburg zu überrumpeln und wieder in preußische Hände zu überliefern und immer bestrebt – manchmal fast im Gewande eines braven Soldaten Schwejk daherkommend – die Franzosen zu düpieren, bloßzustellen oder lächerlich zu machen.

*EINE HERAUSFORDERUNG AUF KROSIGKSCHE ART:*

*Poplitz wurde häufig mit militärischer Einquartierung belegt. Die französischen Offiziere und Mannschaften waren dort nicht auf Rosen gebettet. Da eine Verfügung bestand, dass die Hausherren den Quartiergästen nur das vorzusetzen brauchten, was sie auch selbst aßen, gab es in Poplitz bei diesen Gelegenheiten nur einfachste Kost für alle.*
*1811 beklagte sich ein französischer Offizier, dass es unwürdig sei, einem Offizier der Grande Armee so wenige Gänge bei Tisch zu bieten. Als er sich auf die höfliche Zurechtweisung des Hausherrn, das sei in schlechten Zeiten die in Poplitz übliche Kost, zu beleidigenden Äußerungen hinreißen ließ, gab Heinrich* (von Krosigk – d.V.) *dem Diener einen Befehl. Dieser brachte eine verdeckte Schüssel, und der Hausherr stellte es dem Gast frei, sie mit ihm im Garten zu verzehren. Als der Diener daraufhin die Schüssel aufdeckte und darin zwei Pistolen mit Pulver und Kugeln präsentierte, zog der Franzose es vor, sein Quartier zu verlegen.* (111,145)

Ende 1811 war das Maß bei den westphälischen Behörden voll. Man inhaftierte den »bösen Baron« für mehr als ein halbes Jahr und schickte ihn dann unter strengen Auflagen nach Poplitz zurück. Die Ereignisse überholten alles. In der Völkerschlacht bei Leipzig ist der »böse Baron« als Kommandeur des Füsilierbataillons des 2. Brandenburgischen Infanterie-Regiments am 16. Oktober bei Möckern gefallen.

Der letzte Befehl des Majors

von Krosigk: »Alles mit Sturm! Alles mit Sturm! Ich kommandiere nicht eher Feuer, als bis ihr nur Schritte entfernt seid; wer dann schießt und nicht trifft, dem haue ich den Kopf herunter!« (111,148)

Die Geschichte des Barons Heinrich von Krosigk hätte es über eine gelinde Verbreitung in Regiments- und adeliger Familiengeschichte hinaus nie gebracht, wäre nicht 1907 Paul Schreckenbachs »Der Böse Baron von Krosigk. Ein Roman aus der Zeit deutscher Schmach und Erhebung.« erschienen. Das Werk Schreckenbachs hat den »bösen Baron« weithin populär gemacht.

Nach einer Berechnung von Harald von Krosigk sind vom Schreckenbachschen Epos in knapp hundert Jahren immerhin 93.000 Exemplare vertrieben worden. (111,149)

## *»Im Bündnis mit dem Nationalfeinde« (50,53) – Preußische Truppen im russischen Feldzug 1812*

Ebenso wie in Österreich und all den anderen deutschen Staaten gebot der Selbsterhaltungstrieb der Monarchen auch dem Königreich Preußen, sich gegenüber dem Kaiser Napoleon nach außen willfährig zu zeigen. Am 24. Februar 1812 ging Preußen die vertragliche Verpflichtung ein, für einen nahen Krieg mit Russland ein Hilfskorps

*Die Grande Armée auf dem Weg nach Russland.*

von 20.000 Mann zu stellen. Die Einheiten, die bataillonsweise aus den bestehenden Regimentern entnommen wurden, hatte man durch Los bestimmt. (50,59)

14.000 Infanteristen, 4.000 Reiter und 2.000 Artilleristen mit 60 Geschützen zogen in einen Krieg, der Friedrich Wilhelm III. im Grunde seines Herzens suspekt war. Das preußische Hilfskorps wurde zunächst von dem General von Grawert geführt. Dieser erkrankte im August 1812. Ihm war aber der General York schon vorab als »zweiter Befehlshaber« (50,61) zugewiesen, der nun übernahm.

Das preußische Hilfskorps wurde dem linken Flügel der Großen Armee beigegeben. Unter dem Kommando des Marschalls Macdonald war dieser bis zur unteren Düna vorgerückt. Bei Eckau bestanden die preußischen Hilfstruppen »ein größeres Gefecht mit Auszeichnung«. (50,66) Das nächste Ziel war die Belagerung von Riga. In deren Vorfeld kam es zu Kämpfen bei Dahlenkirchen, wo Oberst von Horn »empfindliche Verluste« (50,66) erlitt. In den mehrtägigen Kämpfen bei Bauske drängte York die Russen wieder gegen Riga. Das war Anfang Oktober 1812. Am 18. Oktober trat ein irritierter Napoleon aus Moskau den Rückzug an. Die Armee lief in ihren Untergang in Schnee und Eis. Der Befehlshaber des linken Flügels, der von diesen Ereignissen nicht betroffen war, hielt, wo er war. Erst am 18. Dezember erreichte ihn der Rückzugsbefehl.

## *Der Weg nach Tauroggen*

Die Spitze des Rückmarsches von Bauske nach Tilsit bildete die nationalfranzösische Division Grandjean. Das preußische Hilfskorps sollte von Mitau aus folgen. Nun begab es sich, dass am 25. Dezember die Straße bei Koltynjany, »40 km nordöstlich Tauroggen …, durch ein russisches Streifkorps unter dem Generalmajor v. Diebitsch« (50,67) gesperrt war. Aber: dieses russische Korps zählte ganze 1.800 Mann. Hätte York andere Absichten verfolgt, wäre diese Gruppierung durch die überlegenen preußischen Kräfte hinweg gefegt worden. Diese Entwicklung war dann für York nur der willkommene Anlass, sein Vorhaben des Abfalls von den Franzosen ins Werk zu setzen.

York hatte im Übrigen bereits

Anträge der Russen mit der Aufforderung, über das Schicksal seines Korps zu verhandeln, erhalten. Deswegen schickte er seinen Adjutanten, den Major von Seydlitz, nach Berlin. Feste Verhaltensmaßregeln mochte Friedrich Wilhelm III. aus politischen Rücksichten nicht geben, was völlig einleuchtet. Seydlitz, so der Militärschriftsteller Jany, konnte seinem General daher nur mitteilen, der König wünsche, dass York »nach den Umständen handeln« (50,67) möge. So blieb denn freilich alles offen. Allerdings hatte Seydlitz aus Berlin die Überzeugung mitgebracht, »dass der König entschlossen sei, das von Napoleon so vielfach verletzte Bündnis aufzuheben, sobald sich die anderen politischen Verhältnisse des Staats« – die weiteren Absichten Russlands und die Haltung Österreichs – »nur erst näher aufgeklärt haben würden« (50,67)

Diese Nachrichten erreichten York am 29. Dezember. Er nahm sie als hinreichende Deckung für den von ihm wohl schon lange erwogenen Schritt: Am 30. Dezember 1812 schloss er an der Poscheruner Mühle, recht nah an der Ortschaft Tauroggen, jene Konvention mit dem russischen General von Diebitsch ab, die das preußische Hilfskorps »neutraliserte«. Die preußischen Truppen standen von Stund an nicht mehr im französischen Bündnis, die Russen waren mit einem Federstrich keine Feinde mehr.

Sehr richtig bemerkt Craig: »Ströme von Tinte sind mit Untersuchungen von Yorcks Handlungsweise vergossen worden, wobei die Frage der Insubordination (= militärischer Ungehorsam-a.V.) umstritten war.« (22,78) Es scheint festzustehen, dass York eigenmächtig, auf eigene Faust, gehandelt hat. Die nächstliegende Rechtfertigung wird im Übrigen sein, dass York meinte, den geheimen Wünschen des Königs zu entsprechen.

Praktisch brachte York durch seinen Entschluss den König in politischen Zugzwang. Hier wird das wahre Problem liegen. Der General hatte in bester Absicht in die königlichen Vorrechte eingegriffen. Gerade das konnte aber einem doch sehr am förmlichen Gottesgnadentum klebenden Monarchen, wie Friedrich Wilhelm III., gar nicht gefallen. Obwohl diese Tat den Wiederaufstieg Preußen einleitete, hat der König – allen äußeren Ehren, mit denen er den General überschüttete, zum Trotz – York diese Gehorsamsverletzung innerlich nie verziehen. Von den einen wurde die Tat Yorks als

Hochverrat gegeißelt, andere hielten sie für geradezu geboten, weil der Fahneneid dann nicht mehr binde, wenn einem Heer zugemutet würde, an der Seite des »Erbfeindes« zu kämpfen. (22,78/79 zit. E.R.Huber)

Yorks Widerpart bei der Vertragsunterzeichnung, der General von Diebitsch, war 1785 in Groß-Leipe in Schlesien geboren. Sein Vater war »preußischer Hauptmann« (23,129) und späterer russischer Generalmajor gewesen. (70,IV,948) Diebitsch selbst »erhielt seine Bildung in dem Kadettenhaus zu Berlin«. (70,IV,948) Diese Umstände, eine ähnliche Laufbahn und Sozialisation, mögen York die Entscheidung erleichtert haben. Der russische General von Schubert hatte Diebitschens Vater, seinen Onkel, noch 1801 in St. Petersburg erlebt und befand ihn als eine »höchst lächerliche Figur«. (107,47) Das konnte man vom Sohn überhaupt nicht sagen. Der General Diebitsch aus dem Geschehen an der Poscheruner Mühle brachte es noch zum russischen Feldmarschall und Türkenbezwinger, vom Zaren geehrt mit dem Prädikat Graf von Diebitsch-Sabalkanski.

Für die Franzosen stellte sich die Konvention von Tauroggen als gemeiner »Treubruch« (66,174) reinsten Wassers dar. Der Führer des französisch-preußischen Korps, der Marschall Macdonald beschreibt in seinen Erinnerungen lebhaft, wie er auf den Nachzug Yorks tagelang wartet, weil er sich nicht dem Makel aussetzen will, eine seiner »Führung anvertraute Truppe verlassen zu haben.« (66,170)

Dass Macdonald den Entschluss Yorks als schlichten Verrat brandmarkt, ist irgendwie auch zu verstehen.

## *Preußische Truppen bei der französischen Hauptarmee im Feldzug 1812*

Neben dem Korps York, das auf dem linken Flügel der Großen Armee operierte, hat, was weniger bekannt ist, auch preußische Kavallerie am Vormarsch auf Moskau teilgenommen. Es waren dies das 2. Kombinierte Husaren-Regiment und das Kombinierte Ulanen-Regiment. Die Husaren unter Oberst von Czarnowski attackierten in der Schlacht bei Borodino unter den Augen Murats, der über das Verhalten des Regiments »entzückt« war und ihm »viel Schmeichelhaftes sagen ließ.« (88,36)

Die Ulanen unter dem Major von Werder bildeten mit württembergischen Jägern und einem polnischen Husarenregiment eine gemeinsame Kavalleriebrigade unter dem General Subervie. Bei Inkowo gerieten die Ulanen am 8. August 1812 in ein Gefecht, in dem sie »ein herbeigeeiltes russisches Husaren-Regiment« angriffen und warfen, »nachdem Major v. Werder dessen Kommandeur im Zweikampf vor der Front vom Pferde gestochen hatte.« (88,37)

Bei Borodino deckten die Ulanen lediglich eine Geschützstellung, erlitten aber dennoch Verluste.

Die Regimenter teilten weiter das Schicksal der von Napoleon geführten Gruppierung: Moskau – Rückzug – Beresina. Nur wenige kehrten nach Ostpreußen zurück. Beide Einheiten mussten praktisch als vernichtet gelten.

*Rückkehr aus Russland.*

# VIERTER TEIL

## *»Das Volk steht auf, der Sturm bricht los ...*«*
## *Preußens Heer in den Befreiungskriegen 1813–1815*

*Theodor Körner, Männer und Buben, 1813

### Die Geburtsstunde des neuen Heeres

War das nach der Niederlage aufgebaute, durch die Verträge mit Napoleon geknebelte Rumpfheer die Keimzelle der neuen Armee, so darf das Heergebilde, das nun entstand mit Fug und recht als wirkliche Geburt der modernen preußischen Armee bezeichnet werden. Das, was da Gestalt gewann, blieb in seinen wesentlichen Anlagen, nur modifiziert durch die Heeresreform unter König Wilhelm I., bis zum Ende des Ersten Weltkrieges »Geschäftsgrundlage«.

Hinsichtlich der Zusammensetzung des neuen Heeres galt für die Befreiungskriege, dass die bewaffnete Streitmacht notgedrungen im

*Freiwillige Gaben*

Interesse der vollen Ausschöpfung der Wehrkraft des Landes aus vielen verschiedenartigen Säulen bestehen musste: dem aktiven Heer, den Reservetruppen, der Landwehr und dem Landsturm sowie Freiwilligenverbänden. Mag auch der militärische Wert der einzelnen Heeresteile unterschiedlich gewesen sein, so steht dennoch fest, dass jede Gliederung auch ihre Stärken hatte. Und wenn der Landsturmmann nur dafür sorgte, dass für rückwärtige Aufgaben keine Angehörigen des aktiven Heeres eingesetzt werden mussten, so bestand darin schon ein Gewinn.

Der Aufruf an die Nation, zu den Waffen zu eilen, war keine gewöhnliche Mobilmachung, ja anfangs konnte der Lauf der Dinge gar nicht abgesehen werden. Eines steht fest: Die Initialzündung bildete das allmähliche Bekanntwerden des Umfangs der Niederlage Napoleons in Russland.

## *Die Formierung des Heeres der Befreiungskriege*

Die Nachrichten von der Katastrophe verdichteten sich für den Kreis um den König vor allem über die Kontakte zum preußischen Hilfskorps. Eine erste Schlussfolgerung zog man noch vor Weihnachten 1812. In einer Instruktion verfügte der König die Zurückführung der Beurlaubten, Krümper, der Pferde und aller Kriegsvorräte (50,70), um sie nicht im Strudel der »zurückflutenden Trümmer der Großen Armee« (50,70) untergehen zu lassen. Garnisonstruppenteile in Ost- und Westpreußen wurden verstärkt. Am 12. Januar 1813 befahl Friedrich Wilhelm III. eine förmliche »erste Heeresverstärkung«. (50,70)

Zu diesem Zeitpunkt befand er sich in der recht kuriosen Lage, dass alle Vermehrung von Truppen noch als Gehorsamspflicht gegenüber der französischen Besatzungsmacht ausgegeben werden konnte. Kaiser Napoleon selbst hatte nämlich um Aufstockung des preußischen Hilfskorps ersucht. Unter dieser Tarnung firmierte der erste Aufrüstungsschritt. Ob der König da schon einen allgemeinen Volkskrieg gegen die Franzosen im Sinne hatte, darf aber bezweifelt werden. Dazu war die Lage immer noch viel zu ungewiss.

Praktisch vollzog sich nun durch die Einziehung der Krümper eine erhebliche Aufstockung der vorhandenen Bataillone. Depots wurden zu Depotbataillonen vermehrt. Die Artillerie zog alle Krümper ein. Generalmajor von Bülow bildete bei Graudenz und Neustettin acht Reservebataillone. Generalmajor von Borstell vermehrte die Truppen in Pommern durch Einberufung der Krümper. (50,69 ff.)

Durch Kabinettsordre vom 01. Februar 1813 erging Weisung zur »zweiten Heeresverstärkung«. (50,75) Die in Schlesien befindlichen Bataillone der aktiven Armee gaben 5 Offiziere, 20 Unteroffiziere und 60 Soldaten ab, die den Stamm von neuen Reservebataillonen bilden sollten. Garnisonskompanien wurden zum Mannschaftstand von Bataillonen verstärkt. Die Kavallerie füllte alle Schwadronen auf 150 Mann auf.

Im zeitlichen Vorgriff muss dazu erwähnt werden, dass die Organisation der Reserveinfanterie durch Kabinettsordre vom 1. Juli 1813 so geordnet wurde, dass man 12 Reserveinfanterieregimenter formte. Diese bildeten nach den Befreiungskriegen dann die späteren Linienregimenter 13–24.

Es folgte am 3. Februar 1813 der Befehl zur Errichtung von Detachements freiwilliger Jäger. Man rief diejenigen zum Waffendienst auf, die nach den Kantonsregeln vom Wehrdienst befreit waren. Voraussetzung für den Eintritt bei den freiwilligen Jägern war ein sozialer Status, der es gestattete sich selbst militärisch zu kleiden, auszurüsten und beritten zu machen. Das war ein flehentlicher Appell an die Wohlhabenden im Lande dem finanziell dramatisch klammen Staat beizuspringen.

*VON DEN FREIWILLIGEN JÄGERN:*

Wegen der schwierigen Finanzlage forderte das Staatswesen »*besonders diejenige Klasse der Staatsbewohner auf, welche nach den bisherigen Kantonsgesetzen vom Dienste befreit und wohlhabend genug sind, um sich selbst bekleiden und beritten machen zu können, in einer ihrer Erziehung und ihren übrigen Verhältnissen angemessenen Form zu Militärdienste*« auf.

»Kein junger Mann, welcher jetzt 17 Jahre erreicht und noch nicht das 24. Jahr zurückgelegt hat«, sollte bei Fortdauer des Krieges zu einer Staatsstellung gelangen, wenn er nicht ein Jahr bei den aktiven Truppen oder den Jägerdetachements gedient hätte.

Diejenigen, die sich hierbei auszeichneten, sollten künftig auch im Zivildienst bevorzugt werden. (50,77)

Schon dieser Teilaspekt atmet neue Zeit. Der Staat, in Person der König, richtet seinen Appell an die Oberschicht der Monarchie und fordert zum Ergreifen der Waffen auf. Die Not war wirklich groß. Friedrich Wilhelm III. in Person war übrigens gar nicht von der Errichtung der freiwilligen Jäger erbaut, wie er überhaupt am 3. Februar gegenüber Frankreich noch völlig schwankend war.

*FRIEDRICH WILHELM III. IST PESSIMISATISCH:*

*Der König in Breslau hatte sich inzwischen keineswegs entschlossen. Soviel hatte er, wahrscheinlich durch die heilbringende Nähe Scharnhorsts, begriffen, daß er sich rüsten müsse. Er rief also unter dem 3. Februar die ganze Jugend des Landes auf, um als Freiwillige in sogenannten Jäger-Detachements zu dienen. Ich weiß es ganz gewiß, daß er keineswegs entschlossen war, diese Freiwilligen gegen Frankreich zu gebrauchen; ja er glaubte nicht, daß welche erscheinen würden. ‚Freiwillige aufrufen', sagte er, ‚ganz gute Idee, aber keiner kommen!'.* (59,18;52,115)

Die Jägerdetachements wurden regulären Regimentern zugeordnet. Jedoch wies diese organisatorische Lösung auch gravierende Schwächen auf. Jany (50,78) beklagt, dass die freiwilligen Jäger praktisch ein Eigenleben neben der Truppe führten. Daher sei die Ausbildung zunächst mangelhaft und die Einsetzbarkeit gegen den Feind beschränkt gewesen. Allerdings scheint der glühende Enthusiasmus der freiwilligen Jäger das alles mit der Zeit wettgemacht zu haben. So wurden schon nach den schweren Verlusten im Frühjahrsfeldzug viele junge Leute, die bei den freiwilligen Jägern eingetreten waren, zu Offizieren bestimmt.

Wohl auf Scharnhorst zurückgehend, trat am 19. März 1813 eine »Instruktion für die Regimenter, die Jäger-Detachements betreffend« in Kraft. Mit diesen Einsatzrichtlinien sollte einem »Verheizen« der jungen, vorderhand noch unerfahrenen freiwilligen Jäger, die man im Regiment für den ersten Augenblick auch als eine Art Fremdkörper empfunden haben mag, vorgebeugt werden.

Schon am 9. Februar 1813 war die Kantonsverfassung vorübergehend ausgesetzt worden. Für die Dauer des Krieges galt nunmehr tatsächlich eine allgemeine Wehrpflicht. Nach Abschluss der russisch-preußischen Verhandlungen über ein Bündnis folgte eine »dritte Heeresverstärkung«. In deren Ausführung wurden im Februar und März 52 neue Bataillone zuzüglich weiterer 23 Garnisonsbataillone errichtet. (50,81)

Auch die Aufrichtung des Freikorps Lützow fällt in das Frühjahr 1813. (50,81) Dieses firmierte unter der Bezeichnung »Königlich Preußisches Freikorps«. Es entstand auf Initiative des Majors Adolf von Lützow. Hier fanden vornehmlich junge Leute aus den vormalig preußischen oder aus anderen deutschen Staaten Anstellung.

*DAS LÜTZOWSCHE FREIKORPS – STAND AUGUST 1813:*

3 Infanteriebataillone (darunter eine »Tyroler Schützenkompagnie«)
3 Detachements freiwillige Jäger
2 Husarenschwadronen
2 Ulanenschwadronen
1 Schwadron freiwillige Jäger
1 Batterie von 8 Geschützen
Gesamtstärke: 3.600 Mann

(50,82)

Ein weiteres Freikorps rief der Major Hellwig im Mai 1813 ins Leben. Gleiches tat ein Bruder des legendären, 1809 getöteten Schill. Er errichtete zwei Schwadronen Husaren und kämpfte im russischen Korps des Obersten von Tettenborn. (50,88)

Am 17. März 1813, zeitgleich mit dem Aufruf »An Mein Volk«, erging die Verordnung über die Errichtung einer Landwehr. Ausgangspunkt der Formierung einer Miliz wurde der Umstand, dass es dem General York schon am 7. Februar 1813 gelang, die ostpreußischen Stände – unter dem Vorbehalt der Zustimmung des Königs – für die Errichtung von Landwehrtruppen zu gewinnen.

Die Landwehrverordnung hatte Scharnhorst entworfen. Durch diese Verfügung wurden alle 17- bis 45- jährigen Untertanen (50,74) zum Dienst verpflichtet, die nicht anderweitig dem stehenden Heere angehörten. Von der Dienstpflicht ausgenommen blieben nur Personen, die für die Weiterführung des Betriebes von

Gütern und Fabriken unabkömmlich waren. Stellvertretung wurde gestattet.

Die Gliederung der Landwehr erfolgte derart, dass, von späteren Umstrukturierungen abgesehen, zumeist vier Bataillone und drei bis vier Schwadronen eine Brigade bildeten. Eine Brigade galt als Verwaltungseinheit; taktische Formation sollte das Bataillon bilden. (50,74) Die Formierung der Landwehr war das Ergebnis jener Erwägungen und Entwürfe zur Schaffung einer Miliz, die die Militärreformer schon lange vor 1806 beschäftigt hatten.

Zur zahlenmäßigen Einordnung: Die Gesamtstärke der preußischen Armee betrug im August 1813 insgesamt 280.270 Mann. Darunter waren 120.565 Landwehrmänner. (104,75) Die preußische Landwehr machte also mit deutlich über 40 % einen ganz erheblichen Teil des Heeres aus.

Dem Landsturm wurde alle nicht zur Landwehr eingezogenen, aber doch noch wehrfähigen Untertanen zugeteilt. Allerdings kassierte der König während der Zeit des Waffenstillstand im Sommer 1813 wesentliche Formulierungen des Landsturmedikts. »Allzu radikale Sätze« wurden »unterdrückt«. (50,91) Zu viele, geringer Kontrolle unterworfene Bewaffnete im Hinterland erschienen dem König denn doch bedenklich. Der Landsturm erhielt die Rolle eines Reservekaders für die Landwehr-Infanterieregimenter.

In den Provinzen Ostpreußen, Pommern und Schlesien errichteten die Stände auf eigenen Kosten jeweils National-Kavallerieregimenter. Der preußischen Armee zugeordnet war ferner das Mecklenburg-Strelitzsche Husarenregiment. Schließlich sind noch Formationen zur Aufnahme von Ausländern und feindlichen Kriegsgefangenen und Deserteuren gebildet worden. (50,69/89)

In allen infolge der Kriegsfortschritte von der französischen Fremdherrschaft befreiten Gebieten schuf man unverzüglich neue Einheiten und Landwehrformationen. Mit diesen verstärkte Preußen nicht nur seine militärische Macht, sondern sie dienten auch zur Auffüllung der hohen Verluste. Nur eine Zahl wird diese Tatsache zur Genüge verdeutlichen: Die 24 schlesischen Landwehrbataillone, die beim Yorkschen Korps standen, hatten ursprünglich eine Stärke von 13.369 Mann. Am Ende des Herbstfeldzuges 1813 erreichten davon ganze 2.164 Mann den Rhein.

Im Laufe der Befreiungskriege kam es zu einer Reihe von Neugründungen von Truppenteilen, die nach 1815 im stehenden Heer etatisiert wurden. Hierzu zählen vor allem Einheiten, die in den rückeroberten Gebieten zwischen Elbe und Weser entstanden. Da war zunächst das im Herbst 1813 in Aschersleben gebildete »Elb-National-Husarenregiment«. Aus dieser Truppe ging das spätere 10. Husarenregiment hervor.

Es entstanden ferner drei Elb-Landwehr-Infanterieregimenter sowie das aus Bergleuten und Arbeitern in Salinen und Hütten bestehende Mansfeldische Pionierbataillon.

Durch Formierung eines Infanterieregiements Nr. 12 (Brandenburgisches IR) und die Bildung des 2. Garderegiments zu Fuß entstanden im Juni 1813 Truppenteile, die bis zum Ende des Ersten Weltkrieges fortexistierten.

## *Das Heer der Befreiungskriege in seiner Uniformierung*

Das aktive Heer zog in seiner im Vorkapitel beschriebenen Uniformierung ins Feld. Die freiwilligen Jäger trugen die Uniform ihres Stammtruppenteils, den Rock allerdings nicht in Blau, sondern in dunkelgrüner Grundfarbe. Freiwillige Jäger, die Detachements bei den Kürassierregimentern angehörten, trugen nicht den Bügel-

*Abschied von der Landwehr und den freiwilligen Jägern.*

*1813 Preußische Uniformen I.*

helm, sondern Tschako. (50,78) Von strikter Einheitlichkeit wird man hier auch nicht ausgehen können, kamen doch Freiwillige auch oft mit ihrem umgefärbten Zivilrock zur Truppe.

Ein Kapitel für sich ist die Einkleidung der Reserve-Regimenter. Niemand hatte für einen solchen Fall zehntausende von Uniformen auf Lager. Eine ältere Quelle berichtet, dass buchstäblich nicht ein Bataillon »in Wirklichkeit« so bekleidet war, wie die Vorschrift es erforderte. Danach sollte die Reserve-Infanterie mit grauen Ärmelwesten (Kamisol) bekleidet sein. Kragen und Achselklappen sollten in der Farbe mit dem jeweiligen »Stammregiment« übereinstimmen.

*EIN TAMBOUR VOM 5. RESERVE-REGIMENT BERICHTET:*

*Man konnte die Franzosen gewissermaßen unsere Gewehr- und Kleiderlieferanten nennen. Sie waren mit allem sehr gut und neu versehen, und jeder von uns, dem etwas fehlte, war bemüht, sich dieses von den Franzosen zu verschaffen, nämlich: Czakot, Tornister, Mantel, Tuchhosen, Lederzeug, Stiefel und Säbel.*
*Es war oft spaßhaft mit anzusehen, wenn unsere Infanteristen über die Gefangenen trotz deren kläglichen Gesichter herfielen und mit der*

*1813 Preußische Uniformen II.*

*Bekleidung wechselten. Der Benötigte winkte oder langte sich einen Gefangenen, der mit ihm gleicher Größe war; im Augenblick hatte der Preuße die warmen Tuchhosen und den Mantel des Franzosen angetan, mit dessen Tornister und Czako (von dem nur die Kokarde abgenommen wurde) getauscht, und ihm dafür seine alte Mütze sowie die oft sehr schadhaften Leinwandhosen und den zerlumpten Mantel zugeworfen.* (3,15)

Neben den Franzosen als »Lieferanten« half das verbündete und wirtschaftlich potente Großbritannien bei der Ausrüstung der neuen Reserve-Regimenter. So trugen – ob das gesamte Regiment oder nur Teile davon, ist fraglich – die Reserve-Regimenter 2, 4, 5, 8 und 9 Uniformen im englischen Schnitt, mit einem hohen, nach oben sich verjüngenden zylindrischen Tschako. (111,10/11) Das 5. Reserve-Regiment bekam gar solche Uniform in grünlicher Farbe. Es soll sich dabei um eine englische Ladung handeln, die ursprünglich für Spanien bestimmt gewesen sei. (111,10)

Die Landwehr trug im Regelfall die aus unzähligen Darstellungen bekannte blaue Litewka und weißleinene Hosen. Auch kommen Litewken von schwarzem und grauem Tuch vor.

Die Litewka war ein eher jackenähnlicher Kurzmantel mit

*1813 Preußische Uniformen III:*

Umlegekragen. Die Kragenfarben waren von Provinz zu Provinz unterschiedlich. Für Ostpreußen: Rot (weiße Knöpfe), für Westpreußen: Schwarz, für Pommern: Weiß, für Kurmark und Neumark: Rot (gelbe Knöpfe) und für Schlesien: Gelb.

Der Landwehrmann trug als Kopfbedeckung eine ballonartige Schirmmütze. An dieser befand sich das dem Eisernen Kreuz nachgebildete Landwehrkreuz mit der Inschrift: Mit Gott für König und Vaterland. Nur die ostpreußische Landwehr heftete das christliche Kreuz an ihre Mütze. Die Offiziere der Landwehr trugen Rangabzeichen wie die Linientruppen. Der Landwehrmann musste sich selbst kleiden. Mäntel hatte die Kommune zu stellen. In Ansehung der Schwierigkeiten, die schon die Uniformierung der Reservetruppen und der Landwehr machte, braucht man über die Bekleidung des Landsturms sicher keine Worte zu verlieren: Jeder trug, was er hatte, versehen mit den militärischen Abzeichen.

Wahrscheinlich am bekanntesten ist die Uniform des Freikorps Lützow. Vollständig in Schwarz gekleidet, die Abzeichen in Rot und Gold, wurde in die Träger dieser Farbkombination später bisweilen eine politische Gesinnung hinein gelegt, die diese 1813 kaum erahnen konnten.

Die National-Kavallerie-Regimenter waren wie folgt unifor-

*Lützower Freikorps.*

miert: Das ostpreußische Regiment trug Litewka mit Husarenverschnürungen und Pelzmütze. Das schlesische war in Husarenart (Schwarz mit roten Schnüren) bekleidet. Das Pommersche trug Dragoneruniform. (111,13)

Uniformfragen waren keine bloßen Stilfragen. Der von England gelieferte Uniformtyp konnte in der Schlacht auch leicht zu tödlichen Verwechslungen von Freund und Feind führen. Bei Hagelberg wurde ein preußischer Major von Landwehrleuten beinahe getötet, weil er wegen neu eingeführter Epauletten für einen Feind gehalten wurde. Der brave Landwehrmann kannte diesen Schulterschmuck nicht. (3,16)

## *Das Heer der Befreiungskriege und seine Bewaffnung*

Ebenso wie bei der Frage der Uniformierung regierte auch bei Ausrüstung und Bewaffnung der krasse Mangel. Wie der unbenannte Trommler vom 5. Reserve-Regiment schon zu erkennen gab, war selbst ein französischer Säbel von Interesse und willkommen.

Bei der Vielfalt der Formationen, vom aktiven Heer bis zum Landsturm, blieb Gleichartigkeit in Bewaffnung und Ausrüstung eine Illusion. Auch hier galt: Jeder wie er kann. Den Mangel an Feuerwaffen offenbarte ganz realistisch schon die Vierte Beilage zur Landwehrverordnung:

Die in drei Gliedern formierte Landwehrkompanie sollte nur im 2. und 3. Glied mit Flinten ausgerüstet sein. Das 1. Glied erhielt acht Fuß lange Piken mit einem spitzen Beschlag von 6 Zoll. (104,166)

Zur Lieferung der Gewehre hatte sich bei der Landwehraufstellung der Staat verpflichtet. Wenn er das nicht konnte, sollte der Landwehrmann »geradegerichtete Sensen« (50,74) mitbringen. Das scheint aber nicht praktisch geworden zu sein. Denn Russland stellte im großen Umfang französische Beutegewehre zur Verfügung. Im Weiteren lieferte England Waffen. Die Ausrüstung der Landwehr mit Artillerie wurde energisch betrieben. Quellen der Ausrüstung: vorhandenes preußisches Material, erbeutetes Geschütz, Lieferungen aus England.

Sogar der Berliner Landsturm wurde mit Beutegeschützen aus dem Kampf um Lüneburg im Frühjahr 1813 versorgt. (50,93)

## *Ein Wort zur Logistik*

Die preußischen Armeen der Befreiungskriege entbehrten in der Tat jener gigantischen Trosskolonnen, die nach 1806 so hart kritisiert worden sind. Die Umwälzung der politischen Verhältnisse erwies sich als so radikal, dass Vorsorge schwerlich möglich gewesen wäre.

*CURT JANY ZUR VERSORGUNG DES HEERES:*

*Die laufende Verpflegung des Heeres wurde von der Schlacht von Großgörschen ab fast nur noch durch militärische Requisition nach Anordnung der Brigadechefs bewirkt. Der Disziplin waren diese Beitreibungen nicht günstig, das Unwesen der Nachzügler wurde im Verlauf des Krieges sehr groß.* (50,89)

Daneben scheint man aber auch Anstrengungen in Richtung einer regelrechten Versorgung der Truppen unternommen zu haben. Dem Grafen Lottum als Generalintendanten oblag die Anhäufung von Vorräten in der Heimat. Für die Versorgung der Feldarmee zeichnete der Generalkriegskommissar Ribbentrop verantwortlich. Gesonderte Trainkompanien entstanden, wie beim Blücherschen Korps, oder waren, wie bei York, bereits vorhanden. (50,89)

## Bewährungsprobe: Das Heer im Kampf gegen Napoleon

### *Ein schwerer Gang: Preußen sagt sich von Napoleon los*

Der Untergang der Reste der Großen Armee in den russischen Eiswüsten war zum Jahreswechsel 1812/13 zur unabweislichen und dem Publikum zur allseits bekannten und gewissen Tatsache geworden. So vor den Augen der Welt geschlagen und in Macht und Ansehn geschwächt, hatte man den Kaiser der Franzosen noch nicht gesehn. Durch die Konvention von Tauroggen war Preußen unter Zugzwang geraten. Bei allem Schwanken und Zaudern des Königs, ob er das französische Lager verlassen und ins Bündnis mit dem Zaren treten sollte, darf man dessen Ursache nicht vergessen: Die Erfahrungen der Niederlage von 1806 lasteten noch auf ihm. Von Hause aus war er geborener Pessimist. Ein entscheidungsfreudiger Charakter war er darüberhinaus ohnehin nie.

Nur zu bewusst dürfte ihm gewesen sein, dass ein erfolgloses Aufbegehren das definitive Ende der Hohenzollernherrschaft bedeutet hätte. Dies eingedenk wird das Verhalten Friedrich Wilhelms III. verständlich. Es waren dann Männer wie Scharnhorst, Stein, Hardenberg, Blücher und andere, die den König in die Richtung leiteten, die das Staatsinteresse erforderte. Das Risiko, das auch sie eingingen, liegt auf der Hand. Dass es so, wie es dann kam, kommen musste, war im Frühjahr 1813 keineswegs ausgemacht. Auch dessen muss man sich bewusst sein. Preußen hatte nur einen Versuch frei. Bei politischem und militärischem Scheitern wäre Preußen fraglos zerschlagen und dessen Gebiete an seine Nachbarn verteilt worden.

Die Dinge gewannen allerdings auch eine ungeahnte Eigendynamik. Da war zunächst das Vorrücken der russischen Truppen, die nicht etwa an ihren Grenzen stehenblieben, wie das vielleicht Napoleon gehofft hatte. Schon am 20. Februar 1813 scheuchten erste Kosakenschwärme die französische Besatzung von Berlin auf. Sie drangen alsbald in Norddeutschland und in Sachsen ein. Das war ein Faktor, den Preußen für eine politische Entscheidung in Rechnung stellen musste.

Hätte sich der König für ein Verbleiben an der Seite Napoleons entschieden, wäre Preußen durch das Zarenreich als feindliche Macht behandelt worden. Die Weichen waren für eine Allianz mit Russland gestellt. Seit dem Vertrag von Kalisch vom 28. Februar 1813 nannten sich Friedrich Wilhelm III. und Zar Alexander Verbündete. Diese enge Anlehnung an Russland hielt von nun an nicht nur bis zum Sturz Napoleons, sondern bis in die späte Kanzlerschaft Bismarcks.

Einen weiteren Umstand, dessen Sog sich auch ein Skeptiker wie Friedrich Wilhelm III. nicht entziehen konnte, bildete die Stimmung der preußischen Bevölkerung. Zwar passte es kaum zum Selbstverständnis preußischer Herrscher, sich vom Volk Entschlüsse aufdrängen zu lassen. Das war mit dem praktizierten Gottesgnadentum unvereinbar. Weil aber auch die preußischen Eliten keinerlei Neigung mehr verspürten, einem verhassten französischen Regime zu Diensten zu sein, kam es darauf an, den König im Getriebe der politischen Interessen an rechter Stelle in Position zu bringen. Er gehörte an die Spitze der Bewegung: »Der König rief und alle kamen!«

Die Aufbruchsstimmung wurde in den breitesten Volkskreisen, bis hin in die Unterschichten allgemein. Der Tag der Rache für die Ausplünderung der preußischen Untertanen durch die französische Besatzungsmacht schien nun da zu sein. Der aufgestaute Hass auf alles Französische ergoss sich ungebremst. Von der dumpfen Abneigung bis zum glasklaren, intellektuell untermauerten Bekenntnis reichte die Skala. Aus der Zeit geboren, mutet aus heutiger Sicht das

Pathos dieser Monate manchmal schwer verdaulich an. Aber eines bleibt:

Die Stimmung, die am Beginn des Jahres 1813 in Preußen herrschte, ist zutreffend wiedergegeben. Eine bis zum blinden Hass gesteigerte Widerborstigkeit gegen die französischen Besatzer hatte Ursachen. Wie in einem Vorkapitel dargestellt, betrachtete Napoleon Preußen vor allen Dingen als unerschöpfliche Ressource für seine Militärmaschine. Freunde haben sich die Franzosen unter der preußischen Bevölkerung während der Besatzungszeit jedenfalls kaum gemacht. Selbst wohlwollende Napoleonverehrer sprechen vom »Knechtschaftsbande« (62,708)

So verwundert weder der massenhafte Eintritt von Freiwilligen, auch solchen aus den »besseren« Kreisen, noch die Hingabe des letzten Besitzes (»Gold gab ich für Eisen«), um zum Kampf gegen Frankreich beizusteuern. Selten hatte die Geschichte solche Momente einer frenetischen Begeisterung, die durch alle Schichten vom Adel bis zum Tagelöhner reichte, vorzuweisen. Hier war es so.

*1813. VON DER GRÖSSE DES HISTORISCHEN AUGENBLICKS:*

*O, wer diese schöne Zeit nicht gelebt hat im Vaterlande, der hat nichts Großes und Außerordentliches erlebt …*
*Es schleichen Jahrhunderte langsam vorüber voll gewöhnlichen Tuns und Treibens der Menschen, aber hat solch eine Begeisterung ein Volk ergriffen, dann tritt alles Handeln und Wirken der Menschen aus der gewohnten Ordnung heraus.* (50,69/70; zit.Plotho)

Zum Tag, an dem endgültig die Hüllen fielen und vor aller Welt feierlich das Tischtuch zwischen dem napoleonischen Frankreich und Preußen zerschnitten wurde, ist der 17. März 1813 geworden. Die Würfel waren nun gefallen.

Das von dem Staatsrat von Hippel entworfene Manifest, welches Friedrich Wilhelm III. Unter dem Titel »An Mein Volk« publizieren ließ, rechtfertigt die Kriegserklärung an Frankreich. Diese datiert vom 16. März 1813.

*AUSZUG AUS DEM AUFRUF »AN MEIN VOLK« VOM 17. MÄRZ 1813:*

*Wir erlagen der Übermacht Frankreichs. Der Frieden, der die Hälfte meiner Untertanen mir entriß, gab uns seine Segnungen nicht; denn er schlug uns tiefere Wunden als selbst der Krieg.*
*Das Mark des Landes ward ausgeso-*

*gen, die Hauptfestungen blieben vom Feinde besetzt, der Ackerbau ward gelähmt, so wie der sonst so hoch gebrachte Kunstfleiß unserer Städte. Die Freiheit des Handels ward gehemmt, und dadurch die Quelle des Erwerbs und des Wohlstands verstopft. Das Land ward ein Raub der Verarmung.* (52,140)

Noch eines Ereignisses ist in diesem Zusammenhang zu gedenken. Am 10. März 1813, dem Geburtstag der verstorbenen Königin Luise stiftete Friedrich Wilhelm III. den Orden des Eisernen Kreuzes. Diese Dekoration sollte für die Zeit des Krieges gegen Frankreich neben dem Orden pour le Merite als einzige Kriegsauszeichnung gelten. (92,III,92) Nach Boyen geht die Stiftung des Eisernen Kreuzes unmittelbar auf den König zurück. (52,137) Der Orden wurde später – immer nur für Kriegszeiten – wiederholt neu errichtet, so 1870, 1914 und 1939.

Aber: einem Begeisterungssturm, der nur Sieg verheißen konnte, der selbst dem König kaum mehr eine vernünftige Wahl ließ, stand immer noch ein Napoleon gegenüber.

## The Other Side of the Hill (65,7/9) – Napoleon bereitet den Feldzug 1813 vor

Der Feldzug 1813 begann streng genommen in einem russischen Dorf mit Namen Smorgon am 5. Dezember 1812. An diesem Tag verließ der Kaiser Napoleon die Trümmer seiner Armee, die kein Genie mehr retten konnte, deren kümmerliche Reste dem Untergang geweiht waren. Zusammen mit dem Großstallmeister Grafen Caulaincourt als Begleiter und Gesellschafter bestieg er einen Reiseschlitten, um ungesäumt Paris zu erreichen. Caulaincourt hat von dieser besonderen Reise ausführlich Zeugnis gegeben. (21)

Der Kaiser wollte unbedingt in der Heimat sein, ehe Europa sich erstaunt die Augen reiben würde angesichts des bekannt werdenden Schicksals der Großen Armee. Das war keine Fahnenflucht, sondern der Feldherr wandelte sich flugs zum Politiker, der Verantwortung für ein europäisches Großreich trug.

Seine Kombination lautete sehr folgerichtig: Bevor die offenbaren oder vermuteten Feinde seiner Herrschaft sich zu weiteren raumgreifenden militärischen Operationen aufraffen, bevor verbündete

Staaten von ihm abfallen würden, musste er mit einem erneuerten Heer im Herzen von Deutschland stehen.

Dabei gerieten auch für Napoleon die Zeiten schwieriger. Ein Zeitgenosse rekapitulierte im Rückblick, dass sich gegen das Ende des Kaiserreichs ein Gefühl der Ermüdung und Abneigung selbst gegen die Siege, die Frankreich noch erfocht, breit gemacht habe. (62,700)

Unter größten Mühen mobilisierte Napoleon Reserven. Naturgemäß konnte die französische Armee des Jahres 1813 zu großen Teilen nur aus jungen, kriegsunerfahrenen Männern bestehen. Aber dennoch: die Truppen Napoleons blieben ein ernst zu nehmender Faktor. Marschall Ney gewinnt – nach einer älteren Darstellung – aus einem Gefecht bei Weißenfels Ende April 1813 den Eindruck: Er habe bei der Infanterie niemals zugleich einen solchen Enthusiasmus und eine solche Kaltblütigkeit beobachtet. (62,711) Die französischen Fußtruppen zeigten sich während des ganzen Feldzuges, zumal ja auch die preußischen Infanteristen zu großen Teilen aus Freiwilligen und Krümpern bestanden, ihren Gegnern gewachsen.

Bei der Kavallerie gelang es Napoleon nicht so schnell, die Verluste des russischen Desasters auszugleichen. Die Franzosen litten 1813 unter dem Fehlen einer hinreichend starken Kavallerie. Ein interessantes Gegenstück zu den preußischen freiwilligen Jägern bildeten die französischen Ehrengarden. Die »höhern Stände«, die sich im kaiserlichen Frankreich vom Dienst loskaufen konnten, wurden nun bestimmt, 10.000 Mann zu stellen, aus denen man vier Regimenter berittene Ehrengarden formieren wollte. (62,702) Um den so Umworbenen zu schmeicheln, war ihnen gestattet, sich – auf eigene Kosten – eine prachtvolle Uniform zuzulegen. Auch gehörten die Ehrengarden vorrübergehend zur Kaisergarde. (38,IV,58)

Das strategische Ziel Napoleons für den Feldzug 1813 bestand in der Behauptung seines Einflussgebiets in Deutschland. Zuerst hatte Napoleon beabsichtigt, nicht hinter die Oder zu weichen. Das erwies sich als Illusion, weil der Befehlshaber der französischen Truppen, der Vizekönig Eugen Beauharnais, durch den Druck der nachsetzenden Russen die Oderlinie aufgab. Im Februar 1813 verfügte er über 55.000 Mann mit 151 Geschützen. (48,216/17) Diese lagen zerstreut zwischen Glogau und Schwedisch-Pommern.

14.000 Mann bildeten die Besatzung von Berlin. In den Festungen Thorn, Danzig, Küstrin u. a. lagen weitere französische Truppen, die durch die Russen blockiert wurden. Zusammen mit den Truppen in den preußischen und sächsichen Elbfestungen, die noch im französischen Herrschaftsbereich lagen, konnte der Vizekönig im März, unmittelbar vor Eröffnung der Kämpfe mit Preußen über mehr als 88.000 Mann gebieten. (48,225) Davon lagen allein 24.000 Mann in und um die Festung Magdeburg.

Die operativen Planungen des Kaisers gingen schließlich dahin, die verbündeten Russen und Preußen von Saale, Mulde und Elbe zu vertreiben. Dazu formte er zwei selbständige Heeresgruppen. Die Truppen des Vizekönigs von Italien, Prinz Eugen Beauharnais, führten die Bezeichnung »Elbarmee«. Die aus den Neuaufstellungen in Frankreich und aus vom spanischen Kriegsschauplatz hergerufenen Truppen gebildete »Mainarmee« mit 105.000 Mann marschierte mit Napoleon in den mitteldeutschen Raum. (48,232)

Beide Armeen sollten sich auf der Ostseite der Saale sammeln und schließlich in den Raum um Leipzig vordringen. Ähnlich wie im Feldzug 1806 wollte Napoleon »durch schnelle Märsche die Verbündeten ... umfassen, ihre Verbindungs- und Rückzugslinien ... unterbrechen und in einer Generalschlacht ... vernichten. Allerdings wollte er die Umfassung nicht wie 1806 von Süden, sondern von Norden durchführen.« (48,234)

## Die operativen Absichten der verbündeten Preußen und Russen

Über erste Feldzugspläne hatte Scharnhorst schon im Februar 1813 mit den Russen verhandelt. Es verkomplizierte die Lage, dass der russische Oberbefehlshaber Kutusow am 28. April 1813 verstarb. Mit dessen Nachfolger Wittgenstein traten Differenzen dahin auf, dass jener sofort offensives Vorgehen forderte, während Scharnhorst eine »vorsichtige Kriegführung« (48,234) anmahnte. Die Truppenaufstellungen seien noch nicht abgeschlossen und im Übrigen hoffe man auf einen alsbaldigen Kriegseinritt Österreichs auf seiten der Verbündeten, so seine Überlegung. Die Zeit arbeite also für die Allianz

*Gerhard von Scharnhorst.*

aus Russen und Preußen. Einigkeit konnte augenscheinlich vorderhand nicht erzielt werden. Die Mühen einer Kriegführung in einem Bündnis, das Erfordernis ewiger Diskussion und eines Kriegsrats in Permanenz zeichneten sich schon ab. Napoleon kam inzwischen über das Maingebiet und den Thüringer Wald heran. Er kürzte den Entscheidungsfindungsprozess der verbündeten Russen und Preußen ab.

Die strategische Initiative hatte zu dieser Zeit der Kaiser wieder zurückgewonnen. Für die Verbündeten stand bloß die Frage, ob man trotz deutlicher zahlenmäßig Unterlegenheit in der Leipziger Tiefebene eine Schlacht mit Napoleon wagen wollte oder nicht. Sowohl Wittgenstein als auch Scharnhorst plädierten für die Annahme des Kampfes. Man hielt ihn für politisch geboten, um Österreich und Schweden für die Koalition zu gewinnen. Da hätte ein »Weglaufen« vor Napoleon keinen guten Eindruck gemacht. Dann vertraute man der Überzahl der russischen und preußischen Kavallerie. Nicht zuletzt sprach die Stimmung bei den Truppen, die darauf brannten, sich mit dem Korsen zu messen, auch für diese Entscheidung. Weitergehender Planungen bedurfte es auf Seiten der Verbündeten nicht. Das Schicksal Preußens lag in den Händen der Armee.

# Der Frühjahrsfeldzug 1813

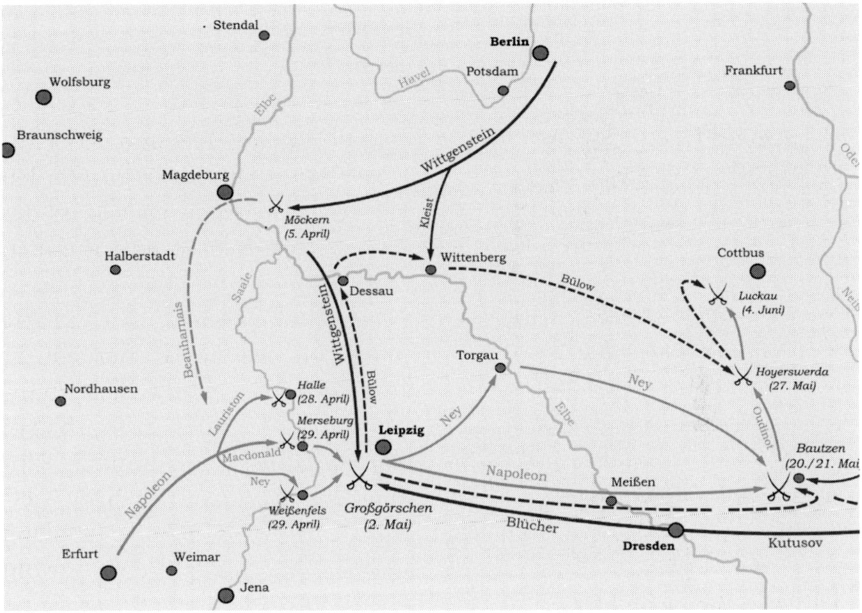


*Truppenbewegungen und Gefechte während des Frühjahrfeldzugs von 1813.*

## Lüneburg und Möckern

Noch bevor die Heere mit voller Macht übereinander herfielen, fanden erste Kampfhandlungen statt, deren Ergebnis durchaus ermutigend für Preußen angesehen werden konnte. Um antifranzösische Erhebungen zu unterstützen und anzufachen, schickten die Verbündeten mit einem offensiven Auftrag Truppen an die Unterelbe.

Am 2. April 1813 erstürmte der General Dörnberg – bekannt aus dem Jahre 1809 – mit nicht mehr als 2.000 Mann die von dem französischen Divisionsgeneral Morand verteidigte Stadt Lüneburg. Der Kampf um Lüneburg ließ die Härte dessen, was kommen würde, erahnen. Auch sächsische Truppen, die an der Seite Morands kämpften, liefen keineswegs beim ersten Schuss zu den Verbündeten über, wie man das vielleicht gehofft hatte.

*EINE ANNONCE IN DER ZEITUNG:*

*Unser Sohn Georg wurde am 2. April, in seinem 22. Lebensjahre, in dem ewig denkwürdigen Gefecht bei Lüneburg von einer Kugel getroffen. Als freiwilliger Jäger im leichten Bataillon des ersten pommerschen Regiments focht er, nach dem Zeugnis seines braven Chefs, des Herrn Major von Borcke, nahe bei diesem mit Mut und Entschlossenheit, und starb so den Tod für Vaterland, deutsche Freiheit, Nationalehre und unsern geliebten König. Der Verlust eines solchen Kindes ist hart, aber es ist für uns ein Trost, daß auch wir einen Sohn geben konnten zu dem großen heiligen Kampfe.*
*Berlin, den 9. April   Der Regierungsrat Haase und seine Gattin.*
(33,199;77,34)

Eine Episode besonderer Art ist noch mit dem Kampf um Lüneburg verbunden. Das Dienstmädchen Johanne Steegen, zwanzig Jahre alt, versorgte die preußischen Füsiliere im dichtesten Kugelregen mit Munition und Pulver. Varnhagen von Ense erinnert an sie in seinen Denkwürdigkeiten. (120,140)

Nächste Kämpfe spielten sich dann im Umfeld der Festung Magdeburg ab. Anfang April 1813 beabsichtigte der Vizekönig Eugen Beauharnais von Magdeburg, einen Stoß gegen Berlin zu unternehmen. Dies nutzten die dort kommandierenden Generale York, Bülow und Borstell, um die außerhalb der Festung operierenden Franzosen, »mindestens 20.000 Mann«, (33,206) zum Kampf zu stellen. Das Treffen bei Möckern (und Dannigkow) im Weichbild der Festung Magdeburg »war das erste ganz ernsthafte Gefecht in diesem Kriege«. (33,204)

Zunächst sollte der General von Hünerbein die Franzosen nur hinhaltend beschäftigen und binden, bis preußische Verstärkungen heran seien. Das gelang jedoch nicht. Beide Parteien gerieten sofort aneinander. Hünerbein sah sich, auch wenn die 10.000 Preußen gesiegt hatten, nach dem Kampf einiger Kritik ausgesetzt.

Aufgestauter Hass führte zu Szenen, die mit dem Kriegsrecht nicht vereinbar waren. Von der erfolgreichen Attacke des Litthauischen Dragonerregiments bei Möckern unter seinem Kommandeur von Platen, auch genannt der »tolle Platen«, wird berichtet, dass man sich »wenig« mit »Gefangennehmung einzelner Leute abgab«. Die Erbitterung sei so groß gewesen, dass »anfänglich gar kein Pardon gegeben wurde.« (33,206)

Major von Cramon führte in einem dienstlichen Bericht aus, dass man von dem zurückgehenden Feind zwei Offiziere als Gefangene eingebracht habe. Dann: »... da selbige indeß keinen Pardon nehmen wollten und die Zeit zu kurz war, um sich noch länger mit ihnen abzugeben, so sind sie erstochen liegen geblieben.« (33,204)

Daneben begann ein »Parteigängerkrieg«, d. h., einzelne preußische Kavalleriekommandos streiften und suchten dem Feind und seinen Verbündeten Abbruch zu tun.

## Die Schlacht von Großgörschen

Die Stärkeangaben über die Truppen der Verbündeten und der Franzosen variieren in den verschiedenen Darstellungen erheblich. Förster (1864) gibt 115.000 Franzosen gegen 69.000 Verbündete an, Poten (92,V,409) nennt 120.000 Franzosen gegen 96.000 (vielleicht Zahlendreher?) Verbündete. Klein (52,187) schließlich 60.000 Franzosen ./. 40.000 Verbündete. Helmert (48,237) zählt 137.000 zu 81.000.

*Die Verwundeten von Groß-Görschen im Frühjahr 1813.*

Wie dem auch sei, es scheint jedenfalls festzustehen, dass die Kavallerie der Verbündeten dreimal stärker als die der Franzosen gewesen ist. In der Ebene um Leipzig empfand man dies als Trumpfkarte.

Der Vizekönig von Italien führte Napoleon zwei Korps der »Elbarmee« zu. Am 29. April drängte er die Verbündeten aus Merseburg heraus. Ney von der »Mainarmee«, mit Napoleons Heeresgruppe angekommen, eroberte am gleichen Tage Weißenfels. »Am 30. erfolgte die Vereinigung des grössten Theiles der französischen Armee bei Weißenfels und am 1. Mai übernahm Napoleon persönlich die Oberleitung.« (92,V,209)

Der operative Geniestreich eines Napoleon bestand in der punktgenauen Zusammenführung von Kräften in einem eng gerahmten Zeitfenster. Praktisch im Angesicht des Feindes konzentrierte er seine Armee. Weniger meisterhaft hingegen wirkt die ganze Anlage der Schlacht. Der Raum um vier Dörfer zwischen Leipzig und Weißenfels, nämlich Rahna, Kaja, Größgörschen und Kleingörschen, untereinander mehr oder weniger auf Kanonenschussweite gelegen, bildeten das eigentliche Schlachtfeld.

Alles in allem keine größere Fläche als 1,5 x 1 km. Ein kleines »Festungsviereck«. Nach Vorhutgefechten am vergangenen Tage, die nur dadurch bedeutsam wurden, dass der Befehlshaber der Gardekavallerie, der Marschall Bessieres, im Rippachtal fiel, kämpften die Armeen am 2. Mai 1813 von mittags 12 Uhr bis bis zum Abend um den Besitz dieser Dörfer.

Mehrfach, verbunden mit wachsenden Verlusten, eroberte die eine oder andere Partei die verschiedenen Ortschaften. 18 Uhr trat die Situation ein, dass mit der Inbesitznahme von Kaja die napoleonischen Truppen ihren letzten Stützpunkt an die Preußen verloren hatten. Der Vorteil der Verbündeten, überlegene Reitermassen zu besitzen, hatte bisher nichts genutzt. Die entscheidende Stärke der Alliierten konnte wegen des ausgeprägten Ortschaftskampfes gar nicht zur Wirkung gebracht werden. Napoleon trat jetzt zum Gegenstoß an. Der Artilleriegeneral Drouot formierte eine Großbatterie von 60 Geschützen, die unmittelbar in den Kampf um die Dörfer eingriff.

Um 19 Uhr erstürmte die Junge Garde Kaja, dann ging Rahna verloren. Schließlich hielten sich die Preußen nur noch in Großgörschen. Auch dieses musste schließlich aufgegeben werden. Alle Dörfer standen in hellen Flammen. Ein schon in der Dunkelheit ausgeführter Kavallerieangriff Blüchers verpuffte vollständig. Als am Abend die Nachricht eintraf, dass die Franzosen unter Lauriston Leipzig besetzt hätten, begann die Armeeführung um ihre rechte Flanke zu fürchten. Der Rückzug wurde angeordnet.

Die Monarchen hatten der ersten »Hauptschlacht« des Krieges in Person beigewohnt. Auf dem »Monarchenhügel«, einer Erhebung in der Nachbarschaft, von der das Geschehen vollständig eingesehen werden konnte, die aber immerhin soweit entfernt lag, dass keine unmittelbare Gefahr drohte, beobachteten der Zar und der König das Geschehen.

Nach dem Beschluss, die Schlacht abzubrechen, traten die Armeen den Rückzug hinter die Elbe an.

Die Heere marschierten in die Lausitz. Nach Poten (92,IV,210) waren 8.000 Preußen und 2.000 Russen tot oder verwundet. Die französischen Verluste werden an gleicher Stelle mit 15.000 Mann angegeben. Am Abend des 2. Mai zeichnete sich ein schmerzlicher Umstand noch nicht ab: der Generalleutnant von Scharnhorst, die Seele des ganzen Befreiungskampfes, war am Fuß schwer verwundet worden. Er begab sich nach Prag. Dass er dort im Juni an seiner Blessur versterben würde, war an jenem betrüblichen Abend nicht vorhersehbar gewesen.

Die nächsten politischen Folgen der Schlacht bildeten die Besetzung Dresdens durch die napoleonischen Truppen und die Öffnung der sächsischen Festung Torgau für die Franzosen. Sachsen blieb im französischen Bündnis angeschmiedet, Napoleon wurde zum Herrn der Elblinie.

## Kritik und Episodisches vom 2. Mai 1813

Verschiedentlich sind Auffassungen zu lesen, die erste große Schlacht, in die preußische Truppen nach 1806 wieder eintraten, habe zwar mit einem Rückzug, aber nicht mit einer Katastrophe, wie seinerzeit, geendet.

Dass das so gewesen sei, habe man dem preußischen Soldaten, aber keinesfalls der Truppenführung zu danken. Ein insoweit unvoreingenommener Zeuge benennt ungeschminkt die Dinge, wie sie waren.

*DER RUSSISCHE GENERAL FREIHERR VON WOLZOGEN ÜBER GROSSGÖRSCHEN:*

*Dem Kaiser Alexander war es darum zu tun, seinen Mut zu zeigen, weil er seit Austerlitz nicht mehr vor dem Feinde gewesen und damals durch die Flucht der Seinen mit fortgerissen worden war. Er begab sich daher ohne alle Not plötzlich in das heftigste Feuer, so daß Wittgenstein immer nur damit beschäftigt war, ihn wieder glücklich herauszubringen. Unterdessen kommandierte eigentlich niemand oder vielmehr jedermann: der Kaiser, d` Auvray (vom russischen Stab), Diebitsch, Blücher, Scharnhorst (welche beide bald verwundet wurden), ja selbst die Generaladjutanten des Kaisers, – am allerwenigsten aber Wittgenstein, der gar nicht einmal recht wusste, wie die Brigaden und Regimenter standen. So geschah es denn, dass lauter partielle Angriffe ohne Zusammenhang stattfanden, anstatt dass man gleich alle Haubitzen der Armee zusammenzog und die vor der Schlachtlinie liegenden Dörfer so rasch als möglich zerstörte, um dann den Feind mit konzentrierter Kraft angreifen zu können. So aber wurde nur Bataillon für Bataillon gegen die Dörfer vorgeführt, welches Angriffssystem natürlich von beiden Seiten einen großen Verlust nach sich zog ...* (52,189)

Ein Seitenstück: Während bei Großgörschen die Schlacht heftig tobte, kämpfte das preußische Korps Bülow in Halle an der Saale. Diese Formation war von Wittgenstein im April dazu bestimmt worden, abseits der russisch-preußischen Hauptarmee die Marschstraßen nach Berlin zu sichern sowie Verbindung zu den Belagerungstruppen von Wittenberg und Magdeburg zu halten. (88,57) Daneben sollte Halle wegen des dortigen Saaleüberganges erobert werden, was nach harten Kämpfen auch gelang. Die Preußen drangen in verschiedenen Sturmkolonnen in die Stadt ein. Es kam zu einem »wilden Gemetzel« (88,58) in den Straßen der Stadt.

*ÜBER DIE ERSTÜRMUNG DER STADT HALLE AM 2. MAI 1813:*

*Ein mörderischer Kampf begann, zuerst vor den Thoren, dann in der Stadt selbst, in welche preußische Kavallerie und Scharfschützen mit den Franzosen zugleich eindrangen.*
*Die letzteren suchten sich in allen Winkeln und Treppen, in allen Eng-Pässen zu halten, allein sie wurden immer weiter geschoben. Die Preußen kletterten über Gräben, Mauern, durch Gärten und Häuser und trieben die Feinde durch alle Winkel und*

*Straßen; was nicht durch das Moritz- und Schifferthor entrann, wurde getödtet, verwundet oder gefangen.* (60;11.5.13,3)

Allein: das Blut der Preußen war hier umsonst geflossen. Infolge der Niederlage von Großgörschen musste Bülow Halle wieder räumen und zog in die Berliner Richtung ab. Sein Korps operierte daher bis zum Waffenstillstand zur Deckung von Berlin.

Doch zurück zur Hauptarmee nach der Schlacht von Großgörschen: Die Russen zogen sich nach Dresden zurück. Nachdem sie am 8. Mai dort die Elbe überschritten hatten, rückten die Franzosen nach und Napoleon besetzte die Stadt. Er führte den König von Sachsen wieder in seine Hauptstadt zurück und band ihn an sich. Die sächsische Armee trat erneut an die Seite der Franzosen.

## Die Schlacht von Bautzen

Der preußische Rückzug ging auf Meißen. Der weitere Weg der Truppen der Verbündeten führte die Armee dann in die sächsische Oberlausitz, in die Umgegend von Bautzen. Das preußische Heer war angeschlagen, aber nicht demoralisiert.
Die Nachhut der Verbündeten wurde von den Franzosen hart bedrängt. Dafür sprechen die vorgefallenen Gefechte von Bischofswerda am 17., von Königswartha und Weißig am 18. und 19. Mai.

*DIE PREUSSEN AUF DEM RÜCKZUG NACH DER SCHLACHT VON GROSS-GÖRSCHEN:*

*Die Geduld, die stille Resignation, die Früchte ihrer Taten ohne Ursache vergehen zu sehen, die Sittlichkeit, die Ordnung der Armee – kein einziges Exempel von Exzessen wird erwähnt: kein Soldat hat auf dem Rückzug marodiert – ist so erhebend, daß man vor dieser Armee Ehrfurcht haben muß.* (52,197zit.Niebuhr)

Hinter Bautzen bezogen 63.000 Russen und 33.500 Preußen (52,197) ein festes Lager. Die Armee konnte endlich nach den Strapazen der vergangenen Wochen acht Ruhetage einlegen. Aber es war die Ruhe vor dem Sturm. Die Franzosen setzten sofort nach. Dass er am 2. Mai keine »Entscheidungsschlacht« gewonnen hatte, musste dem Kaiser mit jedem Tag klarer werden. Nur ein zweiter Waffengang in der Hoffnung, diesmal den Gegner zu zerschmettern, konnte seine Herrschaft in Deutschland retten.

In einem solchen Fall hätten sich wohl die Russen zumindest nach Polen zurückgezogen und Preußen hätte sich auf Gnade und Ungnade unterwerfen müssen. Die Tage der preußischen Monarchie wären bei diesem Szenario mit Sicherheit gezählt gewesen.

Zunächst erschien das französische Korps des Marschalls Macdonald vor Bautzen. In seinen Memoiren berichtet er, wie sein Korps, den nachfolgenden weit voraus, sich plötzlich allein der gesamten Armee der Verbündeten gegenüber sah. Durch List und Täuschung, wie das Unterhalten von weit auseinanderliegenden Wachfeuern in der Nacht, wollte er den Eindruck erwecken, erhebliche Teile der Armee Napoleons seien bereits heran und lagerten am Ort. (66,187)

Alsbald stand aber dann die gesamte Armee des Kaisers tatsächlich an der Spree. Beabsichtigte Offensivbewegungen in Richtung Berlin gab Napoleon zugunsten einer weiteren Generalschlacht auf. Richtig, mit dem Blick des »geborenen« Feldherrn erkannte er, dass die Vernichtung der feindlichen Hauptarmee den operativen Schwerpunkt bildete.

Das in die Berliner Richtung entsendete Korps seines Marschalls Ney rief er deshalb zurück. Bei Bautzen stand es zur Verfügung des Kaisers.

Um es vorwegzunehmen: Das Ergebnis der Schlacht von Bautzen glich jenem der von Großgörschen. Eine Abweichung gibt es: Bei Letzterer hatten Russen und Preußen nach dem ersten Schlachttag sich für den Rückzug entschieden. Hier fiel der Beschluss, die Schlacht zu erneuern und an einem zweiten Tage weiter zu kämpfen.

*DER GANG DER SCHLACHT VON BAUTZEN AM 20. UND 21. MAI 1813:*

*Am 20. Mai, mittags 12 Uhr, kam die zweitägige Schlacht in Gang. Napoleon griff am ersten Tage durch Oudinot den linken Flügel der Verbündeten an, überschritt die Spree und nahm Bautzen.*

*Am zweiten Tage warf sich Napoleon in einem Scheinangriff auf den schwachen rechten Flügel, schlug ihn gänzlich und ging dann gegen die Kreckwitzer Höhen vor, die Blücher mit dem Zentrum hielt. Nach einem blutigen Ringen brach Blücher auf den Rat Knesebecks um drei Uhr die*

*Schlacht ab. Der Rückzug erfolgte in vollkommener Ordnung.* (52,197/98)

Das Ziel einer Umfassung der feindlichen Armee erreichte Napoleon nicht. Die Schlacht war wohl gewonnen, aber das Resultat erboste Napoleon. »Was? Keine Ergebnisse, keine Trophäen, keine Gefangenen nach einer solchen Schlächterei?«, soll der Kaiser ausgerufen haben. (52,198; 33,349)
Das Blutbad von Bautzen – der zweite Schlachttag am 21. Mai auch ab und an auf französischer Seite als »Schlacht bei Wurschen« bezeichnet – kostete die Verbündeten 12–15.000 Tote und Verwundete. Der Verlust der Franzosen wird auf 6–8.000 Tote und 18.000 Verwundete geschätzt. Auf der Habenseite standen für Russen und Preußen 3.000 Gefangene und zwölf eroberte Geschütze. (33,349)
Die verbündete Armee trat, ganz ähnlich wie bei Großgörschen, auch nach Bautzen den Rückzug an. Diesmal hieß das Ziel: Schlesien.

## Kritik und Episodisches vom 20./21.Mai 1813

Wie bei Großgörschen schon zeigte sich erneut, dass es den Verbündeten an einer straffen Führung mangelte. Generale, Adjutanten aller Grade, Berufene und Unberufene gaben einem Kaiser und einem König Ratschläge.

Das Kommando auf französischer Seite hatte nur einer: der Kaiser Napoleon. Diese Konstellation war für die Franzosen mindestens so wertvoll wie ein ganzes Armeekorps.

Aber es war, wie es war. Hellsichtige bei Russen und Preußen erkannten das wohl, aber zu ändern war daran wenig.

*ZUR FÜHRUNG IN DER SCHLACHT BEI BAUTZEN:*

*Diese Schlacht, zu der das Terrain hinter Bautzen, mit der Stadt vor der Front, ausgewählt worden war, wurde unter sehr ungünstigen Umständen für uns geliefert. Der ungünstigste von allen war wohl der, daß die Armee keinen eigentlichen Befehlshaber hatte und von den beiden Monarchen mit einer Unzahl von Ratgebern und überklugen Leuten (unter denen Wittgenstein, der nominelle Anführer, sich ganz verlor) geleitet wurde, zahlreiche zum Teil sich widersprechende Befehle gegeben und kein bestimmter Plan verfolgt wurde ...* (107,307)

Das alles erinnert immer noch ein wenig an das Verhalten des Königs Friedrich Wilhelms III. in der Schlacht bei Auerstedt. Angesichts dieser Tatsache ist das Standhalten der Verbündeten im Frühjahrsfeldzug 1813 ausschließlich dem Enthusiasmus und der Opferbereitschaft der Truppen, aber kaum den Fähigkeiten der miltärischen Führung zu danken.

Die Schlacht von Bautzen, bzw. besser deren Abbruch ist ein sprechender Beleg für die Konfusion in den Kommandoverhältnissen bei den Verbündeten. Tatsächlich hat der im Gefolge des Königs befindliche von dem Knesebeck Blücher und die Monarchen überzeugt, den Kampf nicht mehr fortzusetzen und den Rückzug anzutreten. Knesebeck war gerade am 14. März 1813 (94,IV,345), also etwas mehr als zwei Monate zuvor, zum Generalmajor ernannt worden. Ein ganz erstaunlicher Vorgang.

Noch 1847, als der nunmehrige König Friedrich Wilhelm IV. Knesebeck die Würde eines Generalfeldmarschalls verleiht, rühmt der König dessen richtige Entscheidung. Der dann 80-jährige Feldmarschall dankt artig, weist aber spaßhaft darauf hin, dass er nicht mehr reiten und keine 100 Schritt gehen kann, ohne dabei außer Atem zu kommen. (33,349) Knesebeck war einer der engsten Vertrauten des Königs Friedrich Wilhelms III. und 1768 in Karwe in der Grafschaft Ruppin geboren. Theodor Fontane gedenkt seiner in den Wanderungen durch die Mark Brandenburg: Vivat et cresciat gens Knesebeckiana in Aeternum (Es lebe und wachse der Stamm der Knesebecks in Ewigkeit). (32,25ff.)

Nicht nur die Befehlsgebung von oben nach unten, also von den Monarchen über Wittgenstein bis hin zur Generalität blieb im Frühjahrsfeldzug 1813 problematisch. Auch die immanenten Schwächen, die jeder Koalitionskriegsführung innewohnen, machten sich geltend. Ständig argwöhnte eine Partei gegenüber der anderen, man würde die eigenen Truppen schonen und lieber den Bundesgenossen bluten lassen. Der spätere General von Reiche erzählt von dem Oberquartiermeister des Yorkschen Korps, dem Oberstleutnant von Valentini, der gehalten war, russische Gardekavallerie zum Eingreifen in die Schlacht aufzufordern. Von deren Kommandeur erhält er die bündige Antwort: »Glauben Sie, dass der Kaiser dazu seine Gardekavallerie hat, sie sich totschießen zu lassen?« (52, 200)

Auch scheint im Verhältnis

zwischen russischer und preußischer Generalität nicht nur eitel Sonnenschein geherrscht zu haben:

*STREITEREIEN ZWISCHEN PREUSSEN UND RUSSEN IM ANGESICHT DES FEINDES – BAUTZEN, 21. MAI 1813:*

*Mit vollem Rechte bezeichnet Blücher in seinem Berichte »den frühen, unaufhaltsam fortgesetzten Rückzug des* (russ. – d.V.) *Barclay`schen Corps« als den Wendepunkt des zweiten Schlachttages. Der Kaiser Alexander dagegen, der seine Generale in Schutz nahm, äußerte sich sehr unzufrieden mit Blüchers Abzuge von den Kreckwitzer Höhen. Nun faßten auch die russischen Generale sich ein Herz und sprachen mit Hohn von den Preußen. General Jermolof, der, nachdem der Rückmarsch schon angetreten war, mit den russischen Garden, die der Kaiser absichtlich geschont haben wollte, endlich heranrückte, erlaubte sich so unziemende Äußerungen, daß* (der preuß. – d.V.) *Oberst Horn ihn deshalb zu einem Zweikampfe eigenthümlicher Art herausforderte.*
*Er zeigte ihm die von den Franzosen mit 50 Feuerschlünden besetzten Kreckwitzer Höhen, ließ seine Brigade Front dagegen machen und forderte Jermolof auf, gemeinschaftlich mit ihm Sturm zu laufen; er an der Spitze der russischen Garden und er an der Spitze der Preußen. – aber »ein Hundsfott,* wer Kehrt macht!« Jermolof konnte die Ausforderung nicht zurückweisen, und schon ordneten beide Führer ihre Sturmcolonnen, als von York der allerschärfste Befehl kam, diesen Krieg auf eigene Faust einzustellen.* (33,347)

* ein überaus gängiges Schimpfwort der Zeit, das als beabsichtigte Beleidigung perfekt funktionierte. Hat sich heute ganz verloren.

Noch am Rande muss erwähnt werden, dass Napoleon am zweiten Tag der Schlacht einen Verlust erlitt, der ihn ganz persönlich schmerzte. Eine Kanonenkugel ging am Marschall Mortier vorbei, tötete den Pioniergeneral Kirchner auf der Stelle und verletzte den Großmarschall des Palastes Duroc derart schwer, dass er nach 14 Stunden starb. Napoleon, dem Duroc nahestand, war ähnlich erschüttert wie 1809, als er den erst 40 Jahre alten Marschall Lannes bei Aspern verlor.

Die verbündeten Armeen der Russen und Preußen zogen sich nach der Schlacht von Bautzen nach Schlesien zurück, die Franzosen folgten.

Dabei fiel noch ein denkwürdiges Gefecht bei Haynau in

Schlesien am 26. Mai 1813 vor. Bemerkenswert bleibt an diesem Kampf, dass hier zum ersten Male in diesem Feldzug die Verbündeten ihre erhebliche zahlenmäßige Überlegenheit an Reiterei wirken lassen konnten. Weder in der vom Ortskampf geprägten Schlacht von Großgörschen, noch in der in einem der Kavallerie ungünstigen Gelände stattfindenden Schlacht von Bautzen konnten die Reitergeschwader der Preußen und Russen nutzbringend eingesetzt werden.

Unter der Führung Blüchers überfielen die Verbündeten im Marsch befindliche französische Truppen. Endlich einmal lag vor der preußischen Kavallerie »ein günstiges Attackenfeld« (88,55) Unter dem Obersten von Dolffs, der an diesem Tage fiel, ritten die Schlesischen Kürassiere, das leichte Garde-Kavallerie-Regiment und die Ostpreußischen Kürassiere französische Bataillone nieder. Dem Verlust von 221 eigenen Toten, Verwundeten und Vermissten, standen über 400 getötete Gegner sowie mehr als 400 Gefangene gegenüber.

Das Gefecht war preußischerseits mustergültig angelegt. Clausewitz stellt den gefallenen Oberst Dolffs für diese Aktion an die Seite des berühmten Seydlitz, *der* preußische Reiterführer des Siebenjährigen Krieges überhaupt. (52,205. zit.Clausewitz) Ebenfalls am 26. Mai löste der russische General Barclay de Tolly Wittgenstein, der sich augenscheinlich zu passiv verhalten hatte, im Oberbefehl über die Heere der Verbündeten ab.

## *Der Waffenstillstand vom 4. Juni 1813*

Nach den Massakern von Großgörschen und Bautzen und dem halbfertigen Zustande der Rüstungen, mit dem beide Parteien im Frühjahr in den Krieg gezogen waren, entstand das dringende Bedürfnis nach einer Atempause. Ein Waffenstillstand ist ein eigen Ding. Der Begehrende hofft, sich in dieser Zeit möglichst besser regenieren zu können als seine Feinde. Vorgeblich zum Nutzen beider geschlossen, bleibt immer der Hintergedanke, sich gegenüber dem Gegner einen Vorteil zu erschleichen.

Die Erfahrungen Napoleons im Umgang mit diesem halb diplomatischen, halb militärischen Instrument waren in der Vergangenheit nicht ungünstig gewesen. Im Feldzug gegen Österreich 1809 beispielsweise schlug das Resultat der vorübergehenden Einstellung der Kampfhandlungen zugunsten des Kaisers aus. Die Anregung zu einer Waffenruhe im Sommer 1813, aus der sich dann ein förmlicher Waffenstillstand entwickelte, soll von Napoleon ausgegangen sein. (52,206)

Aber auch den Verbündeten kam diese Entwicklung nicht ganz ungelegen. Dies nicht nur, weil auch sie nach den Hekatomben von Blut, die geflossen waren, einer Auffrischung durch junge Mannschaft bedurften, sondern weil die alles entscheidende Frage zur Entscheidung anstand: Tritt das Kaiserreich Österreich auf Seiten der Verbündeten in den Krieg ein oder wahrt es zumindest Neutralität?

Nach den ersten Verabredungen über eine Waffenruhe in Pläswitz im schlesischen Kreise Striegau und dem späteren Abschluss eines förmlichen Waffenstillstandes in dem Dorfe Poischwitz sollten die Waffen vom 4. Juni 1813 an bis zum 20. Juli ruhen. Später wurde der Waffenstillstand bis zum 10. August 1813 verlängert. Die Kriegsparteien richteten es so ein, dass die Armeen sich hinter territorial abgegrenzte Linien zurückzogen. Zwischen den Linien lag ein neutrales Gebiet, dass vollkomnen von Truppen frei sein musste. Von den Kriegsparteien bestimmte Kommissare sollten die Vollziehung des Waffenstillstandes überwachen.

Während die Waffen schwiegen, lebte das diplomatische Geschäft auf. In Reichenbach traten Großbritannien und Schweden der Koalition gegen Napoleon bei. Österreich sagte seinen Beitritt zum Bündnis zu, sofern sich Napoleon weigern würde, unterbreitete Vorschläge für einen Frieden anzunehmen. In Prag sollte, wobei man aber nicht »über formelle Vorverhandlungen« (48,259) hinauskam, über jene Bedingungen gesprochen werden, die man Frankreich anbieten wollte. Dass dabei Napoleon erheblich hätte »Federn lassen müssen«, war klar. Am 26. Juni fand im Dresdner Marcolini-Palais eine mehrstündige, äußerst heftig geführte, von Gemütswallungen aufgeheizte Aussprache zwischen dem österreichischen Staatskanzler Graf Metternich und Napoleon statt, die zu keinem Ergebnis führte.

Spätestens von da an war klar, dass die Österreicher auf der Seite von Russland und Preußen in den Konflikt eintreten würden. Ein Ausspruch Napoleons aus diesen Tagen unterstreicht, warum der

Kaiser nicht ohne Gesichtsverlust besetzte Gebiete preisgeben konnte:

*NAPOLEON ZU METTERNICH ÜBER SEINE DYNASTIE:*

*Eure auf dem Thron geborenen Souveraine können sich zwanzigmal schlagen lassen und können dennoch jedes Mal in ihre Hauptstadt zurückkehren. Ich aber bin nur ein Sohn des Glücks und würde aufhören zu regieren am Tage da ich aufgehört hätte, der Stärkere zu sein und folglich keine Achtung mehr geböte.* (77,547)

Die preußische Bevölkerung zeigte sich über den Waffenstillstand überrascht und erschrocken, befürchtete man doch, dass die schweren Verluste, die bisher gebracht und klaglos getragen worden waren, am Ende einem faulen Kompromiss mit Napoleon zum Opfer fallen könnten.

Aber die oben angedeuteten Umstände sowie Verblendung des Kaisers über seine eigenen Möglichkeiten ließen den Waffenstillstand nicht in einen Frieden münden. Im Übrigen hatten sich die Franzosen auch innerlich bereits darauf eingestellt, dass die Entscheidung der Habsburgermonarchie, repräsentiert durch Napoleons Schwiegervater Franz I., schon bei Beginn des Waffenstillstands längst feststand.

Die französische Armeeführung hegte diesen Argwohn wegen der Stellung, die die verbündete Armee am Beginn des Waffenstillstands einnahm. Die bezogene Position hatte die böhmische Grenze im Rücken. (66,188) Eine fatale Aufstellung für den Fall, dass sich Österreich gegen die Verbündeten erklären sollte. Aber damit rechnete bei Preußen und Russen ernsthaft niemand.

Der Waffenstillstand wurde augenscheinlich von den Kriegsparteien eingehalten und zur Verstärkung der Truppen genutzt. Eklatante Missachtungen der vereinbarten Trennungslinien zwischen den Heeren sind nicht bekannt. Bis auf eine Ausnahme:

Die Waffenstillstandsvereinbarungen sahen in ihrem zehnten Artikel vor, dass alle »Streifparteien der Verbündeten« bis zum 12. Juni auf das rechte Elbufer zurückgekehrt sein mussten. Davon hatte der Major von Lützow, der im sächsischen Vogtland operierte, seit dem 14. Juni positive Kenntnis. Er war wohl ganz offenkundig, weil auch in Begleitung eines sächsischen Marschkommissars, gesonnen, das rechte Elbufer zu gewinnen.

Von Plauen zog er über Weida und Droßdorf bei Zeitz nach Norden. In Zeitz ließ er seinen Marsch dem dort kommandierenden württembergischen Oberst Becker anzeigen. Bei Kitzen wollte er Quartier für sein Freikorps machen, um dann am nächsten oder übernächsten Tag vielleicht bei Wittenberg oder Dessau über die Elbe zu gehen. Allein, am Abend des 17. Juni griffen Truppen unter dem französischen General Fournier und diesem unterstellte Reiterei unter dem württembergischen General von Normann Lützow an und zerschlugen sein Korps nahezu vollständig. Lützow entkam mit wenigen seiner Leute. Der schwerverwundete Theodor Körner konnte sich in Leipzig verbergen.

Major Lützow, immer im Glauben, das Rechte zu tun, ohne eine feindselige Aktion überhaupt nur im Sinn zu haben, meinte, er werde durch die Genehmigung der militärischen Autoritäten des Gegners frei passieren können. Er erlebte eine schwere Enttäuschung, ja man hatte ihn bewusst getäuscht. Kavalleriekolonnen rückten an und fielen über seine Truppe her. Dem General Fournier werden die Worte zugeschrieben: »L`armistice pour tout le monde, exepte pour vous!« (Waffenstillstand für jeden von der Welt, aber nicht für euch!) Die »Schwarze Schar«, »Lützows wilde, verwegene Jagd« existierte für den Augenblick nicht mehr. Genüssliche Erwähnung findet bei der Schilderung dieses Akts auch immer, mit welcher Inbrunst die württembergische Kavallerie unter Normann die Lützower massakriert hat. Von »deutscher« Gesinnung keine Spur. (59,130)

Richtig ist wohl, dass sich der Major von Lützow einer formalen Verletzung der Waffenstillstandsbestimmungen schuldig gemacht hatte. Er befand sich zweifellos nach Ablauf der Frist noch links der Elbe. Allerdings hat ihn die französische Seite glauben lassen, man werde das einfach akzeptieren und ihn über die Elbe geleiten. Pelet-Narbonne rügt insoweit wohl berechtigt die Vertrauensseligkeit Lützows, die mit zu dem Unglück beigetragen hat. (88,62)

Hintergrund des heimtückischen Angriffs war der Befehl Napoleons, das Freikorps zu vernichten, wo man es träfe. Die Angehörigen dieser Truppe galten ihm nicht als Soldaten, sondern als Straßenräuber (brigands). (88,62) Entsprechend lautete die Weisung für den General Allighieri, Herzog von Padua, der zu dieser Zeit in Leipzig kommandierte. Über 300 Leute verlor Lützow, 21 entkamen, darunter Lützow selbst. (88,62) Die Gefangenen behandelte man »nicht wie Kriegsgefangene, wie Verbrecher wurden sie nach Frankreich transportiert.« (88,62)

Die Art und Weise der Behandlung der Lützower löste Empörung aus, trug damit auch wohl zum Willen bei, möglichst nicht klein beizugeben. Infolge dieses als rechtswidrig und hinterhältig empfundenen Überfalls erfüllten die Verbündeten nicht ihre Verpflichtung aus dem Vertrag von Poischwitz, die belagerten Festungen zu versorgen. Das alles hatte jedoch keinen Einfluss auf das Halten der Vereinbarung.

Die Vorgänge um die Lützwoer bei Kitzen zeigen indes nachdrücklich, dass die weit gerühmten Kriegssitten- und Gebräuche ins Wanken gerieten und bisweilen schon ein diffuser Nationalhass schlimme Dinge hervorbrachte. Das Korps erstand bei der späteren Nordarmee neu. Die Tage des freien Streifens waren allerdings gezählt. Das Freikorps wurde Bülow, später dem russischen General Graf von Wallmoden unterstellt.

Theodor Körner, als Lützower und Dichter so recht zum Symbol dieser Zeit geworden und gezeichnet von den bei Kitzen erlittenen Blessuren, schrieb seinen »Abschied vom Leben« mit dem Untertitel »Als ich schwer verwundet und hilflos in einem Holze lag und zu sterben vermeint«. Eine Tragik ohnegleichen um diesen jungen Dichter: Er genas, nur um wenig mehr als zwei Monate später im Gefecht von Gadebusch, dieses am 26. August 1813 vorgefallen, den Tod zu finden.

Der Waffenstillstand wurde von den Franzosen am 10. August 1813 gekündigt. Nach Ablauf der vertraglich vereinbarten Frist von sechs Tagen durften damit die Kampfhandlungen ab dem 17. August 1813 wieder aufgenommen werden. Am 12. August hatte Österreich den Krieg gegen Frankreich öffentlich erklärt. Die Zahl der Gegner hatte sich damit für Napoleon um etwa 150.000 Mann vergrößert.

Staatskanzler Metternich will sich am Ende der berühmten Unterredung von Napoleon mit den Worten verabschiedet haben: »Sie sind verloren, Sire, ... das war meine Ahnung als ich kam, das ist meine Überzeugung, da ich gehe«. (77,548) Der Krieg ging weiter. Napoleon hatte überreizt. Metternichs Gefühl hatte nicht getrogen.

## *Der Herbstfeldzug 1813*

Der Herbstfeldzug 1813 war derjenige, der den Kaiser Napoleon endgültig nicht nur schlechthin in die Defensive drängte, sondern ihn zur Räumung von ganz Deutschland zwang. Während des Waffenstillstands waren die Karten neu gemischt worden. Hatte der Frühjahrsfeldzug gelehrt, dass die Koalition von Russen und Preußen allein wahrscheinlich nicht in der Lage sein würde, die Franzosen

*Bei den Vorposten.*

niederzuwerfen, so wies mit Österreich nun eine weitere Großmacht europäischen Formats Napoleon in seine Schranken.
Die Bedeutung des Kriegseintritts von Schweden muss dagegen als zweitrangig beurteilt werden. Hohen Symbolgehalt erhielt allerdings dieser Schritt dadurch, dass die schwedischen Truppen durch den Kronprinzen Bernadotte geführt wurden.
Bernadotte hatte als französischer Marschall noch bei Wagram 1809 an der Seite des Kaisers der Franzosen gekämpft.

## Pläne und Heere: die Verbündeten

Die entscheidenden Verabredungen zur Führung des künftigen Feldzuges hatten bereits vom 9. bis zum 12. Juli 1813 im Schloss des Fürsten Hatzfeld im schlesischen Trachenberg stattgefunden. Zar, preußischer König und der Kronprinz von Schweden sowie die militärischen Stäbe unterhandelten, was zu tun sei.

Der österreichische Kaiser Franz wurde – obwohl noch gar nicht Kriegspartei – durch die Verbündeten unterrichtet. Auch Napoleon soll sich über Spione vom Ergebnis des Trachenberger Kriegsrates am 11./12. Juli 1813 »durch Abschrift dieses Schriftstückes aus einer der Kanzleien in Trachenberg« (33,506) alsbald Kenntnis verschafft haben. Der General von dem Knesebeck vertrat Friedrich Wilhelm III. in den militärischen Fachberatungen. Von ihm stammt auch der Feldzugsplan in seinen Grundzügen. (33,753) Einvernehmen erzielten alle Beteiligten über die Bildung der Truppenkörper und darüber, dass offensives Vorgehen gegen die Franzosen geboten sei. So sollte es geschehen.

Als die Waffen ruhten, hatten beide Kriegsparteien nach Maßgabe ihrer Möglichkeiten gerüstet. So stellten die Verbündeten drei Armeen ins Feld. Da war zunächst die **Böhmische** oder **Hauptarmee**. Sie umfasste 123.000 Österreicher unter Liechtenstein, Erbprinz von Hessen-Homburg, Gyulay und Klenau, 75.000 Russen unter Wittgenstein und 49.000 Preußen unter Kleist. Kommandierender über die in Böhmen stehenden russisch-preußischen Truppen wurde der russische General Barclay de Tolly. Den Oberbefehl über dieses bald eine Viertelmillion Mann starke Heer insgesamt übertrugen die

Monarchen einvernehmlich dem Österreicher Fürst von Schwarzenberg. Bei dieser Armee hielten sich auch die beiden Kaiser von Russland und Österreich sowie der König von Preußen auf. Dort war das praktische Koordinationszentrum der Gesamtkriegsführung.

Die zweite von den Verbündeten gebildete Armee hieß die **Schlesische Armee**. Sie bestand aus 61.000 Russen unter den Korpsführern Sacken und Langeron sowie aus 38.000 Preußen unter York. Oberbefehlshaber dieses, knapp 100.000 Mann starken Heeres wurde Blücher. Zu seinem Generalstabschef war der General Gneisenau bestimmt.

Schließlich formierten die Verbündeten ein drittes Heer, die sogenannte **Nordarmee**. Für den Oberbefehl dieser über 150.000 Mann starken Armee verständigte man sich auf den Kronprinzen Karl Johann von Schweden (Bernadotte). Den Kern der Nordarmee bildeten die preußischen Korps Bülow und Tauenzien. 75.000 Mann waren dort die preußischen Truppen stark. Hinzu traten noch 30.000 Russen unter Winzigerode und Woronzow sowie unter Stedingk die schwedische Armee mit 20.000 Mann. Letztlich gehörten zum Nordheer noch 27.000 Mann, deren Herkunft durchaus gemischt war: Russisch-deutsche Legion, Hanseatische Legion, Hannoveraner, Mecklenburger, das Freikorps Lützow. Der Kommandierende dieser Verbände war der General Graf Wallmoden-Gimborn. (91,354)

Die Zahlenangaben zu den Stärken der einzelnen Armeen variieren zum Teil nicht unerheblich. Die Stärke der preußischen Feldarmee wird mit 162.000 Mann angegeben. Als Gesamtzahl der unter Waffen Stehenden, nennt Klein (52,235) für Preußen – einschließlich 112.000 Mann Landwehrsoldaten – 270.000 Mann. (52,235).

Die geographischen Bezeichnungen für die Armeen der Verbündeten beschreiben auch zutreffend deren Ausgangsstellungen bei Aufkündigung des Waffenstillstandes. Die Hauptarmee hatte sich in Nordböhmen versammelt, die Schlesische Armee formierte sich bei Reichenbach und die Nordarmee sollte von Norden kommend »nach gekündigtem Waffenstillstande sich bei Treuenbrietzen versammeln, sogleich gegen die Elbe vorgehen, diese zwischen Torgau und Magdeburg überschreiten und gerade gegen Leipzig vorrücken.« (33,753) Das Ziel der Alliierten bestand also grundsätzlich darin, durch angestrebte numerische Überlegenheit und die Erwartung, dass der als Feldherr immer noch gefürchtete Kaiser Napoleon nicht gleichzeitig überall sein könne, konzentrisch die Franzosen zurückzudrängen, sie räumlich einzuengen und sie im mitteldeutschen Raum in einer abrechnenden Generalschlacht zu besiegen.

## Pläne und Heere: die Franzosen

Ausgangs des Waffenstillstands, bei Aufnahme der Feindseligkeiten im August 1813, verfügte Napoleon in Deutschland über 450.000 Mann und 1.284 Geschütze. (52,236) Die Qualität des Heeres musste aber zwangsläufig zu wünschen übrig lassen. Nicht nur die Verluste des russischen Feldzuges wirkten nach, auch der Aderlass der Hauptschlachten von Großgörschen und Bautzen musste kompensiert werden. Ein großer Teil der französischen Armee von 1813 bestand aus jungen Rekruten. Manchmal nicht älter als 18 Jahre, mangelte es ihnen an militärischen Fähigkeiten und Talenten. Napoleon glich diesen Nachteil dadurch aus, dass in den Verbänden stets eine gewisse Zahl »erprobter Feldsoldaten, die den jungen Truppen bald ihren kriegerischen Geist einflößten ...,«(52,235) zu finden waren.

Wer über die Gefahren und Nöte der jungen Männer etwas erfahren will, die 1813 unter Napoleons Fahnen in Deutschland kämpften, der greife zu Erckman-Chatrian »Geschichte eines Anno 1813 Conskribirten«. (30) Zwar Erzählung und kein Tatsachenbericht, basiert die Schilderung doch auf den Erlebnissen von napoleonischen Veteranen und kommt der Wirklichkeit des Feldzuges wahrscheinlich sehr nahe.

Fürchterlich geplagt waren die Franzosen auch durch einen ausufernden Krankenstand unter ihren Soldaten. Bis zu 90.000 Mann sollen sich bei Ende des Waffenstillstandes in den Lazaretten befunden haben. (52,235) Die Ursachen für diese Misere reichten von Hygienemängeln bis zu unzureichender Verpflegung.

Dennoch: das, was alle zusammenhielt, war die Anwesenheit des französischen Soldatenkaisers unter ihnen. Der Glaube, sein Stern und sein Feldherrngenie werde auch mit einer numerischen Überlegenheit im Lager der Feinde fertig, war noch ungebrochen. Neben der französischen Nationalarmee standen noch immer die Streitkräfte der Rheinbundstaaten (Bayern, Württemberg, Baden, Sachsen u.a.) für Napoleon im Feld.

Die Planungen Napoleons für den Herbstfeldzug 1813 wurden durch die konkrete Lage diktiert. Er brauchte keinen Kriegsrat zu halten. Er teilte die Armee in die **Hauptarmee**, die er unmittelbar führte. Diese stand im Raum Zittau, Görlitz, Pirna. Eine weitere Armee sollte den Verbündeten in Schlesien Paroli bieten. Das war die sogenannte »**Boberarmee**« unter dem Marschall Ney, später Marschall Macdonald, die an den an und für sich nicht sehr bedeutenden Flüssen Katzbach und Bober lagerte.

Die Dislozierung der weiteren Truppen »**Berlinarmee**« – Marschall Oudinot –, die französischen Truppen im Bereich der Festung Magdeburg unter dem General Girard (»Zwischenkorps«) sowie ein Korps an der Unterelbe unter dem Befehl des Marschalls Davout lassen als strategische Intention die ernsthafte Bedrohung der preußischen Hauptstadt und den unbedingten Willen, die Elblinie zu halten, erahnen. (48,270)

Die Aufstellung der französischen Heere sollte Napoleon die Freiheit geben, sich je nach Lage der Dinge mit Übermacht auf die eine oder andere Armee der Verbündeten zu werfen. Er operierte auf der »inneren Linie«. Würde es ihm gelingen, so die verbündeten Armeen einzeln zu stellen und zu schlagen, würde er Meister von Deutschland bleiben. Nur eines durfte Napoleon unter keinen Umständen zulassen: die Vereinigung der drei Armeen der Verbündeten.

## Preußen und Russen – eine schwierige Partnerschaft

Unangreifbar ist die Feststellung, dass ein siegreicher Kampf gegen Napoleon ohne das Bündnis mit Russland unmöglich gewesen wäre. Ebenso ist aber richtig, dass es im Verhältnis zwischen den Militärs beider Armeen auch während des Krieges genügend Spannungen und Misshelligkeiten gab. Russische Soldaten sind zu Zehntausenden auch für die Befreiung Preußens vom Joch der napoleonischen Besatzung gefallen. Das darf die Geschichte nie vergessen. Aber: der Zar, der in seinem persönlichen Umgang stets als bestrickend liebenswürdig geschildert wird und der preußische König

Friedrich Wilhelm III. waren ohne Zweifel einander zugetan. Den König konnte kein anderes Gefühl als das der Dankbarkeit gegenüber dem russischen Kaiserhaus beherrschen.

Jedoch schon in den militärischen Gremien, im Umgang der Generale und Offiziere untereinander, gab es Ärger, Eifersüchteleien und Abneigung. Besonders problematisch scheinen in dieser Beziehung die Verhältnisse bei der Schlesischen Armee gelegen zu haben.

Blücher und York stritten mit ihren russischen Korpskommandeuren herum. Bei der Instruktion Blüchers über den Trachenberger Feldzugsplan, den ihm der Russe Barclay de Tolly eröffnen musste, murrte der alte Husar, als man ihm zumutete, »allen entscheidenden Gefechten auszuweichen.« (33,635) Preußische Generale hegten gegenüber den Russen Misstrauen. Das blieb diesen auch nicht verborgen. So entbehrten die Beziehungen der preußischen und russischen Militärs untereinander häufig einer gewissen Herzlichkeit, die man bei oberflächlichem Blick eigentlich hätte annehmen müssen.

*DER RUSSISCHE OFFIZIER VON SCHUBERT ÜBER DAS VERHÄLTNIS ZWISCHEN RUSSEN UND PREUSSEN:*

*Es war eine sonderbare Erscheinung, welche sich schon im Jahre 1807 zeigte und jetzt sich wieder offenbarte, nämlich der offensichtliche Mangel an Sympathie zwischen den russischen und preußischen Truppen, obwohl beide sich gegenseitig achteten. Weder die Generäle noch die Offiziere beider Armeen hatten miteinander Umgang, und sie passten auch nicht zueinander; bei den Offizieren war die Schwierigkeit, sich verständlich zu machen, wohl ein Grund, aber nicht der einzige.*
*Die Hauptsache war, dass die preußische Pedanterie, ihre Aufschneidereien, ihre Rodomontaden* (= Angebereien), *ihre ökonomischen Gewohnheiten sie durchaus zu keinen Kameraden für unsere Offiziere machten, die alle Lebemänner waren, den letzten Heller sorglos vertranken oder verspielten und von Pedanterie und Rodomontaden durchaus nichts wussten; denn ein anspruchsloseres, weniger auf seine Siege stolzes Völkchen als unser Offizierkorps hat es sicher nie gegeben.*
*Unsere Soldaten hatten eine Art gutmütiger Geringschätzung für die Preußen: es waren ja »Nemzy«; aber bei den Generälen und höheren*

*Offizieren lag die Sache tiefer. Der König von Preußen liebte uns, seine Generäle aber nicht; wir waren für sie nützliche und notwendige Alliierte, aber keine Freunde, und dieses Gefühl gab sich bei jeder Gelegenheit kund …*
*Und glauben Sie nicht, dass nach zwei durchkämpften Feldzügen im Frieden sich diese Verhältnisse anders gestaltet hätten; im Gegenteil, sie waren womöglich noch schlechter geworden, da der preußische Hochmut gewachsen war … Die Franzosen waren uns viel sympathischer als die Preußen, und ich glaube, dieses Gefühl lebt noch fort.* (107,316)

Solche Umstände erschwerten die Führung der Operationen insonderheit bei der Schlesischen Armee. Bisweilen wird erwähnt, dass die russischen Korps taten, was sie wollten und nicht, was sie sollten. (33,640) Rühmliche Ausnahmen nennt Schubert:

Der preußische General von Hünerbein, sei »ein gebildeter, jovialer Mann«, der »mit den Russen guten Umgang pflog«, (107,316) gewesen. Ferner nennt er den General Blücher: »Blücher war der einzige, der uns gern hatte«, sagt Schubert.

Aber auch innerhalb der preußischen Generalität gab es genug Spannungen und Ärgernisse. So war Blücher als Armeeoberbefehlshaber nicht darum zu beneiden, einen »Feuerkopf« und »Eisenfresser« wie den General York unter sich zu haben.

Selbst die Verhältnisse zwischen Österreichern und Russen blieben nicht spannungsfrei: Schwarzenberg und Barclay de Tolly gerieten nach der Schlacht von Dresden heftig aneinander.

Zu allen Aversionen traten auch noch Fälle, in denen russische Verbände einfach Versorgungstransporte, die für preußische Truppen bestimmt waren, ohne viel Federlesens fortnahmen.

Ein Brief Gneisenaus an den russischen Fürsten Wolkonski vom 16. Mai 1813 rügt solches willkürliche Verfahren, das kein Einzelfall war. (90,44)

Es ist also davon auszugehen, dass die Führung des Feldzuges auf Seiten der Verbündeten neben den Schwierigkeiten, die die Aufgabe an sich schon in sich barg, noch zusätzlich durch Ärger aus diffuser nationaler Ablehnung und persönlichen Querelen erschwert worden ist.

Trotzdem: die Koalition hat gehalten. Die Gemeinsamkeiten überwogen im Vergleich zu dem Trennenden.

Zum besseren Verständnis scheint es geboten, einen kursorischen Eindruck vom Ablauf des Feldzuges zu geben, ehe man hier und dort sich dieser oder jener Einzelheit zuwendet.

*Die Katzbach-Schlacht im Herbst 1813.*

*Die Flüchtlinge aus der Katzbachschlacht.*

**1. Schlesische Armee**

Der Herbstfeldzug wird dadurch eröffnet, dass Napoleon ab dem 15. August 1813 von Dresden abmarschiert, um sich gegen den in Schlesien vorrückenden Blücher zu wenden. Die Schlesische Armee weicht dem Druck befehlsgemäß aus und geht zurück.

**2. Hauptarmee**

Zeitgleich rückt die alliierte Hauptarmee aus Böhmen vor. Ziel ist die Wegnahme Dresdens, dem Hauptwaffenpunkt Napoleons. Die Verbündeten wähnen Napoleon in Schlesien. Dieser lässt auf die Nachricht von der Bedrohung seines wichtigsten Stützpunktes von der Schlesischen Armee ab und kehrt in Eilmärschen nach Sachsen zurück. Die Hauptarmee der Verbündeten erreicht am 23. August mit 80.000 Mann Dresden. Napoleon trifft nun völlig überraschend für die Verbündeten ebenfalls dort wieder ein. In Dresden selbst steht während der Abwesenheit Napoleons nur noch eine Besatzung von 20.000 Mann unter dem Marschall St.Cyr. Am 26. und 27. August kommt es zu der bedeutenden zweitägigen Schlacht von Dresden. Es ist der letzte große Sieg Napoleons auf deutschem Boden. Die Verbündeten müssen sich infolge der Niederlage wieder nach Böhmen zurückziehen.

**3. Hauptarmee**

Napoleon ordnet an, dass das Korps des Generals Vandamme der zurückgehenden Hauptarmee den Rückzug abschneiden soll. Diese Operation misslingt. Am 29. und 30. August 1813 greifen Russen und Österreicher Vandamme bei Kulm an. Schließlich erscheint der General Kleist bei Nollendorf mit 10.000 Mann in dessen Rücken. Das gesamte französische Korps Vandamme gerät in Gefangenschaft.

**4. Nordarmee**

Die Franzosen planen einen Angriff auf Berlin. Dazu sollen Marschall Oudinot, mit seinem Korps von Süden heranmarschierend, Marschall Davout von Hamburg aus, also aus der Nordwestrichtung kommend, und von Magdeburg her heranziehend der General Girard, zusammenwirken. Am 23. August 1813 wird das Oudinotsche Korps in der Schlacht von Großbeeren vernichtend geschlagen. Sieger im Kampf bleibt das zur Nordarmee gehörige preußische Korps Bülow. Die Schweden greifen nicht in den Kampf ein. Berlin ist jedenfalls vor französischer Besetzung gerettet.

**5. Nordarmee**

Infolge der französischen Niederlage von Großbeeren zieht sich Davout wieder nach Hamburg zurück. Dabei kommt es zu Gefechten mit dem Korps Wallmoden der Nordarmee. Am 26. August fällt in einem solchen Gefecht bei Gadebusch, zwischen Lübeck und Schwerin belegen, der Dichter der Befreiungskriege Theodor Körner. Das von Magdeburg auf Berlin marschierende Korps Girard wird bei Hagelberg am 27. August 1813 vernichtet.

**6. Schlesische Armee**

Als Napoleon vor der Schlacht von Dresden sich in Schlesien zur Rückkehr nach Sachsen entschließt, lässt er 80.000 Mann unter dem Befehl des Marschalls Macdonald (Boberarmee) dort zurück, um der Schlesischen Armee Abbruch zu tun. Am 23. August 1813 besiegt Napoleon die Schlesische Armee noch im Gefecht von Goldberg, eilt aber sogleich nach Dresden zurück. Blücher lockt den dann kommandierenden Macdonald in der Folge über die Katzbach und besiegt ihn am 26. August 1813 in der Schlacht an der Katzbach. Schließlich nimmt am 29. August das Korps Langeron noch die ganze feindliche Division Puthod gefangen.

**7. Nordarmee**
Ein neuerlicher Versuch der Franzosen, mit einem Korps von 70.000 Mann Berlin zu besetzen, scheitert.
Bei Dennewitz, in der Nähe von Jüterbog, erleidet der französische Marschall Ney am 6. September 1813 eine schwere Niederlage. Sieger bleiben die zur Nordarmee gehörigen preußischen Korps Bülow und Tauentzien.
Durch einen erneuten Vormarsch von Teilen des Korps Davout aus der Hamburger Richtung kommt es am 16. September 1813 zu einem bedeutenden Gefecht an der Göhrde in der Nähe von Lüneburg. Das Korps Wallmoden besiegt die Franzosen. Deren Divison Pecheux wird gänzlich vernichtet.

**8. Schlesische Armee**
Blücher ist im September 1813 in die Lausitz vormarschiert. Napoleon versucht ihn bei Bautzen zu stellen. Dieser weicht ihm aber aus. Darauf wendet sich Napoleon wieder gegen die Hauptarmee.

**9. Hauptarmee**
Napoleon greift Teile der Hauptarmee am 17. September 1813 bei Nollendorf an. Diese halten aber stand. Napoleon kann nichts ausrichten und wendet sich erneut gegen die Schlesische Armee.

**10. Schlesische Armee**
Napoleon nimmt die Operationen gegen Blücher wieder auf. Blücher hält am 23. September 1813 im Gefecht von Bischofswerda stand. Die Schlesische Armee nimmt eine feste Stellung ein. Die Franzosen verzichten auf einen Angriff. Rechtsabmarsch der Schlesischen Armee: Da der schwedische Kronprinz zunächst zögert, die Elbe zu überschreiten, ergreift das Schlesische Heer die Initiative. Das Korps York von der Schlesischen Armee erzwingt am 3. Oktober 1813 den Elbübergang bei Wartenburg (unweit Wittenbergs).

**11. Nordarmee/Schlesische Armee/Hauptarmee**
Die Elblinie geht für die Franzosen verloren. Auch die Nordarmee überschreitet jetzt, am 5. Oktober 1813 die Elbe im Raum Aken-Roßlau. Nordarmee und Schlesische Armee vereinigen sich. Ziel ist das Vordringen in die Leipziger Ebene. Napoleon verlegt sein Hauptquar-

tier von Dresden nach Bad Düben, weil der erkennbare Schwerpunkt des Kampfes nun bei Leipzig liegen wird. Infolge der Entwicklung im Norden rückt auch die Böhmische Armee auf Leipzig vor.

**12. Nordarmee/Schlesische Armee/Hauptarmee**

Die Verbündeten konzentrieren ihre Kräfte im Raum Leipzig. Dort ist auch im Wesentlichen nun die gesamte Streitmacht Napoleons versammelt.

14. Oktober: der große Reiterkampf bei Liebertwolkwitz.

16.–19. Oktober 1813: die Völkerschlacht bei Leipzig.

16. Oktober: Kampf der Hauptarmee bei Wachau gegen Napoleon. Kampf der Schlesischen Armee bei Möckern gegen den Marschall Marmont. 18. Oktober: Angriff der verbündeten Armeen auf Napoleon: Kämpfe um Probstheida, Schönefeld und Paunsdorf. Vollständiger Sieg der Verbündeten. Die Franzosen ziehen sich in die Mauern der Stadt Leipzig zurück, erste Korps verlassen aber schon die Stadt.

19. Oktober: Erstürmung von Leipzig. Rückzug der Franzosen nach einem Verlust von »mehr als 90.000 Mann«. (91,356)

**13. Die unmittelbaren politischen Folgen der Völkerschlacht**

Die Franzosen treten den Rückzug zum Rhein an. Napoleon gibt die Herrschaft über die deutschen Staaten auf. Nachdem bereits Bayern am 8. Oktober 1813 zu den Verbündeten übergegangen war, folgen später weitere Staaten. Der Rheinbund löst sich auf. Der sächsische König wird in Leipzig kriegsgefangen. Ein Teil der sächsischen Truppen ist schon im Kampf zu den Verbündeten übergelaufen. Französische Staatengründungen wie das Königreich Westphalen u.a. hören auf zu existieren. Dresden kapituliert im November 1813.

**14. Rückzug der Franzosen**

Von den Verbündeten nur mäßig verfolgt ziehen sich die geschlagenen Truppen über Erfurt und Mainz zum Rhein zurück. Kämpfe der Vorhut der Verbündeten an der Unstrut. Führer der nachdrängenden Preußen ist der General York. Bei Hanau versucht der bayerische Feldmarschall Fürst Wrede, eben noch selbst im Lager Napoleons stehend, diesem den Weg zum Rhein zu verlegen.

Erfolglos: in zweitägigen Kämpfen am 30. und 31. Oktober 1813 erzwingen die Truppen Napoleons den Durchbruch durch die bayerisch-österreichischen Verbände.

**15. Nachsetzen der Verbündeten**
Napoleon geht Anfang November bei Mainz über den Rhein. Ein Teil der von den Franzosen verteidigten Festungen kapituliert, andere halten sich bis zum Frieden 1814. Am 1. Dezember 1813 halten die Monarchen der antifranzösischen Koalition Kriegsrat in Frankfurt am Main. Es fällt der Beschluss, den Krieg bis zum Sturz Napoleons weiterzuführen. Es wird verabredet, den Rhein zu überschreiten und den Krieg nach Frankreich hinein zu tragen.

**16. Die Verbündeten dringen in Frankreich ein**
Ende Dezember geht Schwarzenberg mit der Hauptarmee bei Basel über den Rhein. Das Schlesische Heer überschreitet in der Neujahrsnacht 1813 bei Kaub, Mannheim und Koblenz den Rhein.

*Kritik und Episodisches – hätte Napoleon den Herbstfeldzug 1813 für sich entscheiden können?*

Napoleon scheiterte im zweiten Feldzug des Jahres 1813 nicht an einer sich abzeichnenden zahlenmäßigen Unterlegenheit. Er scheiterte auch nicht am Mangel an Kavallerie, am geringen Ausbildungsstand der französischen Rekruten – der preußische Landwehrmann war kaum waffengeübter als der Bauer aus der Auvergne oder der Pariser Handwerkersohn – oder an anderen nachgeordneten Umständen. Der wesentliche Grund scheint eher in der von den äußeren Umständen erzwungenen Organisation des Heeres nach dem Waffenstillstand zu liegen. Bei drei auf ihn eindringenden feindlichen Heeren war der Kaiser förmlich gezwungen seine Truppen in »Teilarmeen« zu spalten, die er seinen Marschällen unterstellte. Mag dies im Glauben geschehen sein, seine »Unterfeldherren« seien Zöglinge seiner Kriegsschule und müssten alle kleine Napoleons sein. Hierin täuschte er sich.

Obwohl er es hätte besser wissen müssen, weil er Oudinot, Ney, Macdonald und die anderen Marschälle, ebenso wie seine gesamte Generalität, viel länger als nur ein Jahrzehnt kannte, so irrte der Korse hier. Sie waren alle persönlich tapfer, aber nicht im eigentlichen Sinne Feldherren.

Unter ihrem Kaiser in der Ausführung seiner Befehle unübertrefflich, versagten sie mehr oder weniger, wenn sie auf sich gestellt waren. Dabei ist das gar kein Unwerturteil über die Fähigkeiten dieses oder jenes Marschalls. Napoleon verkannte die verheerende Wirkung der kleinen Rivalitäten und Neidereien, des Zanks und der verletzten Eitelkeiten unter den Marschällen und Generälen. Hier waren die Franzosen nicht besser als die Verbündeten. Wenn der Kaiser Befehle gab, wurden diese prompt ausgeführt. Gab ein Marschall seine Weisungen heraus, gingen die Generale aus den verschiedensten Gründen liederlicher damit um.

Mancher Korpsbefehlshaber oder Divisionskommandeur stellte seinen Eigensinn, der manchmal bis zur offenen Widersetzlichkeit ging, höher als den erhaltenen Befehl.

Macdonalds Memoiren sind hierzu bezüglich der Schlacht an der Katzbach durchaus instruktiv. Zwar mag sich der Marschall hier entlasten wollen, aber das Problem wird deutlich. (66,190 ff.) Hinzu trat, dass manchen höheren Befehlshaber angesichts der Kriegslage Zweifel am Genie des Kaisers beschlichen.

*MARSCHALL MACDONALD TRIFFT AUF DEM RÜCKZUG NACH DER VÖLKERSCHLACHT VON LEIPZIG DEN MARSCHALL AUGEREAU:*

*Wir überschritten die Saale und bezogen dann ein Lager. Dort begegnete ich dem Marschall Augereau, dem ich während der Verteidigung der Leipziger Vorstadt die hessische Brigade zu Hilfe sandte. Ich fragte ihn, wie es gekommen wäre, dass diese ihn nicht gefunden hätte. »Na, halten Sie mich für einen solchen Narren«, erwiderte er bissig, »dass ich mich einer Leipziger Vorstadt wegen werde hinschlachten oder gefangen nehmen lassen? Einem Wahnsinnigen zuliebe tue ich das nicht.*
*Wie hirnverbrannt hat der Kaiser in der letzten Zeit gehandelt! Er weiß nicht mehr, was er tut. Das muss Ihnen doch auch schon aufgefallen sein. Zum Feigling ist er geworden. Kalten Blutes stellte er uns auf einen verlorenen Posten und verließ uns, unbekümmert, was aus uns würde. Solchem Verfahren gegenüber mochte ich mich und meine Leute nicht weiter opfern. Ich zog deshalb ab, ehe es zu spät war. Sie hätten es ebenso machen sollen.«* (66,215)

Der Kardinalfehler Napoleons lag demnach darin, die Armee zu teilen und sich vom Erfolg oder

Misserfolg einiger Marschälle abhängig zu machen. Es kann dahinstehen, welche Alternativen er gehabt hätte. So wie der Kaiser es aber angepackt hat, war es wohl nicht der genialste Zug in seiner Feldherrnlaufbahn. Am Rande: auch ein siegreicher Marschall hätte bei Napoleon nichts zu lachen gehabt, hätte er doch den leuchtenden Stern des Kaisers verdunkelt.

Irgendwie liegt der Verdacht nahe, dass der Imperator nicht mehr der alte war und die Entwicklung der Dinge doch an ihm nagte. Als er die Tage vor der Völkerschlacht in Düben zubringt, schildert ein gefangener französischer Oberstleutnant das Verhalten des Kaisers als »sonderbar: er schläft lange, darf nicht geweckt werden, gibt den Klagen der Truppen wegen Mangel kein Gehör.« (52,298) Wenn man sich den Geschehensablauf seit dem Beginn des russischen Feldzuges im Sommer 1812 vor Augen führt, ist die Annahme, dass sich Napoleon körperlich und seelisch in einem Erschöpfungszustand befunden hat, sicher nicht abwegig.

## Die alliierte »Böhmische« oder »Hauptarmee«

### *In und bei Dresden im August 1813*

Ein letztes Lächeln schenkte Fortuna dem Kaiser der Franzosen mit dem Sieg bei Dresden. Damit traf das Geschick erneut eine Stadt, die bisher schon durch die Kriegsereignisse arg mitgenommen worden war. Die Schlacht von Dresden ist das Ergebnis einer getäuschten Hoffnung.
Die Verbündeten meinten, Dresden im Handstreich (92,III,34) nehmen zu können. Diese Anlage der Operation war mit dem Erscheinen Napoleons Makulatur geworden. Die Schlacht war nun unvermeidbar.

Die Preußen standen an diesem Tage im Zentrum der Aufstellung der Verbündeten. Sie eröffneten »schon in der ersten Morgendämmerung« (92,III,35) ihren Angriff. Um acht Uhr hatten sie sich bereits in den Besitz der östlichen Hälfte des Großen Gartens gesetzt. Truppen unter Ziethen, insbesondere die 8.000 Mann starke Brigade Pirch I, drangen im Parkgelände vor. Aber es war ein schwerer Weg.

*DIE PREUSSEN AM 26. AUGUST IM DRESDNER GROSSEN GARTEN:*

*Ziethens Infanteristen kamen nur langsam vorwärts. Das Artilleriefeuer, das vom Palais her zu wirken suchte, hielt sie zwar wenig auf, denn es hatte nur im Zuge der Hauptallee einige Wirkung, wurde auch bald eingestellt, allein die Kindersoldaten, die vielverspotteten »Spanferkel« Berthezenes* (franz. Divisionsgeneral – d.V.), *kämpften, umsichtig geführt, mit Heldenmut und Hingebung. Erst nach dreistündigem erbitterten Ringen konnte das 1000 m lange Stück von der Pikardie bis zum Palais erobert werden. Jeder Baum wurde mit Kolben und Bajonett bis aufs letzte verteidigt.* (16,36)

Das Gefecht im Großen Garten wurde auf Befehl Kleists zwischen 9 und 10 Uhr abgebrochen. Man verlegte sich auf hinhaltende Verteidigung des Erreichten. Die preußische Brigade Klüx deckte den Rückzug der Truppen Wittgensteins am Abend des 26. August. (92,III,35) Zur gleichen Zeit warf der französische Marschall Mortier mit Überlegenheit die Preußen im Großen Garten zurück.

Am zweiten Schlachttag wendete sich Napoleon gegen den linken Flügel der Verbündeten, auf dem die Österreicher standen. Für die Preußen unter Kleist galt: »Das den Franzosen weit überlegene Centrum der Verbündeten beschäftigte Napoleon bis um 3 Uhr nachmittags durch eine unausgesetzte Kanonade ohne ernstlichen Angriff, damit es den Flügeln keine Hilfe bringen konnte.« (92,III,36) Als die Verbündeten Nachricht vom Elbübergang des französischen Korps Vandamme erhielten, entschied man dort auf sofortigen Rückzug nach Böhmen. Dresden war nach Großgörschen und nach Bautzen die dritte bedeutende Niederlage der Verbündeten in Folge, was für deren Sache schon bedenklich stimmen konnte.

Dresden ist noch durch ein Ereignis merkwürdig geworden. In den Reihen der Russen befand sich der französische Revolutionsgeneral Moreau. Von Napoleon als Konkurrent aus dem Lande gedrängt, zeitweilig in den Vereinigten Staaten lebend, hatte er sich 1813 dem Zaren zur Verfügung gestellt. Vor dem Kaiser Alexander reitend wurde er zu Tode verwundet. Napoleon soll über den Tod Moreaus frohlockt haben. (17,336)

Über Glück und Leid des Soldaten, der noch alle Glieder in Gesundheit beisammen hatte, hochgestimmt durch Erfolge, niedergedrückt wegen erlittener Niederlagen, die Zweifel am Sinn des Kampfes weckten, ist geredet worden. Weniger wird der Unbill, der die Einwohner der Dörfer und Städte auf den Schlachtfeldern traf, gedacht.

Die Armeen ziehen ab. Es bleibt eine gewaltige Hinterlassenschaft an Leichen, Verletzten und Berge von Müll und Unrat. Was den Zeitzeugen ins Auge fiel, war die Neugier und der Voyeurismus der Zivilbevölkerung. Einige suchten noch während des Kampfes Eindrücke zu erhaschen, was nicht ungefährlich war. Andere verbargen sich, geängstigt durch die tobende Schlacht, in Verschlägen und Kellern.

*EIN ZEITZEUGE ÜBER DRESDEN NACH DER SCHLACHT VOM 26./27. AUGUST 1813:*

*Kaum dass die letzten Schüsse in Dresdens Umgebung verhallt waren, so trieb mich die Neugierde in Begleitung vieler Seminaristen, das noch buchstäblich rauchende Schlachtfeld zu betreten. Die Neugierde ist in einer ereignisreichen Zeit eine Leidenschaft, die selbst sonst ernstbesonnene Männer beherrscht. Auch unser ehrwürdiger Kantor F. machte hierin keine Ausnahme, indem er, gleich mehreren Seminaristen, während der tobenden Schlacht das kleine Türmchen auf dem Seminargebäude bestieg und von dort aus nach den Kämpfenden ausgeschaut hatte, bis einige wohlgezielte Kugeln des Feindes, welcher in den Neugierigen Kundschafter vermutete, jene rasch wieder vertrieben.*

*Wir wanderten aus dem Löbtauer Schlage und sahen bald die weite Fläche mit Menschen- und Pferdeleichen, mit Kugeln und zerschossenen Wagen usw. bedeckt. In der von uns betretenen Gegend lagen lauter Österreicher und namentlich viele Ungarn, schöne, kräftige Gestalten. Dass sie Mangel an Nahrung erlitten hatten, erkannte man an den unreifen Äpfeln, welche viele der Toten neben sich liegen hatten.*

*Der Tod war in mancherlei Gestalten hier dargestellt, und immer mehr gewöhnte sich der erst entsetzte Blick an die reichlich gehaltene Ernte des bleichen Sensenmannes. Am dichtesten war dieselbe vor der Schanze bei Moszcinskys Garten, die von den Österreichern bereits genommen worden war. Hier lagen die österreichischen Czakkos wie gesät umher, und die Erde war mit Menschenblut reich gedüngt.* (17,348/49,zit.Nieritz)

Einen ganz merkwürdigen Eindruck hinterlassen bei Beobachtern die weiblichen Schlachtfeldbesucher:

*»FRAUEN UND JUNGFRAUEN« BESICHTIGEN DAS SCHLACHTFELD:*

*Am andern Tage strömte fast die ganze Bevölkerung Dresdens hinaus auf das weite Schlachtfeld, auf welchem die indes gänzlich ausgeplünderten Toten in völliger Nacktheit die Erde bedeckten.*
*Die Feder möchte vor Scham erröten, indem sie niederschreibt, wie die Mehrzahl dieser Besucher aus Frauen und Jungfrauen bestand, welche, in Sonntagsschmuck prunkend, die nackenden Kriegergestalten mit schamlosen Blicken musterten und entweihten.*
*Sonst für ehrbar und züchtig gehaltene Frauen und Jungfrauen, selbst aus den gebildeten Ständen, befanden sich unter den weiblichen Scharen, welche zwischen den ausgestreckten und verstümmelten Schlachtopfern, gleich wie in einem Garten zwischen Blumenbeeten, umherwandelten und eine entsetzliche Lüsternheit verrieten.*
*Auch unsere Wirtin nebst ihren sämtlichen Töchtern nahm teil an dieser unzüchtigen Heerschau.*
(17,349)

Die vorstehende Schilderung soll als Beispiel für alle Kampfplätze von Valmy bis Waterloo gelten. Ein Hinweis mag erlaubt sein: Nicht nur für die Dresdner Kämpfe finden sich Zeitzeugenberichte, die nahe legen, dass spätestens am Tag nach der Schlacht weitgehend entblößte Leichname das Feld deckten. Man kann wohl mit einiger Sicherheit den Schluss ziehen, dass alles, was nicht in kürzester Zeit nach dem Kampf geborgen und weggebracht worden war, einer allgemeinen Plünderung oder genauer gesagt, der Leichenfledderei, anheim fiel.

Zahlreich die Bekundungen, dass sich die Soldaten zunächst an Mänteln, Schuhwerk und sonst als notwendig Erachtetem der Gefallenen bedienten und gütlich taten (»der kann ja sowieso nichts mehr damit anfangen«). Auch die Geldbörsen der Toten, so vorhanden, »requirierte« der Erste, der an den Leichnam kam.

Aber vor allem die Zivilbevölkerung nutzte die überraschende Hinterlassenschaft auf ihre Art. Wissen muss man, dass, wohl bis in das 20. Jahrhundert hinein, die Arbeitskraft billig war, das Produkt hingegen teuer. Ein Kleidungsstück repräsentierte einen namhaften Wert. Auch ohne Hellseherei wird man annehmen dürfen, dass viele Menschen der Unterschicht überhaupt kein Schuhwerk besaßen oder wenigstens bedeutend schlechteres, als das, welches mancher Soldat an seinen Füßen trug. Gleiches gilt für alle Arten von Konfektion. Sicher ist dieser oder jener Militärrock aufbereitet und eingefärbt auf biederer Gesellschaft wieder wie neu erschienen. Vom Glück, Schuhe an den Füßen und wärmende Kleidung auf dem Leib zu haben, macht man sich heute bisweilen keinen Begriff.

So nimmt es nicht wunder, dass am Tag nach der Schlacht regelmäßig eine Vielzahl völlig entkleideter Toter den ersten Eindruck vom Schlachtfeld prägten. In der neueren Literatur thematisiert Mayer diese Problematik. Er erwähnt den schwunghaften Handel mit den materiellen Überberbleibseln der Schlachten und die Ausplünderung der Gefallenen. (69,78 ff.) Soldaten traten zu den Zivilisten in Konkurrenz. Wer zuerst die Leiche entdeckte, nahm, was diese bei sich hatte. Zum Beerdigen bestimmte Soldaten durften das Geld, dass sie bei den Toten fanden, mit Billigung der Vorgesetzten behalten. (69,79)

Doch weiter im Geschehen: Das Unglück der Alliierten machten die Ereignisse von Kulm und Nollendorf einigermaßen wett. Für Napoleon hingegen bedeutete die Vernichtung des Korps Vandamme, dass er Vorteile, die er soeben blutig errungen, wieder preisgeben musste. Das Vorhaben, sein Korps in den Rücken Vandammes zu führen, rührt von dem preußischen General von Kleist her.

*OBERSTLEUTNANT VON GROLMANN BRINGT EINEN TOAST AUF DIE GESUNDHEIT DES GENERALS VON KLEIST AUS:*

*Oberst-Lieutenant v. Grolman, ein Mann vom entschiedensten Willen und Charakter, dem jede Schmeichelei fremd war und der offen und unumwunden seine Meinung möglichst derb heraussagte, stand während des Essens auf und sprach:*
*»Meine Herren! Lassen Sie uns aufstehen und unsers verehrten Generals Gesundheit trinken; der Himmel möge den heroischen Entschluß, den er gefaßt hat, auf Nollendorf zu marschieren, mit dem glücklichsten Erfolg krönen!*
*Es ist dieß ein Entschluss, der einzig und allein aus der Brust unsers verehrten Generals gekommen ist, an dem Niemand weiter Anteil hat.«*
(6,154)

Der Wunsch Grolmanns wurde erhört, Kleist siegte auf ganzer Linie und wurde später vom König zu einem »Grafen Kleist von Nollendorf« erhoben.

## Bei der Schlesischen Armee

Wie schon zuvor überschlägig dargestellt, führte der blutige Kampfweg dieser Armee von der Kündigung des Waffenstillstands bis Mitte Oktober 1813 von Schlesien über die Lausitz zur Elbe, die bei Wartenburg forciert wurde, schließlich nach Leipzig.

Bei der Betrachtung der drei Armeen der Verbündeten gerät oft die Sache so, dass man der Schlesischen Armee die Rolle des Motors, des Drängenden, des Vorwärtsstürmenden beilegt, was auch nicht ganz falsch ist. Der Hauptarmee, so der Eindruck, wird oft der Makel der Schwerfälligkeit angehängt: Dort befanden sich die Monarchen mit ihren Stäben, sodass der Kommandierende Schwarzenberg mehr Diplomat als General sein musste. Wenn man der Literatur trauen darf, so waren es vornehmlich die preußischen Korpsbefehlshaber Bülow und Tauentzien, die bei der Nordarmee zum Kampf anspornten. Der Kronprinz von Schweden selbst musste sozusagen »zum Jagen getragen werden«.

Allerdings hatte das auch einen sehr realen Hintergrund. Bernadotte war bemüht, seine Schweden für eine erwartete Auseinandersetzung mit dem »Erbfeind« Dänemark aufzusparen. Vielleicht litt er auch unter dem Trauma, bei zupackender Kriegsführung einmal in Person seinem vormaligen Herrn und Lehrmeister gegenüber stehen zu müssen.

Die Seele der Schlesischen Armee waren indes der General von Blücher, sein Stabschef Gneisenau und der unter Blücher stehende Korpskommandeur von York. Die Generale Blücher und York, untereinander alles andere als gegenseitig zugetan (»wo Stahl und Stein aneinanderschlagen, da giebt es Feuer« – 33,661), verband ein ausgeprägter Franzosenhass. Dieser hatte in den jeweiligen Biografien seine realen Anknüpfungspunkte, auch steckte der Stachel von 1806 tief und schmerzte. Da aber gerade diese beiden Heerführer auch im Rufe der »Volkstümlichkeit« standen, fanden sie Zugang zu den Herzen ihrer Soldaten. So waren diese, über die eigene, persönliche

Erfahrung hinaus, besonders motiviert, den napoleonischen Truppen zuzusetzen, wo es nur ging.

### *Die Schlacht an der Katzbach am 26. August 1813*

Legendär ist im Herbstfeldzug 1813 die Schlacht an der Katzbach in Schlesien geworden. Während noch bei Löwenberg – 21. August – und Goldberg – 22./23. August – französische Korps unter Lauriston und Macdonald den Preußen heftige Gefechte lieferten, zog das Gros der französischen Truppen von Schlesien nach Sachsen zurück, um Dresden als Dreh- und Angelpunkt der Operationen zu sichern. Die Kämpfe von Löwenberg und Goldberg sollten den Abmarsch des Kaisers verschleiern.

Am 26. trat der nunmehrige Befehlshaber der Franzosen in Schlesien, der Marschall Macdonald, den Vormarsch gegen Blücher an. Jener war noch an die Instruktion gebunden, nur hinhaltend zu agieren und sich nicht in ernsthafte Kämpfe größeren Ausmaßes einzulassen. Blücher ignorierte aber diesen Befehl und stellte sich am 26. August in Schlachtordnung auf. Dabei hatte sein (russ.) Korps Langeron sich befehlswidrig so positioniert, dass es am Entscheidungstage kaum in den zu erwartenden Kampf eingreifen konnte.

Die Schlacht an der Katzbach ist also verbündeterseits nahezu ausschließlich mit den beiden Korps York (preuß.) und Sacken (russ.) geschlagen worden. Das Gelände, auf dem die Kämpfe stattfanden, befindet sich nordöstlich von Jauer, etwa an der Einmündung Wütende Neiße/Katzbach. Das Kampfgeschehen selbst erschöpfte sich in Folgendem:

Zunächst drängten die Franzosen die Vortruppen Yorks über die Wütende Neiße zurück und erklommen das gegenüberliegende Flussufer. Die dort aufmarschierten Truppen Blüchers gingen sodann offensiv vor. Dabei kam ihnen zugute, dass sie sich auf für sie abfallendem Gelände befanden.

Begleitet von heftigen Reiterkämpfen (»8.000 Reiter kämpften da gegeneinander« – 92,V,,164) warfen die preußischen und russischen Truppen die Franzosen zurück. Auch im Oberfehlshaber rumorte der alte Husar. In einem »gefahrdrohenden Momente setzte sich Blücher persönlich an die Spitze einiger Reiterregimenter)«. (92,V,164)

Aber diese nüchterne Beschreibung des Kampfes wäre nur die halbe Wahrheit. Wie später im Gefecht der Nordarmee bei Hagelberg gab es hier einen weiteren Faktor, der für beide Armeen beachtlich wurde: das Wetter. Es hatte seit mehreren Tagen in Strömen geregnet. Der Boden war aufgeweicht, die zu »reißenden Strömen gewordenen Gewässer« (92,V,,165) spülten die errichteten Brücken weg und kosteten Hunderten Franzosen das Leben, die einfach ertranken. Eine Vielzahl wurde zu Gefangenen gemacht. Zudem dezimierte nun die Artillerie der Verbündeten den Feind.

Bemerkenswert: Nach dem Potenschen Militärlexikon war der der Kampf an der Katzbach »ein Tag für die Blankwaffe, da der Regen die kleine Munition unbrauchbar gemacht hatte.« (92,V,165) Das heißt, der Säbel der Kavallerie und das Kanonenfeuer dominierten. Regelmäßiges Schießen der Infanterie war wegen der Nässe nicht möglich. Bei dem preußischen Fußvolk, den Landwehrmännern und den russischen Soldaten regierten der Gewehrkolben und das Bajonett. Man wird nicht fehlgehen, wenn man annimmt, dass diese Kampfweise – wenn auch beim Einzelnen eher instinktiv – noch Brutalität und Erbarmungslosigkeit potenziert und die Härte des Kampfes ins Unermessliche gesteigert hat. So war die Schlacht an der Katzbach.

Da hier ein Blücher an der Spitze der Armee stand, beruhigte ihn auch sein offensichtlicher Sieg noch nicht. Vom 27. bis zum 31. August verfolgte er unablässig die fliehenden Franzosen. Dies geschah »mit der ihm eigenen Kampfbegierde«. (92,V,165) Die Armee Macdonalds löste sich vollständig auf. Etwas im Rücken des Kampfplatzes liegt ein Ort mit dem sinnigen Namen Wahlstatt. König Friedrich Wilhelm III. wählte später diesen Namen, um einen Menschen wie Blücher, den Äußerlichkeiten einen Dreck scherten, zu beglücken. Er erhielt den Titel eines Fürsten Blücher von Wahlstatt, womit weniger der Dorfname als die Anlehnung an die Kriegsbühne des Nibelungenliedes (richtig: altnord. Walstatt als Begriff für einen Kampfplatz) gemeint sein dürfte.

Macdonald bestätigt aus seiner Sicht die wesentlichen Umstände: die angeschwollenen Flussläufe, das Übergehen von Teilen seiner Truppen auf das andere Ufer. Er beschreibt den Eintritt in den Kampf, der schon als vollkommen verunglückt bezeichnet werden muss. Nach seinen Angaben hatte er lediglich eine Rekogniszierung beabsichtigt, aber der General Sebastiani, so Macdonald, sei eigenmächtig mit seiner gesamten Kavallerie und »einer Menge Artillerie« (66,191) über den Fluss gegangen.

*MARSCHALL MACDONALD ÜBER DEN AUFMARSCH AN DER KATZBACH:*

*Außerdem hatte man die Unklugheit begangen, noch mehr Artillerie über das Wasser zu schaffen. Der einzige, den steilen Abhang hinaufführende, nur 12 bis 15 Fuß breite Weg war völlig verstopft mit Kanonen, die unter den größten Schwierigkeiten die Höhe zu erreichen suchten. Ich wollte dieselben wieder zurückziehen und ließ dazu den Fuß des Abhanges frei machen, aber auf dem schmalen Wege erwies sich ein Wenden als unmöglich; es musst erst alles hinauf, und das erforderte Zeit.* (66,192)

Die Kanonen seien bis zu den Achsen im Schlamm eingesunken, so der Marschall.

Die Preußen und Russen drangen vor, aber das von ihm erwartete Korps Souham kam nicht heran. Alsbald brach Panik aus, die Artillerie ließ die Kanonen zurück, indem sie die Stränge durchschnitt, »um wenigstens sich und die Bespannung zu retten«. (66,192) Die Schlacht war ohne Frage für die Franzosen verloren. Der Marschall befahl den Rückzug auf Goldberg. Wegen der Dunkelheit und weil »durch den unaufhörlichen Regen die Gebirgswässer immer reißender geworden«, endete alles in einer förmlichen Katastrophe.

Der Kampf kostete die Franzosen schätzungsweise 5.000 Tote und 7.000 Verwundete. 18.000 Mann wurden gefangen und 103 Geschütze erbeutet. Der Aderlass der Schlesischen Armee war ebenfalls bedeutend. Neben den Verlusten der Schlacht schlug ein hoher Krankenstand zu Buche. Vom 15. August bis zum 27. August soll die alliierte Seite in Schlesien 22.000 Mann verloren haben. (92,V,165)

Für die Preußen bedeuteten die Ereignisse an der Katzbach einen grandiosen Sieg. Der Weg in die Lausitz, um den beabsichtigten Ring um die französische Armee zu legen, war nun frei. Blücher erfocht den Sieg an der Katzbach am gleichen Tage, als Napoleon und Schwarzenberg bei Dresden ihre Kräfte maßen. Auch das ist ein kleines kulturgeschichtliches Achtungszeichen über das zahlenmäßige Anwachsen von Heeren und die Ausdehnung der Kriegsschauplätze. Zwei räumlich völlig getrennte Hauptschlachten an einem

Tag. So etwas hatte es, vielleicht von der eher zufälligen Kombination bei Jena und Auerstedt abgesehen, bisher nicht gegeben.

*Der Elbübergang der Schlesischen Armee bei Wartenburg am 3. Oktober 1813*

Der auf Blüchers Stabschef Gneisenau zurückgehende Gedanke, den Krieg über die Elbe zu tragen und durch das Vorrücken der anderen Armeen Napoleon einzuschließen und zu vernichten, erforderte das Forcieren dieses Stroms.

Napoleon war spätestens nach den Niederlagen von Großbeeren, an der Katzbach und von Dennewitz in die strategische Defensive geraten.

Zunächst scheint er sich noch an Dresden als Operationsbasis geklammert zu haben. Aber nach dem Übergang des Schlesischen Heeres, dem dann die Nordarmee folgte und der eingegangenen Nachricht, dass nun auch die Hauptarmee aus Böhmen hervorbreche und sich auf Leipzig hin bewege, wurde erkennbar, dass alles auf eine gewaltige Entscheidungsschlacht in der Leipziger Tiefebene hinauslief.

*GNEISENAU AM 26. SEPTEMBER 1813 AN BLÜCHER:*

*Wir wollen die Szene eröffnen und die Hauptrolle übernehmen, da die anderen es nicht wollen … Bei der großen Armee* (d. i. die Böhmische- oder Hauptarmee) *entwirft man stets neue Pläne und kommt nie zur Ausführung. Noch nach zwei Siegen* (d. i. Großbeeren und Dennewitz) *treibt sich der Kronprinz von Schweden* (d. i. die Nordarmee) *zwischen der Nuthe und der Elbe herum …* (77,654)

Mit dem Entschluss, den Elbübergang bei Wartenburg zu wagen, hatte sich der preußische General Gneisenau als eminent strategischer Kopf erwiesen. Seiner Initiative ist zuvorderst die Weichenstellung zur Völkerschlacht bei Leipzig zu danken. Den Armeebefehlshaber Blücher, der immer für ein offensives Vorgehen begeistert werden konnte, brauchte er von diesem Plan nicht lange zu überzeugen. Neben seiner Entscheidung, nach der Niederlage von Ligny 1815 den Rückzug in Richtung der englischen Armee zu lenken, hat er mit dem Weg über die Elbe 1813 den Lauf des ganzen Krieges maßgeblich bestimmt.

Am 2. Oktober ließ man bei

dem Ort Elster, zwischen Wittenberg und Torgau gelegen, zwei Schiffbrücken schlagen. Am 3. Oktober – es war ein Sonntag – gingen die Brigaden Prinz Karl von Mecklenburg und Steinmetz über den Fluss. Die Oberleitung vor Ort lag in den Händen des Generals von York. Das französische Korps Bertrand stand gegenüber im Bereich um Wartenburg.

Der Ort selbst war von der Division Morand besetzt. Rechts davon stand bei Bleddin die württembergische Division Franquemont, dahinter die italienische Division Fontanelli.

Die Brigade Beaumont hielt den Ort Globig besetzt. Wegen der Sümpfe und Wälle, die die Elbniederung durchzogen, rechnete die französische Führung nicht mit der Möglichkeit, dass sich ein Gegner ernsthaft am linken Elbufer einnisten könnte. Dennoch gelingt das Wagestück nach hartnäckigen Kämpfen. Nach der Eroberung des Ortes Bleddin dringen die Preußen von dort nach Wartenburg vor. Nicht die Wasserläufe noch die Kanonen auf den Dämmen achtend, erstürmt die Brigade Horn, Bataillone des Leibregiments und Löwenberger Landwehr, Wartenburg.

*AUS DEN KÄMPFEN UM WARTENBURG AM 3. OKTOBER 1813:*

*»Horn, jetzt ist es Zeit«, ruft Yorck, und der brave Horn formiert die Sturmkolonnen ... Horn redet seine Landwehrleute in Blücherscher Manier an: »Seht, dort rückt das Bataillon des Leibregiments in den Feind! Die wollen was Besseres sein als Ihr?«*
*»Nein, nein, wir sind so gut wie sie!«, antworten die Landwehrmänner, und gleichzeitig mit den anderen sitzen sie dem Feind an der Kehle. »Es war ein rührender Anblick«, schreibt später Gneisenau an Hardenberg, »diese braven armen Leute zu sehen, wie sie in dürftigster Kleidung, von Krankheit und Strapazen erschöpft, sich in den Kugelregen stürzen.« …*
*Auch der brave Horn stürzt; ein Pferd ist ihm unter dem Leib erschossen. »Herr Jesus, da ist der Herr General gefallen!«, ruft sein Adjutant. »Hat sich was zu Herr Jesussen!«, ruft der Alte. »Helft mir vom Pferde!« Rasch arbeitet er sich hervor, ergreift das Gewehr eines Musketiers und ruft: »Dem Dinge da muss ein Ende gemacht werden! Ein Hundsfott, wer noch schießt! Zur Attacke, Gewehr rechts!« General Horn voran, durchwatete das Bataillon den vorliegenden Morast und erstieg den Wall.*
(77,659)

Wartenburg hat York als das »große Examen« (77,661) der schlesischen Landwehr bezeichnet. Die Landwehrleute schlugen sich wie alte Gardisten. Nach dem Kampf marschierte das zweite Bataillon des Leibregiments, dass unter Horns Führung als Erstes die festungsartigen Wälle erklommen hatte, an York und seinem Stab vorbei. Der General und seine Offiziere nahmen als Bezeugung des hohen Respekts ihre Kopfbedeckungen vor den Soldaten ab.

*YORK AM ABEND VON WARTENBURG ZU DEM GENERAL VON HORN:*

*Mein Gott, Horn, was sind Sie für ein Mann; gegen Sie ist Bayard* (d. i.: berühmter französischer Landsknechtsführer) *ja ein reiner Lump gewesen.* (77,661)

Nachdem die Schlesische Armee am anderen Ufer festen Fuß gefasst hatte, vollzog jetzt auch die Nordarmee den Übergang. Die Richtung der nun stattfindenden Operationen lag auf der Hand: Leipzig. Das strategische Fazit: Napoleon hatte die Herrschaft über die Elblinie verloren. Das glich schon im Voraus einer verlorenen Schlacht. Die Herrschaft über die deutschen Staaten hing nun nur noch von einem kräftigen Waffengange ab.

Aus den Tagen des Elbüberganges sollen einige Blücher-Worte folgen, die mehr über diesen Mann sagen, als ellenlange biografische Notizen. Da schaut die berühmte Volkstümlichkeit heraus. Den Soldaten, den geringsten Landwehrmann konnte der Armeechef überzeugen, dass er auch nur ihresgleichen sei.

Jeder zeremonielle Abstand schmolz dahin. Aufmunterung zu geben, zum Ertragen von Leiden und zum Kampf anzuspornen, verstand er wie kein Zweiter. Schließlich gelang es ihm unnachahmlich, durch seine Persönlichkeit das Gefühl eines diffusen landsmannschaftlichen Hasses auf den Gegner, das »Rackerzeug«, die »Schelmenfranzosen«, herauf zu beschwören, ohne den nun einmal kein Soldat in den Kampf ziehen kann.

Dass es einen Krieg ohne Hass gegeben haben soll, – wie es ein bekanntes Buch über den Afrikafeldzug im Zweiten Weltkrieg behauptet – ist wahrscheinlich eine Mär. Die Herabsetzung des Gegners und dessen Verächtlichmachung begannen spätestens in dieser Zeit zur Methode zu werden.

*SINNSPRÜCHE DES GENERALS BLÜCHER IM HERBST 1813:*

***Ein Exempel vor dem Elbübergang bei Wartenburg***

Die unablässigen Hin- und Hermärsche zerschlissen das robusteste Schuhwerk. Die Landwehrsoldaten liefen häufig ohne Schuhe. Blücher zu solchen, die im Dreck wateten: *»Na Jungens, ihr seid klug, ihr looft lieber barfuß, als dass ihr euch die Stiebeln vollfüllt.« Ein Landwehrmann antwortete verdrießlich: »Ja Exellenz, es ist ein Jammer mit dem Schuhzeug, es will gar nicht mehr halten.« »Ih du dummer Deubel, wozu stehen denn da drüben die Franzosen, als dass ihr ihnen die Stiebeln ausziehen tut.*
*So uf Pariser Sohlen geht es sich am besten, und die Kerle werden bald so eilig nach Frankreich zurückloofen müssen, dass es man schade um dat gute Schuhwerk dabei wäre. Also Kinder man frisch druf, holt euch da von den Franzosen neue Stiebel«, lachte der alte Blücher, und mit lautem Beifall wurden diese Worte von den Landwehrsoldaten aufgenommen.* (4,II,214/15)

***Noch ein Exempel von dem Flussübergang***

*In frohster Laune rief er den Reitern zu: »Husaren! Wer nicht siegt, muß in der Elbe ersaufen; die Brücke lasse ich hinter uns abbrennen!«… Nun seht ihr doch, daß die Kerle es nicht mehr gegen Euch halten können. Geht also immer druff!«*
(77, 658)

***Blücher beim Beobachten der Truppen, die die Elbe passieren***

*Als er über den Wipfeln der Bäume den Rauch aus den Kaminen von Wartenburg aufsteigen sah, rief er: »Jungens, seht, da backen sich die verfluchten Franzosen Weißbrot zum Frühstück, das wollen wir ihnen wegnehmen, derweilen es noch warm ist!«* (77,657)

***Blücher vor den Kämpfen bei Möckern am 16. Oktober 1813***

*Na, Kinder, haut heute einmal auf gut preußisch ein! Wer heute Abend entweder nicht tot oder wonneduselig ist, der hat sich geschlagen wie ein infamer Hundsfott!«* (77,681)

## Etwas von der Nordarmee

Der vormalige französische Marschall Bernadotte, durch glückliche Umstände zum Kronprinzen von Schweden avanciert, ist der Ahnherr des heutigen Königshauses. Er hat als Befehlshaber der

Nordarmee heftige Kritik auf sich gezogen. In seiner Operationsplanung zurückhaltend, undurchsichtig und das Misstrauen seiner Unterführer erregend, immer in der Angst, eine Schlappe könne seiner Stellung schaden, war er die klassische Fehlbesetzung für den Dienstposten eines Oberbefehlshabers. Aber die verbündeten Monarchen legten auf den Pakt und die Tatsache wert, dass er 20.000 bis 30.000 Mann schwedische Truppen bereits diesseits der Ostsee stehen hatte.

Die ihm unterstellten preußischen Korpsgenerale Bülow und Tauentzien drängten, der Kronprinz, den andere Interessen leiteten, bremste. Nicht wegen, sondern trotz der Unterstellung unter die Nordarmee siegte Bülow bei Großbeeren und in Gemeinschaft mit Tauentzien bei Dennewitz. Berlin blieb vor französischem Zugriff geschützt, was Bernadotte im Grunde egal war.

Spät, aber nicht zu spät, griff er schließlich am 18. Oktober entscheidend bei Leipzig ein. Er sah seine Funktion weniger als militärische Herausforderung, sondern vielmehr als eine politische an. Ihm kam es in erster Linie darauf an, bei einem allgemeinen Friedensschluss die durchgängige Anerkennung aller Großmächte für seine Thronfolge in Schweden zu erlangen. Darüber hinaus wollte er, höchstvorsorglich, gegen den alten nordischen Widersacher, das Königreich Dänemark, gewappnet bleiben. Einem »deutschen Befreiungskrieg« konnte er bei dieser Sachlage wenig abgewinnen.

Wie sehr er um seine Legitimität gegenüber den alteingeborenen Herrscherhäusern ringen musste, beweist der damals 18-jährige preußische Kronprinz – späterer Friedrich Wilhelm IV.: Noch nach dem epochalen Sieg in der Völkerschlacht auf dem Leipziger Pflaster bezeichnet er Knesebeck gegenüber den schwedischen Thronfolger verächtlich – nach seiner tatsächlichen Herkunft zutreffend – als den »Gascogner«. (34,373)

So war der Alltag im Hauptquartier der Nordarmee unvermeidlich von dauernden Streitigkeiten geprägt. Preußische Generale erwogen im Herbst sogar, eigenmächtig den Verbund der Nordarmee zu verlassen und zur Schlesischen Armee zu stoßen. Das Überwinden der Elbe bei Wartenburg und die Vereinigung der Schlesischen und der Nordarmee beim Zug auf Leipzig machten solche Erwägungen gegenstandslos.

Großbeeren, am 23. August

1813, war schon ein Paukenschlag. Die Schlacht von Dennewitz, in der der Marschall Ney, der »Tapferste der Tapferen«, vernichtend geschlagen wurde, übertraf aber jenen Sieg noch.

*GENERAL BÜLOW ÜBER DIE SCHLACHT VON DENNEWITZ AM 6. SEPTEMBER 1813:*

*Der gestrige Tag war einer der merkwürdigsten und glänzendsten, welche die preußische Militärgeschichte aufzuweisen hat; wir haben eine Hauptschlacht gewonnen, wo gegen uns jeder Fuß Terrain hartnäckig verteidigt wurde. An der Schlacht hat von den Alliierten nichts teilgenommen, als zuletzt, nachdem wir den Feind schon aus mehrsten Positionen geworfen, die schwedische und russische Artillerie und beim Verfolgen die russische Kavallerie.*
*Unsere Truppen haben Wunder getan; sie haben mit dem Bajonett Batterien gestürmt; es sind wieder die alten Preußen von Prag und Leuthen.* (d. i.: Schlachten des Siebenjährigen Krieges, beide 1757). *Es kommt nur darauf an, dass wir unsere Siege nutzen, und wir werden bald Herr von Deutschland sein.* (77,649)

Neben den Kampftagen in den Hauptschlachten von Großbeeren und Dennewitz gibt es bei der Nordarmee militärgeschichtliche Miniaturen von Interesse, auf die zurückzukommen sein wird. Darüber hinaus fällt aber ein Ereignis, auch in Betrachtung der gesamten Befreiungskriege, aus dem üblichen Rahmen:

*Das Gefecht bei Hagelberg am 27. August 1813 – auch genannt: Die Kolbenschlacht von Hagelberg*

Die Unternehmung des französischen Marschalls Oudinot zur Einnahme von Berlin wurde durch den Sieg Bülows bei Großbeeren am 23. August 1813 vereitelt. Zur Unterstützung des Korps Oudinot war eine von Magdeburg kommende, 12.000 Mann starke Division unter dem General Girard bestimmt. Der Rückzug Oudinots »unter den Schutz der Kanonen von Wittenberg« (92,IV,238) brachte Girard in eine unübersichtliche Lage. Er wollte daher zunächst bei Belzig weitere Befehle abwarten. Hier geriet er an preußische Truppen unter dem General von Hirschfeld.

Auch für Hirschfeld kam die plötzliche Konfrontation mit Girard unerwartet, weil dieser die gegnerische Division schon auf dem Rückmarsch nach Magdeburg wähnte. So kam es zum Kampf, der zuerst für die Preußen nicht günstig verlief. Girard hielt den Belziger Busch fest, rückte mit Infanterie vor und tat den Preußen mit seiner tätigen Artillerie viel Schaden. Auf den Kanonendonner hin zog sich der russische General Tschernyschew heran und griff mit 600 Kosaken die Franzosen im Rücken ihrer Aufstellung an. Jetzt waren die preußischen Landwehrbataillone nicht mehr zu halten. Sie gingen ohne ausdrückliches Kommando »nach vorn durch«.

*DIE LANDWEHR IST NICHT MEHR ZU BREMSEN:*

*Da General Hirschfeld mit dem Befehl zögerte, brach ein kurmärkisches Bataillon mit dem Gewehr auf der Schulter, ohne einen Schuß zu thun, was ohnedem das eingetretenen Regenwetter verwehrte, aus der Linie heraus und marschierte festen Schritts, ohne Lärm und Hurrah, auf den Hagelberg zu.*
*»Kameraden, wir folgen!«, rief das daneben stehende Bataillon; »und wir bleiben nicht zurück!«, riefen ein drittes und viertes; die Offiziere sahen sich genöthigt mitzugehen und thaten es zum Theil auch von selbst. Bis auf dreihundert Schritt ließen die Franzosen die Preußen herankommen; da die Gewehre den Schuß versagten, kam es jetzt auf Bajonnet und Kolbenschlag an, und hierin zeigten die kurbrandenburgischen Landwehrmänner eine große Überlegenheit.* (33,786)

Die Franzosen gingen zurück, auch die Degen ihrer Offiziere vermochten die Soldaten nicht aufzuhalten. Wegen des heftigen Regens konnte kaum mit Gewehren oder Pistolen geschossen werden. Daher: Ein Bataillon wurde in einer Ortslage eingeschlossen und »bis auf den letzten Mann von den Kurmärkern mausetodt geschlagen«. (33,786/87)

So ging es an allen Ecken und Enden. Die Preußen trieben die fliehenden Franzosen vor sich her, in die Dörfer hinein, »wo das Gemetzel solange fortdauerte, als ein Franzos noch athmete, ein Brandenburger den Arm noch zu rühren vermochte; an 4.000 Feinde deckten die Walstatt.« (33,787)

*EIN TEILNEHMER DES GEFECHTS VON HAGELBERG BERICHTET:*

*Ich sehe es noch, wie ein paar stämmige Bursche auf dem linken Flügel der Angriffscolonne schon von weitem den Schießprügel umkehrten und die Kolbe so hoch in der Luft schwangen, als hätten sie Dreschflegel in der Hand. Die Czackos knickten bei den Franzosen zusammen wie Nußschaa-*

*len und die Hirnkästen, die darunter saßen, blieben auch nicht ganz.*
*Es war eine gräuliche Wirthschaft.*
*Wie unsere hintersten Züge das Nußknackern hörten, liefen sie rechts und links um das Bataillon herum, den Franzosen in die Flanken, wo denn das Kolbendreschen auch sogleich losging. An dieser Gartenmauer wurde den Franzosen die Quittung für alle die Bedrückungen, Mißhandlungen und Plackereien, die wir sechs Jahre lang hatten aushalten müssen, ausgestellt.*
*Ihr könnt es euch nicht vorstellen, was damals ein Jeder von uns für eine Wuth auf die Franzosen hatte. Ich habe gesehen, daß Einer von uns weinte und sich vor Wuth in den Arm biß, weil er vor den Anderen nicht mit heran zum Tothschlagen kommen konnte.* (33,788)

Pardon wurde kaum gegeben. Ohne Erbarmen wurde wohl die Mehrzahl der »jungen, unbärtigen Rekrutengesichter« (33,788) niedergemetzelt, obwohl offenkundig hier und dort von den Franzosen Zeichen gegeben wurden, die Waffen niederlegen zu wollen. Der Berichterstatter kommt zu dem sehr zutreffenden Schluss: »Der Mensch ist doch stellenweis eine recht bestialische Natur.« Die Landwehrmänner, ja mehr oder weniger Bauern von Hause aus, hätten jedes Tier beim Schlachten bedauert, aber hier habe sich solch ein Mitleid nicht eingestellt, so der Zeitzeuge.

### *Nach dem Kampf*

Das Schädelszertrümmern und Abstechen fand ein Ende, als die »Blutarbeit«, ein Begriff, den ältere Literatur zu derartigen Sachverhalten ab und zu gebraucht, keine Objekte mehr fand. Infernalische Hiebe mit dem Gewehrkolben, die »den Hirnkasten in Stücke und den ganzen Kopf so zu Brei (schlugen), daß man gar nicht erkannte, wo das Gesicht gewesen«, (33, 788) waren an diesem Tage wahrscheinlich eher Regel als Ausnahme.

*FEIERABEND MACHEN:*

*Ein Trupp von zwanzig Landwehrmännern schlenderte ganz still für sich, die blutigen Gewehrkolben über die Schultern gelegt, zurück. Lieutnant Curiol, der Adjutant des Bataillons, hielt sie an und fragte sie: »Wohin geht ihr?« »Feierabend machen!«, erhielt er zur Antwort, » es giebt nichts mehr tothzuschlagen.« Und das sagten diese gutmüthigen Leute mit einer Gleichgültigkeit, als ob sie vom Dreschen nach Haus gingen…*(33,789)

Hagelberg erscheint als ein Gefecht, welches wegen des Ausfalls der kleinen Feuerwaffen weitgehend durch Hieb und Schlag geführt worden ist. Mag sein, dass dadurch der Eindruck entsteht, der Kampf sei noch brutaler ausgetragen worden, als es sonst üblich gewesen ist. Ob wirklich 4.000 Franzosen dahingemetzelt worden sind, ist mit einem kleinen Fragezeichen zu versehen. Ausgerechnet der nicht im Verdacht übergroßer Preußenfreundlichkeit stehende Franz Mehring hält diese Schilderung für Übertreibung und den »bestialischen Ausbruch eines blöden Patriotismus.« (104,88)

*Eine Miniatur von der Nordarmee: Theodor Körner fällt bei Gadebusch am 26. August 1813*

Der General Graf Wallmoden von der Nordarmee war beauftragt, die Berliner Operation der Franzosen zu stören und zu hindern, wo er das vermochte. So sollte der ihm unterstellte Major von Lützow eine französische Truppenkonzentration bei Schwerin beunruhigen und die Verbindung mit dem rückwärtigen, französisch besetzten, Lübeck unterbrechen.

Ein unter starker Bedeckung eskortierter Transport für das französische Lager bei Schwerin näherte sich. In der Gegend von Gadebusch griff Lützow mit zweihundert Husaren und Kosaken den Konvoi an.

Die Wagen mit militärischen Versorgungsgütern wurden sofort erbeutet, die Bedeckung flüchtete in ein Gehölz und begann sich zur Verteidigung einzurichten. Im leichtfertigen Verkennen der Gefahr sprengten Lützower Reiter heran. Neben einigen anderen fiel hier Theodor Körner.

*KÖRNERS TOD BEI GADEBUSCH:*

*Eine Kugel, die zunächst den Hals seines Schimmels durchschlagen hatte, war ihm in die Herzgrube eingedrungen und hatte sodann die Leber und das Rückgrat verletzt. »Da habe ich eins, – schadet weiter nichts!« Mit diesen Worten, die er noch an seinen Freund und Waffengefährten Hellfritz richtete, sank er bewußtlos vom Pferde.*
*»Ich sprenge hinzu«, so berichtet jener, »sitze ab, helfe mit Zenker und Freydank und anderen den Fuß, welcher noch im Bügel hing, herauszubringen und in meinen Armen ruht er als Leiche, der all seinen Freunden und Waffengefährten, ja, dem gemeinsamen Vaterlande ewig unvergessliche Theodor Körner!«*
(56,216;33,846/47)

Der Dichter Theodor Körner zählte bei seinem Tode 22 Lenze. Jugendlich in Ungestüm und Kampfeswut entbrannt, ist er nach seinem Tode zur Ikone der Befreiungskriege aufgestiegen.

Er erlitt den Tod, den er so oft besungen hatte. Sein Säbel war in dem jungen Leben die Braut gewesen:

*Nun lasst das Liebchen singen,*
*Dass helle Funken springen!*
*Der Hochzeitmorgen graut. –*
*Hurra, du Eisenbraut!*
*Hurra!* (zit.56,220)

Bis in die Gegenwart und darüber hinaus dauert sein poetischer Geniestreich, die Freude aller Männerchöre, fort: »Das war Lützows wilde verwegene Jagd …«. Carl-Maria von Weber hat es, die Zeiten überdauernd, in Töne gesetzt.

*Ein Streiflicht von den Lützowern*

Überaus interessant ist für diese Tage auch der Umstand, dass sich Lützower – der Kriegsschauplatz war für manche Kombattanten ihre Heimat – hier ohne Mühe als Bauern verkleiden und französische Truppenkonzentrationen ausspionieren konnten.

*DIE LÜTZOWER SCHNELLE UND NAGEL ALS SPÄHER:*

*Zwei andere Lützower, die Studenten Schnelle und Nagel aus Schwerin, verkleideten sich als Bauern und riskierten ebenfalls den waghalsigen Galgenweg in das feindliche Lager. Auch ihnen gelang es, die Vorposten der Franzosen zu täuschen, welche ihre mit Speck und Eiern gefüllten Kober, die sie angeblich zum Markte nach Schwerin zu tragen vorgaben, ausplünderten.*
*Hierüber erhoben sie so großen Lärm, daß sie vor einen Offizier geführt wurden und sich auf diese Weise Kenntniß über das feindliche Corps verschafften. Nicht so leicht wie die Franzosen waren die Kosacken zu täuschen, welche die beiden verkleideten Bauern bei ihrer Rückkehr als Spione festnahmen und übel zugerichtet in das Lager brachten.*
(33,843;63,20)

*Eine letzte Miniatur von der Nordarmee: »Herr Lieutenant, ich bin ein Mädchen!«*

Am 12. September wurde den Verbündeten bekannt, dass die französische Division Pecheux von Hamburg aus gegen die streifenden Truppen der Nordarmee vorgehen und zugleich Verstärkungen für die Festung Magdeburg nach dort zuführen sollte. Jenen Verband griff Graf Wallmoden am 16. September 1813 an. Diese Kämpfe sind unter dem Begriff »Gefecht an der Göhrde« in die Geschichte eingegangen.

Unter den verbündeten Truppen war hier erneut das Lützowsche Freikorps stark engagiert. Das Korps des Majors von Lützow hatte nach dem Waffenstillstand wieder einen beachtlichen Umfang angenommen. Es zählte etwa 3.200 Mann.

Unter der Infanterie des Korps diente der Jäger August Renz. Im Angriff durch eine feindliche Kugel getroffen, sank der Tambour mit den Worten zu Boden: »Herr Lieutenant, ich bin ein Mädchen!« Tatsächlich war Eleonore Prochaska, ihr Geschlecht verbergend, unter dem Namen August Renz bei den Lützowern eingetreten.

*EIN AUGENZEUGE ÜBER DIE VERWUNDUNG DER ELEONORE PROCHASKA:*

*Mir war plötzlich … der Hülferuf unseres armen Trommelschlägers wieder ins Gedächtnis gekommen und nur dunkel schwebte mir vor, dass Renz mich mit den Worten festgehalten: »Herr Lieutnant, ich bin ein Mädchen!«. Ich stürzte zurück nach der Stelle, wo ich noch manchen andern Freund hatte fallen sehen. Um Renz fand ich einen unsrer Ärzte beschäftigt; eine Kartätschenkugel hatte ihm den Unterschenkel zerschmettert; man hatte ihm den beklemmenden Waffenrock geöffnet; der schneeweiße Busen verrieth in pochenden Schlägen das jungfräuliche Heldenherz. Kein Laut der Klage kam über ihre Lippen …* (33,867)

Eleonore Prochaska, aus Potsdam gebürtig, verstarb im Alter von 21 Jahren an ihrer Verwundung den 5. Oktober 1813 in Dannenberg. Als eine preußische »Jeanne d`Arc« gerühmt, folgten ihrem Sarge Offiziere und Minister. Friedrich Wilhelm III. wollte auf die »Erhaltung des ruhmwürdigen Andenkens der für König und Vaterland in den Tod gegangenen Eleonore Prochaska Bedacht« (33,868) nehmen.

## *Die Schlacht des Jahrhunderts – die Leipziger »Völkerschlacht« vom 16.–19. Oktober 1813*

Wie schon geschildert, zogen die alliierten Armeen auf Leipzig. Die Schlesische Armee war am 3.Oktober bei Wartenburg über die Elbe gegangen. Die Nordarmee folgte am 4. und 5. Oktober bei Roßlau und Aken. Über Chemnitz und Altenburg drang die Böhmische- oder Hauptarmee der Verbündeten auf Leipzig vor. Napoleon sammelte, von Dresden kommend, seine Hauptkräfte bei Wurzen, ursprünglich in dem Gedanken, Blücher eine Schlacht zu liefern. Dieser wich jedoch aus. Als Zeichen einer gewissen Ratlosigkeit ist der Umstand zu deuten, dass Napoleon vor der Völkerschlacht vom 10. bis zum 14. Oktober in Düben verweilte.

In diesen Tagen klärte sich aber die Lage endgültig. Napoleon zog seine Korps bei Leipzig zusammen. Es lag nun auf der Hand, dass es zu einer alles und endgültig entscheidenden Generalschlacht kommen würde.

Bei Leipzig waren schließlich ein halbe Million Soldaten konzentriert. Rodekamp nennt das Ereignis die »erste Massenschlacht in der Geschichte der Neuzeit.« (99,9) Wegen der außerordentlich hohen Truppenzahl, der Ausdehnung

*Vertreter der Stadt Leipzig vor Napoleon.*

*Die Völkerschlacht bei Leipzig 1813.*

des Kampffeldes und des zeitlichen Verlaufs unterteilt sich die »Völkerschlacht« in verschiedene Phasen, die praktisch eine Abfolge selbständiger Schlachten darstellen. Im Überblick war der Gang der Dinge Folgender:

**14. Oktober 1813**

Aus einer bewaffneten Aufklärung von Wittgenstein und Kleist entwickelt sich der größte Reiterkampf der Kriegsgeschichte. 12.–15.000 Reiter trafen bei Liebertwolkwitz aufeinander. Den Oberbefehl auf französischer Seite führt Murat, König von Neapel. Am gleichen Tage trifft Napoleon, von Düben kommend, in Leipzig ein. Das Gefecht endet unentschieden.

**15. Oktober 1813**

Die Verbündeten schließen ihren Aufmarsch weitgehend ab. Napoleon hält Heerschau. Seine Korps sind zur Besichtigung zwischen Markleeberg und Liebertwolkwitz aufgestellt. (34,113)

*Kampf um den Kirchhof.*

**16. Oktober 1813**
Napoleon kämpft im Süden von Leipzig bei Wachau gegen die Böhmische Armee unter Schwarzenberg. Der Kampf geht unentschieden aus. Von Halle her rückt Blücher mit der Schlesischen Armee heran. Er besiegt den französischen Marschall Marmont nordwestlich von Leipzig bei Möckern.

**17. Oktober 1813**
Stillstand der Kampfhandlungen. Napoleon wendet sich, dabei den gefangenen österreichischen General Merveldt als Überbringer nutzend, mit einer Friedensofferte an seinen Schwiegervater, den Kaiser Franz. Erfolglos. Durch das Hinzustoßen der Nordarmee und der russischen Reservearmee unter Benningsen sind nun alle Truppen der Verbündeten bei Leipzig versammelt.

**18. Oktober 1813**
Die Verbündeten greifen auf allen Punkten an: Sie stehen in einem gewaltigen Halbkreis um Leipzig herum, vom Süden über den Osten bis nach Norden reichend, den Franzosen gegenüber.

Ein Hauptgeschehen von zentraler Bedeutung bildet der Kampf um Probstheida, südwestlich von Leipzig gelegen. Napoleon leitet die Schlacht von der Quandtschen Tabaksmühle aus, heute der Standort des Völkerschlachtdenkmals. Friedrich Wilhelm III. und die Kaiser Franz und Alexander halten sich auf dem sogenannten »Monarchenhügel« auf. Während im Süden und Südosten die Franzosen

*Gefangene Franzosen von Kalmücken und Baschkiren bewacht.*

*Franzosen eskortieren dienstverpflichtete Bauern und französische Marodeure.*

sich behaupten, bringt »nun Kronprinz Bernadotte die Entscheidung, indem er im Kampfe um Probstheida den Marschall Ney bis dicht unter die Mauern von Leipzig« (52,297) zurückwirft. In den Kämpfen bei Paunsdort geht die sächsische Division während des Gefechts zu den Verbündeten über. Auch die württembergische Kavallerie verlässt die Franzosen.

Am Nachmittag und Abend des 18. Oktober – nach einem Kampf, der neun Stunden gedauert hat – gibt Napoleon Befehle zur Ordnung des nun gewissen Rück-

*Heil den Befreiern! Vivat, Vater Blücher!*

*Feier des Leipziger Sieges.*

zuges aus. Seine Garde, zwei Armeekorps und die Kavallerie ziehen, durch Leipzig gehend, ab. Die Marschälle Macdonald, Marmont, Augerau und Poniatowski sollen die Stadt verteidigen.

**19. Oktober 1813**

Die Verbündeten erstürmen die Stadt Leipzig. Napoleon flieht aus Leipzig. Die Monarchen der antifranzösischen Koalition ziehen in Leipzig ein. Der König von Sachsen wird kriegsgefangen abgeführt. Die Reste der französischen Armee räumen die Stadt.

Die Elsterbrücke wird vorzeitig gesprengt, der Rückzug der Franzosen endet in einer Tragödie. Marschall Poniatowski ertrinkt in der Elster.

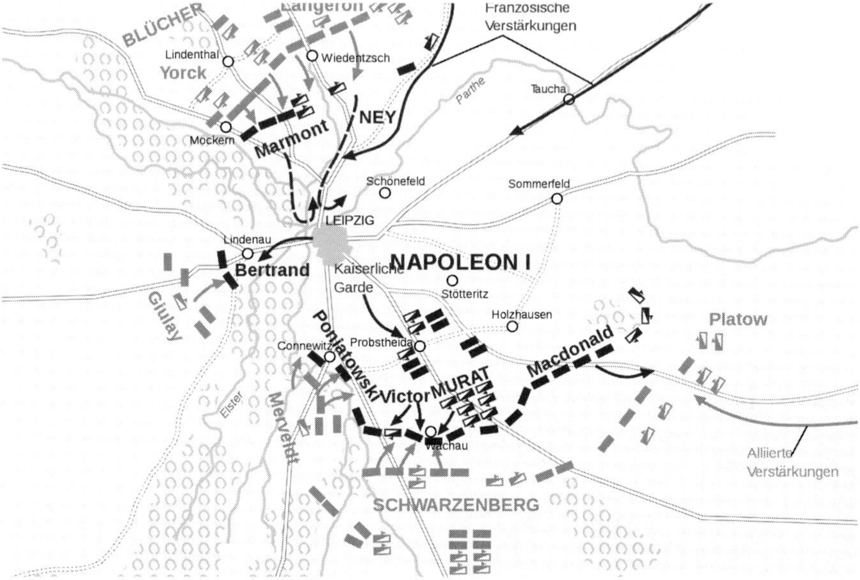


*Situationsplan für den 16. Oktober 1813:*
*Napoleon kämpft bei Wachau, Blücher gegen Marmont bei Möckern.*

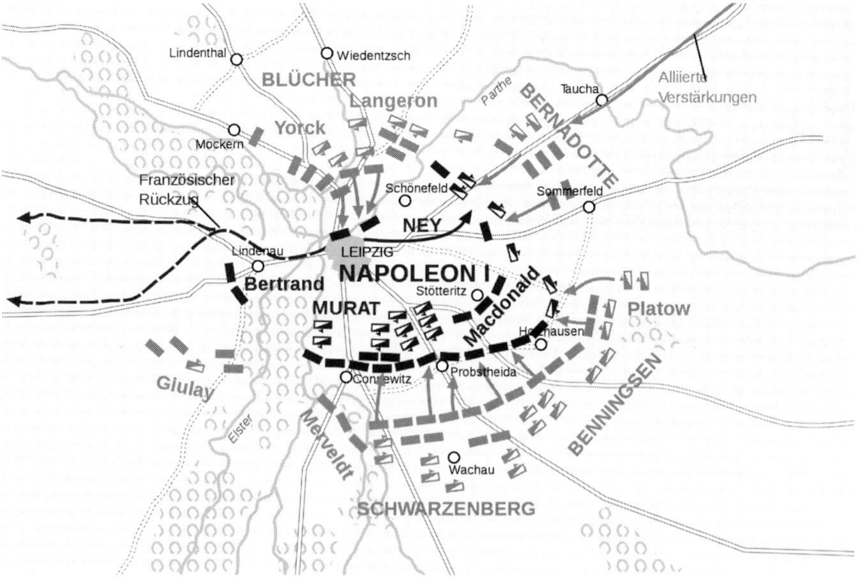


*Situationsplan für den 18. Oktober.*

# Die Bilanz der Völkerschlacht

Wie immer bei derartiger Statistik existieren vielfältige Zahlenangaben. Womöglich kommt es bei der Beurteilung der Sache auch auf ein »paar Tausend« hier oder dort gar nicht an. Entscheidend ist vielmehr, dass sich der Leser einen Begriff von der Dimension des Geschehens machen kann.

*DIE VÖLKERSCHLACHT IN ZAHLEN (52,298)*

| | |
|---|---|
| Kämpfende Soldaten | 500.000 |
| Zahl der Geschütze | 2.000 |
| Verluste der Verbündeten: | |
| Offiziere | 1.800 |
| Mannschaften | 42.000 |
| Verluste der Franzosen | 72.000 |
| Beute der Verbündeten: | |
| Fahnen und Adler | 28 |
| Kanonen | 325 |
| Munitionswagen | 900 |
| Gewehre | 40.000 |
| Zahl der gefallenen französischen Generale | 6 |
| Verwundete Generale | 13 |
| Gefangene Generale | 36 |

An der Schlacht haben – ohne Anspruch auf Vollzähligkeit zu beabsichtigen – u.a. folgende »Völker« teilgenommen: Franzosen, Polen, Russen, Österreicher, Ungarn, Tschechen, Schweden, Preußen, Sachsen, Württemberger, Hessen, Badener.

Ohne Übertreibung lässt sich also sagen, dass sich fast ganz Europa auf dem Leipziger Schlachtfeld traf.

14. Oktober: An dem großen Reiterkampf bei Liebertwolkwitz haben von preußischer Seite teilgenommen:
· das Neumärkische Dragoner-Regiment,
· das Ostpreußische Kürassier-Regiment,
· zwei Eskadrons des Schlesischen Ulanen-Regiments,
· das Brandenburgische Kürassier-Regiment,
· das Schlesische Kürassier-Regiment,
· sechs Eskadrons des 7. und 8. Schlesischen Landwehr-Regiments.

Der Gang der Aktion wurde – wohl eine Besonderheit des Reitergefechts – verschiedentlich durch Kampfpausen unterbrochen. Beide Gegner ordneten zunächst ihre Truppen, um dann von neuem anzusetzen.

Beschrieben wird die etwas schwerfällige Methode der französischen Reiterei, Attacken des Gegners im Halt zu erwarten und diesen eng geschlossen durch das Vorhalten der Stoßdegen zu abzuwehren. (88,107) Die preußischen Kavallerieführer richteten sich auf diese Verfahren ein.

*WIE DER ANGRIFF AUF HALTENDE FRANZÖSISCHE KAVALLERIE GESCHEHEN SOLL:*

*Das müsse eins sein beim Herankommen an den Feind, die langen Stoßdegen herunterschlagen und mit der angesporntesten Pferdekraft in die feindliche Front hineinsetzen; dann würde es sich schon zeigen, wie Kürassiere heruntergehauen werden.* (88,107)

Eine genaue Beschreibung der Reiterkämpfe von Liebertwolkwitz schien schon Zeitgenossen reine Unmöglichkeit, da der Wechsel von Attacke, Verfolgung des geworfenen Gegners und Sammeln zu erneutem Angriff nicht mehr nachvollzogen werden kann. Die Schwadronen des Schlesischen Ulanen-Regiments sollen an diesem Tage sechzehn Mal attackiert haben. (88,108)

Denkwürdig ist das Gefecht bei Liebertwolkwitz noch dadurch geworden, dass der Leutnant von der Lippe vom Neumärkischen Dragoner-Regiment im Begriff gewesen war, den Schwager Napoleons, Joachim Murat, gefangen zu nehmen. Dieser, wegen seiner eigenwilligen, operettenhaften Kostümierung nur schwer zu übersehen, wurde durch einen Stallmeister aus seinem Gefolge gerettet, der den Dragonerleutnant niederstieß.

16. Oktober: der Kampf Blüchers und Yorks bei Möckern.

Marschall Marmont musste den Kampf bei Möckern annehmen, weil er praktisch den Rücken des Kaisers deckte. Dieser stand ja bekanntlich zu gleicher Stunde südlich von Leipzig bei Wachau in schwerem Kampf mit den Verbündeten. Die Schlesische Armee erschien recht überraschend vor den Truppen Marmonts. Ihr Angriff hinderte den Marschall definitiv daran, mit seinem Korps bei Wachau Napoleon zu unterstützen.

Möckern war so mörderisch, wie die großen Schlachten zuvor. Die Hauptlast trug das zur Schlesischen Armee gehörende Korps des Generals von York. Besonders blutig entwickelte sich der Ortskampf in Möckern. Alles, Freund und Feind, alle Gattungen von Soldaten, Füsiliere, Grenadiere, Tirailleure, Jäger, Landwehr, gerieten völlig durcheinander. Man wütete gegeneinander, wie es sich ergab.

Das Korps Langeron der Schlesischen Armee kämpfte bei Wiederitsch gegen eine Minderzahl von Feinden, verfehlte aber, diese alsbald zu überwinden und kam zur Unterstützung Yorks nicht heran. Die russischen Korps Sacken und St. Priest waren noch zu weit zurück, um an diesem Tage eingreifen zu können. So durfte York auf Verstärkung nicht hoffen. Auch der Artilleriekampf um Möckern erreichte inzwischen – beidseitig – heftige Ausmaße. Lange blieb der Ausgang des Kampfes offen.

Eine Attacke des Brandenburgischen Husaren-Regiments unter Major von Sohr und die zugleich vorgehenden Brigaden Horn und Hünerbein wendeten das Blatt. Marmont musste weichen. 6.000 tote und verwundete Franzosen deckten das Feld. Das Yorksche Korps, das mit knapp 21.000 Mann anmarschiert war, zählte jetzt nur noch 13.000 Kämpfer. Von 13.000 Landwehrmännern sollen am Abend noch 2.000 unverletzt übrig geblieben sein. (77,691) Bei Möckern blieb neben vielen anderen der legendäre Major von Krosigk, den wir aus einem Vorkapitel kennen.

16. Oktober: Der Kampf um Wachau.

Das zur Böhmischen Armee gehörige preußische Korps Kleist und die preußische Garde nahmen an der Schlacht um Wachau teil. Die Hauptlast des Kampfes trug hier indes die russische Armee. Nach dem fünften Sturm blieb Markkleeberg im Besitz der Verbündeten. Im französischen Geschützfeuer erlitten das 6. und 18. Infanterie-Regiment, das Schlesische Schützen-Bataillon und das Schlesische 7. Landwehr-Regiment ungeheure Verluste.

Auf französischer Seite sorgte der berühmte Artilleriegeneral Drouot für die Massierung der Geschütze in förmlichen »Riesenbatterien«. Die Verbündeten verloren trotz der unermüdlichen Energie des jungen Prinzen Eugen von Württemberg, russischer General, der die Seele des Kampfes bei Wachau war, an Boden. Der Kampf zog sich hin. Napoleon seinerseits war bereits von einem Sieg überzeugt. »Die Welt dreht sich noch einmal für uns!« soll Napoleon – nach anderer Überlieferung der Generalintendant Graf Daru – geäußert haben. (77,677) Der Abend brach herein. Eine wirkliche Entscheidung war nicht gefallen.

18. Oktober: Entscheidungskampf bei Probstheida.
Es ist davon auszugehen, dass bis zum 18. Oktober die Frage, wer wen, durchaus noch offen war.

Der schon zur ewigen Ruhe gebettete Theodor Körner hatte einst den Vers geschmiedet:
*»In der nächsten Stunden Schoße,*
*Liegt das Schicksal einer Welt,*
*Und es zittern schon die Lose,*
*Und der eh`rne Würfel fällt.«* (zit.77, 694)

In sechs Kolonnen rückten die Verbündeten Napoleon auf den Leib. Zum Teil noch über die Leichen der Gefallenen vom 16. Oktober (77,697) führte der Vormarsch. Dösen und Dölitz waren die ersten Ortschaften, an denen es zu harten Kämpfen kam. Das Zentrum der französischen Aufstellung bildete Probstheida. »Gelang es den Verbündeten Probstheyda zu nehmen, so war die feindliche Schlachtlinie durchbrochen.« (77,698)

Muster und Verfahren ähnelten dem Ablauf vorheriger Schlachten. Mörderischer und hohe Verluste bringender Kampf um den Ort. Mehrfach wurden die Angriffe der Verbündeten zurückgeschlagen. Drouot formierte erneut auch bei Probstheida eine Batterie von 150 Geschützen. (77,698)

Die Verluste auf beiden Seiten wuchsen ins Unermessliche an. Schilderungen behaupten Berge von Gefallenen, die den Nachdrängenden als Hindernisse im Sturm auf das Dorf erinnerlich bleiben. Das 9. Schlesische-Landwehr-Regiment verlor in kurzer Zeit von 1.000 Mann 15 Offiziere und 515 Soldaten. (77,698) Die Truppen schmolzen wie Schnee in der Sonne dahin. Nicht nur die Preußen, Russen und Österreicher kämpften mit unübertrefflicher Tapferkeit.

Die Berichte bezeugen auch, dass sich die Franzosen aufopferungsvoll und mit einer Kühnheit, die ihresgleichen suchen muss, schlugen. Weder Napoleon noch seine Generale fürchteten im Mindesten das feindliche Feuer. Trotz aller Widerwärtigenkeiten der Lage elektrisierte die Person des Kaisers immer noch. Zwei, um ein modernes Wort zu gebrauchen, »hochmotivierte« Parteien schlugen aufeinander ein.

*PRINZ AUGUST VON PREUSSEN ÜBER DEN FEIND:*

*Der Mut der Franzosen spricht sich auch in diesen Gefechten, obschon sie sich in der übelsten Lage befinden und im Grunde nur für den Rückzug sich schlagen, auf eine so ausgezeichnete Weise aus, dass sie dennoch überall einen bewundernswerten Widerstand entgegensetzen.* (77,698/99)

Die Entscheidung an diesem Tage brachte die Nordarmee, die die Franzosen bis nach Leipzig zurückdrängte. Die Schlacht war für Napoleon verloren.

19. Oktober: Die Erstürmung von Leipzig.

Unter erneuten blutigen Verlusten wurde Leipzig erstürmt. Es galt hier vor allem die verteidigten Stadttore zu erobern, um in die Stadt vozustoßen. Exemplarisch, weil sie ein gutes Bild von den Kämpfen dieses Tages geben, sind die Schilderungen des Majors Friccius. Dieser war Kommandeur eines Königsberger Landwehr-Bataillons, das durch das Grimmaische Tor in Leipzig eindrang.

*MAJOR FRICCIUS ÜBER DEN 19. OKTOBER 1813 – DIE ERSTÜRMUNG DES GRIMMAISCHEN TORES:*

*Wir fanden das Thor stark verrammelt, von neuen starken Planken gezimmert, oben darauf mit eisernen Widerhaken gespickt, die Thorflügel und Mauer mit Schießlöchern versehen. Das Wacht- und Accisehaus, an welchem sonst der Thorschreiber den Fremden mit der Frage nach »Dero allerwerthesten Charakter« empfing, war verlassen, aber die Gebäude daneben waren stark vom Feinde besetzt.*

*Die Truppen, welche gegen das Thor anrückten, erhielten von vorn und*

*beiden Seiten ein starkes Feuer, ohne dem Feinde hinter seinen Bollwerken viel schaden zu können. Zum Sturm war nichts vorbereitet. Wir hatten keine Leitern, keine Aexte, keine Brechstangen, noch dergleichen zur Hand; kein Zimmermann, kein Pionier waren bei uns, kein Geschütz in der Nähe, das Thor einzuschießen. Immer stärker wurde aus der Stadt, von allen Dächern in der Nähe, selbst vom Johannisturm auf uns geschossen. In jeder Minute traf ein Schuß. Mein Pferd erhielt eine Kugel in die Kinnlade und war nicht mehr zu bändigen; ich mußte es verlassen. In seinem Schmerz bäumte sich das mächtige, schöne Thier gewaltig, so daß ich genöthigt war abzusitzen und den Dienst zu Fuß zu verrichten. Vorwärts zu kommen war unmöglich, Stehenbleiben unfehlbares Verderben, aber dem Ziele so nah zog ein Jeder den Tod einem Rückzuge vor.*
*Endlich entdeckte ein Wehrmann eine schadhafte Stelle in der Mauer, rechts zwischen den Pfosten des Thores und dem Armenhause. Ich ergriff das Gewehr des nächsten Soldaten und stieß mit der Kolbe die dünne Mauer ein. Sie stürzte bald zusammen, da mehrere Landwehrmänner dabei halfen. Als die Öffnung groß genug war, sprang ich durch die Bresche und rief den Meinigen zu: »Ihr werdet mich nicht verlassen!«*
*Die Kompanien des Bataillons zwängen sich durch die Lücke in der Mauer, um dann sofort wieder auf feindliche Soldaten zu treffen:*
*Auf meinen Zuruf sprang Motherby (ein Kompaniechef des Bataillons) vor und rief, den Säbel hochhaltend: »Kameraden, folgt mir!« Es war dies sein letztes Wort. – Dicht neben mir wurde er, als er die Bresche besteigen wollte, in den Kopf getroffen und sank seinem Freunde Stumpf lautlos in die Arme. Er war die Zierde und der Stolz des Bataillons, Niemand kam ihm an Adel und Reinheit der Gesinnung gleich.*
*Er war das Muster eines Landwehrmannes, der friedlichste und genügsamste Bürger, der gewissenhafteste Geschäftsmann, der treueste und liebenswürdigste Kamerad, der entschlossenste Soldat. – Sein Freund küsste unter Thränen die erblasste Wange, drückte sie an sein Herz und eilte mit den anderen mir nach, um sich an die Spitze der verwaisten Kompanie zu stellen. Jeder wollte den geliebten Führer rächen; wer nur irgend konnte, machte sich Bahn durch alle Hindernisse, Niemand wollte zurückbleiben, Jeder der Vorderste sein.* (34,335/336)

Die ergreifende Szene um den Tod des Landwehrhauptmanns Motherby ist gewählt, um das nahe Beieinandersein von brutaler Gewalt und sentimentaler Empfindlichkeit einmal greifbar zu machen, den unzähligen Opfern in dem ungehemmten Töten und Getötetwerden ein Gesicht zu geben. In der Nähe vom Grab des Dichters Gellert wird Motherby beigesetzt. Max von Schenkendorf, der »Dichter frommer Kriegsgesänge« (34,337) widmet ihm Verse.

Nach weiterem blutigen Kampf an unzähligen Stellen innerhalb der Stadt, ging den verbleibenden Franzosen und deren letzten Verbündeten auf, dass die Sache Napoleons unrettbar verloren war. Das Drama des Rückzuges begann.

Napoleon passierte, nicht ohne sich bei dem König von Sachsen verabschiedet zu haben, am 19. Oktober, vormittags 11 Uhr, den Rannstädter Steinweg, ging über die Elsterbrücke und verließ die Stadt.

Das war genau jene Brücke, die, kurze Zeit darauf, durch welche Umstände auch immer, vorzeitig gesprengt und einen Teil der fliehenden Armee entweder der Gefangenschaft oder dem Ertrinken in den Fluten der Elster überantwortete, von dem tödlichen Chaos bei dem Flussübergang ganz zu schweigen. Aus der Elster wurden die Leichen des Marschalls Poniatowski und des Generals Dumostier als die namhaftesten geborgen.

Preußen und seine Armee zählten zu den Siegern der Völkerschlacht. Die Monarchen ritten vom Markt kommend durch die Hainstraße.

Vom Halleschen Tor näherte sich General Blücher mit seinem Stab. Mit den Worten »Willkommen, Feldmarschall Blücher!«, begrüßte ihn König Friedrich Wilhelm III«. (34,373)

*LOHN FÜR EIN LANGES SOLDATENLEBEN – FRIEDRICH WILHELM III. AM 20. OKTOBER 1813 ZU LEIPZIG:*

*Durch wiederholte Siege mehren Sie Ihre Verdienste um den Staat schneller, als ich mit den Beweisen Meiner Dankbarkeit zu folgen vermag. Empfangen Sie einen neuen Beweis derselben durch die Ernennung zum General-Feldmarschall und bekleiden Sie diese Würde noch recht lange zur Freude des Vaterlandes und als Vorbild für die Armee, die Sie so oft zum Ruhme und zum Sieg geführt haben.* (34,373)

*Die Öffnung der Rückzugsstraße*

Nach den Angaben in der Literatur haben noch etwa 80–90.000 Mann der »Mausefalle« von Leipzig entschlüpfen können. Bei der schlussendlichen Überlegenheit der Verbündeten stellt sich da schon die Frage, warum nicht durch eine letzte Kraftanstrengung die Sache hier und heute zu Ende gebracht worden ist. Eine Gefangennahme Napoleons hätte mutmaßlich alle Ergebnisse des späteren ersten Pariser Friedens vorweg genommen. Der erneut opferreiche Feldzug von 1814 und die Besetzung Frankreichs wären womöglich entbehrlich gewesen. Vielleicht hätte ein solches Ende sogar die Dynastie der Napoleoniden gerettet, indem der Sohn Napoleons unter der Regentschaft seiner Mutter zur Herrschaft gelangt wäre. In Paris hingegen, wie dann geschehen, konnte man ohne Rücksichtnahme auf die Interessen des vormaligen Königshauses, der Bourbonen, keine Neuordnung der Verhältnisse vornehmen. Wie dem auch sei:

Trotz des desaströsen Ausganges des Kampfes bei Leipzig konnte sich Napoleon seiner Gefangensetzung und einer dann unausweichlichen Kapitulation entziehen und rettete noch soviel Truppen, um weiter energischen Widerstand zu leisten.

Der Weg nach Westen, über Lindenau nach Weißenfels und dann nach Frankfurt am Main, schließlich zum Rhein, war im entscheidenden Moment frei. Gab es ein politisches Interesse, Napoleon gleichsam »entkommen« zu lassen? Hatte gar sein Schwiegervater, der österreichische Kaiser Franz, seine Hand im Spiele? Rodekamp (1999) meint: »Die vorgesehene Sperrung von Napoleons Rückzugsweg aber wurde durch eine Verlegung der Truppen Gyulais unmöglich.« (99,10)

Dem lag zugrunde, dass in der Tat Schwarzenberg die österreichischen Truppen unter Gyulai von Lindenau abzog und sie in Richtung Naumburg dirigierte. Dies geschah aber wohl unter der Maßgabe, dass das russische Korps St. Priest in diese Position einrücken sollte. (34,212)

Letztendlich scheint die Ursache für das Öffnen der Rückzugsstraße eher eine Ungeschicklichkeit Schwarzenbergs als eine politische Absicht gewesen zu sein.

Aber dennoch: Die Verbündeten hatten einen Sieg von welthistorischer Tragweite errungen. Daran hatte auch Schwarzenberg verdienstvollen Anteil. Die Größe der Aufgabe hatte er als nüchterner Realist schon vor der Schlacht klar erkannt.

*FÜRST SCHWARZENBERG VOR DER SCHLACHT AN SEINE EHEFRAU:*

*Wenn ich zu meinem Fenster hinaussehe und die zahllosen Wachtfeuer zähle, die sich vor mir ausbreiten, wenn ich bedenke, dass mir gegenüber der größte Feldherr unserer Zeit, einer der Größten aller Zeiten – ein wahrer Schlachtenkaiser steht, dann, meine liebe Nani, ist es mir freilich, als wären meine Schultern zu schwach, und müssten erliegen unter der Riesenaufgabe, welche auf ihnen lastet.* (52,299)

### *Das sinkende Schiff wird verlassen*

Als sich die Niederlage Napoleons abzeichnete, wurde auch immer klarer, dass die Tage des französischen Systems in Deutschland gezählt waren. Fürsten, die Napoleon zuvor hofiert hatten, wendeten sich von ihm ab und den Verbündeten zu. Aber auch immer weniger Soldaten sahen einen Sinn im Bündnis mit Frankreich und so suchte jeder einen Weg, die Seiten zu wechseln. Bei der sächsischen Division geschah dies am 18. Oktober mitten im Kampf.

*MARSCHALL MACDONALD ÜBER DEN ÜBERGANG DER SÄCHSISCHEN TRUPPEN ZU DEN VERBÜNDETEN:*

*Bei dem Anblick der zahllosen Toten und Verwundeten um mich her stieg der Wunsch in mir auf, daß auch mich eine Kugel schnell hinraffen möchte, um nicht auch noch den Schluß des grausigen Trauerspiels mit ansehen zu müssen.*
*Indem ich so dachte und mit meinem Fernrohr die Schlacht an andern Punkten beobachtete, bemerkte ich zu meiner Linken den Feind im Zurückgehen und das Korps des Generals Reynier, in zwei Treffen formiert, im Vorgehen. Das vordere Treffen bestand aus dem sächsischen Kontingent, das hintere aus Franzosen.*
*Ich traf infolgedessen Anordnungen, ebenfalls zum Angiff zu schreiten, da trat ein Ereignis ein, das mich fast erstarren ließ. Ich sah die Sachsen, als sie die feindliche Stellung erreicht hatten, plötzlich gegen das ihnen folgende zweite Treffen Front machen und feuern. Kalten Blutes, in him-*

*melschreiender Weise, schossen sie die Ahnungslosen nieder, mit denen sie bis hierher in treuer Waffenbrüderschaft gefochten.*
*Nirgends weist die Geschichte einen ähnlich schändlichen Verrat auf. Bei dem der Preußen, den ich im vergangenen Jahr erlebte* (gemeint sind York und Tauroggen), *hatten diese doch wenigstens noch soviel Scham- und Ehrgefühl, daß sie nicht sogleich die Waffen gegen uns gebrauchten.* (66,205)

Aber auch diese Handlung nutzte Sachsen und seinem König nichts mehr. Zulange hatte er am französischen Bündnis festgehalten. Mit dem Verlust etwa der Hälfte seines Territoriums wurde Sachsen »bestraft«.

Auch 556 württembergische Reiter gingen in der Völkerschlacht auf die alliierte Seite über. Sie standen unter dem Kommando des Generals von Normann. Dessen Verhalten bei dem Überfall auf die Lützower bei Kitzen war aber noch unvergessen. Man wies ihn und seine Truppen ab und schickte sie nach Württemberg zurück.

*GNEISENAU ÜBER DEN GENERAL VON NORMANN:*

*Auf dem General Normann haftet der Schandfleck, dass er während des Waffenstillstandes das Lützowsche Corps überfiel und niederhauen ließ; weder er noch ein einziger Mann seiner Brigade soll der Ehre teilhaftig werden, in den Reihen preußischer Krieger zu fechten.* (33,245)

## *Leipzig – eine geschundene Stadt*

War schon die sächsische Haupt- und Residenzstadt Dresden durch die Kriegsereignisse des Jahres 1813 schwer gezeichnet, so übertrafen die Zustände in Leipzig nach der Völkerschlacht jenes Ungemach dort noch beträchtlich.

*GRETSCHEL (1836) ÜBER LEIPZIG NACH DER SCHLACHT:*

*So wie die Umgegend boten nun auch die unmittelbaren Umgebungen Leipzigs das schreckliche Bild der Zerstörung. Die herrlichsten Anlagen, die schönsten Gärten waren verwüstet. Besonders waren die Spatziergänge von Reichels Garten bis an das hallische Thor mit den traurigen Überbleibseln der unglücklichen Flucht angefüllt. In allen Gängen, wo sonst der Fuß heiterer Menschen wandelte, hatte der furchtbare Tod gemäht.*

*Verwundete, Sterbende, Todte lagen in dichten Haufen zwischen stehengebliebenen Kanonen, umgeworfenen Wagen und todten Pferden. Und, war auch die innere Stadt selbst von so manchen Greueln der Verwüstungen befreit geblieben, denen andere weniger glückliche Städte nicht entgingen, so empfand sie doch hinreichend die Folgen des sie umgebenden Jammers. Ruhe kehrte noch nicht sogleich in die Gemüther zurück, und die fürchterlichen Nachwehen äußerten sich dadurch, daß, ob der vielen schädlichen Ausdünstungen von den wenn schon rasch entfernten Leichen und den Verwundeten (10 Tage nach der Schlacht befanden sich in Leipzig 43 Hospitäler mit einigen 30.000 Kranken u. Verwundeten) epidemische Krankheiten einrissen, durch welche so Mancher aus theuern Kreisen hinweggerissen und ein frühes Opfer des Todes wurde.* (45,457)

Die Menge der Verwundeten entsprach in etwa der Zahl der Einwohner der Stadt Leipzig. 33.000 Menschen lebten damals dort. Auch die Unterbringung der Kriegsgefangenen machte große Schwierigkeiten.

Rochlitz berichtet von gefangenen Franzosen, die zum Schutz gegen die »raue, nasse Witterung und Nachtfröste« in die Grüfte des Stadtgottesackers einquartiert wurden. (98,67)

Am 23. Oktober stellt der Chronist Rochlitz fest, dass nun zwar »das Innere der Stadt endlich reiner wird«, dies aber für die Leipziger Vorstädte und ländliche Umgebung nicht gelte. Noch immer würden dort selbst »die modernen (= die zuletzt Verstorbenen – d.V.) Leichname nur erst zum geringsten Teile mit Erde bedeckt werden« (98,66) können.

## *Von Leipzig an den Rhein*

Die Verfolgung der geschlagenen Franzosen wurde eher matt betrieben. Bisweilen macht die Literatur geltend, dass die Ergebnisse des Nachsetzens der Alliierten ganz andere hätten sein müssen, als sie es tatsächlich waren. Man war mit »Ordensaustheilungen und Beglückwünschungen« (34,437) beschäftigt.

Selbst York musste Zeit in Halle vertrödeln, da man fälschlich annahm, der französische Rückzug richte sich auf Merseburg. Insgesamt herrschte »heillose Confusion an allen Ecken.« (34,444/45)

Auch brachen böse Missstimmungen zwischen York und Blücher auf, die die Fortsetzung der Operationen erschwerten und Napoleons Rückzug begünstigten. Vielleicht war auch einfach die Belastungsgrenze der Truppen und Führer aller Grade durch die Erschöpfung der vieltägigen Kämpfe erreicht, sodass man nicht ohne Weiteres wieder »zur Tagesordnung« übergehen konnte.

*GENERAL MÜFFLING ÜBER DIE SCHLESISCHE ARMEE IN DEN TAGEN NACH DER VÖLKERSCHLACHT:*

*Es giebt in einer Armee Tage oder Zeiten, wo alle Operationen im Augenblicke, wo sie eingeleitet sind, von den Truppen trefflich aufgefaßt und ausgeführt werden. Es giebt andere Tage, wo nichts ordentlich in Gang kommen will, wo in den einfachsten Dingen Stockungen entstehen und Schwierigkeiten, auf die man nicht vorbereitet ist …*
*Eine solche Zeit war bei der Schlesischen Armee eingetreten, ohne, daß man sich Rechenschaft geben konnte, woher? Wodurch?* (33,446/47)

Alle Berichte über diese Zeit sind sich darin einig, dass auf dem Rückzug der Aderlass für die Franzosen weiterging. Die Rückzugsstraßen waren gespickt mit Toten, sterbenden und kranken Soldaten. Szenen, die denen vom Ende der großen Armee in Russland kaum nachstanden.

Wo die preußischen Truppen die Nachhuten der Franzosen noch erreichten, kam es zu neuen Kämpfen, bei denen sich Yorks Korps zwar tapfer, aber anfangs nicht sehr glücklich zeigte. So gelang es dem flüchtenden Heer der Franzosen die Saale und die Unstrut zu überwinden. Die Ursache lag darin, dass man den Franzosen Terrain bei Freyburg und Kösen, insbesondere das feste Schloss Zscheiplitz, überlassen hatte, dass man besser vor Napoleons Truppen besetzt hätte. Bei vorausschauendem und zügigem Handeln, ergab sich hier die Möglichkeit, dem Kaiser Napoleon den Weg zu verlegen.

Trotz der schweren Niederlage noch zu ernsthafter Verteidigung fähig, besetzten die Franzosen am 21. Oktober die Höhen um Freyburg. Der Kaiser schien neu belebt: auf der Posthalterei »requirierte« (10,14) er zwei sächsische Postilione namens Vollmar und Weber. Sein Stabschef Marschall Berthier und Murat, der König von Neapel, befanden sich in seiner Begleitung. Unter Führung der Ortskundigen besichtigte er die Umgebung.

Persönlich beobachtete er die Sicherung der Übergänge über die Unstrut durch Errichtung von Notbrücken. Wegen der Ortskenntnis, die sich die Franzosen kurzfristig und effektiv verschafft hatten, positionierten sie ihre Truppen in günstigen Stellungen.

## Rückzugskämpfe

An der Unstrut entspannen sich heftige, ernsthafte Kämpfe, in einem Ausmaß, die man dem gerade geschlagenen Gegner kaum mehr zugetraut hätte.

*DER KAMPF BEI FREYBURG AM 21. OKTOBER 1813:*

*Der wichtigste Punkt zur Deckung des Hauptüberganges bei der Zeddenbacher Mühle war das Schloß Zscheiplitz, dessen Hof und Gartenräume Napoleon sogleich durch einige Bataillone besetzt hatte, während er gleichzeitig auf einem tiefen nach Osten zu gelegenen Acker eine Batterie aufstellte, welche, durch die Besatzung des Schlosses gedeckt, den gegen dasselbe anrückenden Preußen empfindliche Verluste zufügte. Verstärkt war die Stellung der Franzosen noch durch die beiden vorliegenden Hohlwege, den Hüllgraben und dessen Ausläufer, die von Tirailleuren besetzt waren. Wiewohl preußische Scharfschützen des rechten Flügels wiederholt das für die Franzosen so günstige Terrain säuberten, so vermochten sie dennoch nicht, den Feind ganz aus seinen Stellungen zu verdrängen, zumal von französischer Seite immer frische Truppen ins Gefècht geschickt wurden.* (10,15/16)

Im Gefecht bei Zscheiplitz in der engen Nähe von Freyburg an der Unstrut zeichnete sich der spätere preußische Staatsminister von Bodelschwingh-Velmede aus. Er, der unter dem Pseudonym v. Boden in die Truppe eingetreten war, forderte, von der Situation entflammt, zum Erobern einer französischen Batterie auf. Mit dem Ruf: »Freiwillige vor! Diese Kanonen müssen wir nehmen!« stürmten seine Soldaten vor. (10,13) Bodelschwingh wurde schwer verwundet.

Die Gefechte um den Unstrutübergang sind im Vergleich zu der weltbewegenden Schlacht von Leipzig recht unbedeutend. Aber die Beschreibung der Kämpfe zeigt exemplarisch, wie außerhalb der »Generalschlachten« operiert wurde. Besetzen von als wichtig erachteten Positionen im Gelände: Höhen, Hohlwege, Flussübergänge, feste Bauten, Ortschaften, das Aufwerfen von Schanzen im Gelände. Auffahren der Artillerie zur Deckung dieser Stellungen. Angriff des Gegners auf diese Punkte.

Schon durch eine geschickte Wahl der Stellung konnte man den Gegner in Nachteil bringen. Das gelang dem offenkundig aus seiner Lethargie erwachten Napoleon bei Freyburg meisterhaft. Schon hier war der »Kaiser wieder zum General« geworden.

Das Gefecht wurde in der Nacht abgebrochen. Die Verbündeten mussten Napoleon wohl oder übel ziehen lassen. Ein preußischer Offizier bekundet aus eigenem Erleben, dass dort, wo sich Napoleon persönlich aufhielt, auch nach der Katastrophe von Leipzig sich seine Truppen immer »noch vortrefflich schlugen«.

Die »große Zuversicht, die dieser seltene Feldherr seinen Soldaten einzuflößen vermochte«, sei, so der Zeitzeuge, ganz außergewöhnlich gewesen. (4,II,257)

*ÜBER LETZTE KÄMPFE PREUSSISCHER TRUPPEN IM JAHR 1813; HIER DAS GEFECHT AM HÖRSELBERGE BEI EISENACH:*

*Am 26. Oktober hatten wir am Hörselberge bei Eisenach noch ein ziemlich lebhaftes Gefecht mit der französischen Nachhut unter dem General Bertrand, an dem ich zufällig persönlichen Anteil nahm. Die preußischen Truppen schlugen sich sehr gut, erlitten aber beträchtlichen Verlust. Mir selbst ward ein Pferd durch eine französische Kugel so verletzt, daß ich es totschießen ließ. Es war das siebente Roß, das mir in meinem Kriegsleben auf diese Weise verloren ging.*
*Das Gefecht war übrigens das letzte, welches ich auf deutschem Boden zu bestehen hatte, und außer Gefangenen – diese freilich in großer Zahl – sah ich nun keine Franzosen mehr auf dem linken (?) Rheinufer.* (4,II,257/58)

Die Franzosen fluteten über Erfurt und Mainz bis an den Rhein zurück. Der Versuch, Napoleon durch bayerisch-östereichische Truppen bei Hanau aufzuhalten, scheiterte bekanntlich. Danach war der Weg für die napoleonischen Soldaten in ihre Heimat frei.

Im Jahr 1813 drängten sich Ereignisse von europäischer Bedeutung in kurzen Zeiträumen zusammen. Preußen hatte alles auf eine Karte gesetzt. Der Frühjahrsfeldzug ließ den Ausgang des Unternehmens noch offen. Napoleon ging durchaus als Sieger in die Waffenpause des Sommers. Allerdings überschlugen sich dann die Ereignisse. Nach nur zehn Wochen – von der Kündigung des Waffenstillstands bis zur Flucht Napoleons aus Leipzig – lag das Werk des Kaisers, sein europäisches Großreich, in Trümmern. Wie schon am Ende des Jahres 1812, als Alexander die Entscheidung treffen musste, an den russischen Grenzen halt zu machen oder diese mit bewaffneter Macht zu überschreiten, so erhob sich nun erneut gebieterisch die Frage: wie weiter? Sich mit der Vertreibung Napoleons aus Deutschland zufrieden geben oder nach Frankreich hineingehen?

Man entschied sich für die Fortführung des Krieges. Nach langwierigen, bis in das nächste Jahr dauernden Verhandlungen stand schließlich auch das Kriegsziel – Sturz Napoleons – fest. Der Entscheidung lag wohl die richtige Überlegung zugrunde, dass ein menschlicher Titan wie Napoleon niemals Ruhe geben würde. Der schlichte preußische Soldat, der Landwehrmann, brachte es in seiner unverstellten Sicht der Dinge auf den Punkt:

*VOLKES STIMME:*

*Die Franzosen sind oft genug in Berlin gewesen, also müssen auch wir jetzt mal nach Paris, und lassen wir den Napoleon jetzt in Ruhe, so fängt er sein Spiel bald wieder von neuem an, und wir müssen dann abermals von Frau und Kind fort und unters Gewehr.* (4,II,259)

Größte Sorge herrschte unter den Soldaten, dass die Diplomatie die Vorteile, die unter gewaltigen Blutopfern auf den Schlachtfeldern des Jahres 1813 errungen worden waren, wieder preisgegeben würde. Den »vornehme(n) Exellenzen, die mit ihren im Dampf der Suppenschüsseln verdienten Großkreuzen so unverschämt herumliefen« (4,II,259) misstrauten Militärs aller Grade zutiefst.

Die verbündeten Monarchen entschieden schließlich auf Fortführung des Kampfes. So rückten die russischen, österreichischen und preußischen Truppen, denen sich nun Verbände aller deutscher Staaten angeschlossen hatten, in Frankreich ein. Symbolhaft: Die Schlesische Armee überschritt am 1. Januar, dem ersten Tag des Jahres 1814, den Rhein bei Kaub.

*GENERAL GNEISENAU AUS KAUB AN JUSTUS GRUNER:*

*Hier sitze ich an einem Fenster, unter welchem die Truppen der Schlesischen Armee über den Rhein setzen. 16 Bataillone sind bereits übergeschifft. – Der herrlichste Geist waltet unter den Truppen, sie wetteiferten, wer sich zuerst in die Fahrzeuge werfen sollte. Jubelnd kamen sie an den Strom, und mit Hurrageschrei schifften sie über.* (77,745)

Der Widerstand am anderen Ufer blieb marginal. Zwar fielen aus und an Zöllnerhäuschen Schüsse. Eine förmliche Verteidigung der anderen Seite des Stroms fand aber nicht statt.

Theodor Fontane beschreibt in seinen berühmten Wanderungen den Rheinübegang des 12. Reseve-Infanterie-Regiments: Nachteiliger als der Feind wirkte sich beim Marsch auf die Höhen des linken Rheinufers in den frühen Morgenstunden auftretendes Glatteis aus, das manche Verletzung, so die des Interimskommandeurs, des Majors von Herrmann, zur Folge hatte. (32,254/55)

## *Der Feldzug in Frankreich 1814*

Der Herbstfeldzug 1813 hatte den Verbündeten einen Sieg von historischer Dimension beschert. Allerdings waren die Ansichten der Alliierten über die eigentlichen Kriegsziele vorerst keineswegs einheitlich. Im Oberkommando der Schlesischen Armee galt nur eine Devise: Krieg gegen Napoleon bis zu dessen Sturz. Österreich und England zeigten sich hingegen durchaus konziliant. Sie hätten auch mit einem Frankreich in seinen »natürlichen Grenzen«, also mit Belassung der linksrheinischen deutschen Gebiete, und der Fortdauer der Herrschaft des Kaisers Napoleon leben können.

Nachdem die Schlesische Armee genau in jene Territorien eingerückt war und die Nordarmee Belgien besetzt hatte, ließen die Verbündeten jetzt allenfalls noch Bereitschaft erkennen, ein Frankreich in den Grenzen von 1792 zu akzeptieren. Auch mit dem Machterhalt Napoleons mochten sich die Verbündeten in diesem Falle immer noch abfinden.

In den Verhandlungen von Chatillon, die am 5. Februar 1814 begannen, stellte dieses Paket das Angebot der Alliierten gegenüber dem Kaiser dar. Die diplomatischen Bemühungen scheiterten.

Nun erst vereinbarten die Verbündeten (Vertrag von Chaumont-en-Bassigny; 1. März 1814) den Sturz Napoleons und ein Frankreich in den Grenzen am Beginn der Revolution als verbindliches Ziel des Feldzugs.

Der Feldzug des Jahres 1814 weicht von dem vorherigen dadurch ab, dass sich die Verbündeten nun in ein feindliches Land hinein begaben. Sie mussten auf den Erhalt ihrer Verbindungs- und Versorgungswege Bedacht nehmen. Nicht zuletzt spekulierte Napoleon tatsächlich darauf, dass er durch eine bewegliche Kriegsführung, unterstützt von der einheimischen Bevölkerung, die Verbündeten wieder zum Rückzug zwingen könne.

## Der Verlauf des Feldzuges

Der Feldzug – auch dies außergewöhnlich genug – dauerte durch die hohe Dynamik der Ereignisse ganze drei Monate. Napoleon lief im Krieg von 1814 noch einmal zur Hochform auf. Den Ernst der Lage nun erkennend, war ihm klar, dass es nicht um einige Gebietsabtretungen, sondern um den Bestand seiner Herrschaft über Frankreich ging.

Das Grundmuster der Operationen gleicht dem des Feldzuges 1813 insoweit, dass es Napoleon darum ging, Teile der Verbündeten zu isolieren und einzeln zu schlagen. Am 29. Januar 1814 griff Napoleon Blücher bei Brienne an. Letzterer musste sich zurückziehen. Der Rückzug führte ihn mit Teilen der Hauptarmee zusammen. Gemeinsam mit dem bayerischen Feldmarschall Fürst Wrede und dem Kronprinzen Wilhelm von Württemberg schlug Blücher Napoleon in der Schlacht bei La Rothiere am 1. Februar 1814. Napoleon ging in Folge über die Aube zurück.

Die siegreiche Armee trennte sich nun wiederum. Die der Hauptarmee zugehörigen Truppen sollten an der Seine, die Schlesische Armee an der Marne auf Paris marschieren. Das war der Augenblick, auf den der Kaiser gewartet hatte. 40.000 Mann ließ er zur Beobachtung der Hauptarmee stehen, mit nur 30.000 Mann stürzte er sich auf die getrennten Formationen des Schlesischen Heeres.

Napoleon schlug zwischen dem

10. und 14. Februar die Schlesische Armee in vier Treffen, nämlich bei Champaubert, Montmirail, Chateau-Thierry und Vauchamps. Blücher musste den Rückzug auf Etoges antreten. Napoleon warf sich, nachdem er die Schlesische Armee kurzzeitig paralysiert hatte, nun auf isolierte Teile der Hauptarmee. Er schlug sie am 17. und 18. Februar 1814 bei Nangis und Montereau. Fürst Schwarzenberg, der Oberbefehlshaber der Hauptarmee, befahl daraufhin den Rückzug nach Troyes.

Die Schlesische und die Hauptarmee vereinigten sich kurzzeitig wieder an der Aube, trennten sich jedoch alsbald erneut. Schwarzenberg besiegte dann noch am 27. Februar 1814 in der Schlacht von Barcis-sur-Aube die französischen Marschälle Oudinot und Macdonald.

Die Hauptarmee rückte nach diesem Sieg sehr bedächtig und langsam vor. Blücher war außer sich. Bei dem russischen Zaren und dem preußischen König konnte er durchsetzen, dass sich die Schlesische Armee von den Österreichern trennte, sich nach Norden zog und zukünftig gemeinsam mit der Nordarmee unter dem Preußen Bülow und dem russischen General Winzingerode operieren durfte. »Dies wird der Wendepunkt des Feldzuges.« (91,358)

Den Schlag Napoleons bei Craonne am 7. März parierten die Preußen durch ein Zurückgehen in eine günstige Verteidigungsstellung auf den Höhen von Laon. Die beiden Heere – also die Nordarmee und die Schlesische Armee – vereinigten sich bei Soissons, kämpften gegen Napoleon am 9. und 10. März 1814 nach den meisten Angaben siegreich, praktisch aber wohl eher unentschieden, in der Schlacht bei Laon. Der zweitägige Kampf, 150.000 Verbündete gegen 70.000 Franzosen (28,417) hatte zwar den Kaiser hart bedrängt, aber nicht zu seiner Vernichtung geführt.

Er war noch in der Lage, seine Truppen zu ordnen und jetzt gegen die Hauptarmee zu führen. Am 20. und 21. März besiegte er Schwarzenberg in der Schlacht von Arcis-sur-Aube. Napoleon beabsichtigte nun, den Krieg an den Rhein, in den Rücken der Verbündeten, zu tragen und wendete sich demzufolge von Paris ab. Indes: 170.000 Verbündete zogen auf Paris.

Nachdem die französischen Marschälle Marmont und Mortier nach einer Niederlage am 25. März 1814 bei La Fere Champenoise auf die Hauptstadt zurückgingen, war der Weg nach Paris frei. Auf der Ostseite von Paris kam es noch zu Kämpfen. Mit der Erstürmung des Berges Montmartre endete am 30. März 1814 die Schlacht von Paris. Einen Tag später zogen die Verbündeten in Paris ein. Napoleon kam zur Hilfeleistung für seine Hauptstadt um ein weniges zu spät. Ein Teil seiner Marschälle verweigerte jetzt die fernere Gefolgschaft.

Napoleon dankte am 11. April 1814 in aussichtsloser Lage endgültig ab und ging unter durchaus akzeptablen Bedingungen nach Elba. Der (erste) Pariser Frieden krönte am 30. Mai 1814 diesen Feldzug.

## Kritik und Episodisches

Der Feldzug von 1814 demonstrierte in aller Schärfe erneut die Schwierigkeiten der Kriegsführung in einer Koalition. Differenzen in den Zielvorstellungen konnten da nicht ausbleiben. Gab es 1813 nur die einfache Devise: Napoleon schlagen, so sah das jetzt anders aus. In der nahen Erwartung eines greifbaren Sieges stand gar nicht mehr das Detail der Kriegsführung im Blickpunkt, sondern die Frage: Was kommt danach? Wie soll eine Friedensordnung den Störenfried Frankreich behandeln, ohne einen der Sieger zu übervorteilen?

Der Verlauf der Kämpfe hatte aber erschreckend klar gemacht, dass der Sieg durchaus noch nicht errungen war. Einem – wohl auch aus politischen Gründen – lavierenden, zurückhaltend und vorsichtig operierenden Schwarzenberg stand ein Napoleon gegenüber, der keine Zweifel ließ, dass er zu allem entschlossen war.

Zudem bewies er, dass Feldherrnkunst kein sinnentleerter Begriff sein musste. Die Führung des Feldzuges 1814 durch Napoleon ist in seiner Art einzig und vielleicht allenfalls mit dem Italienfeldzug von 1796 vergleichbar, der den Ruhm Bonapartes begründete. Die wenigen Monate, auch für die preußische Armee angefüllt mit schicksalhaften Kämpfen, zeigten, dass die Gefährdung, das Errungene wieder preisgeben zu müssen, groß war. Aber: Geschichte ist Schicksal.

Die Auferstehung des Ausnahmefeldherrn Napoleon im Jahr 1814 reichte nicht, um der letztendlichen Übermacht der Verbündeten die Stirn zu bieten. Die hohe Zahl der Kampfhandlungen innerhalb kurzer Zeit erforderte auch eine enorme Beweglichkeit der Heere. Dass dies auch an den Preußen nicht spurlos vorüberging, versteht sich von selbst. Regling spricht von einem »verwilderten Zustand ..., der durch Kreuz- und Quermärsche, Biwak im Winter und lebhafte, häufig unglückliche Gefechtstätigkeit schwer mitgenommenen Schlesischen Armee«. (95,303)

Die bewegten Tage im Winter 1814 spiegeln sich in einer Vielzahl von Erinnerungen der Kampfteilnehmer. Ein namhafter unter ihnen war der Schöngeist, Offizier im Stabe des russischen Generals Tettenborn und spätere Diplomat Varnhagen von Ense.

*VARNHAGEN ÜBER DIE RISIKEN DES VORMARSCHS NACH FRANKREICH HINEIN:*

*... unsere Heere verloren sich immer tiefer in Frankreich, getrennt von ihren Hilfsquellen, in einem verwüsteten Lande, ohne Verbindung, Zufuhr, Ersatz, Stützpunkte, und konnten bald vor der Hauptstadt des Reichs stehen, deren Volksmenge fähig war, ein großes Heer zu beschäftigen, zu vernichten. Alles dieses durfte die größten Bedenklichkeiten erregen ...* (120,232)

Das Heer der Verbündeten war in Frankreich nicht nur dem Risiko ausgesetzt, von den französischen Truppen besiegt zu werden. Im Zweifel konnte jeder Landeseinwohner ein Feind sein, mochte er sonst auch als biederer Landmann oder Handwerker daherkommen. Die Hilfeleistungen der einheimischen Bauern für die napoleonischen Truppen nach Partisanenart wird Tatsache gewesen sein.

*VARNHAGEN ÜBER DIE LÄNDLICHE BEVÖLKERUNG IM KRIEGSGEBIET:*

*Da die französischen Bauern fast ohne Ausnahme blaue Kittel tragen, so gaben sie oft den Anschein von wirklichen Truppen, nach deren Art sie Posten auf den Höhen aufstellten, Patrouillen machten, und in Masse ausrückten.*
*Legten sie die Waffen beiseite, so erschienen sie als ruhiges Landvolk, und Hunderte von französischen Soldaten konnten in voller Uniform unter dem blauen Kittel unentdeckt einhergehen.*
*... in den Gehölzen zwischen Epernay und Montmirail hielten sich Tausende von bewaffneten Bauern auf ...* (120,223/24).

Die Schlacht bei La Rothiere am 1. Februar 1814 konnte als gutes Omen gelten.

*BLÜCHER AN SEINE FRAU ÜBER DIE SCHLACHT BEI LA ROTHIERE:*

*Liebe Frau! Der große Schlag ist geschehen, gestern traf ich mit den Kaiser Napoleon zusammen. Der Kaiser von Russland und unser König kamen an, wie die Bataille ihren Anfang nahm; beide Monarchen übergaben mich alles und blieben Zuschauer des Kampfes. Um 1 Uhr griff ich zu Mittag den Feind an, die Schlacht dauerte bis in die Nacht, und erst um 10 Uhr hatte ich den Kaiser Napoleon aus allen seinen Stellungen vertrieben und seine Niederlage war ganz vollständig. 60 Kanonen und über 3000 Gefangene fielen in meine Hände.*
*Die Zahl der Toten ist sehr groß, denn die Erbitterung hatte den höchsten Grad erreicht. Du kannst denken, wie viel Dank ich von die Monarchen einerntete. Alexander drückte mich die Hand und sagte: »Blücher, heute haben Sie die Krone auf alle Ihre Siege gesetzt, die Menschen werden Ihnen segnen.«* (75,166)

Die These, dass ein vollständiger Sieg der Alliierten 1814 durchaus noch in Frage stand und die Kapitulation von Paris und die Abdankung Napoleons keineswegs »gesetzmäßig« eintreten musste, hat ihre Berechtigung. Ein preußischer Offizier beobachtete bei Laon, mit welcher Wut und welchem Einsatz sich französische Truppen immer noch für ihr Land und ihren Kaiser aufopferten.

*EIN PREUSSE ÜBER DIE FRANZOSEN BEI LAON AM 10. MÄRZ 1814:*

Er (Napoleon – d.V.) *glich jetzt dem von allen Seiten durch Jäger umstellten Löwen, der stets von Neuem und trotz aller Wunden sich immer wieder auf den Gegner stürzt, um entweder doch zuletzt noch durchzubrechen – oder den völligen Untergang auf die ehrenvollste Weise zu finden … Französische alte Garde kämpfte hier in der Nähe ihres Kaisers, und dann stritt wie gesagt jeder einzelne Soldat mit einer solchen Gewandtheit und glänzenden Tapferkeit, dass mich trotz allen Nationalhasses oft die größte Bewunderung erfüllte.*
*So wie sich im Feldzug 1814 die alte Garde schlug, hat sich meines Wissens niemals irgendeine Infanterie der Welt geschlagen und wird sich schwerlich jemals wieder eine schlagen. Es war die Elite des in 20 Feldzügen kampferprobten französischen Heeres hier vereinigt!* (4,II,284/85)

Die Kämpfe vor Laon im Winterfeldzug von 1814 gestatten noch einen interessanten Einblick in die Kommandoverhältnisse bei der Schlesischen Armee.

Ein Schlaglicht fällt auch auf die handelnden Charaktere. Und die Bedeutung des Zweigestirns Blücher und Gneisenau – wohl die glücklichste Fügung des Schicksals, die der preußischen Armee in dieser Zeit zuteil wurde – erhellt sich.

Folgendes ereignete sich beim Schlesischen Heer: Der 72-jährige Blücher erkrankte, »bereits um Mittag des 9. März« (4,II,284) und legte sich zu Bett. Augenblicklich blieben Befehle aus, russische Truppenführer fragten nach, warum noch nicht attackiert werde. Ihnen wurde die nüchterne Tatsache mitgeteilt.

*RUSSISCHE OFFIZIERE ERFAHREN VON DER ERKRANKUNG DES OBERBEFEHLSHABERS:*

*Aha, nun wundern wir uns auch nicht, dass der Angriff unterbleibt, wäre der Marschall Paschol* (= Vorwärts – d.V.) *nur im Sattel, wir stürmten gewiß noch heute Morgen gegen die Franzosen vor«, sagten sogleich die russischen Offiziere unter sich. Ein gutes Zeugnis für den alten Blücher.* (4,II,284)

Zur Krankheit selbst findet sich wenig. Man geht aber kaum fehl, dass nach drei Feldzügen der an Jahren fortgeschrittene Marschall sich am Rande der Erschöpfung befunden haben muss. Jedenfalls fiel Blücher in den folgenden Wochen nun aus.

*MICHAILOWSKI-DANILEWSKI ÜBER DEN KRANKEN BLÜCHER:*

*Wie sehr seine körperlichen Leiden über seine geistigen Kräfte die Oberhand gewonnen hatten, ist aus folgendem Falle zu ersehen.*
*Der Oberquartiermeister von Langerons Corps meldete sich bei ihm, um seine weiteren Befehle einzuholen, und fand ihn, am Kamine sitzend, in tiefes Nachdenken versunken.*
*Er berichtete ihm über die Ursache seiner Ankunft, und bat ihn um die von dem Befehlshaber des Corps gewünschten Bestimmungen. Der Feldmarschall antwortet nichts, und obgleich der Obriste seine Fragen wiederholte, erfolgte dennoch ein gleiches Stillschweigen. Unentschlossen stand er einige Minuten vor dem Feldherrn, bis ihn endlich der in einer andern Ecke des Zimmers am Schreibtisch sitzende General Gneisenau der Verlegenheit entriß, indem er ihm sagte:*
*»Sehen Sie denn nicht, dass der Feldmarschall nicht im Stande ist,*

*Ihnen Antwort zu ertheilen?« Seit der Schlacht bei Laon war Blüchers Gesundheit so schwach, daß er während des weiteren Verfolges des Feldzugs bis Paris nicht im Stande war, ein Pferd zu besteigen und im Wagen fahren mußte.«* (71,47)

Es scheint unbestreitbar, dass es einen »Ersatz« für Blücher nicht gab. Sein Stabschef Gneisenau war es jedenfalls nicht. Die Truppe bemerkte sogleich, dass der überlegen dirigierende Arm und der vorwärts drängende Geist fehlte.

*EIN PREUSSISCHER OFFIZIER ÜBER DIE TAGE VON LAON:*

*Sowie der alte Blücher nicht persönlich erschien, trat sogleich Unordnung über Unordnung im schlesischen Heere ein und alles ging den Krebsgang; dies konnte selbst ein einfacher Subalternoffizier, der nur einigermaßen offene Augen im Kopfe hatte, überall nur zu sehr verspüren. Der General von Gneisenau war der beste Generalstabschef, den Blücher nur finden konnte, und hat 1813–15 das Außerordentlichste geleistet, aber zum selbständigen Oberfeldherrn passte er gar nicht. Er besaß hierzu nicht Energie genug und verstand es nicht, seine ungehorsamen Korpsführer sei es durch gute Laune oder Spott oder Grobheit sich gefügig zu machen, wie dies der Feldmarschall so trefflich zu vereinigen wußte.* (4,II,285)

Während sich bei Blücher alles beugte, scheint gegenüber Gneisenau die militärische Tugend des Gehorsams weniger empfunden worden zu sein. Der menschlich ohnehin schwierige General York soll Gneisenau angedroht haben, »eigenmächtig das Heer verlassen« (4,II,285) zu wollen. Der Memoirenschreiber nennt das nicht unbegründet »offene Meuterei«. Dafür, so seine Auffassung, hätte York – bei allen vorherigen Verdiensten – »nach altpreußischem Kriegsrechte eine Kugel vor den Kopf gehört.« (4,II,285/86)

Aber, gottlob, der Ausfall des Feldmarschalls, desjenigen, der die Herzen der Soldaten zu erreichen vermochte, tat der Sache nicht den befürchten Abbruch. Wie sich nämlich zeigen sollte, waren die wichtigsten Schlachten bereits geschlagen, der Sieg der Alliierten nicht mehr aufzuhalten.

Die Verwicklungen um die Krankheit Blüchers zeigen nachdrücklich, dass jene Eigenschaften, die Napoleon in einer Person auszeichneten – überlegene Führungskunst und Begeisterungsfähigkeit – bei den Preußen der Befreiungskriege sich in zwei Personen vereinigten: Blücher und Gneisenau. Blücher war »der Held des Volksheeres« (75), der von Strategie und Taktik einmal von Ferne gehört hatte.

Gneisenau war ein versierter Generalstabschef, der den Verlauf des ganzen Krieges wesentlich durch seine strategischen Eingebungen bestimmt hatte. Ein volkstümlicher militärischer Führer, der die Soldaten für sich gewinnen konnte, war er hingegen nicht.

Blücher und Gneisenau ergänzten sich in tätiger Gemeinschaft aber geradezu ideal. Dies spiegelt treffend die kursierende Anekdote, in der Blücher behauptet, er könne seinen Kopf kratzen, ohne ihn überhaupt zu berühren.

Widerspruch. Ungläubigkeit. Die Lösung: der Marschall kratzt Gneisenau am Kopf. Der Generalstabschef Gneisenau war in der Tat das strategische Gehirn seines Oberbefehlshabers.

Ein Anderes und Letztes: Noch eine bemerkenswerte Tatsache stellt der Umstand dar, dass sich die preußischen Truppen untereinander als »Heurichs« bezeichneten. Nach Graf Henkel (52,383) ging der Begriff auf den Namen eines Kompanie-Chirurgen zurück und verwandelte sich wunderbarerweise in ein Synonym für einen tapferen preußischen Soldaten. Man rief einander zu: »Na, brave Heurichs!« oder »Guten Morgen, Heurich!« Hatte eine Einheit eine Schlappe erlitten, so riefen die anderen gleich: »Ihr seid auch keine Heurichs!«

Daneben scheint der Name »Heurich« auch die Funktion eines Erkennungszeichens erlangt zu haben. Der französische Soldat vermochte dieses Wort nicht auszusprechen, ohne seine Herkunft zu verraten.

*GRAF HENCKEL VON DONNERSMARCK ÜBER »HEURICH!« ALS ERKENNUNGSSIGNAL:*

*In der Nacht* (bei Laon, 10. März 1814 – d.V.) *stieß ich plötzlich auf eine Kolonne Infanterie. Ich war ungewiß, ob sie feindlich sei und ich sie angreifen sollte, sie unentschieden, ob sie Feuer geben sollte. Da hatte ein Infanterist den glücklichen Einfall, »Heurich« zu rufen. Dies war das Signal, dass wir von beiden Seiten »Heurich« riefen und wir uns so erkannten.*
(52,383)

# *Der Feldzug von 1815*

## Schock: Napoleon kehrt nach Frankreich zurück

Der Wiener Kongress tagte im Frühjahr 1815 bereits mehr als ein halbes Jahr. Der Siegesrausch dahin, schon verflogen. Dass jede Macht eigene Interessen verfolgte, war mittlerweile nicht mehr zu kaschieren. Das besiegte Frankreich, an erster Stelle durch den gewieften, durchtriebenen Politiker und Lebemann Talleyrand vertreten, gewann diplomatisch zunehmend an Boden. Fast schien es, als sollten sich die Sieger über die neue Machtverteilung in Europa uneins werden. Die Stimmung in den politischen Verhandlungen und Konferenzen wurde zunehmend gereizter. Da trat ein Ereignis ein, dass mit einem Schlage alles veränderte.

Varnhagen schildert bildhaft, wie der Staatskanzler Metternich ihm 1840 die Sache berichtet hat:

*METTERNICH ÜBER DIE ENTWEICHUNG NAPOLEONS VON ELBA:*

*Die erste Kunde von der Entfernung Napoleons von Elba habe ich, und zwar auf die folgende Weise erhalten. Eine Konferenz zwischen den Bevollmächtigten der fünf Mächte hatte sich in meinem Kabinette in der Nacht vom 6. auf den 7. März bis nach 3 Uhr früh erstreckt.*
*Da die Kabinette zu Wien vereint waren, so hatte ich meinem Kammerdiener den Befehl erteilt, mich, wenn Kuriere spät nachts ankämen, nicht im Schlaf zu stören. Diesem Befehle ungeachtet brachte mir derselbe gegen sechs Uhr früh eine mittels Estafette eingelangte, »dringend« bezeichnete Depesche.*
*Als ich auf dem Kuvert die Worte: »vom kaiserlich-königlichem Generalkonsulate zu Genua« las, und kaum zwei Stunden zu Bette war, legte ich die Depesche uneröffnet auf den nebenstehenden Nachttisch, und überließ mich wieder der Ruhe. Einmal gestört, wollte dieselbe jedoch mir nicht recht zu Gebote stehen. Gegen 7 ½ Uhr entschloß ich mich, die Schrift zu erbrechen.*
(120,331)

Napoleon hatte Elba verlassen und landete mit einer kleinen Flotille von sechs Schiffen und seinen Begleittruppen von der Mittelmeerinsel in Südfrankreich.

Innerhalb kurzer Zeit lag ihm Frankreich wieder zu Füßen. Die Bourbonen flüchteten. Dass seine erneute Herrschaft nur »Hundert Tage« andauern sollte, war nicht abzusehen.

Aber in einem Punkte hatte sich der Kaiser gründlich verrechnet. Wenn er darauf spekuliert haben sollte, dass sich die feindlichen Mächte wegen widerstreitender Interessen entzweien und ihn gewähren lassen würden, so ging das nicht auf. Die Monarchen der Koalition hielten sich noch in Wien auf.

Um 8.00 Uhr stand Metternich vor seinem Herrn, dem Kaiser Franz. Gegen Viertel nach acht sprach er bei dem Kaiser Alexander von Russland ein. Friedrich Wilhelm III. war um 8.30 Uhr informiert.

Das Einvernehmen war sofort hergestellt. Die von Frankreich her auf dem Rückmarsch befindlichen Truppen der verbündeten Mächte hielt man sofort an. In der Tat erklärte Metternich später, dass der Krieg in weniger als einer Stunde beschlossen war.

Wie anders wäre die Sache wohl verlaufen, wenn Kuriere von Wien nach Berlin, ja nach St. Petersburg hätten jagen müssen? Die persönliche Anwesenheit der Monarchen Russlands und Preußens in Wien hat die Entscheidungsfindung ungeahnt beschleunigt – sehr zum Nachteil Napoleons.

Dass es nun erneut Krieg geben würde, war ausgemacht, trotz der nahen Verwandtschaft Napoleons zum österreichischen Kaiserhaus. Dass sich andererseits Frankreich voll und ganz wieder dem Willen Napoleons unterwerfen würde, unterlag auch keinem Zweifel.

Reiche zitiert in seinen Memoiren Schlagzeilen Pariser Zeitungen von der Landung in Frankreich bis zum Einzug Napoleons in Paris. Vom »Menschenfresser« über das »Ungeheuer« und den »Tyrannen« mutiert Napoleon innerhalb von zwei Wochen zu »Bonaparte«, gefolgt von »Napoleon«, dann zum »Kaiser«.

Die Pariser Presse vom 21. März. 1815 weiß zu vermelden, dass »Se. Kaiserliche und Königliche Majestät ... inmitten ihrer getreuen Untertanen« in die Tuilerien eingezogen sind. (26,448;zit. Reiche)

Unter dem gleichen Tagesdatum ein anderes Blatt: »Übrigens ist heute bereits alles, als wenn die kaiserliche Regierung nie aufgehört hätte.« (26,449)

Napoleon hätte Frieden und Akzeptanz der Großmächte benötigt. Dies blieb aber Illusion. So ließ man ihm keine Wahl, als das Schlachtenglück ein letztes Mal zu zwingen. Vier Armeen stellten die Verbündeten ins Feld.

*DIE ARMEEN DER ALLIIERTEN IM FELDZUG 1815:*

| | |
|---|---|
| Wellington: | 93.000 Mann; zwischen Antwerpen und Brüssel (Engländer, Deutsche, Niederländer) |
| Blücher: | 123.000 Mann; zwischen Charleroi und Lüttich (Preußen) |
| Barclay: | 186.000 Mann; zwischen Mainz und Mannheim (Russen) |
| Schwarzenberg: | 205.000 Mann; vom Main bis zum Oberhein (Österreicher, Bayern, Württemberg) |

(89,227/28)

Die Armeen der Russen und Österreicher waren Anfang Juni 1815 noch nicht heran und in ihre Positionen eingerückt. Damit ist festzuhalten, dass Russen und Österreicher wegen der sich überschlagenden Ereignisse mit dem Ausgang des Feldzuges nichts mehr zu tun hatten. Aber: eine Gesamtstärke von mehr denn 600.000 Mann führt zu der begründeten Vermutung, dass auch ein Sieg Napoleons über Blücher und Wellington längerfristig das Blatt nicht gewendet hätte. Der zahlenmäßigen Überlegenheit seiner Gegner hätte am Ende auch ein Napoleon erliegen müssen – es sei denn, die Koalition wäre zerbrochen. Das wäre die einzige Chance Napoleons gewesen.

Die Rüstungen Frankreichs blieben im Übrigen unzulänglich. Von den 800.000 Mann, die der Kaiser wünschte, konnte er schließlich für den Feldzug in Belgien 125.000 Mann (89,229) dort versammeln.

Nach dem realen Kräfteverhältnis, das war auch Napoleon klar, befand er sich in der strategischen Defensive. Der Aufmarsch der feindlichen Armeen glich praktisch einem Belagerungsring um sein Staatsgebiet, der, je mehr Zeit verging, umso enger gezogen würde. Sollte er abwarten, bis die Verbündeten mit einer halben Million Mann vor Paris standen? Bis dahin aber hätte er aus den Provinzen Verstärkungen heranziehen und die Versorgungslinien der Verbündeten, die dann tief in Feindesland, inmitten einer feindlich gesinnten Bevölkerung, gestanden hätten, bedrohen können. (89,228)

Das war natürlich eine Variante, die einem Feldherrn wie Napoleon wenig behagen konnte. Hatte er sich schon vom gewählten Zeitpunkt her mit seiner Flucht von der Insel Elba übereilt, so hätte auch die Wahl der Defensive Geduld und Abwarten erfordert.

Friedrich der Große hatte sich 1761 in nahezu aussichtsloser Lage vor der Übermacht seiner Feinde im Lager von Bunzelwitz eingeigelt und verschanzt. Hätte Paris das »Bunzelwitz« Napoleons werden können? Gar nicht ausgeschlossen.

Natürlich hätte die Hauptstadt befestigt und verteidigt werden können. Die Belagerung von Paris im Kriege 1870/71 hat die Schwierigkeiten eines solchen Unterfangens für den Angreifer hinreichend deutlich gemacht.

Wie dem auch sei. Abwarten war nicht seine Sache und Geduld war nicht seine Kardinaltugend. Napoleon suchte demnach die schnelle Entscheidung. Eine solche konnte nur nördlich der französischen Grenzen bei den nächststehenden Armeen der Verbündeten durch Siege über Wellington und Blücher fallen. Dann, so seine Hoffnung, würde auch die Koalition seiner Feinde Risse bekommen.

So stand denn spätestens Ende Mai 1815 der operative Entschluss Napoleons fest, mit seiner französischen »Nordarmee« die in Belgien stehenden Heere Wellingtons und Blüchers anzugreifen und zu vernichten.

## Die operativen Absichten Napoleons auf dem belgischen Kriegsschauplatz

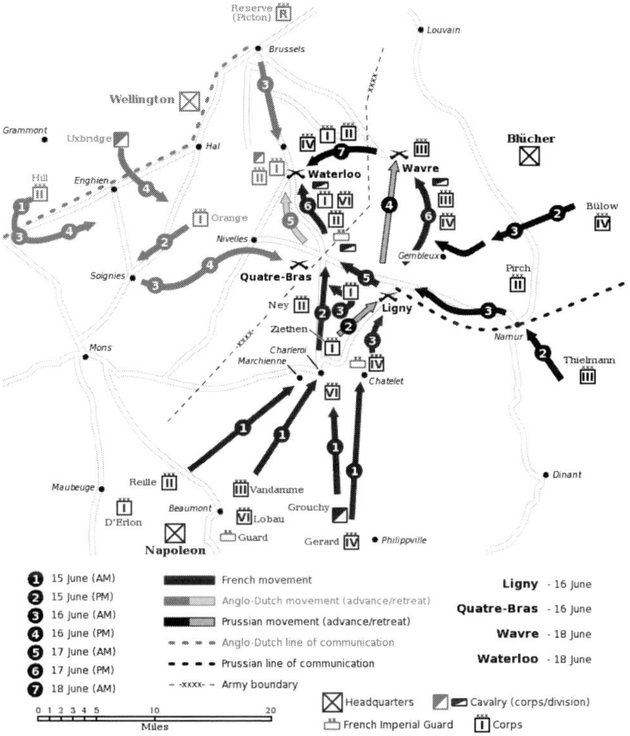


*Eine Übersichtsdarstellung der Schlacht von Waterloo.*

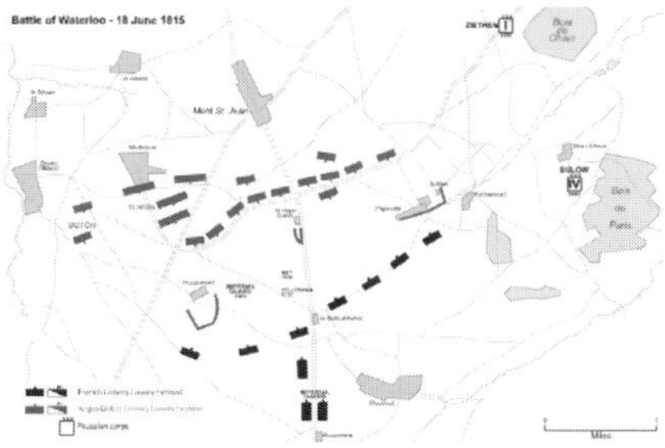


*Die Frühphase der Schlacht: oben die englisch-holländisch-deutschen Alliierten unter Wellington. Unten der Aufmarsch von Napoleon.*

Die alliierten Truppen in Belgien waren zunächst in Quartieren über das Land verteilt. Die Armee Wellingtons logierte im weiten Umfeld westlich und südlich vor Brüssel. Blüchers Truppen lagerten an den Ufern der Sambre. Ein Blick auf die Karte zeigt, dass sich die Armeen Wellingtons und Blüchers durchaus zeitnah vereinigen konn-

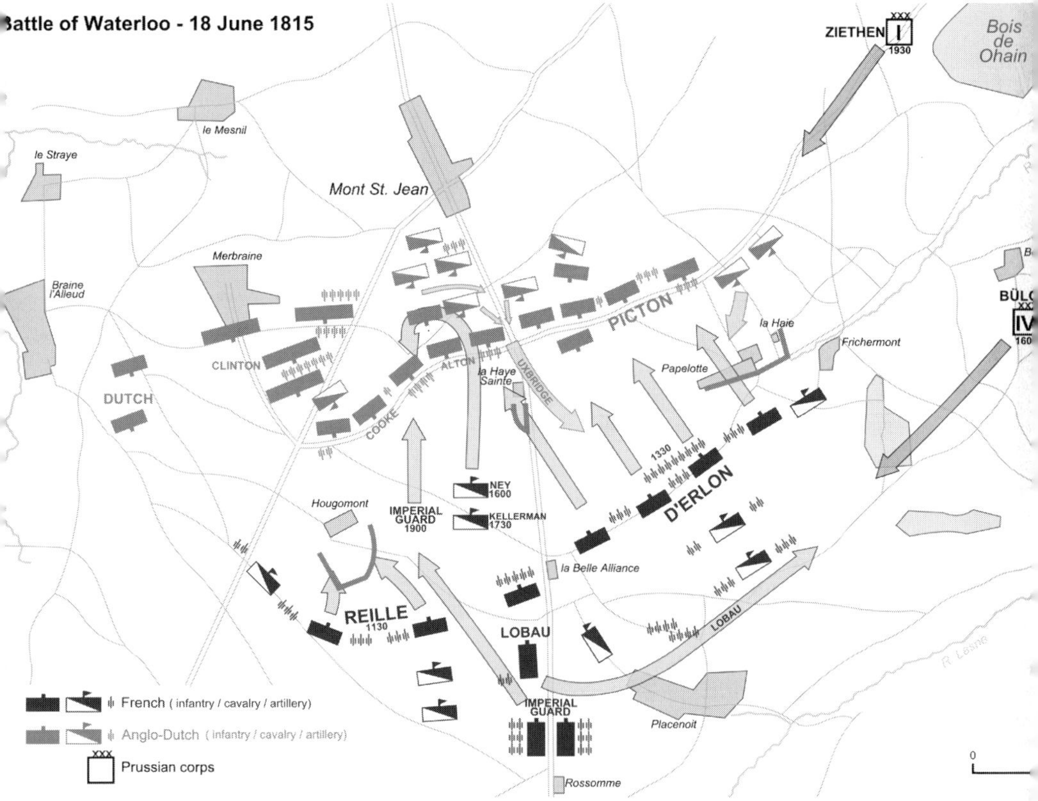


*Die Schlacht ist im Gange. Rechts fallen die Preußen Napoleon in die Flanke.*

ten. Genauso so schnell konnten sie aber durch einen entschlossenen Gegner getrennt, vereinzelt und einzeln geschlagen werden.

Aus dieser Konstellation entstand der Entschluss des Kaisers. Unter kluger Ausnutzung der gegebenen Straßenverhältnisse sah er in der Ausführung eines Angriffs »über Charleroi die Möglichkeit eines strategischen Durchbruchs.« (89,230) Dieser musste bei Gelingen zur Trennung der Heere Blüchers und Wellingtons führen. War das erreicht, stand das Weitere im Belieben Napoleons. Er konnte mit wahrscheinlich überlegenen Kräften den einen oder anderen angreifen. So ging Napoleon die Dinge an.

Zum Verständnis der folgenden Ereignisse wird es wichtig sein,

*Die Entscheidungsschlacht von Waterloo.*

von der Ausdehnung des Kriegsschauplatzes Kenntnis zu haben. Die englischen, niederländischen und preußischen Truppen standen zu Beginn der Operationen zwischen Schelde und Maas (= etwa 130 km) in einer Tiefe von ca. 60 km. Das muss man wissen, um das Drama der gewaltsamen Trennung von Armeen, von Versprechungen, zu bestimmter Zeit an einem bestimmten Ort zu sein und dem unerwarteten Eingreifen Blüchers bei Waterloo zu verstehen.

## Vier Tage im Juni 1815 – die Zeit der Entscheidung

Es hat wohl in der Geschichte kaum Feldzüge gegeben, die in ihrer entscheidenden Phase in vier Tagen zu einem abschließenden Resultat geführt haben. Hier trat dieser Fall ein. Am 15. Juni eröffnete Napoleon den Kampf. Am Abend des 18. Juni 1815 war sein Imperium endgültig Geschichte. Wie kam es dazu?

### 15. Juni 1815

Napoleon richtete den ersten Stoß gegen die Preußen. Der Vormarsch der Franzosen verlief ohne Feindberührung schwierig genug. Überlastung der Marschstraßen, Erschöpfung der Soldaten und Verzögerungen im Aufmarsch machten dem Kaiser das Leben schwer. Eingehende Nachrichten und Informationen von Überläufern veranlassten Gneisenau »in der Nacht zum 15.« (89,234) die preußischen Truppen in den Quartieren zu alarmieren und die Armee in Erwartung von Kampfhandlungen zu konzentrieren.

Das Korps des französischen Generals Reille drängte am frühen Morgen preußische »Vortruppen gegen Charleroi zurück.« (89,235) Die gegnerischen Kavalleriedivisonen Domons und Pajol »sahen sich ... vor Charleroi stundenlang von schwächeren Kräften aufgehalten; erst als der Kaiser gegen 11.00 Uhr mit der Jungen Garde eintraf, konnten Stadt und Brücken genommen werden.« (89,235)

Napoleon hatte sich so zwischen die Heere von Wellington und Blücher geschoben und diese praktisch getrennt. Nach der Eroberung von Charleroi hielt Napoleon den Schlüssel über die Straße zwischen Quartre-Bras, dem Straßenkreuz nach Brüssel und Lüttich in Händen.

In der Richtung Namur und Lüttich konnte der Kaiser sich gegen die Preußen wenden, in der entgegengesetzten Richtung war der Vormarsch gegen Wellington eine Alternative. Er entschied sich dafür, am nächsten Tag auf Blücher loszugehen.

*NAPOLEON AM 15. JUNI NACHMITTAGS:*

*Napoleon hatte am frühen Nachmittag Charleroi passiert; bei der Schenke »Belle Vue« – einige hundert Meter vor der Straßengabel – steigt der Kaiser vom Pferde und läßt sich einen Stuhl bringen, während die Regimenter unter begeistertem »Vive l`Empereur!« vorüberziehen. Aber der, dem dieser Zuruf galt, saß in sich zusammengesunken, befallen von tiefem Schlaf.* (89,236)

Napoleon dirigierte seine drei Kolonnen auf dem linken Ufer der Sambre in ihre Ausgangstellungen für den nächsten Tag. Bis zum späten Abend vertrieben die Franzosen noch die Brigaden Steinmetz aus Fleurus und Pirch II aus der Stellung hinter Gilly.

Den Preußen blieb demnach nicht verborgen, dass sich schwerwiegende Ereignisse ankündigten. Schon auf erste Nachrichten vom Vormarsch der Franzosen auf Charleroi hin befahl Gneisenau, die Korps Pirch II, Thielmann und Bülow »in einer bereits im Mai erkundeten Stellung bei Sombreffe zu vereinigen.« (89,259) Das gelang nur unvollkommen, weil das Korps Bülow nicht herankam.

*BÜLOW VERSPÄTET SICH:*

*Bülow hatte den Befehl Gneisenaus, sein Korps am 15. bei Hannut zu vereinigen, nicht befolgt, weil der Stabschef jenen Befehl – mit Rücksicht auf den dienstälteren General – in so höflichem Tone gehalten hatte, daß er fast wie ein unmaßgeblicher Vorschlag klang.*
*Ein zweiter, bestimmterer Befehl zum Anmarsch traf Bülow daher in Hannut nicht mehr an. Das IV.Korps verlor kostbare Zeit und konnte am 16. nicht mehr in die Schlacht eingreifen.* (89,259)

Pessiridis meint, dass auch die Maßnahmen der englischen Heeresleitung nicht sachgerecht gewesen seien, da deren Weisungen eher zu einer Entfernung der verbündeten Heere führten, als deren Annäherung zum Zwecke gegenseitiger Unterstützung zu fördern. (89,260)

Wellington gab Befehl, sein Heer um Brüssel zu konzentrieren. Die Bedeutung des Straßenkreuzes um Quatre-Bras, das den Weg nach Brüssel öffnete oder verschloss, erkannte er nicht. Es soll der Eigenmächtigkeit niederländischer Offiziere geschuldet sein, dass »trotz der gegenteiligen Befehle des Herzogs« (89,261) dieser strategische Punkt nicht von Truppen entblößt wurde.

## Die Schlacht von Ligny

16. Juni 1815
Napoleon richtete seinen ersten Stoß gegen Blücher. Sein Ziel lag auf der Hand: Die preußische Armee besiegen und abdrängen, um sich sodann mit Übermacht auf Wellington stürzen zu können.

Zu diesem Zweck wollte Napoleon Blücher in der Front hinhaltend angreifen, Marschall Ney sollte der preußischen Armee in die rechte Flanke fallen. Jener sah sich aber bei Quatre-Bras ca. 20.000 Mann vom Heere Wellingtons gegenüber. Dieser konnte daher den beabsichtigten Flankenstoß gegen die Preußen nicht mehr ausführen, sodass es praktisch zu zwei getrennten Schlachten kam:

Ney bei Quatre-Bras gegen Wellington und Napoleon bei Ligny gegen Blücher.

Nun sollte allein das französische Korps Erlon Blücher in die Flanke fallen. Blücher verschob auch in Erwartung eines solchen Angriffs Truppen auf den rechten Flügel seiner hakenförmigen Aufstellung und schwächte dadurch sein Zentrum. Ab 14.30 Uhr kämpften Preußen und Franzosen verbissen um Ligny.

*GNEISENAU ÜBER DEN ORT LIGNY:*

*Ligny ist ein sehr großes, massiv gebautes Dorf längs des Ligny-Bachs. Hier nun begann ein Kampf, der unter die hartnäckigsten gehört, die je gekämpft worden sind. Sonst werden Dörfer genommen und wieder genommen, hier aber dauerte das Gefecht 5 Stunden lang im Dorfe selbst, und bewegte sich nur durch geringe Räume vor- oder rückwärts. Unaufhörlich rückten von beyden Seiten frische Truppen in`s Gefecht. Jeder hatte hinter derjenigen Abtheilung des Dorfes, die von ihm besetzt war, große Massen von Infanterie aufgestellt, die das Gefecht ununterbrochen nährten und ihrerseits wieder unaufhörlich von rückwärts her ergänzt wurden, und von dieß- und jenseits liegenden Höhen herab war das Feuer von beynahe zweyhundert Geschützen beyder Armeen gegen das Dorf gerichtet, das an vielen Orten zugleich in Brand gerathen war.*
(89,264;zit.Delbrück)

Da der Flankenangriff des Korps Èrlon aus nicht recht ersichtlichen Gründen misslang, entschloss sich der Kaiser nun – es war inzwischen 19.30 Uhr – mit den Garden Blüchers Zentrum zu durchbrechen, um eine Entscheidung zu erzwingen. Sein taktisches Ziel erreichte er für diesen Tag: »Die preußische Armee flutete in Auflösung zurück« (89,265) Nachhuten deckten den Rückzug. Die einbrechende Nacht verhinderte eine energische Verfolgung Blüchers.

Letzterer hatte übrigens die Schlacht gegen den Kaiser der Franzosen unter dem Vorbehalt angenommen, Wellington werde ihn unterstützen können, was sich aber so nicht erfüllte. Aber auch Napoleon hatte sich von diesem Tage mehr erhofft. Immerhin, so seine Annahme, werde Blüchers Armee in den nächsten Tagen nicht mehr zur Aufnahme von entscheidenden Operationen in der Lage sein. Er könne sich, so seine Vermutung, nun ungestört gegen die Engländer wenden.

Bei Ligny kämpften 82.000 Preußen gegen 80.000 Franzosen. Die Verluste der Preußen werden mit 12.000 Mann, die der Franzosen mit 11.000 Mann angegeben. (92,VI,214) Förster nimmt 11.500 tote und verwundete Preußen und den Verlust von 16 Kanonen an, den der Franzosen gibt er lediglich mit 7.500 an. (35,891)

## Episodisches aus der Schlacht von Ligny

Die Hartnäckigkeit der Kämpfe im Ort Ligny hatte Gneisenau in seinem Bericht erwähnt. Ein Teilnehmer der Schlacht bestätigt, dass im Ort selbst ein grauenvolles Gemetzel stattfand.

*DAS 4. WESTFÄLISCHE LANDWEHR-REGIMENT BEI LIGNY:*

*Die Franzosen haßten uns Preußen mehr wie alle ihre anderen Feinde, und ein französischer Divisionsgeneral der Garde hatte seinen Soldaten geradezu verboten, ihm preußische Gefangene zu zeigen, sondern alle ohne weiteres sogleich zu töten ... Aber wenn die Franzosen auch mit verzweifelter Wut anstürmten, so empfingen sie die braven Westpreußen vom 19. Infanterie- und die ebenso braven Westfalen vom 4. Westfälischen Landwehrregiment, welche Ligny besetzt hielten, mit der festesten Standhaftigkeit. War es den Feinden geglückt, sich eines Hauses oder Hofes zu bemächtigen, so stürmte sogleich ein Trupp unserer Soldaten unter lautem Hurra mit dem Bajonette zur Wiedereroberung vor. Es wurde im Dorfe selbst nicht sehr viel mehr geschossen, sondern Kolben und Bajonette wüteten am meisten.*

*Unsere Leute sind so ergrimmt gewesen, daß mir Offiziere später erzählten, sie hätten wiederholt gesehen, wie einzelne Soldaten mit den bloßen Händen auf die Feinde losgestürzt, ihnen die Gewehre fortgerissen und sie dann erwürgt hätten. Selbst nebeneinander liegende preußische und französische Verwundete haben noch mit ihren Seitengewehren oder Bajonetten sich zu verletzen gesucht. Der alte gegenseitige Nationalhaß der Preußen und Franzosen zeigte sich hier wieder in so recht bemerklicher Weise.*

Über das Aussehen der überlebenden Landwehrsoldaten nach der Schlacht berichtet der Beobachter:

*Die Leute sahen vom Gefecht furchtbar mitgenommen aus. Bei der sehr starken Hitze hatte sich der Schweiß, Pulverdampf und Staub zu einer dichten Schmutzkruste vermengt, daß die Gesichter fast mulattenartig erschienen und man die grünen Kragen und Aufschläge an den blauen Litewken gar nicht mehr erkennen konnte. Halsbinden hatten alle fortgeworfen, die schmutzigen Hemden oder die behaarte braune Brust schaute aus den offenen Röcken hervor, manche, die wegen leichter Wunden die Reihen gar nicht hatten verlassen wollen, trugen einen selbstangelegten Verband, aus dem häufig das Blut hervorquoll.*

*Bei dem mehrstündigen Dorfgefechte und dem häufigen Durchkriechen der Hecken waren Röcke und Hosen zerrissen, daß die Fetzen umherhingen und die bloße Haut hinausschaute; kurz jemandem, der gewöhnt ist, die Tüchtigkeit einer Truppe nur nach ihrem blanken Aussehen zu beurteilen, hätte der Anblick dieses aus dem Gefechte von Ligny zurückkommenden 4. westfälischen Landwehrinfanterieregiments ein Greuel sein müssen.* (4,II,316 ff)

Das vorbezeichnete Landwehrregiment allein verlor 665 Mann und zehn Offiziere an Toten und Verwundeten. (4,II,317) Die preußischen Truppen standen im Übrigen bereits durch die Strapazen langer Märsche, Verpflegungsnöte und die unbarmherzige Sommerglut am Rande der Erschöpfung:

*GRAF HENKEL IN SEINEN MEMOIREN:*

*Es war eine unerträgliche Hitze und der Durst der Leute sehr groß. Ich selbst, ungeheuer durstig, sah einen*

*Landwehrmann, der mit seiner schweißigen Mütze aus einer Mistpfütze seinen Durst löschte. Was war zu machen? Ich bat und nahm aus dem unsauberen Gefäß einen tüchtigen Schluck und kann versichern, daß es kein Ungarwein war.*

*Man begegnete Soldaten, die vor Durst von einer Art Tollwuth befallen waren; der Gischt stand ihnen vor dem Munde, sie warfen sich in dem Dorfe in die schmutzigsten Pfützen, nur um sich die Lippen zu netzen. Außerdem hatten Nachtmarsch und Gefecht die Stärksten entkräftet.* (35,869;zit.Henkel)

Die Schlacht von Ligny ist schließlich noch durch ein weiteres Ereignis denkwürdig geworden: Um Haaresbreite wäre der preußische Oberbefehlshaber Marschall Blücher in die Hände der Franzosen gefallen.

*OBERSTLEUTNANT GRAF VON NOSTITZ RETTET BLÜCHER VOR DER GEFANGENNAHME:*

*Den 16. Juni 1815 in der Schlacht bei Ligny setzte sich der Feldmarschall Fürst Blücher von Walstatt an die Spitze einiger Cavallerie-Regimenter, um einen nach 8 Uhr abends unternommenen feindlichen Angriff zurückzuschlagen. Er stieß auf eine Colonne französischer Cürassiere, welche ihn mit einer Salve aus ihren Carabinern empfing, wodurch sein Pferd tödtlich, das des Oberst-Lieutenants v. Nostitz durch den Hals verwundet wurde.*
*Der Angriff der preußischen Reiterei mißlang, der Feldmarschall war zum Rückzug genöthigt, eine feindliche Abteilung folgte hart hinterher. Bei diesem Zurückreiten machte der Graf Nostitz den Fürsten darauf aufmerksam, daß sein Pferd hinter dem Sattelgurt stark blute und bat ihn dringend, so sehr als möglich zu eilen, um seine Person in Sicherheit zu bringen.*
*Der Fürst gab diesen Vorstellungen Gehör, er hatte bereits einigen Vorsprung vor dem Feinde gewonnen, als er an den convulsivischen Bewegungen seines Pferdes bemerkte, daß es dem Hinfallen nahe sei. Er hatte nur noch soviel Zeit, zu sagen: »Nostitz, nun bin ich verloren!«, als er niederstürzte.* (35,875)
*Blücher war unter dem Pferd eingeklemmt. Nostitz sorgte im Schlachtgetümmel für die Rettung des Fürsten. »Fünf bis sechs Mann waren zur Weghebung des Pferdes des Fürsten nöthig«.* (35,877)
*Der Feldmarschall erlitt heftige Quetschungen und Prellungen, entkam aber der Gefangennahme. »Er verbat es sich aber ausdrücklich,*

*unter den Verwundeten aufgeführt zu werden.«* (35,891)

17. Juni 1815
Nach der Schlacht wurden die Weichen für jene Konstellation gestellt, die Napoleon am 18. Juni die endgültige Niederlage brachte.

Die preußische Armee hatte fraglos eine Schlappe erheblichen Ausmaßes zu verkraften. Blücher: »Wir haben Schläge gekriegt.« (35,887) Aber es gab das Heer noch und es hatte gezeigt, dass es kämpfen konnte. Und da gab es auch noch das abgekommene Korps Bülow, dass noch frisch und in die Niederlage nicht verwickelt worden war. Ein Umstand, der im Nachhinein sich als Glücksfall erweisen sollte. Zunächst stellte sich in der Nacht vom 16. zum 17. Juni aber die drängende Frage, in welche Richtung die Preußen ihren Rückzug nehmen sollten.

Naheliegend bot sich hier der Rückzug in östlicher Richtung über die Straße nach Namur und Lüttich an. Das hätte die Preußen ihren Versorgungslinien näher gebracht. Gleichzeitig hätte aber dieser Entschluss die endgültige Trennung der Armeen Wellingtons und Blüchers bedeutet. Damit wäre Napoleons strategisches Kalkül aufgegangen. Daher kann der auf Gneisenau als Stabschef Blüchers zurückgehende Entschluss, auf einen Rückzug nach Osten zu verzichten – an die Maas, nach Namur und Lüttich, weg von den englisch-deutsch-niederländischen Truppen –, in seiner Auswirkung gar nicht hoch genug veranschlagt werden.

Die Masse der Armee erhielt den Befehl, sich nordwärts, in Richtung Wavre zurückzuziehen. Diese Entscheidung erschien Zeitgenossen als »eine Inspiration des Genies«. (35,868) Ein Blick auf die Karte erhellt deren Bedeutung. Die preußische Armee zog sich zurück, aber sie näherte sich gleichzeitig an die Armee Wellingtons an.

Letztlich bis zum frühen Nachmittag des nächsten Tages erlangte Napoleon keine völlige Klarheit, wo die Masse der Preußen abgeblieben war. Der Kavalleriegeneral Pajol berichtete seinem Gebieter zu sehr früher Morgenstunde von preußischen Truppen, die auf Namur zurückgingen. Das bestätigte den Glauben des Kaisers, die Preußen würden Wellington seinem Schicksal überlassen.

Am Abend des 17. meldete General Milhaud preußische Truppen, die sich Wavre näherten. Diese Nachricht versetzte den Kaiser nicht in Unruhe. Er nahm sie als Indiz, dass die Preußen völlig zersprengt seien und ihren Rückzug in verschiedene Richtungen lenken würden.

Um aber unliebsamen Überraschungen vorzubeugen, hatte Napoleon bereits um die Mittagszeit eine folgenschwere Entscheidung getroffen: Bevor er sich Richtung Quatre-Bras, also gegen Wellington wendete, zweigte er von seinem Heer 33.000 Mann ab. Die Infanterie-Korps Vandamme und Gerard sowie die Kavallerie-Korps Exelmans und Pajol sollten unter dem Oberbefehl des Marschalls Grouchy die Preußen auffinden, beobachten und von einem Eingreifen in den Kampf, den der Kaiser mit Wellington auszufechten gedachte, fernhalten. Am 17. Juni gegen 14.00 Uhr marschierten diese Truppen ab. Der Kaiser hatte damit sein Heer um etwa ein Drittel geschwächt. Napoleon wandte nun sein ungeteiltes Interesse der Armee Wellingtons zu.

## *Das Finale: die Schlacht von Waterloo*

18. Juni 1815
Am Morgen dieses Tages war Napoleon noch der unumschränkte Herrscher Frankreichs. Er schien nicht unbegründet guter Hoffnung, nachdem er zwei Tage zuvor Blücher geschlagen hatte, nun mit Wellington abzurechnen. Am Abend desselben Tages, so wollte es das Schicksal, war er ein Geschlagener, ein Flüchtling ohne Krone, ohne Armee, ohne Land.

Von 8.00 bis 9.00 Uhr nahm er mit seinen Generalen das Frühstück im Pfarrhaus von Caillou ein. Wieder waren die Preußen ein Thema. Der Bruder des Kaisers, Jerome, vormaliger König von Westphalen, berichtete von Mitteilungen, die Preußen seien gewiss auf Wavre zurückgegangen. Englische Offiziere, so Jerome, würden davon reden, dass ihr Heer durch die Preußen verstärkt werden würde.

Nach dem Frühstück begab sich der Kaiser zur Heerschau auf die Höhe von Rosomme. Er »nahm unter den Klängen von »Partant pour la Syrie« den Vorbeimarsch der Truppen ab«. (89,268)

Wellington stand ihm nun gegenüber. Er war nicht, wie Napoleon befürchtet hatte, etwa abmarschiert.

*PESSIRIDIS BESCHREIBT DIE STELLUNG DER WELLINGTONSCHEN ARMEE:*

*Das Heer Wellingtons, 68.000 Mann mit 156 Geschützen, hielt längs des Weges Braine l'Alleud-Ohain auf einem 5 km breiten, sanft abfallenden Höhenrücken, der sich in westöstlicher Richtung quer über die Brüsseler Straße zog. Drei Vorwerke sperrten den Zugang zur Hauptstellung auf der Höhe: vor dem rechten Flügel das Schloß Hougemont, vor dem Zentrum die Meierei La Haye Sainte, vor dem äußersten linken Flügel die Dörfer Papelotte, La Haye und Smohain.* (89,268)

Als Angriffszeitpunkt gegen Wellington schwebte dem Kaiser eigentlich 9.00 Uhr morgens vor. Allerdings zwangen ihn Gewitter mit reichlichen Niederschlägen, die schon seit dem Vortage niedergegangen waren, umzudisponieren. Der aufgeweichte Lehmboden verhinderte zunächst die Eröffnung der Schlacht. Der Kaiser beabsichtigte Wellingtons Zentrum zu durchbrechen.

## Der Kampf mit Wellington

Als Ablenkung und mit dem Ziel, den englischen Oberfeldherrn zur Heranziehung von Reserven nach dort zu verlocken, griffen die Franzosen den Außenposten auf dem rechten englischen Flügel an. Die Kämpfe um den Gutshof Hougemont brachten aber für Napoleon nicht den gewollten Effekt. Überraschend zeichnete sich ab, dass hier 3.500 Soldaten aus der Armee Wellingtons, darunter Mannschaften der Hannoverschen Leichten Feldbataillone Lüneburg und Grubenhagen, die ganze Division Jerome, 7.000 Mann stark, banden. So hatte sich das der Kaiser nicht gedacht. Eine alte Regimentsgeschichte brachte es auf den Punkt: »Der Scheinangriff wird zu einem scharfen Gefecht.« (54,108)

Unbeirrt dadurch beginnt der französische Angriff auf das Zentrum Wellingtons um 13.30 Uhr mit einer Kanonade aus 80 Geschützen. Die erhoffte Wirkung bleibt indes aus zwei Gründen aus: Zum einen springen die aufschlagenden Kanonenkugeln nicht weiter, wie man das beim sogenannten Ricochettschuss erwarten kann. Wegen des weichen, morastigen Bodens bohrten sich die Kugeln ins Erdreich. Man denke an Goethes Erfahrungen aus der Kanonade von Valmy!

Zum anderen hatte Wellington listigerweise die Masse seiner Infanterie am Hinterhang der Höhe aufgestellt, sodass die gegnerische Artillerie sie nicht erreichen konnte. Der folgende französische (erste) Großangriff war gegen 15.00 Uhr gescheitert. Zu gleicher Stunde erhielt der Kaiser von Grouchy Nachricht über dessen derzeitige Position. Diese, das erbrachte ein einfaches Rechenexempel, lag derart weit vom Schlachtfeld entfernt, dass man mit einem Eingreifen der entsendeten Truppen unter Grouchy nicht mehr ernsthaft rechnen brauchte. Ein Befehl des Kaisers, nun sofort zur Hauptarmee zurückzukehren, erreichte Grouchy erst am Abend, als er bei Wavre in schweren Kämpfen mit dem preußischen Korps Thielmann stand. (89,300)

Eigentlich hätte Napoleon zu diesem Zeitpunkt, also am Nachmittag, die Schlacht abbrechen müssen. Pessiridis meint sehr zutreffend, dass Napoleon sich aus politischen Gründen einen Rückzug nicht leisten konnte.

So blieb nur der Durchbruch durch das Zentrum Wellingtons, ehe Blücher in die Schlacht eingreifen konnte. (89,291) Zeitgewinn war jetzt alles. Ab 15.30 Uhr wagten die Franzosen einen weiteren Großangriff. Marschall Ney sollte jetzt das vor dem britischen Zentrum gelegene Vorwerk La Haye Sainte erobern.

Die Franzosen führten nach und nach frische Truppen in die Kampfzone. Neys übereilter Angriff, ohne den Anmarsch der kaiserlichen Garde abzuwarten, wie es befohlen war, wurde von Napoleon hart getadelt. Trotz des Heranholens weiterer Reserven gegen 17.30 Uhr »scheiterten alle Attacken am Kartätschhagel der Artillerie und den Salven der Infanteriekarrees. (89,293)

Gegen 16.30 Uhr erreichten die ersten preußischen Truppen das Schlachtfeld. Zwei Brigaden des Korps Bülow und Kavallerie traten aus den Wäldern hinter Frichermont und marschierten auf Plancenoit. Blücher hatte seine Hilfeleistung dem Herzog von Wellington versprochen und erfüllte jetzt seine Zusage. Nun, doch für Napoleon überraschend, erschienen die Preußen in seiner rechten Flanke und seinem Rücken. Es kam zu Kämpfen mit dem französischen Korps Lobau. Die Brigade Hiller eroberte Plancenoit, wurde aber durch acht Bataillone der Jungen Garde wieder daraus vertrieben.

Die Leitung der Schlacht wurde nun selbst für einen Napoleon zur Herausforderung. Er musste praktisch zwei Schauplätze beobachten und Entscheidungen treffen. Die Alte Garde bildete zu diesem Zeitpunkt die letzte Reserve. Als Ney bei einem erneuten Stoß auf La Haye Sainte dieses Bollwerk eroberte und nach 18.00 Uhr wahrnahm, dass die Briten wankten, der französische Angriff Fortschritte machte, forderte er vom Kaiser Verstärkungen an. Da aber Plancenoit gerade wieder von den Preußen erobert worden war und diese den Rücken seiner Aufstellung bedrohten, kümmerte sich Napoleon zunächst um die Rückeroberung des Ortes. Die Preußen mussten erneut aus Plancenoit weichen. Erst 19.30 Uhr führte Napoleon acht Bataillone Alte Garde Ney zu, der nun zu einem letzten Verzweiflungsangriff antrat, um Wellingtons Front zum Einsturz zu bringen.

Etwa um die gleiche Zeit drückten aber schon die Truppen des preußischen Korps Zieten, die über Ohain nun das Schlachtfeld erreichten, auf Napoleons rechte Flanke. Die Artilleriewirkung der Preußen reichte schon weit in die französische Aufstellung hinein. Da diese Entwicklung die linke Flanke Wellingtons entlastete, zog der englische Feldherr Truppen von dort ab und verstärkte sein Zentrum. Die Engländer hielten stand. Der legendäre Angriff der Alten Garde brach zusammen.

Ein ungeregelter Rückzug setzte ein. Um 20.30 Uhr nahm die Brigade Tippelskirch, die zum inzwischen auch herangekommenen Korps Pirch gehörte, wieder den Ort Plancenoit. Nun ging auch dem letzten französischen Soldaten auf, dass er der Übermacht erliegen müsse. Der Rückzug der ausgebluteten französischen Regimenter verwandelte sich in heillose Flucht. Das Heer Napoleons löste sich in Trümmer auf.

In einer beispiellosen Verfolgung setzte Gneisenau, der einbrechenden Nacht zum Trotze, mit einer Energie, »als ob zehn brennende Herzen in seiner Brust hammerten« (35,1022) dem geschlagenen Heer des Kaisers nach. Nennenswerte Gegenwehr des Feindes fand nirgends mehr statt, jede Kampfestimmung war der Apathie und Bestürzung gewichen. Die ganze Nacht über brachte man noch Gefangene ein. Bedeutend war die Kriegsbeute.

Aber der schönsten Trophäe, die erhofft wurde, konnte man nicht habhaft werden: der Person des Kaisers Napoleon. Dieser entkam seinen Gegnern aus Genappe.

*BLÜCHER AN DEN GENERAL VON DEM KNESEBECK AM 19. JUNI FRÜH:*

*Mein Freund, die schönste Schlacht ist geschlagen, der herrlichste Sieg erfochten. Das Detail wird erfolgen. Ich denke, die Bonapartistische Geschichte ist nun wohl ziemlich zu Ende. La Belle Alliance, 19. früh. Ich kann nicht mehr schreiben, denn ich zittere an allen Gliedern. Die Anstregung war zu groß.* (35,1035)

*BLÜCHER AN DEN MINISTER VOM STEIN:*

*Ich wünsche, es wäre hier zu Ende, ich sehne mir nach Ruhe.*(35,1034)

Poten gibt die preußischen Verluste in Schlacht mit 6.700 Mann an. (92,IX,313)

## Namen, große Worte, Episodisches

### *Eine Schlacht – drei Namen*

Der Kampf vom 18. Juni 1815 hat unter verschiedenen Bezeichnungen Eingang in die Annalen gefunden. Man hat sie nicht als Schlacht von La Haye Sainte oder als Schlacht von Plancenoit bezeichnet. Stattdessen taucht bisweilen der Name Mont St. Jean auf.

An der Gabelung der Straßen nach Charleroi und nach Nivelles wollte sich Wellington postieren und die Schlacht annehmen, wenn er auf Hilfe von Blücher rechnen konnte. Da die Briten hinter sich Mont St. Jean und vor sich die Meierei La Haye Sainte hatten, ist wohl zunächst diese Bezeichnung eingeführt worden. Vornehmlich soll die französische Geschichtsschreibung diesen Begriff verwendet haben.

Nach der Schlacht nahm Wellington im nördlich von Mont St. Jean, am Rande des Waldes von Soignes gelegenen Waterloo (35,1038), erstes Quartier. Dieses Dorf hatte mit der eigentlichen Schlacht nichts zu tun, aber die Benennung nach diesem Ort hat sich unumstritten durchgesetzt.

Eine bemerkenswerte Fußnote der Geschichte ist der Umstand, dass gerade Preußen sich für eine französischsprachige Bezeichnung entschied: Nach der Schlacht trafen Wellington und Blücher sich bei dem Gehöft und Gasthaus La Belle Alliance. Wegen der Übersetzung »schöner Bund« hat Blücher darin ein Zeichen erblicken wollen. Er plädierte dafür, den großen Sieg allgemein unter dem Namen »Schlacht von Belle-Alliance« zu führen. In Preußen/Deutschland hatte sich dieser Begriff lange behauptet. Man denke an den Berliner Belle-Alliance-Platz, eine Bezeichnung, die erst nach 1945 unter dem Druck der sowjetischen Verwaltung weichen musste. Heute scheint es, dass sich die Namensgebung Waterloo vollständig durchgesetzt hat.

*Bedeutende Worte*

Die Schlacht von Waterloo hat zur Mehrung des Schatzes denkwürdiger Worte der Weltgeschichte beigetragen:

*AM ABEND DES 18. JUNI 1815. DER KALTBLÜTIGE WELLINGTON:*

*Als Lord Hill mit bedenklicher Miene um diese Zeit an den Herzog, der abwechselnd sein Fernrohr bald nach Plancenois und Frischermont, wo er die Preußen, bald nach Belle-Alliance, wo er die Franzosen im Anmarsch begriffen sah, die Frage richtete: »Was ist Ihre Meinung?« antwortete der Herzog »Blücher oder die Nacht!«, womit gemeint war, für uns giebt es kein anderes Heil, als entweder Blücher kommt und wir siegen, oder die Nacht kommt und deckt unseren Rückzug mit verhüllendem Schleier.* (35,965)

Die Nachwelt hat es dann ausschmückend in: »Ich wollte, es würde Nacht oder die Preußen kämen« verwandelt. Aber ob so oder so, man weiß sofort, was gemeint ist. Durch solche Klarheit wird eine Sentenz, ein Satzfragment unter hochdramatischen Umständen zum geflügelten Wort. So hier.

Ein großes und erhabenes Wort soll auf den napoleonischen General Cambronne zurückgehen: »La Garde meurt, elle ne se rand pas – Die Garde stirbt, sie ergibt sich nicht.«

Cambronne kommandierte die letzte geschlosssene Einheit der Franzosen im Finalpunkt der Schlacht. Wegen der völligen Aussichtslosigkeit weiteren Widerstandes boten die Verbündeten Pardon. Das sei mit obigem Wortlaut abgelehnt worden.

Nach Förster soll Cambronne viel später erklärt haben, man habe ihm diese Antwort in den Mund gelegt. Ob er stattdessen nur schlicht und eindringlich »Merde« gerufen hat, mag dahinstehen. Wahrscheinlich ist das alles überhaupt ein Märchen, da gerade in diesem Augenblick Cambronne von dem Oberstleutnant Halkett gefangengenommen worden war.

Der Franzose befreite sich durch Turbulenzen wieder, wurde aber von Halkett sogleich erneut ergriffen. (35,1000)

Er hatte also augenblicklich mit sich zu tun und keine Zeit für melodramtische Ausführungen.

## *Episodisches*

Unzählig sind die Verweise und Anekdoten, die den Marschall Blücher in seinem unnachahmlichen Talent zeigen, Soldaten mitzureißen, zu motivieren. Strategie und Taktik überließ er gern Gneisenau. In der ihm auf den Leib geschriebenen Rolle des strengen, aber väterlich-wohlwollenden Vorgesetzten indes war er unübertrefflich.

*BLÜCHER AUF DEM MARSCH ZUM SCHLACHTFELD:*

*Von den Mannschaften hatte die Mehrzahl bereits am 15. und 16. Juni im Gefecht gestanden; sie waren müde, hungrig und durstig und hatten auf den schlammigen Feldern zwei entsetzliche schlummerlose Nächte zugebracht.*
*Nur dem fortwährenden »Vorwärts Kinder, vorwärts!« des alten Feldmarschalls gelang es, die schwer mitgenommenen Truppen weiter zu bringen. Es war den braven Truppen nicht zu verargen gewesen, daß ab und zu ein Gemurr aus ihren Reihen drang: »Es geht nicht mehr! Was nicht sein kann, kann nicht sein!« Dann stieg der Alte wohl von seinem Rosse und arbeitete sich mit seinen*

*Mannschaften eine Weile durch den entsetzlichen Kot, in vertraulicher Rede und Gegenrede sich mit ihnen unterhaltend und Feuerworte der Aufmunterung in ihre Reihen werfend: »Ich sag ´s muß gehen, tausend Schock Donnerwetter! Hört ihr wohl, wie die Kanonen da drüben nach uns schreien? Und jetzt, da wir den Millionenhund von Bonaparte so hübsch in der Klemme haben, da wir ihm – Gott straf! – den Garaus machen können, sollen wir uns durch das bißchen Dreck aufhalten lassen? Oder sollen die Engländer sagen dürfen: wir haben die Franzosen besiegt, wir allein?*
*Müssen auch die Scharte von vorgestern auswetzen; müssen, es geht nicht anders; es muss ausgewetzt werden, die Scharte – muß sie nicht? Und ich hab dem Wellington versprochen, rechtzeitig zu kommen. Wollt ihr mich zu einem Hundsfott, zu einem Diplomatiker machen, he?« »Nee dat wullen wir nicht! Vivat de old Blücher!«* (77,909)

### *Außergewöhnliche Beute*

Preußische Mannschaften erbeuteten bei der nächtlichen Verfolgung am Ortseingang von Genappe den großen Reisewagen Napoleons, darin noch dessen Hut und Degen. Dies ein untrügliches Zeichen dafür, dass der Imperator sich tatsächlich auf der Flucht befand. Nachfolgende Einheiten griffen erst richtig zu. Da schien auch mancher Offzier seine gute Kinderstube vergessen zu haben.

### *EIN PREUSSISCHER GLÜCKSRITTER:*

*Reichere Beute als dem Vortrabe fiel den nachfolgenden Bataillonen in die Hände. Berühmt, man könnte fast sagen berüchtigt, ward in dieser Beziehung der Major von K., Führer des Füsilier-Bataillons des 15. Regiments. Er betrieb diese Angelegenheit als Industrieritter ohne Furcht, jedoch nicht ohne Tadel. Zuvörderst erklärte er den Wagen Napoleons mit allem, was sich darin befand, für eine gute Prise. Nachdem er ihn ausgeleert und dann wieder mit manchen Erinnerungszeichen des Kaisers versehen hatte, brachte er ihn nach England und ließ ihn dort für Geld sehen, was bei der bekannten Neugier der Engländer ihm eine sehr bedeutende Einnahme verschaffte.*

*Der beste Fang aber, den jemals ein Freibeuter that, war eine kleine Kassette von Mahagoniholz in einem Maroquin-Futteral, welches der Major für ein anständiges Trinkgeld von einem Tambour erwarb. Diese Kassette enthielt eine Anzahl Täfelchen, die mit schwarzem Wachs überzogen waren, in welches viele hundert Diamanten aller Größen vom reinsten Wasser eingedrückt waren.* (35,1025)

Insgesamt soll K. Schmuck im Wert von zwei Millonen Franc erbeutet haben. Förster dazu: Als er nach dem Einmarsch in Paris seine Schatzkammer loszuschlagen begann, überfüllte er den Markt so sehr, daß der Preis der Diamanten um 10 bis 15 Prozent sank. (35,1025)

Die Beute war umfangreich: vom diplomatischen Schriftverkehr bis zu Ordendekarationen aller europäischen Mächte reichte das Spektrum. Der weggenommene umfangreiche kaiserliche Haushalt lieferte Spezereien und Getränke. Auch kleine Fläschchen eines liegengebliebenen Wagens wurden verkostet. Es ergab sich jedoch schnell, dass das die Reiseapotheke des Kaisers gewesen war. (35,1026)

## *Epilog*

Mit der Schlacht von Waterloo fand nicht nur ein Feldzug, sondern eine Epoche ihr Ende, die mit dem Namen Napoleon untrennbar verbunden ist. Nach kurzem Aufenthalt in Paris und zweiter, erneuter Abdankung begab er sich in die Hände der Briten.

Der Kaiser wurde von ihnen, obwohl er selbst sich günstigere Vorstellungen von der »Gastfreundschaft« Englands einredete, ohne viel Federlesens nach St. Helena, sozusagen an das andere Ende der Welt, verfrachtet. Die Preußen zogen nach wenigen Wochen zum zweiten Mal in Paris ein. Gefechte, die noch vorfielen, wie bei Villiers-Cotterets, Nantueil und Versailles, änderten am Gesamtergebnis nichts mehr.

Infolge eines unglücklichen Kampfes bei Versailles am 1. Juli 1815 sank »kurz vor Toresschluss« noch der Träger eines in der Armee weit berühmten Namens ins Grab. Das 3. und 5. Husarenregiment sahen sich unvermittelt von einer feindlichen Übermacht eingeschlossen. Sich ergeben wollte kein Husar in Betracht ziehen, es blieb also nur, sich »durchzuschlagen«.

Seele des Kampfes war der Kommandeur des Brandenburgischen Husarenregiments Oberstleutnant von Sohr.

*SOHR UND DER JUNGE YORK BEI VERSAILLES:*

*Sohr nahm den ihm angebotenen Pardon nicht an und fiel schwerverwundet in Gefangenschaft, der junge Graf Heinrich Yorck, der als Träger eines großen Namens die gleiche Aufforderung mit den stolzen Worten »je m'apelle Yorck« ablehnte, wurde tödlich verwundet. Die beiden Husaren-Regimenter waren so gut wie vernichtet ...* (88,177)

Die Geschichte hatte dennoch ihr Urteil gesprochen. Causa finita lautete der Befund. Nach fast einem Vierteljahrhundert von Kriegen dürsteten die Völker Europas nach Frieden.

# Literaturverzeichnis

1 ACHTZEHNHUNDERTSECHS (1806), Das Preußische Offizierkorps und die Untersuchung der Kriegsereignisse. Herausgegeben vom Großen Generalstabe. Zweite unveränderte Auflage, Ernst Siegfried Mittler und Sohn, Berlin 1906

2 ANDREAS, Willy: Carl August von Weimar in und nach der Kampagne gegen Frankreich, Sitzungsberichte der Bayerischen Akademie der Wissenschaften, Jahrgang 1954, Heft 5, Verlag der Bayerischen Akademie der Wissenschaften, München 1955

3 ANONYMUS: Die Preußischen Reserve-Infanterie-Regimenter 1813–1815, in: Zeitschrift für Heereskunde. Herausgegeben von der Gesellschaft für Heereskunde e.V., Jahrgang 1929. Unveränderter Nachdruck, Druck und Verlag Bernh.Vogel, Beckum 1978

4 ANONYMUS, Wider Napoleon! Ein deutsches Reiterleben 1806–15. Hrsg. von Julius von Wickede. Neu herausgegeben von Friedrich M.Kircheisen, Verlagsbuchhandlung Robert Lutz, Stuttgart o.J., (um 1900)

5 ARETIN, Carl Otmar Freiherr von: Friedrich der Große, Verlag Herder, Freiburg im Breisgau 1985

6 ASTER, Heinrich: Die Kriegsereignisse zwischen Peterswalde, Pirna, Königstein und Priesten im August 1813 und die Schlacht bei Kulm, Verlag von Adler und Dietze, Dresden 1845

7 BARTHEL, Wolfgang: Heinrich von Kleist 1777–1811, Chronik seines Lebens und Schaffens auf Grund von Selbstaussagen, Dokumenten und Aussagen Dritter, Kleist-Gedenk- und Forschungsstätte e.V., Frankfurt (Oder) 2001

8 BAUMGART, Peter/KROENER, Bernhard/STÜBIG, Heinz (Hrsg.): Die Preußische Armee zwischen Ancien Regime und Reichsgründung, Verlag Ferdinand Schöningh GmbH & Co.KG, Paderborn. München/Wien. Zürich 2008

9 BECKER, Karl Friedrich: Karl Friedrich Becker`s Weltgeschichte, Hrsg. von Johann Wilhelm Loebell, Dreizehnter Theil, Verlag Duncker und Humblot, Berlin 1838

10 BEHRENS, Ludwig: Lieutnant v. Bodelschwingh im Gefecht bei Zscheiplitz. Das Gefecht bei Freyburg-Zscheiplitz, 21. Oktober 1813. in: Festschrift zum XII. Bezirksfeste des Saale-Unstrut-Elster-Bezirkes des Deutschen Krieger-Bundes am 12. und 13. Juli 1896. Redaktion, Druck und Verlag: Ludwig Behrens, Freyburg a.d.Unstrut 1896

11 BERNER, Ernst: Geschichte des Preußischen Staates, Verlagsanstalt für Kunst und Wissenschaft, Berlin und München 1891

12 BLECKWENN, Hans: Unter dem Preußenadler, C.Bertelsmann Verlag GmbH, München 1978

13 BORCHARDT, Georg: Die Randbemerkungen Friedrichs des Großen, vierte Auflage, Akademische Verlagsgesellschaft Athenaion, Potsdam o.J. (um 1935)

14 BOYEN, Hermann von: Denkwürdigkeiten und Erinnerungen des Generalfeldmarschalls Hermann v. Boyen 1771–1813. Erster Band, Verlag von Robert Lutz, Stuttgart 1899

15 BOYEN, Hermann von: Denkwürdigkeiten und Erinnerungen des Generalfeldmarschalls Hermann v.Boyen 1771–1813. Zweiter Band, Verlag von Robert Lutz, Stuttgart 1899

16 BRABANT, Dr. Artur: Der Große Garten und seine Umgebung als Kampfplatz, Geschichtliche Wanderfahrten, Nr.1, Verlag von C.Heinrich, Dresden-N.(eustadt) 1930

17 BRABANT, Dr. Artur: In und um Dresden 1813, Verlag von Alexander Köhler, Dresden 1913

18 BRÄKER, Ulrich: Der arme Mann im Tockenburg, hrsg. Eduard Bülow, Verlag von Philipp Reclam jun., Leipzig o.J.

19 BÜSCH, Otto: Militärsystem und Sozialleben im alten Preußen, Veröffentlichungen der Berliner Historischen Kommission Band 7, Verlag Walter de Gruyter & Co., Berlin 1962

20 BÜSCH, Otto /NEUGEBAUER, Wolfgang: Moderne Preußische Geschichte. Eine Anthologie, Band 3, Walter de Gruyter, Berlin/New York 1981

21 CAULAINCOURT, Armand de: Unter vier Augen mit Napoleon, Denkwürdigkeiten des Generals

Caulaincourt, Herzog von Vicenza, Großstallmeister des Kaisers, Verlag von Velhagen & Klasing, Bielefeld und Leipzig 1937

22 CRAIG, Gordon A.: Die preußisch-deutsche Armee – Staat im Staate, Droste Verlag, Düsseldorf 1960

23 DEUTSCHER SOLDATENKALENDER 1961, Neuntes Jahrbuch, Schildverlag, München-Lochhausen 1962

24 DIETRICH, Richard (Hrsg.): Politische Testamente der Hohenzollern, dtv dokumente, Deutscher Taschenbuch Verlag GmbH & Co. KG, München 1981

25 DOERING, Wilhelm von: Erinnerungen aus meinem Leben 1791–1810, Erstveröffentlichung nach einem Manuskript. Mit einer Einführung von H. Bleckwenn. Altpreußischer Kommiss, Heft 23, Biblio Verlag, Osnabrück 1975

26 DONATH, Friedrich/MARKOV, Walter: Kampf um Freiheit, Dokumente zur Zeit der nationalen Erhebung, Verlag der Nation, Berlin 1954

27 DROSIHN; F.E.: Aschersleben im 19. Jahrhundert, Kommissionsverlag von Karl Kinzenbach, Aschersleben, o.J (ca.1901)

28 DROYSEN, Johann Gustav: York von Wartenburg. Ein Leben preußischer Pflicherfüllung, Paul Franke Verlag, Berlin o.J.

29 ENGELBERG, Ernst: Bismarck. Urpreuße und Reichsgründer, Bd.1, dtv Geschichte, Deutscher Taschenbuch Verlag GmbH & Co.KG, München 1992

30 ERCKMANN, Emile/CHATRIAN, Alexandre: Geschichte eines Anno 1813 Conscribirten, Druck und Verlag von Philipp Reclam jun., Leipzig 1880

31 FIEDLER, Siegfried: Taktik und Strategie der Revolutionskriege 1792–1848, Genehmigte Lizenzausgabe für die Verlagsgruppe Weltbild GmbH, Augsburg 2005

32 FONTANE, Theodor: Wanderungen durch die Mark Brandenburg, erster Teil. Die Grafschaft Ruppin, Aufbau Verlag Berlin 1976

33 FÖRSTER, Dr. Fr.: Geschichte der Befreiungs-Kriege 1813.1814.1815. Dargestellt nach theilweise ungedruckten Quellen

und mündlichen Aufschlüssen bedeutender Zeitgenossen, sowie vielen Beiträgen von Mitkämpfern unter Mitteilung eigner Erlebnisse. Dritter Band der neueren und neuesten Preußischen Geschichte (Befreiungs-Kriege, erster Band). Erster Band, Verlag von Gustav Hempel, Berlin 1864

34 FÖRSTER, Dr. Fr.: Geschichte der Befreiungs-Kriege etc. pp, zweiter Band, Verlag Gustav Hempel, Berlin 1864

35 FÖRSTER, Dr. Fr.: Geschichte der Befreiungs-Kriege etc.pp, dritter Band, Verlag Gustav Hempel, Berlin 1866

36 FRIEDRICH DER GROSSE: Mein Leben und meine Zeit, Vier Falken Verlag, Berlin 1937

37 FUCHS, W.: König Friedrich Wilhelm III. von Preußen als Kronprinz; in: Deutsche Gesellschaft für Heereskunde (Hrsg.), Zeitschrift für Heereskunde, Jahrgang 1938

38 FUNCKEN, Liliane und Fred, Historische Uniformen, Napoleonische Zeit II, Prisma Verlag, Copyright Mosaik Verlag GmbH, München 1979

39 GALERA, Dr. phil. Karl Siegmar Baron von: Die Heide – der Hallische Stadtwald, Beiträge zur Geschichte der Stadt Halle und Umgebung, Nr. 6, Akademischer Verlag Halle, Halle (Saale) o.J.

40 GEISMEIER, Willy: Daniel Chodowiecki, E.A.Seemann Kunstverlagsgesellschaft mbH, Leipzig 1993

41 GIERATHS, Günter: Die Kampfhandlungen der Brandenburgisch-Preußischen Armee, Veröffentlichungen der Historischen Kommission zu Berlin, Band 8, Quellenwerke Band 3, Verlag Walter de Gruyter & Co., Berlin 1964

42 GOETHE, Johann Wolfgang von: Campagne in Frankreich 1792, Belagerung von Mainz. Hrsg. von Jörg Drews, insel taschenbuch 1525, Insel Verlag Frankfurt am Main und Leipzig, 6. Aufl.1999

43 GOLTZ, Colmar Freiherr von der: Von Rossbach bis Jena, zweite, neubearbeitet Auflage von »Rossbach und Jena«, Ernst Siegfried Mittler & Sohn, Berlin 1906

44 GÖRLITZ, Walter: Die Junker. Adel und Bauer im deutschen Osten, Verlag von C. A. Starke,

Glücksburg/Ostsee 1956

45 GRETSCHEL, Carl Christian Carus: Leipzig und seine Umgebungen, geschildert von C. C. C. Gretschel, zweite Auflage bei Friedrich Fleischer, Leipzig 1836, Reprint: Zentralantiquariat der Deutschen Demokratischen Republik, Leipzig 1980

46 GROSSER GENERALSTAB (Hrsg.), Kolberg 1806/07, herausgegeben vom Großen Generalstabe, Kriegsgeschichtliche Abteilung II, Verlag Ernst Siegfried Mittler und Sohn, Berlin 1912

47 HELLMANN, Birgitt (Hrsg.): Bürger, Bauern und Soldaten. Napoleons Krieg in Thüringen 1806 in Selbstzeugnissen. Briefe, Berichte und Erinnerungen, Bausteine zur Jenaer Stadtgeschichte – Band 9, Hain Verlag, Weimar und Jena 2005

48 HELMERT, Heinz/USCZECK, Hansjürgen: Europäische Befreiungskriege 1808 bis 1814/15. Militärischer Verlauf, Militärverlag der Deutschen Demokratischen Republik, Berlin 1976

49 JANY, Curt: Geschichte der Preußischen Armee, zweite ergänzte Auflage, herausgegeben von Eberhard Jany. Dritter Band 1763–1807, BiblioVerlag, Osnabrück 1967

50 JANY, Curt: Geschichte der Preußischen Armee, zweite ergänzte Auflage, herausgegeben von Eberhard Jany. Vierter Band 1807–1914, Biblio Verlag, Osnabrück 1967

51 KILIAN, Wolfgang: Eine kleine Sommerreise nach Aschersleben anno 1789, in: Geschichte und Geschichten zwischen Harz und Börde, Heimatschrift für den Landkreis Aschersleben-Staßfurt, hrsg.: Landkreis Aschersleben-Staßfurt/Kreissparkasse Aschersleben-Staßfurt, Aschersleben 1999

52 KLEIN, Tim (Hrsg.): Die Befreiung 1813–1814–1815. Urkunden Briefe Berichte, Verlag Wilhelm Langewiesche-Brandt, Ebenhausen bei München 1913

53 KLESSMANN, Eckart (Hrsg.): Deutschland unter Napoleon in Augenzeugenberichten, Ausgabe dtv Deutscher Taschenbuch Verlag GmbH & Co. KG, München 1976

54 KLEVEMANN, Oberleunant Kuno: Geschichte des 5. Hannoverschen Infanterie-Regiments Nr.

165 1813–1913, Selbstverlag des Regiments, Quedlinburg 1913

55 KÖBLER, Gerhard: Historisches Lexikon der deutschen Länder. Die deutschen Territorien vom Mittelalter bis zur Gegenwart. 7.,vollständig überarbeitete Auflage, Verlag C.H.Beck, München 2007

56 KOLBE, Paul: Schill und Lützow. Zwei wackere Männer aus schwerer Zeit, Verlag von Friedrich Engelmann, Leipzig 1908

57 KRAUSE, Pastor: Etwas von den Aschersleber Kürassieren; in: Die Warte, Unterhaltungsbeilage des Anzeigers, 1924

58 LAHNE, Werner: Unteroffiziere. Werden, Wesen und Wirken eines Berufsstandes, Sondersaugabe für den Deutschen Bundeswehr-Verband e.V., Copyright 1965 by Südwest Verlag Neumann & Co.KG, München 1965

59 LANGE, Fritz (Hrsg.): Die Lützower. Erinnerungen, Berichte, Dokumente, 1. Auflage, Verlag Rütten & Loening, Berlin 1953

60 LANGE, Fritz (Hrsg.): Russisch-Deutsches-Volks-Blatt 1813, herausgegeben von Kotzebue, Verlag Rütten & Loening, Berlin 1952

61 LAUKHARD, Friedrich Christian: Leben und Schicksale von ihm selbst beschrieben, hrsg. von Karl Wolfgang Becker, Verlag Koehler & Amelang, Leipzig 1989

62 LAURENT, P.M.: Geschichte des Kaisers Napoleon, illustriert von Horaz Vernet, Verlag von Johann Jakob Weber, Leipzig 1839

63 LEOPOLDI, Hans-Heinrich: Schnelle und Nagel, zwei Schweriner Kampfgefährten Theodor Körners, herausgegeben vom Stadtarchiv Schwerin. Unser Stadtarchiv erzählt, Bd.5, Schwerin 1960

64 LEUSCHNER, Hans: Friedrich der Große, Zeit-Person-Wirkung, C. Bertelsmann Monographien, C. Bertelsmann Verlag GmbH, Gütersloh 1986

65 LIDDELL HART, B.H.: Jetzt dürfen sie reden. Hitlers Generale berichten. Erste deutsche Auflage, Stuttgarter Verlag GmbH, Stuttgart-Hamburg 1950

66 MACDONALD, Etienne Jaques Joseph Alexandre: Memoiren des Marschalls Macdonald, Verlag von Robert Lutz, Stuttgart 1903

67 MARBOT, Marcellin de: Memoiren des französischen Generals Marcellin de Marbot, I. Band, Verlag von Robert Lutz, Stuttgart 1899

68 MARWITZ, Friedrich August von der: Nachrichten aus meinem Leben 1777–1808, hrsg. von Günter de Bruyn, Buchverlag der Morgen, Berlin 1989

69 MAYER, Karl J.: Napoleons Soldaten. Alltag in der Grande Armee, aus der Reihe: Geschichte erzählt, Bd. 12, Primus Verlag, Darmstadt 2008

70 MEYERs Konversations-Lexikon, vierte, gänzlich umgearbeitete Auflage, in 16 Bänden, Verlag des Bibilographischen Instituts, Leipzig 1885 ff.

71 MICHAILOWSKY-DANILEWSKY, Alexander Iwanowitsch: Darstellung des Feldzuges in Frankreich im Jahre 1814, ins Deutsche übetragen von Carl von Kotzebue, zweiter Band, Verlag von Edmund Götschel, Riga und Leipzig 1838

72 MITTENZWEI, Ingrid: Friedrich II. von Preußen. Eine Biographie, VEB Deutscher Verlag der Wissenschaften, Berlin 1984

73 MOTTE-FOUQUE, Baron Friedrich de la: Lebensgeschichte des Barons Friedrich de la Motte-Fouque, aufgezeichnet durch ihn selbst, Halle 1840, nach www.zeno.org/literaturM/Fouque.de

74 MÜLLER, Hans-Georg/MEISSNER, Hans-Reinhard: Bernburg als Garnisonsstadt, in: Mitteilungen des Vereins für Anhaltische Landeskunde, 2. Jahrgang 1993

75 MÜLLER, Harald (Hrsg.): Blücher – der Held des Volksheeres. Schriften von und über Blücher, 1. Auflage, Verlag Rütten & Loening, Berlin 1953

76 MÜLLER-BOHN, Hermann: Die deutschen Befreiungskriege. Deutschlands Geschichte von 1806–1815, veranlasst und herausgegeben von Paul Kittel, erster Band, Verlag von Paul Kittel/Historischer Verlag o.J.

77 MÜLLER-BOHN, Hermann: Die deutschen Befreiungskriege. Deutschlands Geschichte von 1806–1815, veranlasst und herausgegeben von Paul Kittel, zweiter Band, Verlag von Paul Kittel/Historischer Verlag o.J.

78 MUTH, Jörg: Flucht aus dem

militärischen Alltag. Ursachen und individuelle Ausprägung der Desertion in der Armee Friedrichs des Großen, Einzelschriften zur Militärgeschichte, Heft 42, hrsg. vom Militärgeschichtlichem Forschungsamt, Rombach Druck- und Verlagshaus GmbH & Co. KG, Freiburg i.Br. 2003

79 NAGEL, Dr.F.G.: Bilder aus der Heimath. Die denkwürdigen Jahre von 1806 bis 1815. Erinnerungen von Dr. F. G. Nagel Pastor zu Gatersleben, Verlag Kultur und Fortschritt, Berlin 1955

80 NETTELBECK, Joachim: Mein Leben, neu herausgegeben von Rolf Italiaander, Bernhard Sporn Verlag, Zeulenroda in Thüringen 1938

81 NEUMANN, Hans-Joachim: Friedrich Wilhelm II. – Preußen unter den Rosenkreuzern, edition q Verlags-GmbH, Berlin 1997

82 NISSEN, Hans-Hasso: Ludwig Christoph von Stille. Deutsche Gesellschaft für Heereskunde e.V., Zeitschrift für Heereskunde, Jahrgang 1997

83 OLDENBURG-JANUSCHAU, Elard von, Erinnerungen, Verlegt bei Koehler & Amelang, Leipzig 1936

84 ORTENBURG, Georg: Äußere Eleganz des preußischen Militärs; aus: »Zeitschrift für die elegante Welt«, Jahrgang 1801, in: Zeitschrift für Heereskunde, hrsg. Deutsche Gesellschaft für Heereskunde e.V., Jahrgang 1971; unveränderter Nachdruck, Druck und Verlag Bernh.Vogel, Beckum 1985

85 ORTENBURG, Georg: Das altpreußische Offizierkorps, in: Das preußische Offizierkorps 1701–1806, Katalog zur Sonderausstellung der Wehrtechnischen Studiensammlung, Koblenz 2004

86 OSTERMANN, Dr.Wolf-Dieter: Ascherslebener Biographisches Lexikon. 111 Bedeutende Ascherslebener – Berühmte Gäste, hrsg. vom Landesheimatbund Sachsen-Anhalt e.V., 1. Auflage, Aschersleben 2008

87 PELET-NARBONNE, Gerhard von: Geschichte der Brandenburg-Preußischen Reiterei, I. Band. Die Alte Armee, Ernst Siegfried Mittler & Sohn, Berlin 1908

88 PELET-NARBONNE, Gerhard von: Geschichte der Brandenburg-

Preußischen Reiterei, II. Band. Die Neue Armee, Ernst Siegfried Mittler & Sohn, Berlin 1908

89 PESSIRIDIS, Alexander, M.A.: Der Weg nach Waterloo. Napoleons Untergang 1815, in: Die Zinnfigur, Monatsschrift der »KLIO« für Sammler und Liebhaber kulturhistorischer Zinnfiguren, 31. Jahrgang 1983, Heft 8/83–12/83

90 PFLUGK-HARTUNG, Dr. Julius von: Leipzig 1813. Aus den Akten des Kriegsarchivs des Großen Generalstabes, des Geheimen Staatsarchivs in Berlin, des Staatsarchivs in Breslau und des Ministeriums der auwärtigen Angelegenhiten in London, Verlag Friedrich Andreas Perthes A.-G., Gotha 1913

91 PLOETZ, Karl: Auszug aus der alten, mittleren, neueren und neuesten Geschichte, neu bearbeitet von Friedrich Kähler, zwanzigste Auflage, Verlag von A. G. Ploetz, Leipzig 1926

92 POTEN, Bernhard von: Handwörterbuch der gesamten Militärwissenschaften, in neun Bänden, Verlag Velhagen und Klasing, Bielefeld und Leipzig 1877 ff.; Reprint Archiv-Verlag Braunschweig o.J.

93 POTTHOFF, O.D.: Kulturgeschichte des deutschen Handwerks, Hanseatische Verlagsanstalt, Hamburg 1938

94 PRIESDORFF, Kurt von: Soldatisches Führertum, in zehn Bänden, Hanseatische Verlagsanstalt o.J. (um 1937)

95 REGLING, Volkmar: Grundzüge der Landkriegführung zur Zeit des Absolutismus und im 19. Jahrhundert, Band 6, Abschnitt IX Grundzüge der militärischen Kriegsführung 1648–1939, Militärgschichtliches Forschungsamt (Hrsg.), Deutsche Militärgeschichte in sechs Bänden 1648–1939, Lizenzausgabe für Manfred Pawlak Verlagsgesellschaft mbH, Copyright Bernard & Gräfe Verlag München, Herrsching 1983

96 RESTORFF, Friedrich von: Geschichte des Kürassier-Regiments Kaiser Nikolaus I. von Russland (Brandenburgisches) Nr. 6, Ernst Siegfried Mittler und Sohn, Berlin 1897

97 RICHTER, Johannes (Hrsg.): Die Briefe Friedrichs des Großen an seinen Kammerdiener Fredersdorf, Verlagsanstalt Hermann

Klemm A.G., Berlin-Grunewald 1926

98 ROCHLITZ, Friedrich: Tage der Gefahr. (Die Völkerschlacht bei Leipzig), bearbeitet und herausgegeben von Dr. R. Siegemund, Verlag von Alexander Köhler, Dresden und Leipzig 1904

99 RODEKAMP, Volker (Hrsg.): Völkerschlacht. Stadtgeschichtliches Museum Leipzig, Passage Verlag, Leipzig 1999

100 ROUSSET, Camille: Die Freiwilligen von 1791–1794, Verlag Otto Janke, Berlin 1875

101 SAMMELBILDERALBUM Deutsche Uniformen: Das Zeitalter der Freiheitskriege, 240 Bilder von Herbert Knötel d.J., Text und Erläuterungen von Dr. Martin Lezius, herausgegeben von der Sturm-Zigaretten G.m.b.H., Dresden o.J. (um 1932)

102 SCHEUBE, H.: Aus den Tagen unserer Großväter. Culturgeschichtliche Zeit- und Lebensbilder, Verlag von F. Berggold, Berlin 1873

103 SCHLENKE, Manfred (Hrsg.): Preußen, Beiträge zu einer politischen Kultur, Bd. 2 aus: Preußen – Versuch einer Bilanz, Katalog der Ausstellung, Rowohlt Taschenbuch Verlag GmbH, Reinbek bei Hamburg 1981

104 SCHMIDT, Dorothea: Die preußische Landwehr. Ein Beitrag zur Geschichte der allgemeinen Wehrpflicht in Preußen zwischen 1813 und 1830. Militärhistorische Studien 21, neue Folge, 1.Auflage, Militärverlag der Deutschen Demokratischen Republik, Berlin 1981

105 SCHOEPS, Hans-Joachim: Preußen. Geschichte eines Staates, Verlag Ullstein GmbH/ Propyläen Verlag, Frankfurt/Main – Berlin 1966

106 SCHRECKENBACH, Paul: Der Zusammenbruch Preußens im Jahre 1806, verlegt bei Eugen Diederichs in Jena 1913

107 SCHUBERT, Friedrich von: Unter dem Doppeladler. Erinnerungen eines Deutschen im russischen Offiziersdienst 1789–1814, herausgegeben und eingeleitet von Erik Amburger, K. F. Koehler Verlag, Stuttgart 1962

108 SCHULTZE-GALLERA, Dr.

Siegmar Baron von: Die Stadt Halle. Ihre Geschichte und Kultur, Gebauer-Schwetschke Druckerei und Verlag A.G., Halle (Saale) 1930

109 SCHUSTER, Wolf-Jörg: Napoleon in Thüringen 1806, 2. Auflage, Jenzig-Verlag Gabriele Köhler, Jena 2005

110 SCHÜTTE, Ludwig: Die Kämpfe um Edenkoben und das Schänzel während der französischen Revolutionskriege, hrsg. Heimatbund Edenkoben e.V., Druck und Verlag D. Meiniger, Neustadt/Weinstraße 1965

111 SCHWERIN VON KROSIGK, Dedo Graf/ KERSSENBROCK-KROSIGK, Dedo von: 900 Jahre Krosigks. Festschrift zur ersten urkundlichen Nennung der Familie im Jahr 1103. Im Selbstverlag der Familie, Berlin 2003

112 SINN, Dieter und Renate: Der Alltag in Preußen, Societäts-Verlag, Frankfurt am Main 1991

113 SOTHEN, Otto von: Vom Kriegswesen im 19. Jahrhundert. Aus Natur und Geisteswelt, 59. Bändchen, Verlag von B.G.Teubner in Leipzig 1904

114 STAMMLISTE aller Regimenter und Corps der Königlich Preußischen Armee für das Jahr 1806, Heft 28 der Reihe Altpreußischer Komimmiss, Reprint Biblio Verlag, Osnabrück 1975

115 STRASSBURGER, Emil: Geschichte der Stadt Aschersleben, Verlag von Karl Kinzenbach, Aschersleben 1905; Reprint Naumburger Verlagsanstalt, Auflage 1997

116 SYBEL, Heinrich von: Geschichte der Revoltutionszeit 1789–1800, zweiter Band, Verlag der J. G. Cottaschen Buchhandlung Nachfolger, Stuttgart 1898

117 THIEBAULT, General Paul de: Memoiren aus der Zeit der französischen Revolution und des Kaiserreichs, I. Band, Verlag von Robert Lutz, Stuttgart 1902

118 TRANSFELDT, Walter: Wort und Brauch in Heer und Flotte, hrsg. von H.-P. Stein, 9. Auflage, W. Spemann Verlag, Stuttgart 1986

119 VARNHAGEN VON ENSE, Karl August: Denkwürdigkeiten des eigenen Lebens, erster Teil, hrsg. von Joachim Kühn, Volksverband der Bücherfreunde, Wegwei-

ser Verlag G.m.b.H., Berlin 1922

120 VARNHAGEN VON ENSE, Karl August: Denkwürdigkeiten des eigenen Lebens, zweiter Teil, hrsg. von Joachim Kühn, Volksverband der Bücherfreunde, Wegweiser Verlag G.m.b.H., Berlin 1922

121 VEHSE, Carl Eduard: Die Höfe zu Preußen. Von Friedrich Wilhelm II. bis Friedrich Wilhelm III. 1786–1840, hrsg.von Wolfgang Schneider, Gustav Kiepenheuer Verlag GmbH, Leipzig 1993

122 VOGLER, Günter/VETTER, Klaus: Preußen. Von den Anfängen bis zur Reichsgründung, VEB Deutscher Verlag der Wissenschaften, Berlin (Ost) 1970

123 WENCKER-WILDBERG, Friedrich: Napoleon. Die Memoiren seines Lebens, Band 9–10, Gutenberg-Verlag Christensen & Co., Wien/Hamburg/Zürich o.J.

124 WENIGER, Erich: Goethe und die Generale, Inselverlag, Leipzig 1943

125 WILD, Karl Max: Die Aschersleber Kürasssiere, Montagsblatt der Magdeburger Zeitung, Nr.7–10, Magdeburg 1935

126 WINKEL, Soldaten im Bürgerhaus: Die Garnisonstadt Rathenow, in: Militärgeschichte, Hrsg.: Militärgeschichtliches Forschungsamt, Heft 1/2007, Potsdam 2007

127 WÖRTERBUCH zur deutschen Militärgeschichte, Schriften des Militärgeschichtlichen Instituts der deutschen Demokratischen Republik, Band A-Me, Militärverlag der Deutschen Demokratischen Republik, Berlin 1985

128 WÖRTERBUCH zur deutschen Militärgeschichte, Schriften des Militärgeschichtlichen Instituts er Deutschen Demokratischen Republik, Band Mi-Z, Militärverlag der Deutschen Demokratischen Republik, Berlin 1985

# Zeitreise der besonderen Art

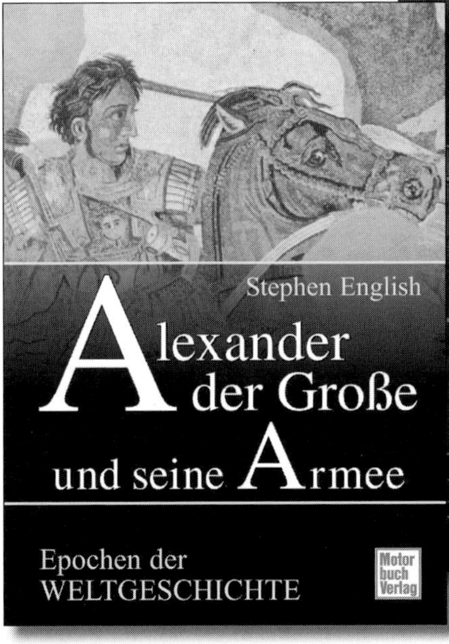


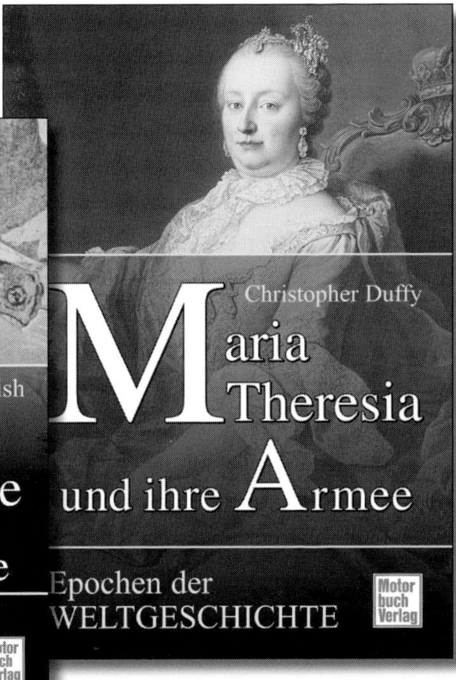


Stephen English

**Alexander der Große und seine Armee**

Der Autor beschreibt detailliert, wie Alexanders Armee im Innern funktionierte: Ihre Geschichte und ihre Struktur, Alexanders Rolle als Befehlshaber, ihre militärischen Einheiten und Taktiken im Krieg u.v.m.

224 Seiten, 25 Bilder, Format 140 x 205 mm

**ISBN 978-3-613-03156-2**

**€ 19,95**

Christopher Duffy

**Maria Theresia und ihre Armee**

Über Maria Theresia ist Vieles geschrieben worden. Dieser Band bietet mehr: Er stellt die politische Lage, das Zeitalter und seine führenden Köpfe vor, um dann den Fokus auf die Armee zu richten.

364 Seiten, 40 Bilder, 21 Zeichnungen, Format 140 x 205 mm

**ISBN 978-3-613-03111-1**

**€ 19,95**

IHR VERLAG FÜR ZEITGESCHICHTE-BÜCHER

Motor buch Verlag

Postfach 10 37 43 · 70032 Stuttgart
Telefon: 01805/00 41 55*; Fax: 01805/959 729*
www.motorbuch-verlag.de
*0,14 €/Min. aus dem dt. Festnetz , max 0,42 €/Min. aus Mobilfunknetzen

Stand März 2011
Änderungen in Preis und Lieferfähigkeit vorbehalten